面向21世纪课程教材
Textbook Series for 21st Century

普通高等教育"十五"国家级规划教材

环 境 法 学

Environmental Law

（第四版）

汪 劲 著

北京大学出版社
PEKING UNIVERSITY PRESS

图书在版编目(CIP)数据

环境法学/汪劲著.—4 版.—北京:北京大学出版社,2018.9
(面向 21 世纪课程教材)
ISBN 978-7-301-29864-0

Ⅰ.①环…　Ⅱ.①汪…　Ⅲ.①环境法学—中国—高等学校—教材　Ⅳ.①D922.681

中国版本图书馆 CIP 数据核字(2018)第 198903 号

书　　　名	环境法学(第四版) HUANJINGFAXUE(DI-SI BAN)
著作责任者	汪　劲　著
责 任 编 辑	郭瑞洁
标 准 书 号	ISBN 978-7-301-29864-0
出 版 发 行	北京大学出版社
地　　　址	北京市海淀区成府路 205 号　100871
网　　　址	http://www.pup.cn
新 浪 微 博	@北京大学出版社　@北大出版社法律图书
电 子 信 箱	编辑部:law@pup.cn　总编室:zpup@pup.cn
电　　　话	邮购部 010-62752015　发行部 010-62750672　编辑部 010-62752027
印 刷 者	河北滦县鑫华书刊印刷厂
经 销 者	新华书店
	730 毫米×980 毫米　16 开本　26.25 印张　550 千字 2006 年 5 月第 1 版　2011 年 8 月第 2 版 2014 年 8 月第 3 版 2018 年 9 月第 4 版　2025 年 1 月第 10 次印刷
定　　　价	59.00 元

未经许可,不得以任何方式复制或抄袭本书之部分或全部内容。
版权所有,侵权必究
举报电话:010-62752024　电子信箱:fd@pup.cn
图书如有印装质量问题,请与出版部联系,电话:010-62756370

内容简介

本教材是在教育部组织编写的《环境法学》(普通高等教育"十五"国家级规划教材,2006年版)的基础上修订的第四版。除绪论外,共分环境法总论、污染控制法、自然保护法、环境责任法以及中国与国际环境法五编十七章,内容丰富和完善了中共中央十八届三中全会以来中国环境法治和重大环境政策的实践发展与制度创新,系统地论述了环境法的基本概念和基本内容、环境法的基本原则和综合性制度措施以及各单项环境保护法律制度和国际环境法的主要内容。

为方便读者了解和掌握环境法学的基本知识和内容,本教材除采用细目录方式全面地反映了各编章节目的内容外,还专门附有文献索引和事项索引方便读者在本书内查找相关知识点。为方便指导教师备课、课堂教学和学生课外学习,本教材在各章还特别设置了"导教导学"二维码,读者通过手机扫描即能够查看不断更新的各章网络辅助教学内容。

作者简介

汪劲,男,1960年10月生于湖北省武汉市。现任北京大学法学院教授,北大资源、能源与环境法研究中心主任,北大核政策与法律研究中心主任。1986年以来从事环境资源法、核法与经济法的教学科研工作。主要研究方向为环境法、自然资源法以及核政策与法律。

1997年获北京大学法学博士学位,是中国首位环境法专业博士学位获得者。攻读博士学位期间曾公派赴瑞典乌普萨拉大学研修欧洲环境法(1995年)、作为交换留学生赴日本法政大学学习日本环境法(1996—1997年)。此前曾获法学硕士(1991年)和医学学士(1983年)学位。曾任武汉大学法学院助教、讲师(1986—1994年)和武汉市青山区卫生防疫站医师职务(1983—1985年)。

About the Author

Wang Jin, male, was born in October 1960 in Wuhan, Hubei Province. He is now a full professor at Peking University Law School, the Director of Peking University Resources, Energy and Environmental Law Institute, and the Director of Peking University Nuclear Policy and Law Research Center. His major research covers environmental law, natural resources law and nuclear law.

Professor Wang Jin received his PhD degree in environmental law from Peking University Law School in 1997. During the PhD study in Peking University, he was sent as a visiting scholar to Uppsala University in Sweden in 1995 to research European environmental Law and as an exchange PhD candidate to Hosei University in Japan to study Japanese environmental law at 1996 to 1997. Besides, he once served as a teaching assistant and then as a lecturer at Wuhan University Law School from 1986 to 1994, and as public health physician at Wuhan Qingshan Health and Epidemic Prevention Station from 1983 to 1986.

第四版修订说明

自2012年11月中国共产党第十八次全国代表大会作出"大力推进生态文明建设"的战略决策以来,中国的环境法治建设首次取得了全方位突飞猛进的发展和完善。立法机关除了在修订国家各项基本法律中大幅增加并强化保护环境的制度措施外,还全面启动并修订了环境、资源与能源的法律法规以及相关环境标准和技术规范;执政党和政府还实行了党政领导干部环境保护"党政同责、一岗双责"和"终身追责"制、环境保护督察与巡视制;环境行政实行省以下环保机构监测监察执法垂直管理制;经授权的地方政府还可以代表国家向加害人提出生态环境损害索赔。此外,人民法院健全完善了环境资源审判体制与机制;环境行政和民事公益诉讼全面推进。

《环境法学》(第四版)从体系和内容上都对第三版作了较大修改,力图丰富和完善中国环境法学的理论和方法,全面反映和积极回应中国环境法治和重大环境政策的实践发展与制度创新。

考虑到手机的普及和互联网课件技术的发展,《环境法学》(第四版)将各章原有教学提示、专栏、图表、案例和思考题等辅助教学内容纳入互联网课件。读者通过手机扫描各章的"导教导学"二维码,即能够直接查看适时更新的教学辅导材料。

在修改《环境法学》(第四版)的过程中,部分高等法学院校环境法教师给我提供了宝贵的意见和修改建议;我的在校研究生还在文稿撰写和统稿中帮我查找、核对了大量的法规和文献等资料,在此一并对他们表示感谢!

汪 劲

2018年8月31日

第三版修订说明

2011年《环境法学》(第二版)出版后,中国环境立法进展非常迅速。2014年4月全国人大常委会通过了新修订的《环境保护法》,对中国环境保护的基本法律制度作出了新的安排和部署。按照全国人大法工委将《环境保护法》作为中国环境与资源保护领域的基础性、综合性法律的定位,结合本人参加该法一审到四审的起草与多次论证、讨论的体会,对《环境法学》(第二版)进行了全面修订,形成这本《环境法学》(第三版)教材。

汪 劲

2014年8月8日

第二版修订说明

2006年出版的《环境法学》是在我从事环境法本科教育二十多年经验的基础上写就的。自2006年以来,中国的法治建设、环境和资源保护立法与实践又发生了较大变化,到2010年具有中国特色的社会主义法律体系基本形成,环境、资源、能源、清洁生产与循环经济促进等领域的法律已占我国全部法律的十分之一强。环境与资源保护法学也于2007年被教育部高校法学学科教学指导委员会增列为法学核心课程。有鉴于此,我对该教材进行了全面修订、补正,完成了这本《环境法学》第二版教材。

与原教材相比,第二版教材的修订思路是:

第一,继续弘扬原教材的特色,从法学教育的本位出发阐明环境法的基本概念、基本知识和基本理论,形成结构合理、内容完善的中国环境法学体系;探索环境与资源保护法律的体系化,为中国的环境法典编撰和法典化实践奠定学理基础。

第二,在大量压缩、更新原教材文字的基础上,优化了案例、图表和专栏的内容,以强化教学内容间的关联性、启发性和对学习效果的可考查性,培养学习者的创新和批判精神。

第三,理顺教材结构与教学内容的逻辑关联,注重教材指导课堂教学的功能,发挥教材在强化提供整合知识、指引学科方向、促成学习方式、验证学习效果及激发学习兴趣等方面的作用。

在本教材的修订过程中,与我一同就环境法学的教法和学法进行长期研究的王社坤博士(北京大学法学院讲师)、严厚福博士(北京师范大学法学院讲师)、裴敬伟博士(华中农业大学政法学院讲师)与舒旻博士(昆明理工大学法学院讲师)和其他环境法学者们,结合教学体会从不同角度对修订本教材提出了很好的建议并参与修订;北大法学院部分在读博士生和硕士生还分别为修订工作收集了各类资料并制作了相关文件。此外,吕忠梅教授(中南财经政法大学)和刘超博士(华侨大学法学院讲师)曾联合撰文对原教材进行客观分析;全国律协环资委部分律师委员还专门为我提供了他们办理过的案件材料。在此,谨对他们的帮助表示衷心的感谢!

为了便于全国各高校师生以本教材为蓝本开展教学,促进中国环境法学教育的成长和教学水平的提高,我将组织编写本教材配套的教学大纲、案例教程与备课指导书,并通过教学网站(http://reeli.pkulaws.com)与各高校师生共同分享《环境法学》教学的经验和体会,敬请关注。

汪 劲

2011年8月8日

编写说明

在本教材写成之前,国内用于高等法学院校环境法学(也称环境与资源保护法学)教学的教材已经不下四十个版本。

2003年教育部批准由我承担"十五"国家级法学规划教材《环境与资源保护法学》(中英文双语教材)的编写工作。结合近十年来我在北大法学院从事本科生环境法学课程教学的经验,以及赴欧、美、日等国访问、进修学习与讲学所接触到的资料,我就环境法学体系进行了系统的比较研究,最终确定了本教材的编写体例和内容。

本教材是《环境法学》中英文双语教材的中文版,它具有如下特点:

首先,本教材将从新的法学研究角度探索和谋求中国环境法的体系化。

环境法学也称为"环境与资源保护法学",它是在1997年年底由当时的国家教委(现为"教育部")重新确定并公布的法学二级学科。因此,许多教材认为,新设立的环境与资源保护法学应当涵盖原有的环境法、自然资源法等相关法学学科。然而,由于不同的学者对"保护"概念理解的不同,使得这一新的学科在教学内容和体系的确定方面还存在着值得研究之处,见仁见智,各教材的编写内容和方法也各不相同。

为了与国际上普遍的称谓"环境法"接轨,本教材仍定名为《环境法学》。

作为一个新的法学学科,环境法的出现与传统部门法有着密不可分的联系。例如,对环境污染(environmental pollution)的控制与对自然资源保护管理的立法和行政措施,属于行政法或者经济行政法的范畴;对环境污染损害的救济与措施则属于民法的范畴;对危害环境犯罪的刑事制裁属于刑法的范畴;对国际环境问题乃至全球环境问题的国际控制和行动,则又属于国际法的范畴。然而,这些绝不是说环境法就是行政法、民法、经济法、刑法以及国际法的简单集合体,它只能说明环境法是随着环境问题的全球化,各传统部门法律为对应环境问题而作出反应和调整的产物。毋庸置疑的是,在这一进程中,传统的部门法学对环境法的产生和发展起到了决定性的作用。但是,现代环境法的产生和发展,还与现代环境科学研究的进展有着不可分割的联系,例如,生态学研究为人类针对环境问题而采取的行动指明了自然法则和生态系统平衡的原理;环境经济学研究为人类采取具体的法律手段提供了可供选择的行之有效的方法;环境伦理学研究则为环境立法的权利义务观、价值观展现了与传统法人类利益中心主义理念所截然不同的新的生态利益中心主义的环境哲学、伦理学理念。

世界环境与发展委员会在1987年发表的《我们共同的未来》报告中指出:"经济学与生态学必须完全统一到决策和立法过程中,不仅要保护环境,而且也要保护和促进发展。""环境法规必须超越通常的安全规范、区别法规、污染控制法等来制定,在税收、投资和技术选择的审批流程、外贸刺激措施以及发展政策的所有组成部分中必须反映环境目标。""人类的法律必须重新制定,以使人类的活动与自然界的永恒普遍规律相协调。"也就是说,如果我们仅仅局限于沿袭传统法理念和方法来研究和制定环境法,就可能使环境法走向人类传统人本主义价值观的误区之中,这样就不利于环境法的进一步发展和深化,从而使环境法成为人类传统价值观的附庸和工具。这与可持续发展的思想理念也是格格不入的。

在中国环境法学二十余年的历史发展过程中,经历了从环境保护法学到环境法学(与之相并列存在的还有"自然资源法"等相关学科)、再到现在的环境与资源保护法学的进程,其体系、方法与研究对象随着对人类环境、生态系统、环境保护、自然资源保护管理等概念认识的发展也在不断地扩大和改变。因此本教材既是我对过去十多年从事环境法学教育的总结,也是我从新的法学体系的角度对中国环境法学进行再探讨的尝试。

其次,本教材将结合环境科学有关新的思想理论、以法学方法来研究和评述中国环境与资源保护法律的理论与实践。

我认为,环境法学既是一门部门法学学科,同时又是一门法学方法论的学问。在欧洲、美国、日本等发达国家或地区,有关环境法学的教科书五花八门,种类繁多而且各具特色,有许多值得我们发展中国家借鉴之处。在中国,环境法学的教科书也层次各异、不胜枚举,在原苏联法学体系模式的影响下,已经基本形成了中国特色的环境法学教科书体系和模式。为此,如果本教材在中国环境法学研究方面不采取新的体系、运用新的方法的话,就只能在原有中国环境法学体系模式的基础上作低水平的重复,这样就失去了编写本教材的实际意义。

我曾在武汉大学和北京大学讲授环境法学课程,并且多次参与有关中国环境法学教科书的编写。分析环境法学本科生教学中的问题,本教材试图从教材编写时就克服目前环境法学各类教材所存在不足之处。

在从事环境法学教学和研究的二十年时间里,我经历了中国环境法学发展的各个主要时期。在新的环境与资源保护法学确定之后以及在编写本教材的同时,我还参加了由金瑞林教授主编的全国高等教育自学考试教材《环境与资源保护法学》(法律专业)以及供全日制法学和非法学专业使用的数种不同版本的新的环境与资源保护法学教科书的撰稿,并且还主持起草和审订了教育部下达的有关全国成人高等教育法学主要课程"环境资源法"的教学基本要求。这些都对我编写本教材启发匪浅。过去几年,我还主持了全国考办有关法学专业自学考试课程"环境与资源保护法学"考卷命题的相关研究工作。通过阅卷和对考核要点的不断总结也发现了教材编写的一些问题,因此,本教材也试图对这些问题予以解决。

为了写好本教材,我曾多次就国内外不同版本的环境法学教材进行体系的比较。因此,尽管本教材以中国现行环境与资源保护法律制度为主轴,但考虑到环境法学在世界各国的发展,本教材在内容安排上用一定的篇幅介绍了外国的一些环境法律制度及其法律实践,以利于读者在学习时进行比较。

再次,本教材力求在国内环境法学教材所反映的各种学术观点的基础上,穷尽和表现环境法学界较为明确和统一的观点。

在本教材撰稿之前,我曾与我的导师、著名环境法学家金瑞林教授一道对20世纪中国环境法学研究的成果(论文、论著等反映的学术观点和看法等)作了系统的分析和评述(见金瑞林、汪劲著:《20世纪环境法学研究评述》,北京大学出版社2003年版)。许多在环境法学界具有共识的新成果和新进展也反映在本教材之中。

最后,本教材在内容中安排了一些典型的案例、图表和专栏等,拟以此促进和加深读者对环境与资源保护法律制度的了解。

为了推进我国法学教育教材在内容和方法上的创新,我在编写过程中曾经参阅了欧、美、日等国家或地区不同版本的环境法学教材,并在比较研究的基础上提出了本教材的内容体系。通过在正文之外安排一些案例、图表和专栏等资料性文字内容,以辅助读者加深对学习内容的理解和掌握;通过对参见章节的标示,以利于读者搜索参见章节的相关内容;通过对索引词条的编辑,以方便读者快速查询本教材所包含的重要事项、专业术语等。

此外,为了使本教材能够体现和固化二十多年来中国环境法学研究的各项成果,本教材从大纲的编写到文稿的最终确定,都得到了国内环境法学界同仁以及国家环境立法、行政和司法机关相关官员的许多指点和帮助。另外,北大法学院在校攻读环境与资源保护法专业博士和硕士学位的研究生王社坤、范正伟、严厚福、胡琪、孙晓璞和吕蕙君同学还帮我查找、核对了许多文献资料,并制作了大量案例、专栏、图表等。正因为有了他们的支持和帮助,才得以使这本教材的中文版能够高起点、高质量的完成。

在此,我对他们给我编写本教材时的鼎力相助表示崇高的敬意和衷心的感谢!

汪　劲
2006年元月8日于北京大学法学楼5128室

简 目 录

绪论 ·· (1)
  第一节　环境问题及其对策概述 ··· (1)
  第二节　环境法学的研究对象和方法 ·· (10)

第一编　环境法总论

第一章　环境法概述 ·· (23)
  第一节　环境法的概念 ·· (23)
  第二节　环境法的创制、发展和完善 ·· (33)

第二章　环境法的基本原则 ·· (48)
  第一节　预防原则 ·· (49)
  第二节　协调发展原则 ·· (52)
  第三节　原因者负担原则 ··· (57)
  第四节　公众参与原则 ·· (61)

第三章　环境利用行为的主体及其权利义务 ··· (67)
  第一节　环境利用行为与环境法律关系 ·· (67)
  第二节　公民(自然人)与公众 ··· (71)
  第三节　开发利用行为人 ··· (79)

第四章　国家的环境保护义务 ··· (83)
  第一节　国家环境保护义务概述 ··· (83)
  第二节　环境行政 ·· (87)
  第三节　环境司法 ·· (103)
  第四节　执政党中央与中央政府履行国家环境保护义务的政策手段 ························· (108)

第五章　环境基本法与综合性环境法律制度 ·· (111)
  第一节　概述 ·· (111)
  第二节　环境标准 ·· (115)
  第三节　环境规划 ·· (123)
  第四节　环境影响评价 ·· (127)
  第五节　环境费和环境税 ··· (133)
  第六节　突发环境事件应急 ·· (143)

第二编　污染控制法

第六章　污染控制法概述 …………………………………………（149）
第一节　环境污染的概念与特征 ……………………………（149）
第二节　污染控制法及其制度体系 …………………………（153）

第七章　环境污染防治法 …………………………………………（160）
第一节　大气污染防治法 ……………………………………（160）
第二节　水污染防治法 ………………………………………（166）
第三节　海洋污染防治法 ……………………………………（173）
第四节　土壤污染防治法 ……………………………………（178）

第八章　物质循环与化学物质环境风险管理法 …………………（184）
第一节　物质循环管理法概述 ………………………………（184）
第二节　固体废物管理的制度措施 …………………………（186）
第三节　促进清洁生产和循环经济的制度措施 ……………（191）
第四节　化学物质环境风险管理的制度措施 ………………（203）

第九章　能量危害防除法 …………………………………………（207）
第一节　环境噪声与振动控制法 ……………………………（207）
第二节　放射性污染防控与核安全法 ………………………（212）
第三节　其他能量流污染危害的法律控制 …………………（220）

第三编　自然保护法

第十章　自然保护法概述 …………………………………………（227）
第一节　自然保护法概述 ……………………………………（227）
第二节　自然保护法的制度体系 ……………………………（231）

第十一章　自然地域和野生生物保护法 …………………………（235）
第一节　自然地域保护 ………………………………………（235）
第二节　野生生物及其生境保护 ……………………………（245）

第十二章　自然资源法中的自然保护措施 ………………………（254）
第一节　自然资源法的概念 …………………………………（254）
第二节　自然资源法中的自然保护措施 ……………………（259）

第四编　环境责任法

第十三章　环境损害救济法 ………………………………………（275）
第一节　概述 …………………………………………………（275）
第二节　环境损害责任的构成 ………………………………（280）

第三节　环境损害责任的承担 …………………………………(284)
　　第四节　环境纠纷的行政处理 …………………………………(294)
第十四章　环境公益诉讼 ……………………………………………(298)
　　第一节　概述 ……………………………………………………(298)
　　第二节　环境公益诉讼的实现方式 ……………………………(303)
第十五章　危害环境犯罪制裁法 ……………………………………(312)
　　第一节　危害环境犯罪概述 ……………………………………(312)
　　第二节　我国刑法有关破坏环境与资源保护罪的规定 ………(314)

第五编　中国与国际环境法

第十六章　国际环境法的一般原理 …………………………………(327)
　　第一节　概述 ……………………………………………………(327)
　　第二节　中国与国际环境法的实践 ……………………………(341)
第十七章　国际环境法的主要内容 …………………………………(343)
　　第一节　大气保护和气候变化应对 ……………………………(343)
　　第二节　海洋保护 ………………………………………………(349)
　　第三节　自然保护 ………………………………………………(355)
　　第四节　废弃物及危险物质管理 ………………………………(364)
　　第五节　贸易与环境 ……………………………………………(370)

主要参考文献 …………………………………………………………(373)
文献索引 ………………………………………………………………(374)
事项索引 ………………………………………………………………(382)

细 目 录

绪论 ··· (1)
  第一节　环境问题及其对策概述 ······························· (1)
    一、环境、自然资源和生态系统的概念 ························· (1)
    二、环境保护与资源保护、生态保护的关系 ····················· (4)
    三、环境问题的成因和对策 ····································· (5)
  第二节　环境法学的研究对象和方法 ·························· (10)
    一、环境法学是法学体系中的新兴学科 ······················· (10)
    二、环境法学与其他部门法学学科以及与环境科学学科的关系 ····· (14)
    三、环境法学的学习和研究 ··································· (18)

第一编　环境法总论

第一章　环境法概述 ··· (23)
  第一节　环境法的概念 ··· (23)
    一、环境法的定义和特征 ····································· (23)
    二、环境法的渊源和分类 ····································· (25)
    三、环境法的目的 ··· (30)
  第二节　环境法的创制、发展和完善 ·························· (33)
    一、对外国环境法发展的历史考察 ···························· (33)
    二、中华人民共和国成立前的自然保护思想和自然资源管理立法 ··· (38)
    三、中国环境法(1949—2018年)的创制、发展与完善 ··········· (39)

第二章　环境法的基本原则 ··································· (48)
  第一节　预防原则 ·· (49)
    一、预防原则的概念 ··· (49)
    二、预防原则的适用 ··· (51)
  第二节　协调发展原则 ··· (52)
    一、协调发展原则的概念 ····································· (52)
    二、协调发展原则的适用 ····································· (54)
  第三节　原因者负担原则 ······································ (57)

一、原因者负担原则的概念 …………………………………………(57)
     二、原因者负担原则的适用 …………………………………………(60)
   第四节　公众参与原则 ……………………………………………………(61)
     一、公众参与原则的概念 ……………………………………………(61)
     二、公众参与原则的适用 ……………………………………………(64)
第三章　环境利用行为的主体及其权利义务 ……………………………………(67)
   第一节　环境利用行为与环境法律关系 …………………………………(67)
     一、环境利用行为 ……………………………………………………(67)
     二、环境法律关系 ……………………………………………………(69)
   第二节　公民(自然人)与公众 ……………………………………………(71)
     一、公民(自然人)、公众与环境保护组织的概念 …………………(71)
     二、公众的环境权益与公民的环境保护义务 ………………………(72)
   第三节　开发利用行为人 …………………………………………………(79)
     一、开发利用行为人的一般权利与义务 ……………………………(79)
     二、开发利用行为人的环境社会责任 ………………………………(81)
第四章　国家的环境保护义务 ……………………………………………………(83)
   第一节　国家环境保护义务概述 …………………………………………(83)
     一、积极作为的环境保护义务 ………………………………………(84)
     二、消极不作为的防止环境破坏义务 ………………………………(85)
     三、保障公民享受最低环境质量要求的给付义务 …………………(86)
   第二节　环境行政 …………………………………………………………(87)
     一、环境行政管理体制 ………………………………………………(87)
     二、环境保护的行政管理手段 ………………………………………(90)
     三、代表国家行使生态环境损害民事索赔权 ………………………(100)
   第三节　环境司法 …………………………………………………………(103)
     一、环境审判 …………………………………………………………(103)
     二、环境检察 …………………………………………………………(106)
   第四节　执政党中央与中央政府履行国家环境保护义务的政策手段 …(108)
第五章　环境基本法与综合性环境法律制度 ……………………………………(111)
   第一节　概述 ………………………………………………………………(111)
     一、环境基本法的概念 ………………………………………………(111)
     二、环境基本法确立综合性环境法律制度及其意义 ………………(114)
   第二节　环境标准 …………………………………………………………(115)
     一、概述 ………………………………………………………………(115)

二、强制性环境标准 …………………………………………… (116)
　　三、推荐性环境标准与其他环境标准 …………………………… (119)
　　四、强制性环境标准与环境行政的关系 ………………………… (121)
　第三节　环境规划 ……………………………………………………… (123)
　　一、概述 ……………………………………………………………… (123)
　　二、国民经济和社会发展规划中的环境保护篇章和专项规划 …… (124)
　　三、全国主体功能区规划 …………………………………………… (125)
　　四、环境规划的效力 ………………………………………………… (126)
　第四节　环境影响评价 ………………………………………………… (127)
　　一、概述 ……………………………………………………………… (127)
　　二、环境影响评价的对象 …………………………………………… (128)
　　三、环境影响评价的程序和内容 …………………………………… (129)
　　四、环境影响评价的公众参与 ……………………………………… (133)
　第五节　环境费和环境税 ……………………………………………… (133)
　　一、概述 ……………………………………………………………… (133)
　　二、我国的环境保护税制 …………………………………………… (135)
　　三、自然保护费制度 ………………………………………………… (139)
　　四、环境法上的优惠和鼓励措施 …………………………………… (142)
　第六节　突发环境事件应急 …………………………………………… (143)
　　一、概述 ……………………………………………………………… (143)
　　二、突发环境事件的定义和分类 …………………………………… (144)
　　三、突发环境事件应急组织体系和综合协调机构 ………………… (145)
　　四、突发环境事件管理的运行机制 ………………………………… (145)

第二编　污染控制法

第六章　污染控制法概述 …………………………………………………… (149)
　第一节　环境污染的概念与特征 ……………………………………… (149)
　　一、环境污染的概念 ………………………………………………… (149)
　　二、环境污染的特征 ………………………………………………… (151)
　　三、污染物与环境污染类型 ………………………………………… (152)
　第二节　污染控制法及其制度体系 …………………………………… (153)
　　一、污染控制法的概念 ……………………………………………… (153)
　　二、污染控制法的制度体系 ………………………………………… (153)

第七章　环境污染防治法 ……………………………………………………(160)

第一节　大气污染防治法 …………………………………………………(160)
一、概述 ……………………………………………………………(160)
二、大气污染防治的制度措施 ……………………………………(161)

第二节　水污染防治法 ……………………………………………………(166)
一、概述 ……………………………………………………………(166)
二、水污染防治的制度措施 ………………………………………(168)

第三节　海洋污染防治法 …………………………………………………(173)
一、概述 ……………………………………………………………(173)
二、海洋污染防治的制度措施 ……………………………………(174)

第四节　土壤污染防治法 …………………………………………………(178)
一、概述 ……………………………………………………………(178)
二、土壤污染防治的制度措施 ……………………………………(181)

第八章　物质循环与化学物质环境风险管理法 ……………………………(184)

第一节　物质循环管理法概述 ……………………………………………(184)
一、物质循环的概念 ………………………………………………(184)
二、物质循环管理的立法沿革 ……………………………………(184)

第二节　固体废物管理的制度措施 ………………………………………(186)
一、概述 ……………………………………………………………(186)
二、对固体废物实行减量化、资源化和无害化管理 ……………(187)

第三节　促进清洁生产和循环经济的制度措施 …………………………(191)
一、清洁生产促进制度 ……………………………………………(191)
二、循环经济促进制度 ……………………………………………(193)
三、合理开发利用能源过程中的环境管理 ………………………(194)

第四节　化学物质环境风险管理的制度措施 ……………………………(203)
一、概述 ……………………………………………………………(203)
二、我国化学物质环境管理制度的构建 …………………………(204)

第九章　能量危害防除法 ……………………………………………………(207)

第一节　环境噪声与振动控制法 …………………………………………(207)
一、概述 ……………………………………………………………(207)
二、环境噪声污染防治的主要法律制度 …………………………(209)
三、关于振动控制的规定 …………………………………………(212)

第二节　放射性污染防控与核安全法 ……………………………………(212)
一、概述 ……………………………………………………………(212)

二、我国放射性污染防治与核安全的制度措施……………………（214）
　第三节　其他能量流污染危害的法律控制………………………（220）
　　一、电磁辐射污染……………………………………………（220）
　　二、光照妨害…………………………………………………（222）

第三编　自然保护法

第十章　自然保护法概述……………………………………………（227）
　第一节　自然保护法概述…………………………………………（227）
　　一、自然保护的概念…………………………………………（227）
　　二、自然保护法的几个重要概念……………………………（228）
　第二节　自然保护法的制度体系…………………………………（231）
　　一、自然保护法的分类………………………………………（231）
　　二、自然保护法的共同制度与措施…………………………（232）

第十一章　自然地域和野生生物保护法……………………………（235）
　第一节　自然地域保护……………………………………………（235）
　　一、自然保护区………………………………………………（235）
　　二、风景名胜区与城市景观…………………………………（238）
　　三、海洋生态、海域与海岛保护……………………………（240）
　第二节　野生生物及其生境保护…………………………………（245）
　　一、野生生物及其生境的概念………………………………（245）
　　二、野生动物保护的制度措施………………………………（246）
　　三、野生植物保护的制度措施………………………………（250）
　　四、对外来物种入侵的法律控制……………………………（251）

第十二章　自然资源法中的自然保护措施…………………………（254）
　第一节　自然资源法的概念………………………………………（254）
　　一、自然资源立法与权益保护………………………………（254）
　　二、自然资源及其法律保护的特有原则……………………（257）
　　三、自然资源使用权的行使与自然保护的关系……………（258）
　第二节　自然资源法中的自然保护措施…………………………（259）
　　一、土地资源合理开发利用制度中的保护措施……………（259）
　　二、森林资源合理开发利用制度中的保护措施……………（264）
　　三、草原资源合理开发利用制度中的保护措施……………（268）
　　四、水资源合理开发利用制度中的保护措施………………（270）

第四编　环境责任法

第十三章　环境损害救济法 (275)
第一节　概述 (275)
一、环境损害的概念 (275)
二、环境损害的特征 (276)
三、对环境损害实行无过失责任 (278)
第二节　环境损害责任的构成 (280)
一、责任构成无需过失要件 (280)
二、违法性的判断以实际损害为准 (281)
三、环境损害的范围从人身、财产损害扩大到生态环境损害 (282)
四、因果关系的确定实行推定制 (283)
第三节　环境损害责任的承担 (284)
一、承担方式 (284)
二、免责事由 (288)
三、诉讼时效与赔偿责任社会化 (290)
第四节　环境纠纷的行政处理 (294)
一、环境纠纷行政处理的意义 (294)
二、环境纠纷与自然资源纠纷的区别 (295)
三、环境纠纷的行政处理方式 (295)

第十四章　环境公益诉讼 (298)
第一节　概述 (298)
一、环境公益诉讼的概念 (298)
二、环境公益诉讼兴起的缘由 (299)
三、环境公益诉讼的特点 (300)
四、环境公益诉讼的救济手段 (301)
第二节　环境公益诉讼的实现方式 (303)
一、环境民事公益诉讼 (303)
二、环境行政公益诉讼 (310)

第十五章　危害环境犯罪制裁法 (312)
第一节　危害环境犯罪概述 (312)
一、危害环境犯罪立法的理论与实践 (312)
二、危害环境犯罪立法的意义 (313)
第二节　我国刑法有关破坏环境与资源保护罪的规定 (314)

一、破坏环境与资源保护罪立法概述 ……………………………（314）
　　二、环境污染的犯罪 ………………………………………………（316）
　　三、破坏自然资源保护的犯罪 ……………………………………（320）
　　四、与危害环境行为相关的犯罪 …………………………………（323）

第五编　中国与国际环境法

第十六章　国际环境法的一般原理 ……………………………（327）
第一节　概述 ………………………………………………………（327）
　　一、国际环境法的概念 ……………………………………………（327）
　　二、国际环境法律实践存在的问题 ………………………………（338）
第二节　中国与国际环境法的实践 ………………………………（341）
　　一、中国应对全球环境问题的基本立场 …………………………（341）
　　二、国际环境法在中国的适用 ……………………………………（341）

第十七章　国际环境法的主要内容 ……………………………（343）
第一节　大气保护和气候变化应对 ………………………………（343）
　　一、越境大气污染 …………………………………………………（343）
　　二、臭氧层耗损及其控制 …………………………………………（344）
　　三、全球气候变化及其控制 ………………………………………（346）
第二节　海洋保护 …………………………………………………（349）
　　一、《联合国海洋法公约》 …………………………………………（349）
　　二、针对特定类型海洋污染问题的专门公约 ……………………（350）
第三节　自然保护 …………………………………………………（355）
　　一、生物资源 ………………………………………………………（355）
　　二、自然地域 ………………………………………………………（359）
第四节　废弃物及危险物质管理 …………………………………（364）
　　一、危险废物的管理 ………………………………………………（364）
　　二、危险化学品的管理 ……………………………………………（366）
　　三、核活动及其损害的控制 ………………………………………（367）
第五节　贸易与环境 ………………………………………………（370）

主要参考文献 ………………………………………………………（373）
文献索引 ……………………………………………………………（374）
事项索引 ……………………………………………………………（382）

Contents

Introduction ·· (1)
  0.1   Overview of Environmental Problems and Their
        Countermeasures ·· (1)
      0.1.1 Concepts of Environment, Natural Resources and Ecosystem ············ (1)
      0.1.2 Relationships among Environmental Protection, Resources Conservation,
            and Ecological Protection ·· (4)
      0.1.3 Environmental Problems: Causes and Countermeasures ···················· (5)
  0.2   Research Subjects and Methods of Science of Environmental
        Law ·· (10)
      0.2.1 Science of Environmental Law: An Emerging Discipline ················ (10)
      0.2.2 Relationships among Science of Environmental Law and Other Branches of
            Law Sciences and Environmental Sciences ······································ (14)
      0.2.3 Study and Research into Environmental Law ·································· (18)

Part I General Theories of Environmental Law

Chapter 1 Overview of Environmental Law ··· (23)
  1.1   Concept of Environmental Law ··· (23)
      1.1.1 Definition and Characteristics of Environmental Law ······················ (23)
      1.1.2 Sources and Classification of Environmental Law ··························· (25)
      1.1.3 Purpose of Environmental Law ·· (30)
  1.2   Creation, Development and Improvement of Environmental
        Law ·· (33)
      1.2.1 History of Foreign Environmental Laws ·· (33)
      1.2.2 Ideology of Natural Conservation and Legislations on Natural
            Resources Management before the Foundation of PRC ··················· (38)
      1.2.3 Creation, Development and Improvement of PRC's Environmental
            Law (1949—2018) ·· (39)
Chapter 2 Basic Principles of Environmental Law ··································· (48)
  2.1   Prevention Principle ·· (49)

    2.1.1　Concept of Prevention Principle ……………………………………… (49)

    2.1.2　Application of Prevention Principle ……………………………………… (51)

2.2　Principle of Coordinated Development …………………………………… (52)

    2.2.1　Concept of Principle of Coordinated Development ……………………… (52)

    2.2.2　Application of Principle of Coordinated Development …………………… (54)

2.3　Causer Pays Principle ………………………………………………………… (57)

    2.3.1　Concept of Causer Pays Principle ………………………………………… (57)

    2.3.2　Application of Causer Pays Principle ……………………………………… (60)

2.4　Principle of Public Participation …………………………………………… (61)

    2.4.1　Concept of Principle of Public Participation ……………………………… (61)

    2.4.2　Application of Principle of Public Participation …………………………… (64)

Chapter 3　Subjects of Environmental Utilization Behavior and Their Rights and Obligations ……………………………………………………… (67)

3.1　Environmental Utilization Behavior and Environmental Legal Relation …………………………………………………………………… (67)

    3.1.1　Environmental Utilization Behavior ……………………………………… (67)

    3.1.2　Environmental Legal Relation ……………………………………………… (69)

3.2　Citizens (Natural Persons) and General Public …………………………… (71)

    3.2.1　Concept of Citizens (Natural Persons), General Public and Environmental Protection Organizations …………………………………… (71)

    3.2.2　General Public's Environmental Rights and Interests and Environmental Protection Obligations of Citizen ………………………… (72)

3.3　Subject of Exploiting Utilization Behavior ………………………………… (79)

    3.3.1　General Rights and Obligations of Subject of Exploiting Utilization Behavior …………………………………………………………………… (79)

    3.3.2　Environmental Social Responsibility of Subject of Exploiting Utilization Behavior ………………………………………………………… (81)

Chapter 4　Environmental Protection Obligations of the State ……………… (83)

4.1　Overview of Environmental Protection Obligations of the State ……… (83)

    4.1.1　Obligations of Active Action of Environmental Protection ……………… (84)

    4.1.2　Obligations of Negative Inaction to Prevent Environmental Damage …… (85)

    4.1.3　Obligations to Pay to Ensure Citizens Enjoy the Minimum Environmental Quality Requirements ……………………………………… (86)

4.2　Environmental Administration ……………………………………………… (87)

    4.2.1　Environmental Administration System …………………………………… (87)

    4.2.2　Environmental Protection Administrative Measures ……………………… (90)

    4.2.3 Civil Damage Claims on Behalf of the State for the Compensation of Ecological Environmental Damages ...... (100)
  4.3 Environmental Justice ...... (103)
    4.3.1 Environmental Trial ...... (103)
    4.3.2 Environmental Prosecution ...... (106)
  4.4 Policy Measures for the Central Committee of the Ruling Party and the Central Government to Fulfill National Environmental Protection Obligations ...... (108)
Chapter 5 Environmental Basic Law and Comprehensive Environmental Legal System ...... (111)
  5.1 Overview ...... (111)
    5.1.1 Concept of Environmental Basic Law ...... (111)
    5.1.2 Comprehensive Environmental Protection System Established by the Environmental Basic Law and its Significance ...... (114)
  5.2 Environmental Standards ...... (115)
    5.2.1 Overview ...... (115)
    5.2.2 Mandatory Environmental Standards ...... (116)
    5.2.3 Recommended Environmental Standards and Other Environmental Standards ...... (119)
    5.2.4 Relationship between Mandatory Environmental Standards and Environmental Administration ...... (121)
  5.3 Environmental Planning ...... (123)
    5.3.1 Overview ...... (123)
    5.3.2 Environmental Protection Chapter and Special Planning in the National Economic and Social Development Plan ...... (124)
    5.3.3 National Main Functional Zoning Planning ...... (125)
    5.3.4 Effectiveness of Environmental Planning ...... (126)
  5.4 Environmental Impact Assessment ...... (127)
    5.4.1 Overview ...... (127)
    5.4.2 Object of Environmental Impact Assessment ...... (128)
    5.4.3 Procedures and Contents of Environmental Impact Assessment ...... (129)
    5.4.4 Public Participation in Environmental Impact Assessment ...... (133)
  5.5 Environmental Fee and Environmental Tax ...... (133)
    5.5.1 Overview ...... (133)
    5.5.2 Environmental Protection Tax System in China ...... (135)
    5.5.3 Nature Conservation Fee System ...... (139)

5.5.4　Discounts and Incentives ……………………………………… (142)

5.6　Response to Environmental Emergencies ……………………… (143)

5.6.1　Overview ……………………………………………………… (143)

5.6.2　Definition and Classification of Environmental Emergencies ………… (144)

5.6.3　Emergency Organization System and Comprehensive Coordination Agency of Environmental Emergencies ………………………… (145)

5.6.4　Operating Mechanism of Management of Environmental Emergencies …… (145)

Part II　Pollution Prevention and Control Law

Chapter 6　Overview of Environmental Pollution Prevention and Control Law ……………………………………………………… (149)

6.1　Concept and Characteristics of Environmental Pollution ………… (149)

6.1.1　Concept of Environmental Pollution ………………………… (149)

6.1.2　Characteristics of Environmental Pollution ………………… (151)

6.1.3　Classification of Pollutants and Environmental Pollution ………… (152)

6.2　Legal System of Pollution Prevention and Control Law ………… (153)

6.2.1　Concept of Pollution Prevention and Control law …………… (153)

6.2.2　Legal System of Pollution Prevention and Control Law ……… (153)

Chapter 7　Environmental Pollution Prevention and Control Law …………… (160)

7.1　Air Pollution Prevention and Control Law …………………… (160)

7.1.1　Overview ……………………………………………………… (160)

7.1.2　Institutional Measures of Prevention and Control of Air Pollution ………… (161)

7.2　Water Pollution Prevention and Control Law ………………… (166)

7.2.1　Overview ……………………………………………………… (166)

7.2.2　Institutional Measures of Prevention and Control of Water Pollution …… (168)

7.3　Marine Pollution Prevention and Control Law ………………… (173)

7.3.1　. Overview …………………………………………………… (173)

7.3.2　Institutional Measures of Prevention and Control of Marine Pollution … (174)

7.4　Soil Pollution Prevention and Control Law …………………… (178)

7.4.1　Overview ……………………………………………………… (178)

7.4.2　Institutional Measures of Prevention and Control of Soil Pollution ………… (181)

Chapter 8　Material Cycle and Chemicals Environmental Risk Management Law ……………………………………………………………… (184)

8.1　Overview of Material Cycle Management Law ………………… (184)

8.1.1　Concept of Material Cycle …………………………………… (184)

8.1.2　Legislative Evolution of Material Cycle Management ……………… (184)
8.2　Institutional Measures of Solid Waste Management ……………… (186)
　8.2.1　Overview ……………………………………………………… (186)
　8.2.2　Reducing, Recycling, and Harmless Management of Solid Waste ……… (187)
8.3　Institutional Measures of Promoting Cleaner Production and
　　　Recycling Economy ………………………………………………… (191)
　8.3.1　Cleaner Production Promotion System ………………………… (191)
　8.3.2　Circular Economy Promotion System ………………………… (193)
　8.3.3　Environmental Management in the Process of Rational Development and
　　　　Utilization of Energy ……………………………………………… (194)
8.4　Institutional Measures of Environmental Risk Management of
　　　Chemicals ………………………………………………………… (203)
　8.4.1　Overview ……………………………………………………… (203)
　8.4.2　Construction of China's Chemicals Environmental Management System ………
　　　　……………………………………………………………………… (204)

Chapter 9　Energy Hazard Prevention and Control Law ……………… (207)
9.1　Environmental Noise and Vibration Control Law ……………… (207)
　9.1.1　Overview ……………………………………………………… (207)
　9.1.2　Main Legal System for Prevention and Control of Environmental Noise
　　　　Pollution ………………………………………………………… (209)
　9.1.3　Regulations on Vibration Control ……………………………… (212)
9.2　Radioactive Pollution Prevention and Control and Nuclear Safety
　　　Law ………………………………………………………………… (212)
　9.2.1　Overview ……………………………………………………… (212)
　9.2.2　Institutional Measures of China's Radioactive Pollution Prevention and
　　　　Control and Nuclear Safety ……………………………………… (214)
9.3　Legal Control of Other Energy Flow Pollution Hazards ………… (220)
　9.3.1　Electromagnetic Radiation Pollution …………………………… (220)
　9.3.2　Illumination Hinders …………………………………………… (222)

Part III　Nature Conservation Law

Chapter 10　Overview of Nature Conservation Law ……………………… (227)
10.1　Overview ………………………………………………………… (227)
　10.1.1　Concept of Nature Conservation ……………………………… (227)
　10.1.2　Several Important Concepts of Nature Conservation Law ……… (228)

10.2　Institutional System of Nature Conservation Law ……… (231)
　10.2.1　Classification of Nature Conservation Law ……… (231)
　10.2.2　Common Institutions and Measures of Nature Conservation Law ……… (232)

Chapter 11　Natural Areas and Wildlife Conservation Law ……… (235)
　11.1　Natural Areas Conservation ……… (235)
　　11.1.1　Nature Reserve ……… (235)
　　11.1.2　Scenic Spots and Urban Landscape ……… (238)
　　11.1.3　Marine Ecology, Ocean and Island Protection ……… (240)
　11.2　Wildlife and Its Habitat Conservation ……… (245)
　　11.2.1　Concept of Wildlife and Its Habitat ……… (245)
　　11.2.2　Institutional Measures for Wildlife Conservation ……… (246)
　　11.2.3　Institutional Measures for Conservation of Wild Plants ……… (250)
　　11.2.4　Legal Control of Alien Species Invasion ……… (251)

Chapter 12　Nature Conservation Measures in Natural Resources Law ……… (254)
　12.1　Concept of Natural Resources Law ……… (254)
　　12.1.1　Natural Resources Legislation and Protection of Rights and Interests ……… (254)
　　12.1.2　Unique Principles of Natural Resources and Their Legal Protection ……… (257)
　　12.1.3　Relationship between Exercising the Right to Use Natural Resources and Nature Conservation ……… (258)
　12.2　Nature Conservation Measures in Natural Resources Law ……… (259)
　　12.2.1　Protection Measures in Rational Exploitation and Utilization of Land Resources ……… (259)
　　12.2.2　Protection Measures in Rational Exploitation and Utilization of Forest Resources ……… (264)
　　12.2.3　Protection Measures in Rational Exploitation and Utilization of Grassland Resources ……… (268)
　　12.2.4　Protection Measures in the System of Rational Exploitation and Utilization of Water Resources ……… (270)

Part IV　Environmental Liability Law

Chapter 13　Laws on Remedies for Environmental Damage ……… (275)
　13.1　Overview ……… (275)
　　13.1.1　Concept of Environmental Damage ……… (275)
　　13.1.2　Characteristics of Environmental Damage ……… (276)
　　13.1.3　No-Fault Liability for Environmental Damage ……… (278)

13.2　Constitutive Elements of Environmental Damage Liability ……… (280)
　　13.2.1　Liability without Fault ……………………………………… (280)
　　13.2.2　Actual Damage ……………………………………………… (281)
　　13.2.3　Extended Damage Scope: Ecological Damage …………… (282)
　　13.2.4　Presumption of Causal Relationship ……………………… (283)
13.3　Accountability of Environmental Damage Liability …………… (284)
　　13.3.1　Methods of Accountability ………………………………… (284)
　　13.3.2　Exemptions ………………………………………………… (288)
　　13.3.3　Time Limit and Liability Socialization …………………… (290)
13.4　Administrative Settlement of Environmental Dispute ………… (294)
　　13.4.1　Significances of Administrative Settlement of Environmental Disputes ……………………………………………………………… (294)
　　13.4.2　Differences between Environmental Disputes and Natural Resources Disputes …………………………………………………… (295)
　　13.4.3　Methods of Administrative Settlement of Environmental Disputes …… (295)

Chapter 14　Environmental Public Interests Litigation ………… (298)
14.1　Overview ………………………………………………………… (298)
　　14.1.1　Concept of Environmental Public Interests Litigation …… (298)
　　14.1.2　Cause of Rise in Environmental Public Interests Litigation …… (299)
　　14.1.3　Characteristics of Environmental Public Interests Litigation …… (300)
　　14.1.4　Remedies for Environmental Public Interests Litigation … (301)
14.2　Types of Environmental Public Interests Litigation …………… (303)
　　14.2.1　Civil Environmental Public Interests Litigation …………… (303)
　　14.2.2　Administrative Environmental Public Interests Litigation … (310)

Chapter 15　Sanctions against Environmental Crimes ………… (312)
15.1　Overview of Environmental Crimes …………………………… (312)
　　15.1.1　Theory and Practice of Legislations on Environmental Crimes …… (312)
　　15.1.2　Significance of Legislations on Environmental Crimes … (313)
15.2　Provisions of China's Criminal Law on Crimes of Undermining Protection of the Environment and Resources ………………… (314)
　　15.2.1　Overview of Legislations on Crimes of Undermining Protection of the Environment and Resources ……………………… (314)
　　15.2.2　Crimes Related to Environmental Pollution ……………… (316)
　　15.2.3　Crimes of Destroying Natural Resources and Nature Conservation …… (320)
　　15.2.4　Other Relevant Crimes …………………………………… (323)

Part V China and International Environmental Law

Chapter 16　General Principle of International Environmental Law ……… (327)
　　16.1　Overview ……… (327)
　　　　16.1.1　Concept of International Environmental Law ……… (327)
　　　　16.1.2　Problems in International Environmental Legal Practice ……… (338)
　　16.2　China and Practice of International Environmental Law ……… (341)
　　　　16.2.1　Basic Position of China Dealing with Global Environmental Problems ……… (341)
　　　　16.2.2　Application of International Environmental Law in China ……… (341)
Chapter 17　Major Contents of International Environmental Law ……… (343)
　　17.1　Atmospheric Protection and Response to Climate Change ……… (343)
　　　　17.1.1　Transboundary Air Pollution ……… (343)
　　　　17.1.2　Depletion and Control of Ozone Sphere ……… (344)
　　　　17.1.3　Global Climate Change and Its Control ……… (346)
　　17.2　Marine Protection ……… (349)
　　　　17.2.1　*United Nations Convention on the Law of the Sea* ……… (349)
　　　　17.2.2　Special Convention for Specific Types of Marine Pollution ……… (350)
　　17.3　Nature Conservation ……… (355)
　　　　17.3.1　Biological Resources ……… (355)
　　　　17.3.2　Natural Areas ……… (359)
　　17.4　Management of Wastes and Hazardous Substances ……… (364)
　　　　17.4.1　Management of Hazardous Wastes ……… (364)
　　　　17.4.2　Management of Hazardous Chemicals ……… (366)
　　　　17.4.3　Nuclear Activities and Control of Its Damage ……… (367)
　　17.5　Trade and Environment ……… (370)

Bibliography ……… (373)
Index of Documents ……… (374)
Index of Key Words ……… (382)

绪　　论

绪论　导教导学

第一节　环境问题及其对策概述

一、环境、自然资源和生态系统的概念

（一）环境

尽管我们对环境（environment）一词耳熟能详，但对环境的解释却因人而异。如在社会环境、生活环境、投资环境等语境下，环境既可以被描绘为一个有限的范围，又可以被描绘为物质要素或者是无限的空间。环境总是相对于某一中心事物而言，它因中心事物的不同而不同，随中心事物的变化而变化，反映了一定时期、一定状态下人类对环境概念内涵和外延的主观认识。

对环境和环境问题进行全面、系统研究的是环境科学，它以人类为中心事物。环境科学中的环境，是指人群周围的境况及其中可以直接、间接影响人类生活和发展的各种自然因素和社会因素的总体，包括自然因素的各种物质、现象和过程及在人类历史中的社会、经济成分。① 环境既包含了自然因素，也包含了社会和经济等因素。

从法的角度给环境下一个明确的定义是比较困难的。较之于自然科学而言，将习惯用语或专门术语应用于环境立法中，就必须明确定义的内涵、外延及其范畴界限，以保证法律适用不出现理解的偏差。

环境的定义直接影响着环境法的目的、适用范围和效力，所以环境立法一般将环境的范畴确定在以人类为中心的环境利用行为（environmental utilization behavior）范围之内，例如，1972年联合国人类环境会议在《人类环境宣言》中就使用了"人类环境"（human environment）的概念。

目前，各国环境立法给环境下定义有如下几种类别：

第一类是概括性地将环境在立法上作类别化描述。例如，1991年保加利亚《环境保护法》和1987年葡萄牙《环境基本法》将环境的范围定义为现实中所有的自然环境和人类环境。概括性描述的优点在于包容性，但某些场合下个别物质或者要素是否属于法律上"环境"的范畴则需要立法机关另行解释。

第二类是采用类别化的方法在立法上作列举式描述。例如，1969年美国《国家环境政策法》将环境分为自然环境和人为环境两大类，并列举为包括但不限于空气和

---

① 参见《中国大百科全书·环境科学》，中国大百科全书出版社2002年版，第134页。

水(包括海域、港湾、河口和淡水)以及陆地环境(包括森林、干地、湿地、山脉、城市、郊区和农村环境)。而1993年日本《环境基本法》则直接列举了大气、水、土壤、安宁、森林、农地、水边地、野生生物物种、生态系统的多样性。采用这种方法的还有1990年英国的《环境保护法》。由于类别化和列举式描述也没有对环境作定性解释,因此需要由单项法律重新规定或者由立法机关或法院对未在立法中列举的物质或者要素根据实际作出解释。

第三类是采用概括加列举式的方法在立法上作出规定。我国2014年《环境保护法》第2条对环境的定义作了概括加列举式的解释:"*本法所称环境,是指影响人类生存和发展的各种天然的和经过人工改造的自然因素的总体,包括大气、水、海洋、土地、矿藏、森林、草原、湿地、野生生物、自然遗迹、人文遗迹、自然保护区、风景名胜区、城市和乡村等。*"①20世纪90年代以后,欧洲国家环境立法对"环境"所下的定义也在朝向概括加列举解释的方向发展。较之于上述第一类和第二类规定而言,概括加列举式的解释方法对法律的适用显得更加灵活,且便于立法机关未来对该定义做扩充解释。因为概括性解释虽然反映了环境概念的基本特性,但比较抽象,适用时难以把握。而列举性解释虽然简明扼要,但存在着理解不直观和举一漏万的缺陷,适用时同样不易把握。

我国《环境保护法》给环境下的定义中包含着三方面的寓意:第一,将环境的范畴限定在对人类生存与发展有影响的自然因素范围内,不包括社会、经济等其他因素;第二,这种自然因素既包括各种天然的环境,也包括经过人工改造的环境;第三,与自然因素融合的自然资源、历史遗迹与自然状态(如自然因素的复合体景观)也因其自然的本质属性而属于环境的范畴。

本书认为,由于享受环境的人类主体呈广泛、多元之势,而大多数环境要素的外在形式和内在性状都有别于传统法的"物"的特性,使得环境的范畴既包含公物(public property)也包含共有物(communal property)、共益物(property of common benefits)。因此在传统物权法存在的前提下,若不将环境的存在价值及其对人类生存繁衍的生态利益上升为一种法益,法律就很难对环境要素实施保护。因不同时期、不同性质和不同门类的法律对这些物的保护和调整方法各异,所以欲通过制定专门法律保护环境还面临着传统法上的诸多阻碍,需要我们不断地在对传统法律的改革和创新中发展环境保护的法律。

科学技术的进步使人类对地球环境乃至外空环境的影响已越来越大,人类对环境的认识也开始从以人类为中心向以生物圈和地球整体为中心的方向转变,开始强调"非人类中心的环境准则"(non-anthropocentric formula of environment)。在这个

---

① 1979年《环境保护法(试行)》和1989年《环境保护法》对"环境"定义所列举的要素并不包含"湿地"。考虑到中国于1992年加入《湿地公约》(参见本书第十七章第三节)以及部分地方性法规对湿地保护作出了专门规定,2014年修订的《环境保护法》将"湿地"增列为环境要素。

背景下，全球环境、生态系统以及气候等与环境相关的概念在环境立法中的使用频率也越来越高。2011年6月由国务院发布的《全国主体功能区规划》首次提出了"国土空间"(space of national land)的概念。该"国土空间"是指国家主权与主权权利管辖下的地域空间，是国民生存的场所和环境，包括陆地、陆上水域、内水、领海、领空等。从政府环境管理的范围上看，国土空间的概念已将环境概念的外延予以了扩大，更加强调地域空间对人类生存和环境的重要作用。

（二）自然资源

自然资源(natural resources)是环境法学研究中与环境并列的、经常被提及的概念。

1972年联合国环境规划署(United Nations Environment Programme, UNEP)给自然资源下的定义是：在一定时间条件下，能够产生经济价值，提高人类当前和未来福利的自然环境因素的总称。[1]

我国1982年《宪法》第9条规定："矿藏、水流、森林、山岭、草原、荒地、滩涂等自然资源，都属于国家所有，即全民所有；由法律规定属于集体所有的森林和山岭、草原、荒地、滩涂除外。国家保障自然资源的合理利用，保护珍贵的动物和植物。禁止任何组织或者个人用任何手段侵占或者破坏自然资源。"这里所谓的自然资源，指的就是与环境融为一体、天然存在的具有经济价值的环境要素。1987年由国务院组织编写的《中国自然保护纲要》[2]对自然资源作了概括性规定，即"在一定的技术经济条件下，自然界中对人类有用的一切物质和能量都称为自然资源"。该纲要确立的自然资源包括土地、森林、草原和荒漠、物种、陆地水资源、河流、湖泊和水库、沼泽和海涂、海洋矿产资源、大气以及区域性的自然环境与资源。

自然资源与环境是密不可分的，它们属于环境要素中可被人类利用的自然物质和能量。例如，《中国自然保护纲要》所列举的自然资源大多已为《环境保护法》对环境的解释所包含，而人类对自然资源的开发利用行为(development and utilization behavior)也直接改变着环境的结构，从而对环境造成不利于人类生存的影响（参见第十二章）。

（三）生态系统

生态系统(ecosystem)是指在一定时间和空间内，生物与其生存环境以及生物与生物之间相互作用，彼此通过物质循环、能量流动和信息交换，形成的不可分割的自然整体。[3] 生态系统是自然界的基本功能单元，它不仅包括生物群落，而且还包括环境条件，它们在一定范围内共同组成了一个动态的平衡系统。

生态系统在结构上包括生产者、消费者、分解者、无生命物质四大部分，构成生态系统的各个要素与环境要素基本重合。与环境概念不同的是，生态系统是以整个地

---

[1] 转引自刘天齐主编：《环境保护通论》，中国环境科学出版社1997年版，第82页。
[2] 《中国自然保护纲要》编写委员会编：《中国自然保护纲要》，中国环境科学出版社1987年版。
[3] 参见《中国大百科全书·环境科学》，中国大百科全书出版社2002年版，第328页。

球上的生物及其环境等客观存在为中心,而不是以人类为中心。在生态学研究看来,地球上所有生物(包括人类)与环境都是生态系统的组成部分。

生态学研究认为,生态系统内部种群之间呈动态相互作用,所以生态系统一直保持在相对的动态平衡之中。在一定时期某些物种的数量可能增加,而在另一时期它们又可能减少并被其他物种所取代。如果排除人类行为的干预,一个平衡较好的生态系统的变化是非常缓慢的。为此美国学者 B. 康芒纳将生态学称为"有关行星家政的科学"。他认为人类应当时刻牢记生态学的四项基本法则:一是任何事物彼此关联(牵一发动全身);二是任何事物有其去向(热力学第一定律);三是自然原始存在最好(不要改造自然);四是没有免费的午餐(人类将为自己的行为付出代价)。[①]

值得一提的是,我国 1978 年《宪法》第 11 条第 3 款曾规定:"国家保护环境和自然资源,防治污染和其他公害。"1982 年《宪法》将这一规定修改调整为第 26 条第 1 款,即"国家保护和改善生活环境和生态环境,防治污染和其他公害"。按照当时修宪的意图,是将环境保护的对象类型化为以人类生产生活活动为中心的周边环境和以生态系统为中心的自然要素,以为未来环境立法与环境监管提供区分适用对象和范围的依据。为了文字上对仗,1982 年《宪法》将前者表述为"生活环境"、将后者表述为"生态环境"。这里的"生态环境"是指由生态系统构成的广域自然要素的总和。目前,"生态环境"一词已约定俗成为中国环境保护立法和执政党政策文件中经常使用的概念,其内涵包含广义的环境和生态系统(参见第一章第一节)。

二、环境保护与资源保护、生态保护的关系

通常我们会使用环境保护的概念来概括对环境、自然资源和生态系统三者的保护,因为它们是决定人类社会、经济发展的统一外部条件。然而,当我们了解到它们三者在概念上的异同之后,就不难发现对它们三者进行保护同样在目的上也存在着如下差别:

环境保护的目的是维持人类社会发展的外部条件,为人类的繁衍和健康奠定生存基础。自然资源保护的目的是维持人类经济发展的外部条件,为人类福利的持续增长奠定物质基础。生态保护的目的则是将人类还原到自然的原始存在之中,从生物圈平等的境界强调人类及其发展的所有外部条件都应当符合生态系统平衡的自然规律。也就是说,只有将地球上唯一具有创造和改造自然能力的人类的思想和行为统一到符合生态系统平衡的规律上来,才能为人类社会的可持续发展奠定基础和提供保障。

从一般意义上讲,环境保护和生态保护的外延较大,目的是实质性地协调人类环境利用行为与其生存环境之间的关系。自然资源保护的外延较小,目的主要在于维持人类对自然资源的持续利用,同时间接实现自然保护的目的。只有认识到这一点,

---

① 参见〔美〕B. 康芒纳:《封闭圈》,侯文蕙译,甘肃科学技术出版社 1990 年版,第 26—37 页。

我们才能进一步辨析各单项环境保护法律各自的立法目的与制度特征。

三、环境问题的成因和对策

(一) 环境问题及其演变

环境问题是指由于人类活动或自然原因使环境条件发生不利于人类的变化，以致影响人类的生产和生活，给人类带来灾害的现象。

在环境科学研究中，一般将环境问题分为两大类：一类是指由自然原因引起的自然灾害，这被称为第一环境问题或原生环境问题；另一类是指由人为原因引起的环境污染或自然破坏，这被称为第二环境问题或次生环境问题。

随着自然科学研究的发展和人类对环境问题本质认识的深入，许多过去被认为是由自然原因引起的第一环境问题，现在看来也与人类的活动有关。当人类活动对自然环境的干扰达到一定的程度时，就可能演变成表现为第一环境问题的自然灾害等。尽管这种干扰的进程很慢，但是它们积累到一定程度时必然会反映出来。

作为环境立法控制对象的环境问题，主要是指第二环境问题。① 根据第二环境问题的具体表现形式，它主要又可以分为环境污染问题和生态破坏问题两种。前者是指由于人类在工业生产、生活活动等过程中，将大量污染物质以及未能完全利用的能源（能量，energy）排放到环境之中，致使环境质量明显下降的现象。后者是指由于人类不合理开发利用自然资源，以及从事大规模建设活动或其他对环境有影响的活动（如核试验、生物实验等）而给环境带来显著不利变化的现象。

环境问题是随着人类的进化发展而不断演变发展起来的。从事地学或生态学研究的中外学者一致认为，地球环境的大部分变化是人为因素引起的。在人类社会的历史进程中，从旧石器时代开始人类掌握对火的使用便首开人类破坏环境之先河。② 而自人类开始有意识地定居生活以后，以居住地为中心的环境退化开始全面蔓延。实践证明，人类社会越发达，以过度捕猎、过度耕作和过度拥挤以及以环境污染和生态破坏等为代表的环境问题就越突出。

综观现代环境问题的演变历程，大体上可以将其分为地域环境问题时期、国际环境问题时期以及全球环境问题时期这三个历史阶段。

---

① 关于第二环境问题，在西方环境法学研究的著作中，也有称之为环境退化问题（the problems of environmental degradation）或者环境破坏问题（the problems of environmental destruction）的。与环境问题的概念一样，这些概念的提出都是基于不同的研究角度或不同的研究方法，其本质与环境问题是相同的。

② 人们一般将人类懂得使用火作为早期人类进步的重要标志。美国学者达斯曼先生在《环境保持》一书中曾论述道，"从旧石器时代开始，当原始人类懂得使用工具来维持生活，以及懂得火的作用（如取暖、烧食物等）后，在前农业人类时期，他们一代又一代的有意或无意地通过火烧他们周围的自然环境，从而获取他们的所需，并且以此来改变环境。这种局面在美洲先于欧洲出现，而印第安人的活动则有上万年的历史。由于缺乏全人类的干预，某些人类所需要的植物有时可能就在这些活动中灭失了。"参见 R. Dasmann, *Environmental Conservation*, 3d ed, New York: Wiley, 1972, p.15.

1. 地域环境问题时期(18世纪以后至20世纪60年代)

自18世纪西方工业革命以后,由于工业化、都市化的进程和人类健康水平的提高,人类因生产生活活动所排放的污染物(pollutants)和废弃物对环境的压力也越来越大。

这个时期的环境问题,主要表现在各国工业区、开发区一带的局部污染损害和自然破坏方面。到20世纪五六十年代,以环境污染为突出表现的环境问题则在主要工业国家发展到了顶峰。

虽然已有科学家对环境问题的发展表示担心,但此时多数人认为环境与发展是对立的,不能为了环境牺牲人类的发展。另外,科学家们也相信,随着科学技术的发展,环境问题也会迎刃而解。因此,在环境问题的对策方面,各国主要采取了"头痛医头、脚痛医脚"的方法,在法律对策上也主要采取的是对污染受害者进行事后救济的损害赔偿措施。

2. 国际环境问题时期(20世纪60年代至80年代)

第二次世界大战以后,随着和平与发展成为世界的主流,发展经济开始成为世界各国、特别是发达国家追求的目标。在资源开发、原材料的输入输出、工业生产以及贸易往来等活动中所产生的环境污染和破坏越来越多,污染物排放总量也越来越大并超过了自然环境的净化能力。伴随污染物在大气中的扩散以及国际水道的流动,环境问题开始从地域化开始向国际化的方向发生演变。

针对环境问题在国际间不断加剧的现实,联合国在1972年召开了以环境问题国际化为议题的人类环境会议。这次会议对各国加强环境保护和开展国际环境合作产生了重大积极的影响,同时也促进了国内和国际环境法的迅速发展。

3. 全球环境问题时期(20世纪80年代至今)

环境问题的演变,正如《增长的极限》所引用法国一个儿童游戏所说的池塘中的百合花那样,是呈指数增长方式发展的。[①] 尽管人类共同采取措施保护环境,但由于环境问题演变的惯性以及环境风险的不确定性等因素,导致人类在发展经济与环境恶化的关系问题上把握不定。多数场合下,企业和各国经济与商务主管部门在可见的既得利益面前往往会认为环境问题只是"雷声大、雨点小",在现代科技面前会迎刃而解。再加上各国政治、经济利益以及复杂的国际关系等背景,即使国际环境条约和全球环境保护对策也无法全面、实际地得到履行。

在世界经济一体化、全球化进程中,发达国家由于自然资源相对缺少和人力资源成本相对较高,加上国内不断严厉的环境法律和标准规定,使得它们一方面将发展的目标瞄准技术含量和附加值含量高的产业,另一方面以向发展中国家投资等方式将

---

① 《增长的极限》是 D. 梅多斯等罗马俱乐部成员在20世纪70年代对"人类困境"进行学术研究而发表的报告。梅多斯等人认为,"人类的许多活动加一倍的时间短促,加上被加倍的数量巨大,将使我们非常之快地接近于这些活动的增长极限。"参见〔美〕D. 梅多斯等:《增长的极限》,于树生译,商务印书馆1984年版,第64页。

传统生产型企业以及废弃物等输出到发展中国家并从中获利。而发展中国家则与此相反,它们既面临着引进资金和技术的困难,又要面临因引进发达国家淘汰的落后工艺设备所带来的国内环境污染和资源破坏这样的双重压力。

在这种背景下,环境问题的演变呈现出两种景象:一是过去几个世纪发达国家在发展过程中对环境的破坏性影响仍然存在,尚未消除;二是发展中国家大量开发和利用自然资源导致污染物排放量的增大以及环境的破坏。其结果,尽管各国采取了相应的对策措施,局部环境问题得以缓解,但由于污染物的长期积累和生态系统的逐渐破坏,导致环境问题正朝向全球化的方向发生演变,突出表现在全球气候变化、臭氧层破坏、生物多样性破坏、海洋污染、危险废物越境转移、人类共同遗产(common heritage of mankind)与国际公域(international public sphere)破坏等方面。

(二) 环境问题的成因

如果说早期的环境问题主要起因于人类对自然资源所造成的人为破坏的话,那么到18世纪工业革命时期及其以后,环境问题的主要表现是因工业化和都市化、人口的激增、自然资源的消耗和科技的滥用所造成的环境污染及其生态破坏现象。

首先,工业化和都市化进程中开始大量出现环境污染和生态破坏。机器的大量使用增强了人类对环境的改变和控制能力,向环境排放污染物成为人类社会文明和发展的重要象征,自然资源与能源的消耗和浪费现象也大大增多。

其次,世界人口呈高度增长趋势,给环境带来极大的压力。马尔萨斯在他于19世纪初写下的《人口论》一书中曾警告,如果人口的增长得不到抑制,那么人口即会呈几何级数增长,从而导致人类对资源等生活必需资料的激烈竞争。①

最后,科学技术的进步为人类文明的发展作出了巨大贡献,同时给人类带来了灭顶之灾的隐患。火药的发明和核裂变的发现使战争武器的杀伤力、破坏力大幅度提高;猎捕工具的改良导致大量自然生物资源濒临灭绝;生物技术的不当使用造成生物多样性减少和物种灭绝;有毒有害化学物质以及农业化学物品的使用不仅造成废弃物的难以降解和土地侵蚀,而且给人类和生物造成积蓄性化学物质危害。

如前所述,欧洲和美、日等国在工业化进程中大都经历了环境污染和生态破坏时期,直到工业化中后期环境问题才逐渐减轻。政治和经济学家普遍认为,当决定使用资源的决策人物忽视或低估环境破坏给社会造成的代价时就会出现环境问题,主要可以归结于如下几个方面:

1. 市场失灵

市场失灵(market failure)是指市场不能正确估计和分配环境资源,从而导致商

---

① 马尔萨斯在1798年发表《论影响将来社会进步的人口原理》,于1803年出版该书第二版,指出:"如果从英国、法国、意大利和德国这类尚未存在人口问题的国家来看,我们可以假设,如大力注意农业,就永远能使农产品在每25年内的增长量等于目前农产品的产量。这就允许人口的增长速率显著地超越任何可能实现的或然率……但这种按算术级数的增长总是低于按几何级数的自然增长。这样,任何一个国家的居民在500年间,不是增加20倍而是比现有人口增加100万倍。"

品和劳务的价格不能完全反映它们的环境成本。① 市场失灵主要反映在以下几个方面：

第一，是环境的成本外部化(externalization)。指产品消费的环境成本由他人承担而又未通过市场得到补偿。由于很难区分和履行对环境(如大气质量)的所有权及其使用权，所以不存在环境(质量)的市场，而产品的价格就不能体现污染物的有害影响，结果导致大量的污染。

第二，是对生态系统估值不当。在环境的总体经济价值②中，环境资产的直接使用价值最容易定量化，它等于由资产提供的实际产品和劳务。一种资源的某些用途(如热带雨林)能够出售，而其他用途(如它对流域的保护)却不能。因此导致资源不能出售的那部分用途被忽视，从而导致资源被过度利用。

第三，是产权界定不清。对资源的开放管理方式会促使它们可为任何人开发利用(如对巴西亚马逊河流域热带雨林的开发等)，而资源的环境效应并不能被使用者所认识，结果导致资源的破坏。在一国范围内因环境资产缺少产权而造成的环境与资源的退化，可能破坏相邻国的生态系统；一个国家在作出资源使用决策时，更容易忽视它对全球环境的效益与成本。

2. 政策失误

当政府的干预政策不能纠正甚至反而造成或者加剧市场失灵时，就会发生政策干预失灵。据世界银行统计，"七五"到"九五"计划时期，中国政府的投资决策失误率在30%左右，资金浪费损失大约在4000亿到5000亿。③

在许多场合，政府看似合理的行动是鼓励低效能产业的，而这些低效能产业反过来又会引起环境的毁坏。此外，国际贸易中关税和非关税壁垒(tariff and non-tariff barriers)也是政策干预失灵的组成部分，它们也会加剧已有的市场失灵和环境政策干预失灵。④

3. 科学不确定性

科学不确定性(scientific uncertainty)是指即使依靠现有科学技术也不能就某一行为可能造成未来的不良影响得出明确和确定结论的现象。如果某一行为对环境造成不良影响还存在着科学不确定性因素的话，就会导致决策风险的提高，并影响到成本效益分析(cost-benefit analysis)结果的可靠性，形成"决策于未知之中"(decision-making in uncertainties)⑤的情形。

科学不确定性因素会促使经济功利主义者忽视对环境利益的考虑。如果加上当前显著经济利益的驱使、结合对行为所致环境问题没有充分证据的支持，更容易造成

---

① 参见经济合作与发展组织编：《贸易的环境影响》，丁德宇等译，中国环境科学出版社1996年版，第3页。
② 经济学家认为，环境的总体经济价值包括直接使用价值、间接使用价值、存在价值和选择价值。
③ 参见郭高中、柴爱新：《谁在阻止节约型社会的建立》，载《瞭望东方周刊》2005年8月30日。
④ 参见经济合作与发展组织编：《贸易的环境影响》，丁德宇等译，中国环境科学出版社1996年版，第3页。
⑤ 参见叶俊荣：《环境政策与法律》，台湾月旦出版公司1993年版，第87页。

决策者为追求当前的经济利益而忽视长远的环境利益。由于过去一直沿用使用与配置自然资源的经济学理论与方法，因而造成了许多不可恢复的自然资源破坏和环境损害，并造成上一代人作决策，而由下一代人承担不良后果的局面（参见第二章第一节）。

4. 国际贸易的影响

贸易与环境问题的联系是20世纪后期才开始受到国际社会关注的。在全球经济一体化进程中，环境控制越严就越会妨碍自由贸易；自由贸易越发达、环境污染和自然破坏就会越严重。

经济学家研究认为，能够对环境产生不良影响的国际贸易活动主要表现在三方面：

第一，是涉及对环境有影响的商品交易。包括从发达国家或地区流向发展中国家或地区的有害废弃物交易活动，以及濒危野生动植物的国际贸易等。第二，是能够引起环境问题的贸易。包括热带木材贸易、水产品类贸易等。第三，是因国际投资带来的环境影响。这类贸易活动主要是发达国家利用发展中国家劳动力成本低、环境标准（environmental standard）宽松而将污染企业或落后的生产技术设备投入到这些国家（参见第十七章第五节）。

（三）环境问题的对策

环境问题对人类及其社会与发展的影响主要表现在四个方面：一是妨害人类正常生活并导致人类心理和感观上对环境与自然舒适性认识的降低，二是导致人体生命健康损害、财产损失和自然环境破坏；三是导致环境质量下降造成环境的生态服务功能退化以及历史和文化遗产价值的逸失；四是造成自然资源枯竭、生物多样性减少。

环境问题的演进虽然经历了几个世纪，但是真正以"环境问题"为对象而有针对性地提出解决问题的方法只是在20世纪中期以后才出现的。

面对着各种各样的环境损害，如污染造成人类健康和财产损害的问题，20世纪中叶在西方国家相继出现了反环境污染的论说。例如，针对资本主义的生产方式提出资本积累和垄断资本是环境污染根源的资本理论；针对人口增多和工业经济增长以及资源有限提出零速增长理论；针对自然资源的开发和破坏提出返回原始状态的理论，等等。与此相对，另有一部分学者则认为上述理论过于悲观，过分强调了经济发展中出现的副作用。他们认为，之所以出现环境问题，是因为人类社会在发展中没有认识到它的重要性，当环境问题的重要性为人类所认识以后，人类完全有可能在今后的发展中逐渐避免、解决这一问题。

例如，工程技术学研究认为环境污染属于技术问题，只要解决了污染防治技术，环境问题便可以迎刃而解。经济学研究认为环境问题主要源于市场机制的缺陷，应当改变社会的经济结构并实行环境的商品化和价格化。生态学（地学、生物学）研究认为环境问题主要是生态平衡的破坏，其对策应当是以前瞻性的眼光制定和实施基本和长期的环境政策。行政学研究认为应当加强公权力对环境污染和破坏行为的规制,实行环境保护行政管理。法学研究则从公民权利保护的立场把握环境问题的实态,将重点放在环境损害责任的所在及因果关系的认定等方面的实际处理上。

环境问题的多学科研究以及环境管理的实践,促进了人类对环境问题在更深一个层次上的认识。到20世纪70年代以后,随着环境科学在世界范围内的迅猛发展,环境保护的措施和方法也逐渐统一,前述各学科的环境保护思想也被有机地统一在一起:以经济手段来推进市场对环境价值的认识,并且以成本效益分析的方式来判断环境政策的优良与否;以行政手段来推行环境管理政策,控制环境污染和自然资源的开发利用;以法律手段来规范人类行为,确立公民的环境权益和企业的环境责任,保障环境保护的经济、行政措施得以有效实施;以科学技术的进步为基础,提高自然资源和能量的利用效率,减少污染物的产生。

到20世纪80年代以后,整合型的环境保护理念基本形成,这就是"可持续发展"(sustainable development)①思想和战略的出现。在1992年里约联合国环境与发展大会上,"可持续发展"已经成为指导环境保护领域的国家行动以及国际合作的关键词。

上述对应环境问题的思想和方法,为环境立法(environmental legislation)奠定了理论和实践的基础。

第二节 环境法学的研究对象和方法

一、环境法学是法学体系中的新兴学科

(一) 环境法学的产生和发展

在我国法律体系和法学体系中,环境法与环境法学是内容相互关联和地位相互对应的两个概念。② 之所以称它们为两个概念,是因为它们两者既有密切的联系又有严格的区别。

从法律体系的角度考察,环境法是我国法律体系中一个新兴的法律部门,它是以保护和改善环境、预防和治理人为环境损害为目的,调整人类环境利用关系的法律规范的总称。在形式上,环境法有广义和狭义之分。广义的环境法是指调整人类环境利用关系的所有法律规范的总称,它既包括环境法典或环境基本法、环境保护单项法律,也包括环境保护的行政法规、规章、环境标准或其他法律法规中的环境保护规

---

① 在世界环境与发展委员会1987年所编写的报告《我们共同的未来》(王之佳等译,吉林人民出版社1997年版)中,对"可持续发展"的概念作了如下定义:"既满足当代人的需求,又不对后代人满足其需求的能力构成危害的发展。"

② 需要说明的是,人们在一般意义上使用环境法的概念时,它既可以指环境法律及其规范性文件,又可以指环境法学。

范。狭义的环境法仅指由国家立法机关制定的各类环境保护的法律。

从法学体系的角度考察，环境法学是我国法学体系中的新兴学科，是以环境法的理论与实践及其发展规律为研究对象的法学学科。环境法学研究的主要目的是通过对环境法演变与形成的历史考察，研究实定环境法的内容和本质，探讨人类在经济、社会发展过程中因环境利用行为导致既定社会关系发生改变而出现的一系列新的法律问题及其对策措施，归纳和总结有关环境保护的法律思想和学说，确立和阐明环境法基本原则以及环境法律制度的构建原理和方法。

环境法与环境法学在性质上是有区别的。环境法属于法律的范畴，具有法律所应有的确定性、规范性和强制性；环境法学属于法学的范畴，具有法学所应有的系统性、理论性和指导性。

法学新学科的兴起是伴随一定领域法律部门的不断完善且调整对象逐渐特定化而形成的。环境法学的发展源于20世纪60年代，它是人类在运用传统法手段和方法仍不能遏制环境问题从而大量制定环境保护法律的背景下，将有关环境保护的法律制度进行综合研究，逐渐从传统部门法学分离出来的一门新兴法学学科。

20世纪60年代以来，各国议会最活跃的立法活动当属环境立法。[①] 由于环境立法涉及传统法律部门和社会关系的各个领域，因此各国法学工作者开始关注环境法研究，高等法学院校也开设了环境法相关课程，从传统法原理出发研究人类环境利用行为的调整、环境问题的行政规制和救济被害的新法律对策和措施。

在我国，截止到2018年，全国人大及其常委会通过的法律有270部左右，其中，环境、资源、能源、清洁生产与循环经济促进等方面的专门法律近30部，约占国家全部法律的1/10。此外，还有数十部其他法律也规定了环境保护的内容。可以说一个全面、综合调整环境利用关系的法律体系在我国已经基本形成。

我国环境法学的创建始于20世纪70年代末，至今已有将近40年的时间了。中国环境法学的发展与中国环境保护事业的发展、环境法治的进步有着密切的联系。

1997年6月，国务院学位委员会和国家教育委员会联合下发了《授予博士、硕士学位和培养研究生的学科、专业目录》，将环境法与自然资源法整合为法学二级学科"环境与资源保护法学"（代码030108）。本书认为，作为法学二级学科的环境与资源保护法学，仅仅是对法学专业培养研究生学科和专业的划分。如果将其作为一般意义上的法学学科对待，还应当包含《中华人民共和国学科分类与代码国家标准》（GB/T13745-2009）规定的环境法学、国际环境法学以及自然资源法学和能源法学等法学三级学科[②]的内容。

---

① 例如，日本1970年召开的第64届临时国会曾一举制定、修改了14部环境保护法律。
② 按照《中华人民共和国学科分类与代码国家标准》（GB/T 13745-2009），在法学二级学科部门法学（代码820.40）下设有三级学科环境法学（代码820.3075）；在法学二级学科国际法学（代码820.30）下则设有国际环境法学（代码820.4050）。自然资源法和能源法均未设为法学三级学科。

将环境、资源(与能源)法律合而为一上升为法学专业培养研究生的二级学科,有利于从总体上促进环境法和自然资源等法律的理论与实践的深化与发展,也与现行国家立法机关有关环境与资源保护立法权的分配和机构设置相衔接。但是,由于环境法和自然资源法的立法目的和保护法益截然不同,因此不宜将环境与资源保护法学取代环境法学和自然资源法以及能源法合并设为一门独立的法学课程,否则可能导致整合后的环境与资源保护法在法学体系的基石范畴、理论构建和学理解释上出现混乱。

为了与国际上对环境法(environmental law)这一约定俗成的称谓相衔接,本书仍将书名确定为"环境法学"。

(二) 环境法作为一个独立法律部门的意义

在我国,划分法律部门的主要标准是法的调整对象,一般通过法所调整的社会关系或法在调整社会关系时所适用的方法来判断。

环境法是将人类生存环境作为保护对象、将人们在利用环境过程中产生的社会关系作为其调整的特定社会关系的。从环境法的主体以及环境利用关系的构成上也不难发现环境法与其他法律部门的不同之处(参见第一、三章)。

从传统法学的观点看,环境法只是关注环境问题的各类法律规范的集合,环境法的广泛性和规模性目前还远不及其他传统法律部门。但是从各国环境保护的法律实践看,环境法所调整的环境利用关系的复杂性,决定了必须将它们作为一种具有特殊性的社会关系由一类目的相同的法律进行全面的调整。这也是 20 世纪 60 年代以来各国为什么大量进行环境立法的根本原因。

如果不承认环境法在调整社会关系具有特殊性这一点,将环境法的有关法律、法规、规章分别划入民法、经济法或行政法之中的话,不仅会出现这些法律部门不可能对环境问题予以专门的、全方位的关注,还会因这些法律部门调整的社会关系分散、不一致而导致环境保护法律的目的不能实现,此外还会出现许多环境保护的法律、法规、规章难以纳入某一法律部门之中的现象。从各国环境法的发展来看,以环境保护为目的的单项法律越来越多,许多国家还制定了专门的环境法典。所以环境法在未来社会、经济发展的进程中还会越发显示出它在一国法律部门体系中的重要作用。

从这个意义上讲,与传统部门法相比,环境法学是一个新兴的法律部门。

在环境法调整社会关系所适用的方法方面,尚不存在环境法固有的方法,但是综合传统法律部门方法以及将环境科学新成果、新方法运用于环境立法和执法之中这一点,便体现了环境法在其方法论上的综合性特征,这也是其他任何法律部门所不能及的。首先,环境法的公益性使得对环境保护和改善所带来的恩泽与环境的污染和破坏所带来的祸患不分国别、阶层而由全社会共同享受和承担,需要综合运用法律的各种方法;其次,环境法的技术性使得原有的各种法律方法都不能单方面满足这种需要,而必须结合各相关学科的发展创建新的、综合性的方法对环境与资源进行整体、全面保护以满足这种需要。

作为社会关系的调整器,一种社会关系由多种法律部门运用多种方法共同调整的现象在我国并不鲜见,例如物权关系除了主要由民法方法调整外,也涉及宪法、行政法、经济法、诉讼法等多个法律部门的方法,这种交叉、渗透的现象表现在法律部门中也是正常的。从这个意义上讲,许多学者也将环境法作为一个独立的法律部门看待。

(三) 环境法学的体系

环境法学的体系,指由环境法学教科书所展现的环境法的研究范围及其分科。从环境法规范的原理和基本制度的角度,可以将环境法分为总论和分论两类,它们分别相当于成文法律的总则和分则部分。

将环境法作总论和分论的分类,比较合理地解决了环境法体系及其内容的分配和安排,特别是它能够明确处于动态发展中的环境法原则、环境利用关系与不同主体的权利义务、综合性环境法律制度和措施的性质归属以及它们之间的相互关系,对促进环境法的法典化有着积极的意义。但是,正是由于环境法尚处于动态的发展之中,因此,无论在理论上还是在立法和实践上,对环境法作总论和分论的划分方法还不可能像已经成熟的刑法、民法那样在内容上将有关的法律原则、制度和措施明确地予以廓清。另外,这种方法也不适用于对英美法系国家环境法规的分类。

从环境法学研究的范围和内容出发,本书除绪论外,从环境法总论、污染控制法、生态保护法、环境责任法、国际环境法等五编构建环境法学的体系。

绪论部分主要就环境法学研究的若干基础理论问题进行介绍,内容包括环境的概念及其与相关概念的异同、环境问题的原因及其对策、环境法学的研究对象、环境法学在法学体系中的位置以及环境法学的研究方法等内容。

环境法总论编主要就环境法的概念、环境法的演变与形成、环境法的主体及其权利义务、环境法的基本原则以及环境规制的综合性保障措施等基本理论和基本实践问题展开论述。

此外,污染控制法编阐述了污染控制法的概念以及污染防治、物质循环与化学物质环境风险管理、能量危害防除等法律制度和措施;自然保护法编阐述了自然保护法的概念、自然地域和野生生物保护法律制度以及自然资源法中的自然保护措施等内容;环境责任法编对环境损害救济、环境公益诉讼以及危害环境犯罪制裁等法律制度进行了论述。

在本书构建的环境法学体系中,国际环境法是相对独立的一编,主要结合中国与国际环境法律实践对国际环境法的概念及其主要内容作介绍。

二、环境法学与其他部门法学学科以及与环境科学学科的关系

(一) 环境法与其他部门法的关系

目前,我国具有中国特色的社会主义法律体系基本形成。按照全国人大常委会的分类,我国的法律体系主要由宪法及宪法相关法、民法商法、行政法、经济法、社会法、刑法、诉讼与非诉讼程序法等七个部分构成,包括法律、行政法规、地方性法规三个层次。尽管我们从理论上说环境法是一个独立的法律部门,但由于环境法源于传统法律部门及其尚处于形成和发展中的原因,环境法与相邻法律部门,特别是与社会法和行政法之间的关系依然非常密切。当前,在执政党和中央政府将生态文明制度建设作为新时期重大战略部署的背景下,将环境法独立作为我国法律体系组成部分指日可待。

1. 环境法与宪法及宪法相关法

宪法在一国法律体系中处于最高位阶,它是国家的根本大法。一切法律的规定首先来源于宪法,任何法律规范都必须首先符合宪法规定。因此,宪法关于环境保护的规定是环境立法和行政的基础和依据。一些国家还将公民有在良好环境下生活的权利即"环境权",作为公民基本权利或者基本人权的一部分规定在宪法之中(参见第三章第二节)。

宪法相关法与宪法一样,同属于调整国家与公民之间关系的法律,它们规定了国家机关的组织形式及其职权职责范围。

2. 环境法与社会法

社会法的概念产生于对法律部门有着严格划分的欧洲国家。社会法的范畴体系目前较为模糊,大体包括劳动与社会保障、消费者权益保护、计划和产业政策、国有企业以及环境保护等法律。

社会法是运用传统部门法方法不能单独应对和解决某些特定领域因新的社会问题导致社会关系发生改变,从而需要结合或者融合传统部门法方法以及其他经济、社会等方法确立综合性法律对策的产物,与传统法相比具有明显的公益保护特征,其调整手段既包含公法方法也包含私法方法。

环境法是综合不同法律手段应对和解决环境问题和保护公民环境权益的法律,它具有一般社会法的主要特征。

3. 环境法与行政法

尽管环境法的本质是通过调整环境利用关系来实现社会公平,但由于我国环境与资源的国家所有权体制和长期形成的以政府为主导就环境与资源进行社会分配及其管理的模式,使得环境立法呈现出强势的行政权力监管与干预现象。

在环境法与行政法的关系方面,行政法的手段和方法是环境立法中运用得最多的。首先,环境行政机关的管理权限必须由环境行政组织法予以明确。其次,大量的环境法律制度是以行政法规范的形式确立的,如环境保护规划制度、环境影响评价制

度、排污许可制度等,由于这些制度所涉及的当事人主要是行政机关同行政相对方在实施行政管理中的关系,所以它们也属于行政法的范畴。此外,在环境纠纷的行政调解处理方面,也要遵守行政诉讼法、行政复议法、行政处罚法的有关规定,如在环境行政诉讼中行政机关应当承担举证责任等(参见第二、三编各章)。

但是,环境法与行政法依然有着本质的区别。第一,环境法的调整对象是环境利用关系,目的在于公平合理地分配不同环境利用行为人之间的环境利益与经济利益,对环境公益实行保护,因此任何涉及环境与经济利益相关的决策都需要公众等相关利益方的参与;第二,"可持续发展""环境权""原因者负担原则"等环境法的基本理念不可能在行政法中探求其渊源,对环境容量的有限性与人类存续关系的利益调整也难以通过行政权力综合衡量并采取对策;第三,环境的法律保护需要综合运用诸如民事、刑事和国际等法律的手段和方法。

4. 环境法与经济法

环境法与经济法同属于法学的新兴学科,它们相互之间的关系也非常密切。由于环境问题产生与发展同自然资源和能源开发利用以及企业排污行为密切相关,因此目前的环境保护的法律手段正在朝向融合社会、经济各个领域的方向发展,政府试图通过对经济运行机制和经济增长方式的改变以及从国民经济与社会发展各个环节谋求环境问题的解决方法。所以环境法与经济法有关宏观调控、财政投资与体制改革、税收征收和审计等制度有着非常密切的联系(参见第四、五章)。

环境法与经济法中的自然资源法还有特殊的天然联系。尽管我国学界现在将环境法与资源保护法合而为一,但是环境法与自然资源法在本质上依然属于两个不同的法律部门,它们二者之间存在着如下异同:

第一,在保护法益方面,虽然环境与自然资源在概念上有其内在和天然的联系,并且环境法和自然资源法的解释论均有"保护"的内涵。但环境立法的目的是规制人类活动所造成的环境污染和自然破坏,保护人类赖以生存的生活环境和生态环境,因此立法重在保护整个人类的长远生存和发展利益;自然资源立法的目的在于合理开发、利用和保护自然资源,使自然资源得以为人类长远和持续的利用,因此自然资源立法重在保护人类的经济利益。

第二,在调整对象方面,环境法调整所有的人类环境利用关系,包括对环境容量、自然资源和生态效益的利用关系(即通常所谓的污染防治和自然或生态保护),如前所述,这种关系与传统法律关系相比在主体和客体方面还具有其特殊性;自然资源法则调整开发、利用和保护自然资源过程中产生的社会关系,这种关系主要是经济关系或者民事关系。

第三,在调整方法方面,尽管现代国家对环境与自然资源开发利用均采用了多元化的法律方法,我国也曾将环境法和自然资源法纳入经济法学体系,但是从由它们所构成的不同法律关系及其性质上看,自然资源因其属于民法上的物而归属于传统物权法的范畴,它是民事法律关系最主要、最普遍的客体。所以自然资源法的调整对象和方法依然与物权法相同,对其运用行政法手段调整的目的也是在私法公法化进程中国家干预自然资源合理开发利用的结果,其间当然也包含对环境价值的认可和保护;环境法的调整方法则更为广泛,它不仅运用了所有传统法的方法,而且还结合运用了诸如政策的、经济的、伦理道德的和宣传教育的方法(参见第十一章)。

5. 环境法与民法、商法

在国家尚未大量制定环境保护法律之前,环境纠纷与污染的被害救济是基于民法物权的请求权或者侵权行为法的规定通过民事诉讼解决的。

从相邻环境关系的角度看,物权法关于相邻关系的条款和对环境保护的规定直接规范着开发利用环境与资源的行为。从环境损害救济的角度出发,环境污染防治立法有关污染损害赔偿的规定与侵权责任法之间属于特别法与一般法的关系。例如,环境污染侵害应当适用无过失责任制度,并且在因果关系的认定上实行推定、在举证责任方面实行举证责任倒置、在诉讼时效上予以延长以及在损害结果的范围上还扩大了受法律保护的利益(如对环境利益的保护、对自然的非人类利用价值的保护)等(参见第十三章)。

商法的对象是商事关系或商事行为,包括公司法、保险法、票据法等。商法与环境法的关系也比较密切,除了公司和企业制度包含企业环境责任规范外,金融和证券制度中关于环境保护的规范也日益增多,而环境污染责任保险制度的兴起也是从商法领域发展起来的。

6. 环境法与刑法

环境法与刑法的关系主要体现在对危害环境犯罪的制裁方面。环境法与刑法的关系体现在"借用"和"改造"刑罚措施以惩治有关危害环境的行为(犯罪),从而实现环境法的目的。对于一些严重违反法律的行为,如果不规定其承担相应的比较重的刑事责任,就不足以达到预防犯罪的目的。我国刑法设立了专章专节共九个条文规定了环境与资源保护犯罪,这也是与我国目前环境犯罪问题的现实严重性相适应的(参见第十五章)。

7. 环境法与诉讼与非诉讼程序法

违反环境法规范的结果将导致法律制裁,违反对他人的保护义务致害或者妨害他人也应当排除妨害或者赔偿损失。在此方面,环境法与传统民事诉讼程序规定不同的是,在追究环境污染致害的民事责任和环境公益诉讼方面,需要民事诉讼法在原告的主体资格、因果关系认定和举证责任等方面实行制度创新。

另外,各国对环境污染争议纠纷的解决通常还实行非诉讼的行政处理或者仲裁的方法。所有这些国家的法律规定都与环境法律规范相关,有的甚至直接规定于环境保护法律之中(参见第四章第二节、第十三章第四节)。

8. 环境法与国际法

环境法与国际法的关系主要表现在国际环境法这一分支学科之上。从环境法的形式渊源看,它包括国内环境法和国际环境法两大部分。可以这样讲,国际环境法是以国际环境条约和协定为主要研究对象的国际法分支学科或者环境法分支学科。

从具体规范上看,无论是国内环境法还是国际环境法,它们相互之间在内容和方法上都具有同一性。不同的是,国际环境法的主体主要是国家,它区别于国内环境法的主体(主要是指公民和法人),国际环境法原则的确立必须遵循国际法准则。因此,国际环境法作为环境法的一个分支学科,在环境法学中具有较为独立的地位(参见第十六章第一节)。

由于环境问题为全球所关注,因此国际环境法在运用国内环境法的原则、制度和措施的同时,还极大地丰富和促进了国际法的发展。另外,按照国际公约优先的原则,一些国际环境公约中所采取的原则和制度也为国内环境法在保护同样的环境要素时所接受,成为国内环境保护所遵循的重要原则和采取的重要措施。同时,随着环境问题的全球化趋势以及环境作为人类共同财产的理念逐步为整个人类所认同和接受,环境法也表现出了全球趋同化的趋势。

本书以上仅从环境法与其他部门法各自独立的角度解析了它们间的相互关系。实际上,单一地解析环境法与其他部门法的关系并不能体现和说明环境法在法学学科中所起到的融会贯穿各部门法的作用,因为环境法的功能还包括为环境争议纠纷问题的解决提供最佳法律方案,并整合各部门法优势于一案之中。

(二)环境法学与环境科学学科的关系

通过对环境科学和环境法学研究目的和任务的分析,我们可以发现它们之间存在着如下联系和区别:

首先,环境科学和环境法学有一个天然的共同性,就是它们都属于以环境问题为对象而各自以自然科学和人文社会科学为基础形成的交叉学科。尽管环境法学属于法学的分支学科,但由于它需要围绕"人类—环境—社会"的关系展开研究,因此环境法学也属于具有多元性学科特点的环境科学学科的范畴。由于自然科学和技术科学各学科一直占据着环境科学各分支学科理论和方法的主导地位,因此,社会科学各学科包括环境法学主要只表现在环境科学的应用学科方面。对环境科学而言,环境法学研究具有作为实现环境科学研究结果的手段和工具的价值。

其次,环境科学要探索全球范围内环境演化的规律,研究人类环境利用的行为与自然界客观规律的相互关系,揭示人类行为与自然环境之间的关系,使人类社会、经济与环境的发展具有可持续性;环境法学需对这些自然规律从人类行为规范的角度进行研究,以人类环境利用关系为对象,在实现"人类正义"(human justice)理念的基础上树立全新的"环境正义"(environmental justice)法律理念,为人类社会确立符合自然规律的行为法则。

最后,环境科学要研究环境变化对人类生存和发展的影响,为维护环境质量、制定各种环境质量标准(environmental quality standard)、污染物排放(控制)标准(discharge and control standard of pollutants)提供科学依据,探索包含技术、经济、管理手段在内的区域环境污染和自然破坏的综合防治对策和措施;环境法学则需要将这些科学依据、准则和操作规程转变为行为模式和法律后果进行研究并使其效力确立于法律之中,以环境科学就环境变化对人类影响的因果关系为依据,研究人为环境损害造成人类既定权利和利益侵害的预防和救济措施,确立法律的保护性和制裁性规范。

虽然环境法学在研究上较多地吸收了环境科学的理论和方法,在一定程度上也脱离了传统法学以实证和规范为基础的研究"正统",但其主流的法学属性、内容的法学特质和解释的法学方法等依然决定了其研究的问题和对策方法仍然要用法律思维和法律方法在法学范畴内展开。在这个意义上,与环境科学相比环境法学同传统部门法学学科的联系则更为紧密,所以说环境法学主要还是属于法学学科的范畴。

三、环境法学的学习和研究

学习环境法学应当注意以下三点:

第一,环境法学是一门在理论上具有综合性和探索性的课程。学习本课程,既要具备充实的法学基本理论知识,又要具备一定的自然科学知识。通过对本课程的学习,应当全面掌握环境法的基本内容、环境法学体系的基本内容,从而为继续学习和深入研究各单项环境保护法律奠定坚实的基础。

第二,环境法学是一门应用性很强的课程。随着环境问题的不断加剧和对人类行为的不断反思,传统的思维方式和经济发展模式正在悄然地发生改变。因此,环境法学可以直接服务于我国可持续发展战略的实施,并对我国环境保护方针政策的制定与实施、对我国参与国际环境合作以及对有关环境纠纷的处理等具有直接的运用价值。

第三,环境法学是一门方法论的学问。环境法学的研究是从对环境法律规范和环境法律制度的评价和分析开始着手进行的,其设问的依据是人类的行为模式与既定社会关系对环境的不利影响。对于环境问题的成因和对策,环境科学等诸学科从不同学科角度提出了应对原理和方法,环境法学研究则要对诸多的"最优"作出比较选择,将那些与国家经济、社会、政治和法律体制相适应的"最优"作为首选运用到环境立法和执法中去。在这个意义上,本书认为,环境法学既是一门研究法规范——程序法结合实体法的学问,也是一门法学方法论的学问。尽管环境法学有很多新的研究和解释方法,但它主要还需运用传统法原理和方法,要在传统法制度和手段的基础上不断创新。

在学习环境法学过程中,应当注意培养将所学的环境法知识运用于实践的能力;同时,通过实践还能进一步加深对所学环境法知识的理解。

环境法学是一门系统概述环境法基本理论和基本知识的法学课程,它涵盖了环境法整个学科领域各主要门类或分支学科的主要内容。环境法学也是法学的新兴边缘、交叉学科,它不仅涉及国内法、国际法以及法理学、行政法、民法和刑法等法学学科,而且还涉及生态学、环境伦理学、环境经济学等其他自然科学和社会科学学科。

目前,国内教科书关于环境法学研究方法的论述较多,虽然论述各有不同,但它们不外乎包括分析的、综合的、历史的、哲学的、比较的、社会学的方法等等,需要根据不同的研究目的而单独或者综合运用。① 由于环境法学是介于法学和环境科学的交叉学科,因此对环境法的学习和研究必须注意学会运用生态学、环境经济学、环境伦理学的理论与方法。

  从环境法的沿革和发展看,生态学方法已经越来越为当代环境立法所重视,当人们开始运用生态学原理来研究人类—环境系统时,就是人类在认识上的一次具有历史意义的飞跃。实践已经证明,生态学研究已经发现和解明了许多"自然法则"(Law of Nature)及自然规律。掌握人类活动对生态系统影响的规律,特别是导致其失调的临界限,是解决环境问题的重要依据。因此,生态学关于"生产和生活废弃物的排放量不超过环境容量(environmental carrying capacity)的极限"和"生产对资源的需要量同环境对资源的可供量之间保持平衡"的这两个基本要求,应当成为人类处理环境问题所遵循的基本原则,成为指导环境政策和立法的理论基础。②

  对法律的经济学分析是 20 世纪 60 年代以后从美国发展起来的一种研究方法。在环境法学研究方法论中,经济分析的方法是其重要的组成部分。将经济学方法运用环境法学之中,一方面是确立环境法学的基本理论,以指导环境政策和法律的制定;另一方面是利用经济学方法对环境政策和法律进行分析和评价,以丰富和提高环境决策的科学性。从西方环境经济学研究进程看,早期研究侧重于理论,如外部性理论、公共物品经济学等;而近期研究则转向环境经济分析技术以及环境管理经济手段的研究和政策建议,如在环境经济规划中引入投入产出法、把成本效益分析方法应用于一般的环境决策问题,以及如何在现代环境管理中应用市场经济手段等等。这些成果现在已被运用到环境立法之中。

  除了生态学和经济学方法之外,环境伦理学的方法是环境法学研究的一个重要方法。应当引起我们注意的是,像人本主义(humanism)哲学伦理学思想得以成为传统法学的理论基础一样,环境哲学和伦理思想也应当成为支撑环境法学理论的学说渊源。现在西方环境伦理学讨论的主要问题有人类对环境的责任问题、未来世代的权利、自然物的权利、动物的权利、自然资源与人类的消费关系、环境破坏与经济发展的关系、贫穷与环境、现代科学技术与环境等等。其中,涉及权利、正义的环境伦理是环境法学的主要理论基础。

  此外,环境法学研究还可以运用系统方法以及数学的方法。③ 其中,系统方法是从系统论的观点出发对环境法律手段进行综合考察;数学方法是通过对环境质量加以定量分析,研究环境质量的量变和质变的转化过程,认识规律,加以控制。

---

  ① 以下各研究方法在写作中曾参考史尚宽:《民法总论》,台湾正大印书馆 1980 年版,第 34—35 页;孙晓楼:《法律教育》,中国政法大学出版社 1997 年版,第 39—40 页。
  ② 参见金瑞林编著:《环境法——大自然的护卫者》,时事出版社 1985 年版,第 12—14 页。
  ③ 参见马骧聪:《中国环境法学的发展与展望》,载《中国环境科学》1989 年第 5 期。

第一编　环境法总论

第一章 环境法概述

第一章 导教导学

第一节 环境法的概念

一、环境法的定义和特征

（一）环境法的定义

环境法的概念是伴随人们对环境问题认识的不断深化并逐渐形成完善的。由于各国环境立法的目的和保护对象不同，早期还有环境保护法、污染防治法、公害法、自然保护法、生态法等称谓。20世纪80年代以后，伴随国际环境保护交流与合作的扩大，环境法被约定俗成地作为国内法和国际法中环境保护领域的部门法律的称谓。

综合国内外环境法学著述对环境法定义的表述并结合我国的环境立法实践，本书认为，环境法是指以保护和改善环境、预防和治理人为环境损害为目的，调整人类环境利用关系的法律规范的总称。

这一定义包含如下内涵：第一，环境法的目的是保护和改善人类赖以生存的环境，预防和治理人为环境损害；第二，环境法的调整对象是人类在从事环境利用行为过程中形成的环境利用关系；第三，环境法的范畴既包含直接确立环境利用行为准则的法律规范，也包括其他法律部门中有关环境保护的法律规范。

应当注意的是，环境法的调整对象是人类的环境利用关系，所要控制的是可事前预见的人为原因导致的环境污染和自然破坏。而以预防事前不可预见、不能克服和不能避免的自然灾害为目的，或者以自然灾害之后实施环境恢复或者重建等为目的的法律规范，理论上都不属于环境法的范畴。

（二）环境法的特征

作为一个法律部门，环境法除了具有法的本质特征（如规范性、强制性等）外，还具有与其他部门法所不同的固有特征。这些特征主要表现在如下三个方面。

1. 法律规范构成的科技性

环境法律规范具有浓厚的科技性这一点，是环境法不同于其他法律部门的基本特征。在一般的法律规范中，只有少数后果模式的确定需要考虑科学和自然的规则，而多数法律规范则是通过行为模式来确定和调整人类的相互关系。环境法律规范则不同，它需要利用科学和技术以预测和调整人类环境利用行为所导致人与人、人与自然之间的不良后果，并直接依据自然规律确立行为模式和法律后果模式。由于科学技术发展的变动性和不确定性,因此,环境法与传统法相比很难形成确定的法教义学解释论。

环境法的科技性主要表现在如下两个方面:

第一,根据科学技术以及科学推理的结论确立行为模式和法律后果。科学与技术不仅指现在已知的知识及其建议的内容,而且还包括在科学的不确定性范围内预测和评价风险的方法。由于与环境相关事物的"解决"可能转而引起新的环境问题,所以环境法应当格外地关注后者。[①] 为此,环境法律规范要依据科学原理对非为法律事实的现象确立其事前的行为模式,例如环境影响评价制度、环境标准制度以及限期淘汰落后生产工艺设备制度等。这一点或许是环境法脱离传统法律部门的非"正统"之处。

第二,根据自然科学规律(生态规律)确立协调人与自然关系的法律准则。由于环境法要通过调整一定领域的人类环境利用关系达成协调人与自然关系的目的,因此必须将人与自然在生态系统中的平衡和协调关系作为确立行为模式的依据。并以环境的价值观念为指向重新评价人类与环境关系的传统认识,将环境标准、技术规范、操作规程以及控制污染的各种工艺技术要求等直接运用于环境立法之中(参见第五章第二节)。

2. 法律方法运用的综合性

不同法律在各领域的适用是由本部门法的原理和方法决定的,这样才具有法理的可解释性和适用的合理性。然而,环境问题的成因与人类社会的生产、生活活动休戚相关,无论自然人、法人、组织还是国家,它们都要通过利用环境受益,这使得环境法上的法益既包含私益、也包含公益。另外,环境要素的关联性和动态性也要求人类适应生态系统的演变并及时调整环境立法与政策的目标,环境损害的永久性和不可逆转性需要立法和执法者在制定和实施环境保护法律时充分考虑决策对环境的长期和间接的影响(参见第三章)。[②] 因此,对行为的事前规制及其后果的事后认定不仅涉及环境利用诸多主体不同性质的法律关系,而且还会涉及不同法律手段和方法在适用上的协同、优化和选择。

上述原因决定了环境法需要以多种法律方法、从多个领域和多个层面对环境利用关系进行综合调整。与其用单一的法律方法来补救事后的侵害,不如采取多种法律方法在事前进行预防。

环境法的综合性主要表现在如下四个方面:

第一,环境法的体系既包括环境、资源与能源单项法律与环境损害救济的特别法律,也包括其他法律部门(如宪法、民法、刑法、行政法等)中有关的环境保护规范。

---

① A. Kiss, D. Shelton, *Manual of European Environmental Law*, Cambridge University Press, 1994, p. 7—8.

② 同上书,第8页

第二,环境法的内容既有实体法又有程序法,既包括国家法规也包括地方法规。

第三,重大环境政策常常会以执政党的建议(方案)和政府指导性规范的形式灵活地出现于环境利用行为领域,弥补现实法律的抽象性和局限性的不足。

第四,环境法的实施既有司法方法也有行政方法,而且经济、技术和宣传教育等手段则在环境法的适用上也有突出的表现。

3. 保护法益确立的共同性

地球生态系统(生物圈)是一个流动的物质和能量循环体,它们不以对国家或地区疆界的人为划分而分割。因此在一个国家、一个地区对人类环境利用行为所实施的法律控制,必然会在一定的程度上对其他国家或地区产生积极或消极的影响。从法律的角度看,只就人类社会的某项法益采取保护措施并不能遏制环境恶化对更多、更大保护法益的侵害。

相对于其他执行社会与政治职能的法律部门而言,环境法所表现出的社会和公共职能不仅仅是为了个别群体、统治者阶级、国家或地区的单一政治、经济利益需求,在重新确定和调整人类既存利益的同时,环境法理念的出发点更多源于保护全人类的共同利益和保护人类生存繁衍基础的生态利益,以实现人类社会、经济可持续发展的目标。随着环境法调整范围的扩大,环境法的保护法益也从个人益、企业益扩大到国家益、人类益甚至地球益(参见第三章第一节、第十六章、第十七章)。

有鉴于此,许多国家的环境立法已经融合了地球环境保护的基本理念,并且更加强调国际环境保护合作的重要性。与传统部门法相比较,现代环境立法对人类共同利益的保护是非常突出的。

二、环境法的渊源和分类

(一)环境法的渊源

从制定法的角度看,我国环境法的渊源(sources of environmental law)包括国内法和国际法两大部分。

1. 国内法渊源

《立法法》(全国人民代表大会,2003年制定;2015年修正)确立了我国二级多元的立法体制。环境法的国内法渊源主要表现为法律、行政法规、地方性法规(含自治条例和单行条例)、规章等。此外,从法律适用实践看,有权的国家机关对法的适用作出的具有普遍意义的解释也属于我国环境法的形式渊源。

(1)宪法。目前,许多国家在其宪法中规定了环境保护条款或者将环境保护纳入公民的基本权利体系之中,并以此作为国家环境立法和政府环境行政的依据。作为国家的根本法,宪法具有最高的法律效力。

我国《宪法》(全国人民代表大会,1982年制定;1988、1993、1999、2004、2018年修正)第26条第1款规定:"国家保护和改善生活环境和生态环境,防治污染和其他公害。"这一规定确立了国家负有环境保护的根本责任,为国家环境立法和政府环境管理提供了依据。此外,2018年3月全国人大通过的《宪法修正案》直接将"生态文明"条文入宪,一是在序言第七自然段中新确立了"推动物质文明、政治文明、精神文明、社会文明、生态文明协调发展"的推进中国特色社会主义事业"五位一体"的总体布局,并将建成"美丽中国"设定为生态文明建设的总目标;二是在第89条国务院行使职权的第六项经济工作和城乡建设内容中新增了"生态文明建设"的内容。

"生态文明"入宪意味着生态文明建设已经构成对国家公权力的宪法约束,为今后环境立法的合宪性解释提供了宪法的依据。有学者认为,尽管这次修宪并未确立"环境权",但是《宪法》上关于环境保护的国家目标的规定足以回应和满足对入宪环境权的需求与关切。[①]

(2)法律。由于环境利用关系涉及既存法律关系的各个领域,因此环境法的法律渊源尚存在于诸多部门法律之中。依照《立法法》规定,法律的效力高于行政法规、地方性法规、规章。

第一,包含调整环境利用关系或者确立环境法律后果的国家法律。限于法律的一致性和统一性原则,在我国有全国人大通过的刑事、民事、国家机构和其他基本法律中,许多都包含有调整环境利用关系或确立环境法律后果以及共同性处理争议纠纷的实体和程序规范。此外,由全国人大常委会通过的一些法律中,也有大量内容较为抽象的环境保护相关条款。

第二,以调整环境利用关系为目的的环境保护法律。这些法律属于环境法渊源的主要内容,目前我国已经制定了综合性环境基本法《环境保护法》(全国人大常委会,1989年制定;2014年修订)以及二十多部单项环境保护与资源、能源合理开发利用与保护的法律。

在法律效力上,以调整环境利用关系为目的的环境保护法律可以确立与国家基本法律的一般规定不一致的特别规定并适用。

(3)行政法规。环境保护行政法规是指由国务院依照宪法和法律制定的规范性文件,其法律效力低于法律。

依照《立法法》规定,对应当由全国人大及其常委会制定法律的事项但尚未制定法律的,国务院可以根据全国人大及其常委会的授权决定先制定的行政法规;但犯罪与刑罚以及司法制度等事项除外(第9条)。环境立法领域,行政法规一般只能规定政府为执行环境保护法律和行使环境与资源管理行政职权的事项。[②]

在我国,环境保护行政法规除了可以起到执行并解释法律、细化法律规定并确立执法程序等功能外,它们还在一定程度上弥补了法律所应起到的确定权利义务关系

[①] 参见张翔:《环境宪法的新发展及其规范阐释》,载《法学家》2018年第3期。
[②] 需要说明的是,依照我国《立法法》第65条的规定,国务院可以根据全国人大及其常委会的授权决定通过行政法规制定法律的事项。

的作用,同时也为同类立法奠定了实践的基础。① 目前我国已经制定了《规划环境影响评价条例》(国务院,2009年制定)、《全国污染源普查条例》(国务院,2007年制定)等数十部环境保护行政法规。

(4) 地方性法规或地方政府规章。国家环境立法主要针对整个国家的环境保护管理事项,它们只对具有共同性、基本性、原则性的内容予以规定,而不可能对每个事项的特殊性和个别性作出规定。依照《立法法》规定,在不同宪法、法律、行政法规相抵触的前提下,地方人大及其常委会可以制定地方性法规。例如,《湖北省环境保护条例》《北京市大气污染防治条例》等。

按照《立法法》规定,可以制定地方性法规的事项包括为执行法律、行政法规的规定需要根据本行政区域的实际情况作具体规定的事项,以及属于地方性事务需要制定地方性法规的事项等两大类。此外,设区的市的人大及其常委会根据本市的具体情况和实际需要,在不同宪法、法律、行政法规和本省、自治区的地方性法规相抵触的前提下,可以对城乡建设与管理、环境保护、历史文化保护等方面的事项制定地方性法规。例如,《安阳市城市绿化条例》《太原市生态环境保护条例》等。

依照《立法法》,法律规定的民族区域自治地方人民政府可以制定环境保护自治条例或单行条例。法律规定的地方政府可以就为执行法律、行政法规、地方性法规的规定需要制定规章的事项,以及属于本行政区域的具体行政管理事项制定地方政府规章。例如,《浙江省城镇生活垃圾分类管理办法》《南京市长江岸线保护办法》等。但是,没有法律、行政法规、地方性法规的依据,地方政府规章不得设定减损公民、法人和其他组织权利或者增加其义务的规范。

地方性法规的效力高于本级和下级地方政府规章。而省级人民政府制定的规章的效力高于本行政区域内的设区的市、自治州的人民政府制定的规章。

(5) 国务院部门规章。为了执行法律或者国务院的行政法规、决定、命令的事项,法律授权行使环境监督管理权的国务院有关部门和具有行政管理职能的直属机构可以依照法律和国务院行政法规、决定、命令,在本部门的权限范围内单独或者联合制定环境保护的部门规章。例如,《排污许可管理办法(试行)》《环境保护公众参与办法》等。

依照《立法法》,部门规章不得设定减损公民、法人和其他组织权利或者增加其义务的规范,不得增加本部门的权力或者减少本部门的法定职责。

部门规章之间、部门规章与地方政府规章之间具有同等效力,在各自的权限范围内施行。

(6) 对法的适用具有普遍意义的有权解释。第一,是由全国人大会常委会对环

---

① 例如,在我国1996年10月29日颁布、1997年3月1日实施的《环境噪声污染防治法》之前,在环境噪声控制方面一直执行着国务院在1989年9月颁布的《环境噪声污染防治条例》。《环境噪声污染防治法》是在原《环境噪声污染防治条例》的基础上"升格"而成的。

境保护法律的规定作进一步明确具体含义或者法律制定后出现新的情况作明确适用法律依据等的解释。它与法律具有同等效力。例如,《全国人大常委会关于〈中华人民共和国刑法〉有关文物的规定适用于具有科学价值的古脊椎动物化石、古人类化石的解释》等。

第二,是由最高人民法院或最高人民检察院作出的属于审判、检察工作中具体应用法律的解释,例如,《最高人民法院、最高人民检察院关于办理环境污染刑事案件适用法律若干问题的解释》《最高人民法院关于审理环境侵权责任纠纷案件适用法律若干问题的解释》等。

2010年以来最高人民法院经常会以公告的形式发布对全国法院审判、执行工作具有指导作用的指导性案例。按照《最高人民法院关于案例指导工作的规定》,各级人民法院审判类似案例时应当参照指导性案例,目的在于统一法律适用,提高审判质量,维护司法公正。例如,《最高人民法院指导案例75号:中国生物多样性保护与绿色发展基金会诉宁夏瑞泰科技股份有限公司环境污染公益诉讼案》。此外,最高人民检察院也会定期发布指导性案例,如《最高人民检察院检例第4号:崔建国环境监管失职案》。

第三,是由依法行使环境监督管理权的国务院有关部门根据法律、行政法规的授权对有关法律法规如何具体应用贯彻的问题所做的工作文件。例如,《环境保护部关于建设项目"未批先建"违法行为法律适用问题的意见》《环境保护部办公厅关于机动车环保检测机构项目环境影响评价分类管理意见的复函》等。

2. 国际法渊源

一般认为,我国环境法的国际法渊源包括条约、习惯、软法等。

依照我国法律有关国际条约适用的规定,中华人民共和国已缔结或者参加的国际公约与国内法律有不同规定的,适用国际公约的规定。但中华人民共和国声明保留的条款除外。中华人民共和国法律和中华人民共和国缔结或者参加的国际条约没有规定的,可以适用国际惯例(参见第十六章第一节)。

(二) 环境法的分类

由于环境法的调整对象涉及诸方面的人类环境利用关系,其调整方法也具有多样性的特征,因此环境法的内容和体系也相当庞大。从法的规范、法的渊源、法的目的、法的体系等角度考察,可以将环境法作出如下分类。

1. 对环境法作目的性的分类

在中外诸多环境法教科书中,通常采用的分类方法是从环境法规范的目的和基本制度外在表现的角度,将环境法分为污染控制法和自然保护法两大类。

这种分类方法的优点是目的性较强,一目了然。它主要是按照环境问题的不同原因、是否是环境媒介的标的物、法律名称的来源属性和法律保护的具体对象等方法对环境法体系内部的法律予以划分。但是,由于各单项环境保护立法的具体目的和规制对象千差万别,仅单纯以污染防治和自然保护的目的来划分环境法是不能囊括所有不同立法目的的各单项环境保护法律的。

因而,这种分类方法会导致环境法的内涵外延及其内部结构、逻辑关系不易界定,也不利于从立法的角度对环境法体系进行整理。虽然污染控制法是针对污染因子的法律控制、自然环境保护是针对环境要素的法律保护来划分的,与之相关的分类还有如自然资源法、公害控制法、环境要素保护法、特殊区域环境保护法、生态保护法等,然而适用这种方法将可能导致如环境行政组织法、环境影响评价法、环境费用负担法、文化财产保护法、环境信息公开法、有害物质管理法、废物处理与循环利用法、环境纠纷处理法、环境损害救济法,以及未来在环境保护领域出现的新的、目的在于保护环境但又无法纳入环境污染防治或自然环境保护范畴的重要法律被排除在环境法体系之外。

为更科学地对环境法进行分类,近年来环境法学者在各自的著作中提出了较多的分类方法,有学者从环境法的表现形式出发将其分为实体环境法和形式环境法、实体环境法和程序环境法、对人环境法和对物环境法等;有学者还从环境保护的基本目标与内涵出发将环境法分为环境预防法、行为管制和事后整治法两大类,前者为促使生态整体免受人类侵害行为导致的有害影响之规范,后者则为排除人为原因已造成生态损害或人工化之规范;还有学者将环境法分为媒介的环境法、因果的环境法、生命的环境法、融合性环境法。① 更有学者从环境法的动态体系之结构分析的角度,将环境法在不同阶段的任务分配与执行措施分为预防、管制和救济三大类。②

此外,按照环境法效力体系的不同也可以将环境法分为国家环境法和地方环境法,或者环境法律、环境法规、环境规章以及地方性环境法规或规章等;按照环境保护要素的不同可以将环境法分为大气保护法、水保护法、土地保护法、森林保护法、海洋保护法、草原保护法、野生动物保护法等。

2. 对环境法作传统部门法的分类

(1) 从国内法的角度将环境法分为环境宪法、环境行政法规、环境刑法、环境民法以及环境诉讼法等几大类。由于环境保护主要是国家采用行政管理和规制企事业单位生产经营行为的方式展开的,因此环境行政法规范占环境法规范的绝大多数。然而,由于传统部门法分类方法中唯有环境法表现为有关环境问题的法律专题,并且这些法律专题都与原部门法的原则和方法有不相同之处。因此,环境法的综合性非常强,几乎所有传统部门法都涉及环境保护领域,几乎所有的环境法规范都需要有其合理的法理解释。所以,从宪法和行政法的角度,可以引申出有关环境权(environmental right)、国家环境保护责任、政府环境管制权力,以及企事业单位或个人的环境义务等解释;从民法的角度,可以引申出有关将环境和自然资源作为准物权、相邻环境关系以及环境侵权责任的解释;从刑法的角度,可以引申出有关确立危

---

① 参见金瑞林、汪劲:《20世纪环境法学研究评述》,北京大学出版社2003年版,第43—45页。
② 参见陈慈阳:《环境法总论》,台湾元照出版有限公司2000年版,第56—57页。

害环境犯罪及其单行刑法和附属刑法等的解释;从诉讼法的角度,还可以引申出公益性环境行政诉讼、将民事诉讼中的特殊规定作为环境民事诉讼一般原则等的解释。

站在将环境法作为一个独立的部门法的角度,这种分类方法尽管与各传统部门法联系紧密,但无形中它们将不同环境法规范和内容之间的相互联系割裂开来,尤其是否认了环境法调整方法所具有的综合性的特征。例如,对环境权的研究目前是将其作为一个整合型权利对待的,单从宪法或者行政法、民法的角度尚不能揭示其合理的内涵。再如,对环境效益及其价值的法律保护则需要先明确人类利用价值和非人类利用价值之后才能分别予以保护,此外学者提出的有关刑法保护法益的判断也在于此。最后,环境法律的基本理念包含着预防原则,需要在某个法律事实出现之前就其积极和消极影响及其可能的风险作出事前的判断并作出决定;对环境利用行为导致的渐进性环境妨害要事前予以减轻、停止或排除;对明知污染物质的排放会导致环境或人体健康的侵害而继续作为者要在具体损害发生前就予以刑事处罚,等等。这些法律手段和方法,都必须在环境法的统一原则指导下适用。否则,环境法就不会从传统部门法中独立出来了。

(2) 对环境法作国际法和国内法的分类。从环境法规范的创制和适用范围的角度,可以将环境法分为国际环境法和国内环境法两类。国际环境法一般是由参与国际关系的两个或两个以上的国家或国际组织制定、认为或缔结的确定其在环境保护领域中权利和义务的法律文件。其主要表现形式是国际环境条约及其协定。国内环境法则指由一国享有立法权的机关制定的、其效力范围一般不超出本国主权范围的环境保护法律、法规和其他规范性法律文件。

由于当前环境问题的全球化趋势与控制手段和方法的一致性和共同性,国际环境法和国内环境法的原则和方法也在逐渐趋同,其具体表现就是在国际环境法的框架下制定国内环境法或者将国际环境法的义务性规范国内法化。

对环境法作国际法和国内法的区分,也是各国环境法分类的主要方法之一。但是,鉴于国际法和国内法毕竟分属于两个不同的传统部门法领域,它们在有关法的基本理论、法的主体、法的创制、法的效力及实施等诸方面还存在着许多重要的区别,因此在认可这种划分方法的同时,不能将它们之间存在的本质区别予以混淆。

三、环境法的目的

环境法的目的,是立法者拟通过实定法实现的环境保护理想和目标,是确立环境法基本原则的思想和理论结晶。

理论上讲,环境法的实质目的或任务,是保护生态系统的平衡与稳定,衡平世代人类既得利益与长期发展的相互关系,最终实现社会经济的可持续发展。但这种立法意图仅仅是一种动机上的目的,它们无法成为形式上的、以防治污染或者自然保护为目的的各单项环境、资源与能源法律的目的和适用指引。实践中,由于构成一国环境法律体系的单项法律较多、具体目标各不相同以及环境法的渊源多样,致使环境立法在动机上的目的与形式上的目的出现分离。

以下,本书拟对环境基本法(也称综合性环境保护法)以及单项环境保护法律的立法目的规定作一简要介绍。

(一)环境基本法的目的

环境基本法属于国家政策法和法律适用指引法的范畴,它的意义除了具有对单项环境保护立法的指导功能外,还具有对各类不同的环境利用行为予以规范和协调的功能(参见第五章第一节)。在欧洲部分编撰有环境法典的国家,环境基本法相当于其环境法典总则部分的内容,但条文相对简要,原则相对抽象。

考察不同时期的环境立法,20世纪70年代各国环境立法目的分为两种:一是基础的、直接的目标,即协调人与环境的关系,保护和改善环境;二是最终的发展目标,包括保护人群健康与保障经济社会持续发展两方面。金瑞林教授认为,在保护和改善环境这一直接目的方面,世界各国都无不同;在最终的目的方面,各国规定则有差别。多数国家主张环境法的最终目的首先是保护人的健康,其次是促进经济社会持续发展,即"目的二元论"。也有的国家规定环境法的唯一目的是保护人群健康,即"目的一元论"。[①]

纵观美国、日本现行环境基本法有关立法目的的规定,可以发现它们已从保护人类健康和环境的目标扩大到涵盖衡平世代间的利益、保护生态系统的多样性、正确调整人类与环境关系的立法意图上来。一些国家(地区)还在环境基本法的立法目的上融合了全球环境保护理念,将可持续发展的思想也纳入了环境基本法的目的之中。

我国目前环境保护领域的基本法是2014年修订的《环境保护法》。该法第1条对立法目的的规定是:"为保护和改善环境,防治污染和其他公害,保障公众健康,推进生态文明建设,促进经济社会可持续发展制定本法。"[②]从这一规定可以看出,我国《环境保护法》的目的有二:一是保护和改善环境,防治污染和其他公害,这是基础的、直接的目标;二是保障公众健康,推进生态文明建设,促进经济社会可持续发展,这是最终的发展目标(参见第五章第一节)。由于我国现行《环境保护法》与其他单项环境保护法律都是由全国人大常委会制定的,所以《环境保护法》在效力上不属于《立法法》上的国家基本法律的范畴(参见第五章第一节)。

法国学者基斯在总结环境立法目的的演变发展历程后指出,环境立法的目的是立法者价值观念的反映。早期功利主义(utilitarianism)的"尊重环境有益于人类"立法思想最先表现在保护"益鸟"和动物以及放纵其他环境破坏的法律中。后来欧洲社会最初提倡的环境保护目标包括《罗马条约》为成员国制定的"为了他们的人民不断地改良生活和工作环境"的条款也具有功利主义色彩。总之,环境立法目的的演变反

---

① 参见金瑞林主编:《环境法学》,北京大学出版社1999年版,第37页。
② 1989年《环境保护法》第1条的规定是:"为保护和改善生活环境与生态环境,防治污染和其他公害,保障人体健康,促进社会主义现代化建设的发展,制定本法。"

映了一种思想的演变,就是在以人类为中心的环境条件下的"经济优先""人类优先"思想转变为在以生态为中心的环境下的"生物优先"和"地球优先"思想。①

从20世纪90年代各国(地区)特别是发达国家纷纷修改和制定新的环境基本法和确立新的环境政策目标来看,为实施可持续发展战略,各国环境立法将保护目标扩大到生物圈,而且在环境利益与经济利益发生冲突方面采用的是"环境优先"和"风险预防"的战略思想。

(二) 单项环境保护法律的目的

单项环境保护法律是指针对环境污染的防治和环境与资源要素的保护而由国家立法机关制定的特别行为规范,其特点是具有控制对象和方法的针对性和专一性。与以动机上的目的为立法意图的环境基本法相比,单项环境保护立法的目的属于形式上的法的目的,通常它与法律的名称即各别环境或自然要素的保护或者污染因子的防治是直接对应的,其规制的手段和方法也是直接的(参见第六、七、八、九、十、十一、十二章)。在环境法典化国家,单项环境保护法律相当于其环境法典分则中各篇章节部分的内容。

通常情况下,污染控制法的目的是预防和治理环境污染及其可能带来的人群健康危害或者财产损失;自然保护法的目的则是朝向对野生动植物物种及其生境、生物多样性等的保护以及对具有生态价值的自然遗迹等状态或者自然景观进行保护,以维护自然的多元的价值。由于对自然的破坏在很大程度上源于人类开发利用自然资源活动,所以一般在国家自然资源立法中也会规定在开发利用自然资源的同时应当保护自然环境和恢复人类行为造成的自然破坏。

值得一提的是,按照环境基本法与各单项环境、资源与能源立法在环境法律体系中的不同地位,还可以将环境立法的目的分为以确立环境保护基本原则和制度为目的的法律、以环境污染防治和环境质量保护为目的的法律、以合理开发利用自然资源和自然保护为目的的法律等类别(参见第六、七、八、九、十、十一、十二章)。无论这些法律在立法目的上如何表述,它们的总目标与环境基本法的立法目的在本质上应当是一致的。

(三) 国际环境法的目的

国际环境法在目的上也存在着环境保护的利益需求及其相关主体的关系问题。从国际环境法的历史发展看,它们的立法目的经历了两个阶段②的转换(参见第十五章第一节)。

---

① 参见 A. Kiss, D. Shelton, *Manual of European Environmental Law*, Cambridge University Press, 1994, p.30.

② S. Emmernegfger, A. Tschentsscher 认为,现代国际环境法的目的可以分为"为了现世代人类自身利益而保护环境,包含将来世代利益的环境保护和确认自然自身内在的价值"这么三个阶段。参见 S. Emmernegfger, Axel Tschentsscher, "Taking Natures Right Seriously: The Long Way to Biocentrism in Environmental Law", *Georgetown International Environmental Law Review*, Summer, 1994, p.547.

第一,是为了当代人类自身利益的环境保护阶段。在保护农业益鸟、捕鲸管制、渔业保护等领域,从19世纪后半开始,国际环境立法的主要目的是确保人类对天然资源的开发、利用权和确保资源的最大效用。另外,在有关人权的条约中,也有以保护现代人类不受环境污染危害为目的的条款。支撑这个阶段的国际环境保护理念是功利主义思想,其特点是将自然保护局限于人类中心主义观念之下,即使对回避动物痛苦的要求以及提倡的环境管理方法都是基于当代人的利益作出的。①

第二,是包含未来世代人类利益的环境保护阶段。20世纪40年代末,国际环境立法的目的开始朝着保护未来世代人类利益的方向演变。1946年《国际捕鲸管制条约》的序言就规定了"为了未来世代人类而保护鲸鱼这种巨大天然资源是世界各国的利益"的条款。20世纪70年代以后,这种以当代人类对未来世代的义务的规定不断在国际环境法中增多。从1972年《人类环境宣言》到1992年《环境与发展宣言》,将人类应当保护全体生物圈、衡平世代间的利益和可持续发展载入序言的目的条款之中和基本原则之内。上述这些宣言的特点在于,它们已超越了以往只对经济有益的环境要素进行保护的理念,承认环境要素之间存在着相互依存的关系并且这种依存关系不受国界以及地理学界线的限制。②

第二节 环境法的创制、发展和完善

一、对外国环境法发展的历史考察

(一) 18世纪中叶至20世纪初叶维护城市环境卫生的立法时期

外国环境法的历史,最早可以溯及到中世纪以前的欧洲。在中古时期的11世纪,西欧兴起了城市,环境卫生和空气污染问题便开始产生。现在欧洲有据可查的最早的环境法律是英国国王爱德华一世在1306年颁布的禁止在伦敦使用露天燃煤炉具的条例。据资料记载,在14世纪的伦敦,曾有一名男子由于燃烧煤烟而被绞死;在公元14世纪,法国的查尔斯六世禁止在巴黎"散发臭味和令人厌恶的烟气"。③

18世纪中叶开始,铁路建设、道路建设以及对煤和水力等能源的开发促进了欧洲工业的全面发展。牧场以及森林在欧洲各地遭到了极大的破坏。19世纪以后,城市化的进程使生活环境卫生成为当时环境立法的主要控制对象。1810年10月《法国民法典》开始在法国、比利时和荷兰等国适用,其相邻关系条款被适用于消除工厂或

---

① 〔日〕山村恒年等编:《自然的权利》(日文版),日本信山社1996年版,第89页。
② 参见 A. Kiss, D. Shelton, *Manual of European Environmental Law*, Cambridge University Press, 1994, p.31. 修改前的原条文规定的目的为:"——为(to)保存、保护和改善环境质量;——致力于(to contribute towards)保护人类健康;——保障(to ensure)谨慎和合理的利用自然资源;——促进有关区域或全球环境问题的国际一级的措施。"
③ 参见 A. Kiss, D. Shelton, *Manual of European Environmental Law*, Cambridge University Press, 1994, p.9.

车间散发的不卫生和危险的以及排除臭气妨害。另外,英格兰、卢森堡、意大利等国也各自制定了防止工业空气污染的法律。① "妨害"和"相邻关系"的概念还被运用到欧洲各国处理越界污染的案件之中。

除了污染控制立法之外,各国国内和国际有关环境立法的目的主要是保护经济性自然资源,如森林、渔业等等。1930年罗马尼亚通过了世界上首部保护自然遗迹的法律,并且设立了36个自然保留地。

在美国,从1785年开始国会制定了关于土地勘测和开发的法律。这些法律规定准许开发西部土地并可予以出卖。在土地开发政策方面,基本手段是降低国家税率、土地减价、土地贸易和出卖公共土地。资料的创建和基本数据是美国联邦环境立法的首要活动,它们对后来美国的环境立法产生了重要影响。② 19世纪初中,美国宪法确立了联邦资源管理制度和卫生安全保护措施的框架,为了快速地处理土地纠纷,联邦还制定了矿业、木材、沙漠土地等法律。

从19世纪90年代开始,美国进入都市化和工业化社会,许多城市的人口都在剧烈增长。日益增多的废气、污水、噪声和垃圾等首次以公众(the public)为中心影响到环境质量。为此美国出现了美化城市运动。这时,城市规划开始作为一项职业和城市建设的初步基础。城市改良者也开始意识到制定地方法律以控制地方的污染问题。从此,美国的环境立法开始分化为自然资源和消除污染两大部分。

日本在1874年建立了自然公园制度,1898年制定了《森林法》。到19世纪末,在强力发展工业的政策指导下,日本国内对资源和能源的需求量急骤增加。1888年,大阪市因纺织厂煤烟污染发生了市民防止煤烟运动,因此大阪府制定了《煤烟管理令》。③ 1912年日本制定了《工场法》对煤烟的规制作出规定。进入20世纪后,日本于1919年制定了《狩猎法》以禁止和限制捕捉野生鸟兽,于1920年在《都市计划法》中规定了"风致地区保全制度",于1932年制定了《国立公园法》。

(二) 20世纪初叶至20世纪60年代防止环境污染的立法时期

从20世纪初叶开始直至20世纪中叶,由于工业化和城市化进程加快,导致环境污染逐渐加重;因城市人口不断增多,污染损害也大面积展开。在这种背景下,仅靠传统私法的事后救济已经无济于事,各国人民通过各种反污染斗争,要求政府采取积极对策。为此,以控制环境污染为中心的环境立法开始在发达国家制定。随着国际环境污染问题的出现,国际环境立法也逐步受到重视。

在欧洲,20世纪60年代的环境立法主要是采取行政控制的方法对污染物排放进行管制。环境立法的目的逐渐开始发生转变,即与其在出现损害后对原因物质作出

---

① 参见 A. Kiss, D. Shelton, *Manual of European Environmental Law*, Cambridge University Press, 1994, p. 9.

② Ibid., p. 11.

③ 在此之前,日本的大阪府于明治10年(1877年)制定了《关于制造场管理规则》,东京都于明治14年(1881年)发布了《关于制造管理的布达》。

反应,不如采取事先预防环境损害的措施,并且开始提倡环境影响评价、公众参与环境政策以及监督环境状况。另一方面是谋求在体制上和国际上的立法以保护一个安全和卫生的环境的权利。①

20 世纪 20 年代美国有关公法的行动是控制食品安全而不是控制污染。由于大多数环境损害案件在审理上需要证据,以致在环境损害领域责任法成为一个不成熟但又必须运用的武器。在田纳西州水资源开发过程中,对解决防治洪水和土壤保护等问题的讨论掀起了美国第二次环境保护浪潮。

在罗斯福"新政"时期,厉行节俭的政策促使美国联邦将经济学的资源法律成本效益分析运用到立法之中,并于 1936 年制定了《公共汽车尾气控制法》。后来,这种方法还被广泛地应用到联邦水资源利用项目。②

据统计,从 1948 年到 1972 年美国在持续生产、空气污染和水污染控制、机动车管理、固体废弃物处理、空气和水质量管理、公民权利、野生生物、土地和水保持基金、野外优美景观、河流、国家标志、历史遗迹保护等许多方面都制定了详尽的法律。1969 年,美国国会通过了综合性环境保护法律《国家环境政策法》,规定任何联邦活动及其方案都必须进行环境影响评价。

日本在第二次世界大战以后曾一味追求"经济高速成长",给环境带来了严重的破坏,因公害造成的人体健康损害和财产损失短期内大幅上升。1959 年日本制定了《水质综合保护法》和《工场排水法》,1962 年制定了《煤烟控制法》。1967 年,举世闻名的"四大公害事件"促使日本制定了《公害对策基本法》,开始走上综合且计划地防治公害的道路。

(三) 20 世纪 70 年代以后全方位环境保护的立法时期

进入 20 世纪 70 年代,世界各国无论是在发达国家还是在发展中国家,环境立法都成为国家立法的一个重要领域。由于国际环境法的发展以及环境保护理论所论及环境问题的"全球性",以致国内环境立法和国际环境立法在目标上达成一致。为此,全球一体化的环境立法也开始形成。

1. 发达国家环境立法的全方位展开

20 世纪 70 年代,西方发达国家国内环境立法除了呈爆发式发展以外,在立法目的上也具有一定的阶段性特征:从 1970 年至 1980 年,注重完善控制区域污染的环境立法,同时将自然保护立法从自然资源开发利用立法中独立出来;修改传统刑法和民法,以适应保护环境的需要;从 1980 年至 1990 年,从注重对污染的末端控制转变到对资源利用的全过程管理;完善处理国际环境问题的国际立法;注重国内环境立法与国际环境立法的协调,强调越界污染损害的国家责任以及探索国际环境保护合作;

---

① 参见 A. Kiss, D. Shelton, *Manual of European Environmental Law*, Cambridge University Press, 1994, p.10.

② 参见 Campbell-Mohn, Breen, Futrell, *Sustainable Environmental Law*, West Publishing Co., 1993, p.32.

1990年以后,以国际环境法为统帅,将重点放在全球环境问题的立法上,在全球环境保护的理念下修改国内环境法。为实现可持续发展战略,各国还制定了有关促进循环经济和废物再利用方面的法律。

在日本,最为突出的变化是在1970年底召开的第64届临时国会上,一次通过了新制定和修改制定的14部环境法律,内容涉及公害基本对策、费用负担、海洋污染、水质污染、大气污染、农地污染、噪声控制、废物处理、公害犯罪、下水道、农药、自然公园、毒品及剧毒物品、道路交通等方面,以致日本国民称这次国会为"公害国会"。之后日本相继制定了《环境厅设置法》《公害等调整委员会设置法》《关于特定工场整备防止公害组织的法律》《自然环境保全法》《公害健康损害补偿法》《恶臭防止法》等环境法律。1993年日本制定了新的《环境基本法》。进入21世纪以后,日本的环境立法开始注重全过程环境保护和管理,朝再生利用和物质循环管理的方向发展,分别制定了推进循环性社会形成、废弃物处理、促进再生资源利用、促进容器包装分类回收及其再商品化、特定家用电器再商品化、促进家畜排泄物适当化管理与利用、废弃物处理设施整备、促进有关产业废弃物处理特定设施整备,以及机动车再资源化等法律。

在美国,20世纪70年代通过了《清洁空气法》《职业安全卫生法》《资源回收法》《联邦水污染控制法》《海岸带管理法》《联邦杀虫剂、杀真菌剂和杀鼠剂法》《海洋保护、研究和庇护法》《危害种类法》《安全饮用水法》《深水港法》《林业和山地可更新资源规划法》《资源保持和回收法》《渔业保持和管理法》《联邦土地政策和管理法》《国家森林管理法》《水土资源保持法》《地面矿产控制和开垦法》《国家能源法》等。80年代,美国制定了《综合环境反应、赔偿和责任法》。[①]

从20世纪60年代起直至20世纪90年代初,欧洲各国除主要制定了作为环境基本法的《环境保护法》或《联邦污染控制法》外,在有关水污染、大气污染、汽车尾气、放射性污染、废弃物再生利用、噪声、土地、渔业、林业、狩猎、海洋环境保护、自然保护、野生生物、海岸带保护、公共卫生自然遗迹、化学废弃物、自然规划、有害健康和环境的产品、环境和安全情报、工作场所卫生和安全以及环境责任和环境犯罪方面都制定了相应的保护和控制等法律。[②] 欧盟成立以后,欧洲主要国家还按照欧盟有关环境保护指令在促进循环经济与确保废弃物适合环境处置、废旧机动车部件再利用等方面也制定了国内法律。

20世纪80年代以后,各国通过环境立法控制的范围业已扩大到工业、商业、金融和贸易领域,因为经济投入与经济发展已经被人们认为与保护环境直接相关。另外,环境法律的对策已将焦点放到了鼓励预防污染和环境退化以及促进物质循环等方面。到90年代,各国环境立法体系的准备基本完成,以环境基本法为首的环境法律

---

① Campbell-Mohn, Breen, Futrell, *Sustainable Environmental Law*, West Publishing Co., 1993, p. 43.
② A. Kiss, D. Shelton, *Manual of European Environmental Law*, Cambridge University Press, 1994, pp. xxx—xxxiii.

体系已基本建立,环境法的重点也开始转移到法律的实施上来。20世纪末叶起至21世纪初,各国进一步在环境保护各领域进行系统化的立法,部分国家通过制定环境法典的方式解决环境问题,达到全面保护环境的目的。

1994年,德国在原《废弃物清除法》和《回避废弃物与最终处理法》的基础上修改制定了《循环经济和废物处置法》,内容主要包括废弃物分类、处理优先、自己责任、制造物责任等,该法于1996年10月7日施行。此外,德国的物质循环管理立法还包括1991年制定的《包装废弃物政令》。进入21世纪后,德国通过一系列新法对环境各个方面进行体系化的保护,包括2002年通过的《联邦自然保护法》,2006年通过新的《联邦水法》《在环境法中的法规清理法》《联邦自然保护法》《非电子辐射防治法》,2014年颁布的《可再生能源法》等。

在法国,2000年法国政府通过政令,宣告法国政府依据授权通过了环境法典的立法部分,2007年法规部分最后提交审议的一卷获得通过,法国环境法典化的工作完成。2004年法国制定了《环境宪章》,并在2005年将之纳入到法国宪法中。此外,法国在2009年颁布了《国家环境义务法》,同年通过了《综合环境政策与协商法I》;为进一步保障该法的实施,法国议会于2010年7月12日又通过了《综合环境政策与协商法II》。

进入21世纪以来,欧盟的环境立法得到进一步发展,环境法律的调控范围不断扩大,调控手段不断增多。自2002年以来,欧盟陆续颁布了一系列指令,如2002年《有关大气臭氧的2002/3/EC指令》,2003年《关于在电气电子设备中限制使用某些有害物质指令》,2006年《有关特定危险物质排入水环境引起污染的2006/11/EC指令》,2006年《有关废物的2006/12/EC指令》等,涵盖空气污染限制、固体污染物限制、水保护与管理、废物管理等多个领域。此外,在环境责任方面,欧洲议会和欧洲委员会于2004年通过了《欧洲议会和欧洲委员会关于预防和补救环境损害的环境责任指令》,欧盟环境法已经形成日益健全的环境保护法律框架。

2. 发展中国家和地区的环境立法

20世纪70年代以后,鉴于国内环境问题日趋严重,受联合国1972年在斯德哥尔摩召开的"人类环境会议"影响,以及在发达国家的援助下,大部分发展中国家也逐渐开始重视环境立法。

在拉丁美洲国家,殖民时期结束后的第一步是采用以资源为本位的立法取代以利用为本位的立法。许多国家修改了土地、水以及矿业法,并且采用法典编纂的形式编集资源法典,其总的原则是资源保护第一位,资源利用第二位。1942年委内瑞拉制定了《森林、土壤与水法》;1974年哥伦比亚制定了《国家可更新自然资源和环境保护法》;1981年阿根廷的科连特斯省还制定了《自然资源条例》。

巴西在借鉴德国经验的基础上,于1981年出台了《国家环境政策法》,并在水污染治理与防治、固体废弃物防治、自然资源保护、野生生物物种保护等方面颁布一系列联邦法、联邦法令与行政法规;为强制制裁环境犯罪,在1998年制定了《环境犯罪法》;在环境教育方面,1999年制定了《国家环境教育法》;为保护自然资源与生物多样性,2001年颁布《保护生物多样性和遗传资源暂行条例》,并在2008年制定了《国家森林计划》。

东亚的一些国家和地区,环境立法受日本的影响较大,各国和地区纷纷以日本环境立法为模式开展环境立法。例如,韩国自1965年以来,分别在环境基本政策、环境污染损害纠纷处理、大气环境保全、噪声振动控制、水质环境保全、有害化学物质管理、海洋污染等领域制定了法律。

在印度,1986年颁布了历史上第一部环境保护基本法《环境保护法》,并在20世纪80年代末到90年代陆续出台了《印度环境保护条例》《危害物质处理条例》《化学事故条例》《生物医用废物管理条例》等内容更为具体的环境保护法律。为了进一步控制污染,对有害物质进行存放和处理,印度在2000年颁布了《城市废弃物管理规则》,在2005年制定了《有害废弃物燃烧炉指南》等法律。

自20世纪末叶至21世纪初,发展中国家陆续开始重视应对气候变化,如2008年智利制定的《关于智利原始森林的第20283号法案》,2009年巴西颁布了《气候变化国家政策法》,2009年菲律宾颁布了《气候变化法》,2012年墨西哥颁布了《气候变化基本法》等。

二、中华人民共和国成立前的自然保护思想和自然资源管理立法

(一)古代自然哲学思想及其对中国自然资源保护策略的影响

中国人民自古以来就有崇尚自然的思想传统,环境保护思想产生至少可以上溯到公元前11世纪的西周时期。经过1000年的发展,至秦汉之前,已逐步完善起来。从秦汉以后直至明清时期,这种思想在实践中得到了一定的运用和发展。

我国历史上的环境状况,如从先秦算起,经历了良好、第一次恶化(秦、西汉)、相对恢复(东汉至隋)、第二次恶化(唐至元)、严重恶化(明清以后)五个发展阶段。历史上环境恶化多以森林、植被的破坏为先导,随之带来水土流失、沙漠化、河道决徙、湖泊湮废等一系列变化。① 这些变化,与历史上的农业生产活动具有密切的相关性。

公元前11世纪,西周在颁布《伐崇令》中规定:"毋坏屋,毋填井,毋伐树木,毋动六畜。有不如令者,死无赦。"这些命令本为军事纪律,但是它却包含了资源保护的内容。在《礼记·王制》《礼记·月令》中关于四季打猎的规定和关于12个月的不同禁令,均为法则。据《韩非子·内储说上》记载:"殷之法,刑弃灰于街者。"夏代规定(据《全上古代秦汉三国六朝文》记载):"春三月,山林不登斧斤,以成草木之长;夏三月,

---

① 参见袁清林编著:《中国环境保护史话》,中国环境科学出版社1990年版,第95—96页。

川泽不入网罟,以成鱼鳖之长。"在秦代《秦律十八种》中有一种《田律》,其中部分内容规定了生物资源保护,它体现了先秦萌芽状态的生态学"以时禁发"的思想。①

西汉时期,淮南王刘安邀集门人编撰了《淮南子》,其中《主术训》(卷九)专门总结了先秦关于生产与保护、开发与抚育的基本思想。到明清时期,《明律》《清律》均沿用了《唐律》的规定。

从文献记载的中国早期自然保护规范看,它们在目的上是为了保障统治者对自然资源的持续利用,以维护封建社会的统治秩序。这时的自然资源只是作为财产的一种形式予以保护的。在古代自然哲学相对发达的我国,"持续利用"和"节约使用"自然资源可以说是早期环境立法的基本理念,这与我国古代思想家的自然哲学观对统治者思想的影响有关。

(二) 中华民国时期(1911—1949年)有关自然资源保护管理的立法

中华民国(指1949年以前)时期我国的农业经济占主要地位,只是沿海一带现代工业有所发展。由于当时战乱频繁,政局不稳,执政者不可能也没有必要重视环境保护。在与环境相关的资源立法中,主要有《渔业法》(1929年)、《森林法》(1932年)、《狩猎法》(1932年)、《土地法》(1930年)和《水利法》(1942年)等。

另外,在中国共产党领导的革命根据地,也制定过一些类似的规章制度,如《闽西苏区山法令》(1930年)、《晋察冀边区禁山办法》(1939年)、《晋察冀边区垦荒单行条例》(1938年)、《陕甘宁边区森林保护条例》(1941年)、《晋察冀兴修农田水利条例》(1943年)、《东北解放区森林保护暂行条例》(1949年)等。

上述自然资源立法的意图是发展经济,保障资源的持续利用。

二、中国环境法(1949—2018年)的创制、发展与完善

(一) 环境法创制前的混沌时期

从1949年中华人民共和国成立,到1973年全国第一次环境保护会议的召开以前,可以称为中国环境保护事业兴起前的混沌时期。

中华人民共和国成立初期,国家在立法方面除了制定主要执行阶级和专政职能的宪法和刑法等少数法律外,这时所有的党和国家的政策以及有关公民权利义务的规范,均通过国家领导人的讲话、党中央、国务院、国务院行政主管部门下发的"红头文件"(official documents),以及以《人民日报》社论的形式,上传下达、宣传鼓动,由地方政府官员在"领会文件精神"的基础上贯彻执行。

从20世纪50年代起,我国开始实行社会主义计划经济,兴建了一大批基础骨干工业企业。经过三年恢复时期和实行工业化为主体的第一个五年计划,到20世纪50年代末初步奠定了我国工业化的基础。由于农业经济是我国国民经济的主要组成部分,因此这时局部发生的工业污染仅仅被看做是职业病防护的卫生问题。

---

① 参见袁清林编著:《中国环境保护史话》,中国环境科学出版社1990年版,第170页。

1954年《宪法》确立了"矿藏、水流,由法律规定为国有的森林、荒地和其他资源,都属于全民所有"的自然资源国家所有制形式。这一时期,政府较为重视对作为农业命脉的自然环境要素的保护,并在水土保持、森林保护、矿产资源保护等方面制定了若干纲要和条例。

20世纪50年代末,我国开展了"大跃进"运动,由于盲目追求经济建设的高速度,在"大办钢铁""以粮为纲、全面发展"的口号下发动了狂热的"群众运动",给我国的自然资源和自然环境造成了第一次大规模的冲击和破坏。

在防治工业污染方面,国务院各行政主管部门通过部门规章与标准和技术规范的形式,在工业企业设计卫生、工厂安全卫生、生活饮用水卫生以及放射性卫生防护等方面作出了规定。

20世纪60年代中叶开始的"文化大革命"导致我国发生了一场全局性长远影响的政治灾难,国民经济走向崩溃,许多过去依靠行政手段建立起来的规章制度也被否定。

从上述规定可以看出,这个时期我国有关环境保护的各种规范性文件已经涉及环境保护领域的主要方面,但规章制度非常零散,总体上还没有形成完整的环境保护思想,更谈不上环境立法。

(二)环境法的产生时期

自1973年8月我国召开第一次全国环境保护会议起,至1978年修改《宪法》确立国家环境保护责任条款为止的5年间,是我国环境保护工作和环境法的产生时期。

值得一提的是,我国环保事业是与外交事业相伴而生的,它的兴起在客观上带有一定的偶然因素。20世纪70年代,在经历了一系列重大公害事件,给经济和社会发展带来的严重冲击后,西方各国开始大量进行环境立法,由此也形成了全球性的环境保护浪潮。国际上关于环境问题加剧和环保立法发展的讨论,引起了党和国家领导人的警觉。1971年10月25日,第26届联合国大会以压倒性多数通过了恢复中华人民共和国在联合国组织中合法席位的决议。与此同时,联合国大会还决定于1972年6月5日在瑞典首都斯德哥尔摩举行首届联合国人类环境会议(United Nations Conference on the Human Environment,UNCHE)。

1971年,原国家基本建设委员会下设了工业"三废"利用管理办公室,卫生部还负责组织了对各大水系、海域和城市的污染调查与监测,初步取得了中国环境污染状况的资料。由于缺乏环保的意识与知识,任意排放污染物、不合理使用化肥、围湖围海造田、盲目开发森林和矿产资源、乱捕滥杀野生动物等现象在我国屡见不鲜。

1972年6月5日,我国派团出席了联合国在瑞典首都斯德哥尔摩举行的人类环境会议。由于这是我国在恢复联合国合法席位后第一次参加联合国大型会议,所以我国参加会议的主要目的是扩大中国作为一个社会主义国家的国际影响力。但是通过对大会散发的文件,特别是对大会的非正式报告《只有一个地球》等资料的阅读,使我国与会者了解到了世界环境污染问题发展的严重性。同时,通过对照也发现我国的环境问题已经相当的严重,除城市和江河污染的程度大体与西方国家持平外,自然生态的破坏程度却远比西方国家恶劣。①

联合国人类环境会议的意义不仅是世界环境保护运动的里程碑,而且也是我国环境保护事业的转折点。以此为契机,我国拉开了国家环境保护事业的序幕。

1973年,国务院召开了第一次全国环境保护会议,将环境保护提到了国家管理的议事日程。会后国务院批转了由原国家计划委员会制定的《关于保护和改善环境的若干规定(试行草案)》(1973年8月),这个规定首次确立了环境保护工作的32字方针"全面规划,合理布局,综合利用,化害为利,依靠群众,大家动手,保护环境,造福人民",就全面规划,工业合理布局,老城市环境改造,综合利用,除害兴利与对土壤、植物、江河、海域、森林、野生动植物的保护以及环境监测,环境科学研究和宣传教育,环境保护投资和设备等方面都提出了明确的改造和治理要求,确立了自然资源开发利用环境影响综合分析、建设项目环保"三同时"等措施,是当时中央政府对国家环境保护政策的宣示。根据这个规定,国务院于1974年成立了环境保护领导小组,从此国家级的环境保护行政机构在我国诞生。

从1973年至1978年,我国制定了一系列的国家环境保护政策和规划纲要,并且在实践中形成了一些环境污染防治的制度或措施。在防治沿海海域污染、放射性防护等方面制定了一些行政法规和规章。以《工业"三废"排放试行标准》为首,还制定了有关污染物排放、生活饮用水和食品工业等标准,使国家环境管理有了定量的指标。

1978年,在我国修改的《宪法》第11条中专门对环境保护作出规定:"国家保护环境和自然资源,防治污染和其他公害。"这一规定为国家制定专门的环境保护法律奠定了宪法基础。

但是,20世纪70年代我国政府工作的重点是扩大基本建设投资规模,以期在1980年实现工农业生产的"现代化"。自1978年下半年起,因扩大基本建设投资规模而加剧了国民经济比例失调的状况。② 这个时期,环境保护与经济发展并没有协调起来,包括"三同时"在内的许多环保措施都没有得到执行。

(三) 环境法的发展时期

从1979年《环境保护法(试行)》的颁布实施,到1989年国家制定《环境保护法》的10年间,是中国环境法的发展时期。

1.《环境保护法(试行)》颁布施行

20世纪70年代中后期,我国大中城市和工业区空气污染严重、全国江河湖海受到不同程度污染、地下水污染范围逐年扩大、自然环境破坏相当严重。③ 1978年11月中国共产党十一届三中全会提出了"应该集中力量制定刑法、民法、诉讼法和其他

---

① 参见曲格平:《序》,载〔美〕沃德等:《国外公害丛书》,编委会校译:《只有一个地球——对一个小小行星的关怀和维护》,吉林人民出版社1997年版,第3页。
② 国家环境保护局编:《中国环境保护事业(1981—1985)》,中国环境科学出版社1988年版,第6页。
③ 参见李超伯:《关于〈中华人民共和国环境保护法(试行草案)〉的说明(1979年9月11日)》。

各种必要的法律,例如工厂法、人民公社法、森林法、草原法、环境保护法、劳动法、外国人投资法等"的立法主张,初步勾画出中国社会主义法律体系构建的基本轮廓。同年年底,中共中央批转了国务院环境保护领导小组起草的包括制定《环境保护法》设想在内的《环境保护工作汇报要点》,并就通过立法来保护环境、治理污染和保护人民健康等作出了明确指示:"要制定消除污染、保护环境的法规。"

基于思想上对环境问题的重视和现实中对环境污染情况的考察,全国人大常委会于 1979 年 9 月 13 日原则通过了环境保护法草案,并以"试行"的形式颁布实施。在中国法制建设尚未健全的条件下,《环境保护法(试行)》的制定特别令人瞩目,标志着中国的环保事业开始走向法制轨道(参见第五章第一节)。

在 1979 年《环境保护法(试行)》颁布之后,中国从中央到省、地、市和相当一部分县都依法建立了专门的环境主管部门,各级工农业主管部门及相当一部分大中型企业也建立了专门的环保机构,这为环境执法奠定了行政组织基础。为了掌握全国大中型企业的环保情况,1980 年国务院环境保护领导小组组织全国大中型企业填报了《大中型企业环境基本状况调查卡片》并统计汇总,这成为我国环境执法所依据的首批统计数据。

2. 全面展开单项环境保护法律、行政法规和规章的制定

1982 年,全国人大再次对《宪法》作出修改,在第 26 条规定了"国家保护和改善生活环境和生态环境,防治污染和其他公害"。此外,《宪法》第 9 条、第 10 条、第 22 条也对自然资源合理开发、利用和保护作出了规定。所有这些修改为全方位环境、资源与能源立法提供了依据。

从 1982 年至 1989 年,全国人大常委会分别制定了海洋环境保护、水污染防治、大气污染防治等环境保护的法律以及森林、草原、渔业、土地、水资源野生动物保护等自然资源管理和保护的法律。此外,在一些重要的民事、行政和诉讼等基本法律与企业法律中也规定了环境保护的内容。

1982 年国务院机构改革成立城乡建设环境保护部,下设环境保护局,结束了国家一级环保管理机构作为临时设置机构的阶段。1984 年 5 月国务院成立了环境保护委员会,办公机构设在城乡建设环境保护部环境保护局。1984 年底,国务院又将其升格为部委归口管理的国家环境保护局。1988 年国务院机构改革将国家环境保护局升格为副部级的国务院直属局。

国务院及其环境资源主管部门还以上述法律为依据分别制定了有关排污收费、建设项目环境保护管理、拆船污染防治、工业污染防治、核电站环境管理、污染事故报告处理、植树造林、农药管理、水产资源保护、水土保持、珍稀野生动植物保护、环境监测管理、环境保护标准管理、乡镇和街道企业环境保护管理、自然资源综合利用、对外开放地区环境管理、城市环境综合整治、自然保护等方面的行政法规或部门规章。各地也相应制定了环境保护的地方性法规与规章。

除制定国内环境法外,中国政府还积极参加国际环境保护合作,并加入或签署了

一些重要的国际环境保护公约、协定和双边协定。如《濒危野生动植物国际贸易公约》(1980年)、《保护世界文化和自然遗产公约》(1985年)以及中国和日本两国签署的《保护候鸟及其栖息环境协议》(1981年)等。

在完善环境保护立法的同时,我国还依法制定和颁布实施了包括大气、水质、噪声在内的有关环境质量标准、污染物排放标准、环保基础和方法标准等国家或地方环境标准(参见第六章第一节)。

至此,中国环境保护的法律体系初步形成。然而,因"六五"至"七五"计划时期固定资产投资规模过大,各级政府热衷于抓经济发展,使得环境保护法律的实施在各地一直处于"纸上谈兵"的状态,中央政府制定的环境保护目标连年落空,导致环境问题总体上呈"局部有所改善、总体还在恶化、前景令人担忧"之势,中国已成为世界上污染严重的国家之一。

(四) 环境法的调整时期

从1989年颁布《环境保护法》到2014年修订颁布《环境保护法》的25年间,是中国环境法的调整时期。

1989年以来,我国社会主义经济体制发生了由社会主义计划经济转向有计划的商品经济,进而全面转向社会主义市场经济的转变。这个时期,我国既要改革完善政府管理体制、制定新的法律,又要适应政府管理体制并修改不适应新形势需要的原有法律。

在环境立法方面,鉴于1982年《宪法》的环境保护条款已作修改,中央政府从1983年开始组织人马在《环境保护法(试行)》的基础上起草新的环境保护法草案。然而由于国内经济立法在当时出现"拥挤"现象、加上改革开放初期部分人大常委会委员和政府高级官员对环境保护的认识存在分歧,起草新的环境保护法草案工作远不如《环境保护法(试行)》制定之初那样顺利,起草工作中"不能因环保阻碍经济发展"的观点占了上风,致使这次立法的初衷未能实现,一些在国外环境法律实践中行之有效的法律制度被认为不符合国情而未予以采纳。1989年12月,全国人大常委会通过了修改后的《环境保护法》,废止了《环境保护法(试行)》。

1992年,联合国在巴西里约热内卢召开了环境与发展大会,会议通过了《21世纪议程》《里约宣言》。此外,中国政府还签署了有关防治气候变化、生物多样性保护等国际环境公约,所有这些都需要国家履行条约规定的国际环境义务,根据国际环境公约的要求对国内环境法律进行修改和完善。为加强环境法制建设,全国人大于1993年设立了环境保护委员会(后更名为"环境与资源保护委员会"),意在由国家立法机关全面统筹和合理安排今后的环境立法和执法监督工作。

全国人大环境与资源保护委员会的成立极大地推动了中国环境保护立法的发展。20世纪90年代,全国人大常委会先后在水土保持、固体废物污染、环境噪声污染、放射性污染、环境影响评价、防沙治沙、海域使用管理、海岛保护、可再生能源、清洁生产、循环经济、城乡规划、突发事件应对等环境和资源保护领域制定了新的法律,在《物权法》(全国人大,2007年制定)和《侵权责任法》(全国人大常委会,2009年制定)中也分别规定了与自然资源保护和环境污染侵害救济有关的内容。此外,还修改了大气污染、矿产资源、森林、水污染防治、海洋环境保护、土地管理、渔业、水、野生动物、节约能源等环境、资源与能源保护方面的法律。另一方面,国务院还制定(修改)了《自然保护区条例》(国务院,1994年制定;2011年修订;2017年修正)《排污费征收使用管理条例》(国务院,2003年制定;2018年废止)《危险化学品安全管理条例》(国务院,2002年制定;2011、2013年修订)《全国污染源普查条例》和《规划环境影响评价条例》等行政法规。

值得注意的是,在1997年修改的《刑法》(全国人大,1979年制定;1997年修订,1999、2001、2002、2005、2006、2009、2011、2015、2017年修正)第六章"妨害社会管理秩序罪"第六节专门设立了"破坏环境资源保护罪"。同时全国人大常委会还组织实施了多次环保执法大检查活动。国务院也在环境噪声污染防治、农药管理、城市市容和环境卫生管理、城市绿化、海洋污染防治以及自然保护区、野生植物保护等领域制定了行政法规。此外,中国政府还加入了包括《京都议定书》《国家油污防备、反应和合作公约》在内的重要国际环境条约,全国人大常委会还分别制定了批准了《〈防止倾倒废物和其他物质污染海洋的公约〉1996年议定书》,通过了《关于积极应对气候变化的决议》。

在环境司法方面,1988年武汉市硚口区人民法院试点设立了中国第一个环保法庭并审理了一起排污费纠纷案件。之后,辽宁省沈阳市沈河区法院也在20世纪90年代设立了环保法庭。设立环保法庭的司法实践虽然在一定程度上提高了对环保工作的保障力度,但因其没有法律依据以及其管辖权与行政和司法权力涉嫌混同等问题,后来这些环保法庭相继被撤销。①

为扩大环保行政的职能,1998年3月国务院在机构改革中将国家环境保护局升格为国家环境保护总局。

1999年3月,第九届全国人大第二次会议将"依法治国"的基本方略写入新通过的宪法修正案之中,这是中国法治进程中的重大事件。从2000年开始,国家开始加强并且不断规范环境保护的立法活动。鉴于1993年北京申奥失败与大气污染有关,2000年全国人大常委会再次对《大气污染防治法》(全国人大常委会,1987年制定;1995年修正,2000、2015年修订)进行了修改,首次确立了重点大气污染物排放许可制度和超标排污违法制度。

尽管中国的环境保护法律越来越多,但中国的环境问题却在不断加剧。据统计,

---

① 1989年最高人民法院在《对"关于武汉市硚口区人民法院设立环保法庭的情况报告"的答复》(法[经]函(1989)19号)中明确指出:"在基层人民法院设立环保法庭尚无法律根据"。1993年最高人民法院有关负责人在全国民事审判工作座谈会上还指出:"国家审判机关的审判职能与国家行政机关的行政管理职能不应混淆,人民法院不要在法院以外同行政管理部门联合(或共同)另行设立专业法庭。"参见最高人民法院:《全国民事审判工作座谈会纪要》(法发[1993]37号)。

我国经济从1990年至2005年平均增速9.7％，经济总量从1990年的全球第11位上升到2005年的第4位。"十五"后期和"十一五"初期始终保持着两位数的发展速度。但资源、能源的高消耗以及由此造成的环境污染和生态破坏到"十一五"时期成为制约我国经济社会发展的突出问题。值得一提的是，这个时期所有环境问题开始集中爆发，污染致害不断增多、群体事件频繁发生，有法不依、违法难究、执法不严、监管不力的现象比较普遍，环境问题已经成为影响中国社会和谐稳定的重要原因之一。

2003年10月召开的中国共产党第十六届三中全会提出了"科学发展观"（scientific outlook on development），并把它的基本内涵概括为"坚持以人为本，树立全面、协调、可持续的发展观，促进经济社会和人的全面发展"。2006年全国人大通过的"十一五"规划首次改"计划"为"规划"，并将与环境保护和节约资源与能源有关的指标确立为约束性指标。在"十一五"规划中，还将经济发展的表述从"又快又好"调整为"又好又快"，将原来的"经济增长方式"改为"经济发展方式"，反映了中国经济发展理念的一大转变。

为加强环境保护管理，2008年3月全国人大通过了《国务院机构改革方案》，组建环境保护部取代国家环保总局。

2010年6月12日，国务院通过了《全国主体功能区规划》，在国家层面上将国土空间划分为优化开发、重点开发、限制开发和禁止开发四类区域，并明确了各自的范围、发展目标、发展方向和开发原则（参见第六章第二节）。

为完成"十一五"规划确立的约束性指标，2006年至2009年全国关停小火电机组6006万千瓦，淘汰落后炼铁产能8172万吨、炼钢产能6038万吨、水泥产能2.14亿吨。然而，由于长期积累的结构性矛盾，工业领域中的高消耗、高排放行业及其落后产能比重较大。钢铁行业需淘汰的400立方米及以下落后炼铁高炉产能仍占总产能的近20％；水泥行业落后产能约有5亿吨，占总产能的20％以上。[1]"十一五"规划时期，中国的节能减排指标基本完成，局部地区环境质量有所改善，但环境恶化的总体趋势尚未得到遏制，环境监管能力依然滞后，环境形势依然严峻。

2007年，中共十七大报告中提出了"建设生态文明"的战略思想并将其作为"全面建设小康社会的新要求"。所谓生态文明（ecocivilization），一般指以人与自然、人与人、人与社会和谐共生、良性循环、全面发展、持续繁荣为基本宗旨的社会形态。

2011年3月，时任全国人大委员长吴邦国宣布，以宪法为统帅，以宪法相关法、民法商法等多个法律部门的法律为主干，由法律、行政法规、地方性法规与自治条例、单行条例等三个层次的法律规范构成的中国特色社会主义法律体系已经形成。虽然环境与资源保护法律并未纳入独立的法律部门，但初步统计中国在环境、资源与能源领域制定的法律大约有30部，占全国人大及其常委会制定法律总量的1/10强。

---

[1] 李雨思：《工信部官员：钢铁、水泥行业落后产能仍占20％》，载中国经济网：http://www.ce.cn/cysc/ny/hgny/201009/03/t20100903_20494534.shtml。最后访问日期：2010年9月8日。

2011年4月全国人大常委会通过的《刑法修正案(八)》将"重大环境污染事故罪"修改为"严重污染环境罪",降低了污染环境行为的入罪标准;全国人大常委会2012年9月通过修改的《民事诉讼法》(全国人大,1991年制定;2007、2012、2017年修正)首次规定了"民事公益诉讼"条款。

(五)环境法的强化时期

从2014年《环境保护法》修订以来至今,是中国环境保护立法的重大发展时期。

鉴于中国环境问题不断加剧、环境法治存在着有法不依、执法不严等问题,2011年初,全国人大常委会决定将"有限修改"《环境保护法》列入立法计划。2012年8月,环境保护法修正案草案提交全国人大常委会一审。当时的思路是通过修正案的方法对该法做小的修改,重点解决环境管理制度规范性不强和污染破坏环境违法成本低等问题。

2012年11月,中共十八大报告正式要求将生态文明与经济建设、政治建设、文化建设、社会建设"五位一体"纳入社会主义现代化建设总体布局,并首次提出2020年全面"建成"小康社会的目标,要求着力补齐"脱贫"和"生态环境保护"两块短板。2013年11月,中国共产党十八届三中全会通过的《中共中央关于全面深化改革若干重大问题的决定》中,对生态文明建设与经济建设、政治建设、文化建设、社会建设的统筹协调进行了整体部署,提出了建立系统完整的、最严格的生态文明制度体系的总要求。

在这一进程中,修改《环境保护法》的依据和思路也发生了重大改变,在2013年6月全国人大常委会第二次审议环境保护法修正案草案时,有些常委委员、地方、部门和专家提出,环境保护法作为环境领域的基础性、综合性法律,应当回应环境保护的制度需求,解决环境保护的突出问题,建议采用修订方式对这部法律作全面修改。在经历了人大常委会四次审议和两次向全国人民公开征求意见之后,被誉为"史上最严"的《环境保护法》终于在2014年4月24日获得通过,自2015年1月1日起施行(参见第五章第一节)。

2015年3月2日,中共中央政治局审议通过了《关于加快推进生态文明建设的意见》,明确指出生态文明建设事关实现"两个一百年"奋斗目标,事关中华民族永续发展,是建设美丽中国的必然要求,对于满足人民群众对良好生态环境新期待、形成人与自然和谐发展现代化建设新格局,具有十分重要的意义。2015年9月中共中央、国务院印发了《生态文明体制改革总体方案》,要求加快建立系统完整的生态文明制度体系,加快推进生态文明建设,增强生态文明体制改革的系统性、整体性、协同性。2015年10月,中国共产党十八届五中全会决定提出了"创新、协调、绿色、开放、共享的"的新的发展理念,明确了在"十三五"期间要确立生态环境保护的约束性指标。

在这个背景下中国的环境立法开始进入全面修改完善阶段。从2015年至今,全国人大常委会针对大气污染防治、环境保护税、野生动物保护、水污染防治、土壤污染防治、深海海底区域资源勘探开发、核安全、标准化等领域制定和修改相关法律,并着手修改包括土地、森林、草原、矿产等在内的一大批自然资源法律。此外,全国人大在2017年3月通过的《民法总则》首次在民法基本原则中规定"民事主体从事民事活动,应当有利于节约资源,保护生态环境"(第9条);全国人大常委会还于2017年6月通过了修改的《民事诉讼法》和《行政诉讼法》(全国人大,1989年制定;2014、2017年修正)分别将检察机关确定为环境民事公益诉讼和环境行政公益诉讼的主体。

按照《生态文明体制改革总体方案》的整体部署,截至2018年中,中央深改组总共审议通过了40多项涉及生态文明体制改革的文件,已在公益诉讼、环保督察、领导干部自然资源资产离任审计、党政领导干部生态损害责任追究、省以下环境监管机构执法垂改、生态环境损害赔偿等方面取得了积极成效。

2018年3月全国人大通过修改的《宪法》,将"科学发展观""新发展理念""生态文明""和谐美丽的社会主义现代化强国"纳入《宪法》的序言,并且将"领导和管理经济工作和城乡建设、生态文明建设"规定为国务院行使的一项重要职权(第89条第6款)。

实践证明,中国法律实施存在的问题在很大程度上是由执政党一定时期的政策和公权力体制和各类权利的运行机制决定的。2017年10月,中共十九大报告提出改革生态环境监管体制,设立国有自然资源资产管理和自然生态监管机构。为此,2018年3月全国人大通过了关于国务院机构改革方案的决定:为统一行使全民所有自然资源资产所有者职责,统一行使所有国土空间用途管制和生态保护修复职责,着力解决自然资源所有者不到位、空间规划重叠等问题,实现山水林田湖草整体保护、系统修复、综合治理,组建自然资源部;为整合分散的生态环境保护职责,统一行使生态和城乡各类污染排放监管与行政执法职责,加强环境污染治理,保障国家生态安全,建设美丽中国,组建生态环境部(参见第四章第二节)。

此外,在司法方面,继1989年武汉市硚口区人民法院环保法庭被撤销的17年后,2007年11月,经最高人民法院同意,贵州省在贵阳市清镇人民法院再次设立了环保法庭。2014年6月最高人民法院也成立了环境资源审判庭。截至2017年全国各级法院共设立环境资源审判庭、合议庭和巡回法庭956个。2017年最高人民法院还创新了环境资源案件的归口受理模式,即在2016年实行的环境资源民事、行政案件"二合一"归口受理模式的基础之上开始在第三巡回法庭试点实行"三合一"归口受理模式(参见第四章第三节)。

第二章　环境法的基本原则

第二章　导教导学

　　环境法的基本原则是体现环境法价值理念并贯穿于环境法创制和施行的基础性和总括性准则。环境法的基本原则既是环境法解释论的根源，又是环境法的本质、技术原理与国家环境政策在环境法律制度上的具体反映。

　　环境法的基本原则既可以直接明文确立于环境法律之中，又可以间接通过一个或几个具体法律规范分别表现。比较各国环境立法，对环境法基本原则规定得比较明确的一般是各国的环境基本法或者环境法典总则部分的某个条文。例如，我国2014年《环境保护法》第5条规定："环境保护坚持保护优先、预防为主、综合治理、公众参与、损害担责的原则。"这一规定与学理上归纳的环境法基本原则的含义大体一致。按照立法背景解释，鉴于《环境保护法》要发挥基础性、综合性作用，要对环境保护领域的共性问题作出规定。环境保护的基本原则是环境保护领域的基本价值和指导方针，具有统领全局的作用。①

　　而环境保护单行法律一般不对基本原则作明文宣示，而是通过对具体环境法律制度的规定，比较隐晦地表现出基本原则的指导性以及对基本原则的从属性。

　　虽然环境法的基本原则是由国家环境立法确立的，但因各国在一定时期环境政策的重点不同及其解决环境问题的方法不同，所以各国环境立法对环境法基本原则的解释与认识也有所不同。例如，对协调发展原则的规定和解释，日本1967年的《公害对策基本法》就将其解释为环境保护必须与经济的健全发展相协调，意即当环境保护与经济发展出现矛盾时以经济发展优先。这个条款后来在1970年日本修改该法时被删除，到1993年制定《环境基本法》时又将该原则解释为环境优先原则。在我国，对协调发展的认识同样也经历了上述观念转变的过程。例如，1989年《环境保护法》第4条曾规定有"环境保护工作同经济建设和社会发展相协调"的文字，而2014年《环境保护法》则将其修改为"经济社会发展与环境保护相协调"的文字（第4条第2款）。

　　综观各国环境法所确立的基本原则，可以按其代表和体现的价值理念将它们分为社会发展指南、环境责任分配、正当决策程序等三大类，主要包括高度保护原则、谨慎预防原则（或环境关怀原则）、危险防御原则、跨国界的环境保护原则、污染者负担原则或原因者主义原则（或共同负担原则和集体负担原则）、环境利益与责任衡平原则、禁止现存环境受更恶劣破坏原则、最佳可得技术原则、协同合作原则、公众参与原

---

① 信春鹰主编：《〈中华人民共和国环境保护法〉学习读本》，中国民主法制出版社2014年版，第64页。

则等。① 而我国学者则分别从环境管理准则、环境法律规定或体现、环境法指导准则等三方面在我国环境立法上的具体表现对环境法基本原则作了不同的解释。②

本书在综合参考国内主流学术观点的基础上,结合西方国家学者对环境法基本原则的归纳和我国环境立法的借鉴,将环境法的基本原则定位于社会发展指南、环境责任分配、正当决策程序、环境管理准则、环境法律规定或体现、环境法指导准则等基本理念之上,将我国环境法的基本原则归纳为预防原则、协调发展原则、原因者负担原则以及公众参与原则等四项。

第一节 预 防 原 则

一、预防原则的概念

环境法上的预防原则,是指对开发和利用环境行为所产生的环境质量下降或者环境破坏等后果应当事前采取预测、分析和防范措施,以避免、消除由此可能带来的环境损害。预防原则要求在环境利用行为实施前,采取政治、法律、经济和行政等各种手段,防止环境利用行为导致环境污染或者破坏现象的发生,即所谓"防患于未然"。

我国在20世纪70年代开展环境保护工作时便将预防为主、防治结合原则作为防治工业污染的方针政策。它要求将保护的重点放在事前防止环境污染和自然破坏之上,同时也要求积极治理和恢复现有的环境污染和自然破坏,以保护生态系统的安全和人类的健康及其财产安全。

为强调环境保护在经济社会发展中的重要性,强化人们对事前防范环境危害的重视程度,2014年《环境保护法》第5条规定了环境保护坚持"保护优先""预防为主"和"综合治理"的原则,其总体思路还是源于"预防"的基本理念。其中,"保护优先"是指从源头加强生态环境保护和合理利用资源,避免生态破坏;"预防为主"是指要事前预防与事中、事后治理相结合,并优先采用防患于未然的措施;"综合治理"是指对各项环境要素的污染防治思路、目标与方法等应当统筹考虑、综合运用、协调一致和联防联治。③

从国内外环境立法实践分析,预防原则应当包含两层含义:一是运用已有的知识和经验,对开发和利用环境行为可能带来的环境危害事前采取措施以避免危害

---

① 参见〔日〕大塚直:《环境法》,日本有斐阁2002年版,第47页;陈慈阳:《环境法总论》,台湾元照出版有限公司2000年版,第217页。另见 Swedish Environmental Advisory Council, On the General Principles of Environment Protection, A Report from the Swedish Environmental Advisory Council, translated by Michael Johns. 1994. A. Kiss, etc, *Manual of European Environmental Law*, Cambridge University press, 1994.

② 与之相对应的三种代表性学说分别是环境管理准则说、环境法律规定或体现说、环境法指导准则说。参见蔡守秋主编:《环境资源法学》,人民法院出版社、中国人民公安出版社2003年版,第113—120页。

③ 信春鹰主编:《〈中华人民共和国环境保护法〉学习读本》,中国民主法制出版社2014年版,第64—66页。

的产生;二是在科学不确定的条件下,基于现有的科学知识去评价环境风险,即对开发和利用环境行为可能带来的尚未明确或者无法具体确定的环境危害进行事前预测、分析和评价,促使科学开发决策,以避免这种可能造成的环境危害及其风险的出现。①

在对上述含义的理解中,"可能的环境危害"与传统行政法有关警察法或秩序法所谓"危险"的概念相似,一般指运用通常的知识或者经验,就足以判断决策对象具有较高的造成公众环境权益等具体危害可能性的状态。而"风险"则是指运用现有的科学知识可以得知决策的对象存在着某些具体危险,但又无法肯定针对该危险所采取的对策措施能够避免该危险及其可能造成危害的状态。

实际上,对已知的开发和利用环境行为所要造成的具体环境危害采取措施本身已超越了预防的范畴,而具有对策的性质。因此,预防原则的关键应当放在防范可能的和抽象的环境危害及其风险之上。否则决策的结果便会造成违法或者降低法益的保护。

在国际社会,1980年联合国环境规划署(UNEP)与世界自然保护联盟(International Union for Conservation of Nature,IUCN)制定的《世界自然保护大纲》曾就"预期的环境政策"作出规定,"试图预测重要的经济、社会及生态事件,比试图只对这些事件作出反应的政策,越来越重要"。"这种预期的环境政策包括所有行动以确保任何可能影响环境的重大决定,均在其最早阶段,充分地考虑到资源保护及其他的环境要求。这些政策并非企图代替反应性或治理性的政策,而是纯粹起加强作用而已。"②1985年,联合国在《保护臭氧层维也纳公约》中明确提出了预防原则。

针对不确定性对环境决策的困扰,1987年经济合作与发展组织(OECD)提出了一个更为严格的环境政策和法的原则——谨慎原则(precautionary principle)。谨慎原则是指当某些开发行为的未来影响具有科学不确定性的情形下,只要存在发生危害的风险,决策者就应当本着谨慎行事的态度采取措施。

目前谨慎原则已被许多国家的环境立法和国际组织的活动采纳。与预防原则相比,谨慎原则要求在科学的不确定条件下,认真对待可能的环境损害和风险,即使在科学不确定的条件下也必须达成一定的措施,尤其是不作为的措施。而预防原则则是适用于所有环境利用活动的普遍性原则。

另外,预防原则与后述的协调发展原则是相辅相成、密不可分的,因为预防环境损害是实现可持续发展目标的必然而适宜的途径。

---

① 从我国《环境保护法》所确立的企业外部管理制度如环境监测、环境资源承载能力监测预警、环境影响评价、总量控制和"三同时"以及企业内部管理制度如优先使用清洁能源、采用资源利用率高、污染排放少的工艺、设备以及综合利用废弃物等措施看,"预防为主"原则的内涵和外延并未包含"谨慎"与"风险防范"的意思在内。

② 参见1980年《世界自然保护大纲》"国家的工作重点"一节中的"预期的环境政策"。

二、预防原则的适用

由于预防原则需要由具体的环境政策和法律制度予以确定才能有效地贯彻执行,因此该原则在中国没有直接的法的拘束力。预防原则的适用表现在与开发决策相关联的若干方面,具有多功能性。

(一) 合理规划、有计划地开发利用环境和自然资源

为执行预防原则,就必须有计划地开发利用环境和资源,为此各国在环境立法上专门确立了环境保护规划和环境规划制度,要求政府行政主管部门和相关企事业单位对工业发展与环境保护事前作出合理的计划和安排,对自然资源的开发利用应当与生态保护相结合并有计划地实施。

另外,我国的环境政策与法律还确立了"全面规划与合理布局"的环境保护措施。其中,全面规划就是对工业和农业、城市和乡村、生产和生活、经济发展与环境保护各方面的关系作统筹考虑,进而制定国土空间主体功能区规划以及国土利用规划、区域规划、城市规划和环境规划,使各项事业得以协调发展;合理布局主要是指在工业及其发展过程中,要对工业布局的合理性作出专门论证,并且对老工业不合理的布局予以改变,使得工作布局不会对周围环境造成污染和破坏的不良影响(参见第五章第三节)。

(二) 运用环境标准控制和减少生产经营活动向环境排放污染物

由于环境污染危害起因于污染物向环境的排放,因此,控制和减少向环境排放污染物就成为减轻和消除环境危害的最根本的环节。

控制和减少污染物的排放,在环境法律制度的实施方面就是执行环境标准制度。即以环境质量标准为依据确定某地域(水域)保持良好环境质量的基础数值,在此基础上以该地域(水域)的环境容量或者污染物排放标准的最大限度为限,将排放进入环境的污染物的种类、数量和浓度控制在一定的水平之内(参见第五章第二节)。

为了防止因新建、改建、扩建生产工艺和设备造成新的污染,各国环境立法也对企业的生产设施和设备提出了不同的要求。例如,在美国和加拿大等国家,环境法律要求在原有生产规模基础上对设施进行改造或者新增的,应当采用现实可得的最佳实用技术(best available technology,BAT),否则不予许可和批准。我国目前也制定有《清洁生产促进法》(全国人大常委会,2002年制定;2012年修正),意在通过实行清洁生产措施来提高资源利用效率、减少和避免污染物的产生。

另外,民法有关预防性民事责任措施(如消除危险、排除妨害等)在诸如噪声妨害、光照妨害等领域的运用,也是私法上的一种消除和减轻环境损害的保障措施(参见第十三章第三节)。

(三) 对开发利用环境和资源的活动实行环境影响评价

从预防原则的内容言之,避免环境污染发生比减轻环境污染显得更为重要。作为环境法上的一项基本制度,环境影响评价制度是各国适用预防原则最直接的体现。

该制度要求,一切可能造成环境影响的决策、规划和建设项目等,均应当在公众的参与下对其实施后可能造成的环境影响进行分析、预测和评估,然后才能由政府行政主管部门作出批准或者不批准的决定。

为了保障环境影响评价制度实施的有效性,我国还确立了建设项目环境保护管理的"三同时"制度(参见第五章第四节)。

(四)增强风险防范意识,谨慎地对待具有科学不确定性的开发利用活动

科学的不确定性常常是决策者忽视环境风险的最大理由。但是,限于人类对自然的认识,对于环境风险,决策者们应当"宁信其有、不信其无"。现在国际社会联合在臭氧层耗竭、气候变化问题上采取行动的做法就是一个例证。

对危险性的预防比对危险的预防更为重要,因为危险性比具体的危险出现在时间和空间上更有距离,即危险性属于德国学者所谓的"危险尚未逼近"的状态。① 为此,谨慎对待具有危险性的开发利用活动应当着重从如下几方面采取对策:第一,将有关在时间和空间上视为较为遥远的危险(包括对未来世代可能产生的危险)的决策作为国家的责任,予以事前的规划和预防;第二,对于危险出现的可能性较低或者只有危险嫌疑的决策,只需损害的出现具有可能性、可预见性或者可想象性即可认定危险存在,而无需明确的证据证实该危险。

世界银行的专家认为,对于决策者来说,当一种活动对人类健康或环境造成威胁时,应该采取预防措施,即使有些因果关系在科学上还不能完全确定。这时,证明的负担应该由活动的支持者而不是公众来承担。此外,应用预防原则的过程必须是公开的、知情的、民主的,包容可能受影响的各方。同时,还必须审查所有的备选方案,包括不采取行动。②

由于预防的本意在于防患于未然,因此增强决策者和管理者的风险防范意识是非常重要的。例如,对于大型建设项目、改造自然项目(如在河川筑坝、发展核电、兴建大型工业、农业、水利、交通等项目)以及对外来物种的有意引进等行为,更应将可能造成的长久不良环境影响放在首位考虑。本书认为,在对具有环境影响的重大开发决策过程中,开发政策和政治利益应当让位于公众利益,此方面的决策更应当体现民主化、科学化和规范化(参见第四章)。

第二节 协调发展原则

一、协调发展原则的概念

协调发展原则,是指为了实现社会、经济的可持续发展,必须在各类发展决策中

---

① 参见陈慈阳:《环境法总论》,台湾元照出版有限公司2000年版,第223—224页。
② 参见世界银行:《2003年世界发展报告》,"专栏5.7:预防原则"。资料来源:改编自《关于预防原则的Wingspread普查公报》,http://www.sehn.org/wing.html,最后访问时间:2005年8月16日。

将环境、经济、社会三方面的共同发展相协调一致,而不至于顾此失彼。协调发展原则也被表述为环境利益衡平原则、可持续发展原则、环境与决策一体化原则、环境的可持续利用原则等。

协调发展原则的实质是以生态和经济理念为基础,要求对发展所涉及的各项利益都应当均衡地加以考虑,以衡平与人类发展相关的经济、社会和环境这三大利益的关系。因此,协调发展原则也是法理上利益衡平原则的体现,即各类开发决策应当考量所涉及的各种利益及其所处的状态。

需要说明的是,在不同时期和不同发展程度的国家,对协调发展原则内涵的理解也是不一样的,其主要分歧表现在如何衡平经济发展和环境保护关系的认识方面。例如,大部分发达国家因其经济和社会已经发展到一个较为发达和相对稳定的阶段,他们对生活质量的要求和对环境保护的重视程度也就相对较高。当这些国家的经济发展与环境保护出现矛盾时,其衡平的一般标准是环境优先,即经济发展必须与环境保护相协调,不得以牺牲环境为代价谋求经济的发展。而在多数发展中国家,却恰好相反,人们为了生存和摆脱贫困,认为在缺乏资金支持和没有一个更好的发展模式的情况下,传统的"先污染后治理"是实现发展的唯一方法,因此他们对经济发展的需求远远高于对环境保护的需要。①

协调发展原则在我国《环境保护法》中有两处规定。一是第 4 条第 2 款规定:"国家采取……政策和措施,使经济社会发展与环境保护相协调。"二是第 5 条规定:"环境保护坚持保护优先……的原则。"

与 1989 年《环境保护法》有关协调发展规定②相比,2014 年《环境保护法》虽然没有明确规定开发决策的"环境优先"原则,但一改旧法"环境保护工作同经济建设和社会发展相协调"规定中将环境保护置于经济与社会发展的顺位之后,体现了决策中将对环境保护的考虑置于优位的思想。这一思想与中共十八大将生态文明建设融入经济、政治、文化和社会等建设各方面和全过程的"五位一体"的总体布局是一致的。不过,该法第 5 条在规定环境保护的原则时又将"保护优先"限定在环境保护的范畴以内,反映出立法者当时对是否在开发决策上采用"环境优先原则"存在矛盾。

为了使人们将环境的价值与经济和社会发展的价值相匹配,从 20 世纪 70 年代开始各国在大量环境立法中均将协调发展作为一项重要的原则,并通过一系列具体的法律制度予以保障实施。20 世纪 80 年代,国际社会提出可持续发展战略更是将环境保护视为实现人类社会、经济可持续发展的基础和条件。

---

① 从世界各国的发展看,"先污染后治理"似乎是人类经济、社会发展的一个客观规律。在 20 世纪 60 年代末日本制定的《公害对策基本法》中曾将协调发展原则解释为"生活环境的保全应当与经济的健全发展相协调"(第 2 条第 2 款),即"经济优先"。后因这个规定起到了激化和助长公害的相反作用,因而日本在 1970 年修改该法时将这个解释删除。

② 中国 1989 年制定的《环境保护法》第 4 条曾作出了与 1968 年日本《公害对策基本法》类似的规定,即国家采取有利于环境保护的经济、技术政策和措施,"使环境保护工作同经济建设和社会发展相协调"。

可持续发展战略将经济、社会和环境作为人类社会发展的三个重要基石,它突出强调了不仅需要关注环境方面(进而关注环境与经济问题),而且需要关注可持续性的社会方面的问题。尽管解释可以不一,但必须有一些共同的特点,必须从可持续发展的基本概念上和实现可持续发展的大的战略上的共同认识出发。要求不论发达国家或发展中国家、市场经济国家或计划经济国家,其经济和社会发展的目标必须根据可持续性的原则加以确定。

在 1992 年联合国环境与发展大会通过的《里约环境与发展宣言》中,对可持续发展作出了进一步的阐述:"人类应享有与自然和谐的方式过健康而富有成果的生活的权利,并公平地满足今世后代在发展和环境方面的需要"。自联合国环境与发展大会之后,可持续发展的思想逐步被国际社会普遍接受,并融入重要的国际环境法律文件之中。1995 年英国学者 P. 桑兹在他编写的国际环境法教科书中将可持续发展原则概括为代际公平、代内公平、可持续利用和环境与发展一体化这四个核心要素,较为全面地反映了这一原则的内容和要求。[①]

总之,可持续发展的基础在于协调,即协调处理好资源的开发、投资的方向、技术开发方向以及国家机构的变化关系等,以增强目前和将来满足人类的需要和愿望的潜力。可以说,协调发展原则非常概括地阐明了环境与经济和社会发展的相互关系,而可持续发展理论又为这项原则作了一个非常完美的解释。

二、协调发展原则的适用

与预防原则一样,协调发展原则在中国也不具有直接的法的拘束力。协调发展原则的适用主要体现在单项环境保护立法和对编制有关发展的政策、规划和项目的指导方面。具体包括:

(一)将环境保护工作纳入国民经济和社会发展规划

在实行社会主义市场经济的条件下,计划手段同样发挥着市场手段所不能替代的作用。环境管理在宏观上必须以国家管理为主要形式,只有这样才能弥补"市场失灵"造成环境问题的缺陷。只有在制定国民经济和社会发展计划时充分考虑可能造成的环境问题,将环境保护规划一并纳入发展计划,才能在政策、措施、资金等方面保障环境与发展相协调。这不仅是我国的经验,也是众多西方发达国家在发展与环境关系上的经验和总结。

为了贯彻和落实协调发展原则,在我国环境保护法和各类污染防治法律与自然资源保护法律中,都明确规定将环境和资源保护、污染防治纳入国民经济和社会发展计划。目前,环境保护规划制度是环境法实施的综合性保障措施之一(参见第五章第三、四节)。

---

① Philippe Sands, *Principles of International Environmental Law Ⅰ: Frameworks, Standards and Implementation*, Manchester University Press, 1995.

鉴于仅将协调发展原则简单地在法律的总则部分予以抽象地表述而存在着规定较为原则、不易施行的问题，我国在2002年《环境影响评价法》（全国人大常委会，2002年制定；2016年修正）中，专门就各级政府编制的发展规划以及其他有关建设项目的审批程序规定了评价、分析和利益平衡机制，要求在编制的各类规划草案中专门设立环境保护篇章或者说明，否则不予批准（第7条）。2003年制定的《行政许可法》更是明确规定了行政许可的设定应当以促进经济、社会和生态环境的协调发展为指向（第11条）。

（二）国家内部各部门之间、国际社会中国家（地区）之间要协同合作，实行广泛的技术、资金和情报交流与援助，联合处理环境问题

一是在国家内部各部门之间实行协同合作。包括环境主管部门与其他有关资源、能源以及经济等行政主管部门和公共事业管理部门之间的协同合作，各行政区划、各级人民政府之间的协同合作（参见第四章）。①

在国家内部各部门和各地区间贯彻合作原则应当注意的问题是：要建立起有效的协同合作机制；实行环境资源情报公开和共享；实行重大决定通报制度。

二是在管理者与被管理者及其与公众之间实行协同合作。协同合作也是公众参与原则的具体体现。从环境政策与法律的适用看，总体上是通过环境行政运用公权力执行的。但在这一过程中，被管理者主体如企业等即使愿意全面履行环境法律的义务，有时往往也会受现有可得技术和知识、资金成本以及环境保护市场开发不健全等因素的牵制，而无法全面实现法律规定的要求。这时就需要环境行政执法在标准管制的同时具有一定的指导性。

从环境管制的目的看，只要企业的行为符合环境、资源与能源法律的要求，就应当鼓励并认可企业按照市场规律自主作为，例如建立排污交易制度、企业环境管理责任制度、环境审计制度，以及运用在政府、公众、团体与企业之间签署环境协议等方式最终达成环境保护的要求（参见第三章第三节）。

三是在国际社会中国家（地区）之间实行协同合作。国际合作原则最初由《联合国宪章》（Charter of the United Nations）第74条所确认。自人类环境会议以来，关于环境保护的各种条约、决议、宣言都反复强调了国际合作的重要性。目前的全球环境保护合作主要是基于政府间国际环境保护组织（如联合国开发署以及环境规划署）、国际货币基金组织（指诸如世界银行、亚洲开发银行等）、非政府国际组织等发起和组织的。此外，由发达国家向发展中国家提供的环境保护援助也属于环境保护协同合作的一种形式。

与国家间环境保护协同合作相关的法律变革，是国际环境法律文件中有许多限

---

① 我国曾于1984年设立国务院环境保护委员会并由一名副总理（或国务委员）担任主任、由各部委行政首长担任委员，以协调统一管理分别管理的关系。1998年因国务院机构改革将低行政级别的国家环境保护局升格为国家环保总局，因而撤销了国务院环境保护委员会。

制国家主权的内容,要求各国不得因对主权的行使并以此为由而造成国家管辖以外地域的环境发生损害(参见第十六章第一节)。

在目前发达国家和发展中国家还明显存在着经济差别的条件下,发达国家应当加强对发展中国家实行开发援助,重视发展中国家求发展、求生存的权利。只有这样,才能真正实现国际社会的共同安全和效率。

(三) 建立循环经济型社会

所谓循环经济型社会,是指在经济、社会发展过程中,对环境和资源的保护从开发到生产、流通、消费、废弃再到回收实行全过程的监控管理,通过再生、循环利用使经济和社会的发展朝向顺应生态规律要求方向发展的社会形态。

循环经济型社会的建立,可以较好地解决经济发展与环境保护之间的矛盾。建立循环经济型社会的要求,是将环境控制的重点从"末端"对污染物的控制转向"源头"和"全程"对可能产生的所有废弃物实行减废管理,以减少上述各个环节中产生的废弃物进入环境,同时再生利用各类回收的资源和能源,最终减少环境污染和生态的破坏。因此建立循环经济型社会是协调发展原则得以实现的最佳制度选择。

20世纪90年代以后,各国的环境立法都在朝向建立循环经济法律制度的方向发展,如制定循环经济型社会促进法、容器包装物回收利用法以及资源回收利用法等。我国目前也分别制定有《节约能源法》《清洁生产促进法》以及《固体废物污染环境防治法》等相关法律(参见第八章)。

(四) 探索编制自然资源资产负债表,对领导干部实行自然资源资产离任审计

纵观二百多年来人类社会的发展,人类孜孜不倦地追求的发展模式是通过高投入、高消耗来换取经济数量的增长即 GDP 的不断提高。然而,除了经济增长的规模外,社会因素的许多方面也是影响经济增长的重要原因,单纯以 GDP 作为衡量发展指标的做法只片面地强调了经济增长,忽视了经济增长背后对社会和环境因素的不良影响。

协调发展原则就是要求人们用新的发展指标来定义发展的含义。各国通行的做法是用绿色 GDP 的方法取代传统 GDP 以衡量国民经济与社会的发展。与传统 GDP 的计算方法相比较,绿色 GDP 的计算方法是在传统 GDP 的基础上减去自然部分的虚数和人文部分的虚数[①],这样才能真正反映发展的内在质量和水平。

长期以来,那些不能为人类带来直接经济收益的自然资源资产和生态产品往往被排除在传统的资产负债表之外,误导人们单纯追求经济增长,忽视了与自然的和谐,协调发展经常成为地方政府领导人的一句空泛的口号。为此,中共十八届三中全会提出要"探索编制自然资源资产负债表,对领导干部实行自然资源资产离任审计。"

---

① 自然部分的虚数包括:环境污染造成的环境质量下降、自然资源退化与配比不匀、长期生态退化的损失、资源稀缺性所引发的成本、物质和能量的不合理利用导致的损失等;人文部分的虚数包括疾病和公共卫生条件导致的支出、失业造成的损失、犯罪造成的损失、教育水平低下和文盲造成的损失、人口数量失控造成的损失、管理不善(决策失误)造成的损失等。——笔者注

国内学者一般认为,编制自然资源资产负债表有助于全面揭示政府对各项资源的占有使用情况及负担能力,并明确相应的权利和责任主体,反映潜在的风险状况,这既有助于政府作出科学决策,也有助于增强政府的财务透明度,让上级政府、社会民众等报表使用者及时掌握该政府的经济效率和效益。定期核算自然资源资产的变动情况,探索编制自然资源资产负债表,不仅是对传统的国民经济核算体系缺陷的重大改进和完善,也将进一步提升经济社会的精细化管理程度。

自然资源资产负债表能够反映特定地区在特定时期自然资源的状况,列报各类资源的形成、开发、配置、运用、储存、保护、综合利用和再生等各个环节的情况,揭示特定地区特定时期的资产负债存量及其变动情况。自然资源资产负债表的内容分为资产方和负债方两大类。资产方是指各种自然资源资产,例如土地资产、矿产资产、森林资产和水资产等项目,并可以进一步细分。负债方则主要包括污染成本、治理成本等,其反映的项目不仅是已造成的损失,而且还要包括未来可能仍将产生的损失,以及为了治理污染或恢复原样而需要付出的代价。

本书认为,编制自然资源资产负债表是一种实现协调发展原则的量化的方法。因为对于政府而言,要实现协调发展就必须事前掌握当前环境与自然资源的存量以及污染物排放和资源能源消耗情况,以及预判未来经济发展是否可以承受这种消耗等。通过对领导干部实行自然资源资产离任审计将对政绩考核制度产生重大影响并提高经济社会管理水平。

第三节 原因者负担原则

一、原因者负担原则的概念

(一)从污染者负担到原因者负担

1. 污染者负担原则的提出

污染者负担原则(polluter pays principle)是根据西方经济学家有关"外部性理论"而在环境法上确立的具有直接适用价值的原则。

在自由的市场经济条件下,环境的无形价值经常被人们忽视,由于难以区分和界定环境(如大气质量)的所有权,因此不可能存在体现环境价值的市场,从而使市场这只"看不见的手"在环境利益上失灵。因环境的开放性导致工业企业将大量污染物排入环境中,使环境质量下降,从而影响到社会每一个体的生活。为了处理环境污染问题,传统的做法是由国家出资治理污染、由公民承担环境污染的危害,形成了"企业赚钱污染环境,政府出资治理环境"的极不公平的现象。

为此,经济学家认为,要转变这种不公平的现象,就必须采取措施使这种治理环境的费用(外部费用)由生产者或消费者来承担,也即将外部费用内部化。企业为排污损害环境而付出治理恢复环境的费用是倡导污染者负担原则的本意。

为协调 OECD 成员国间的贸易政策、防止因各成员国由于环境立法的规定不同而导致该国的产品在国际贸易上发生扭曲出现不公平贸易,OECD 于 1972 年在一项决议中明确提出了"污染者负担原则"。这项决议规定,禁止各成员国对该国就企业污染防治工作所采取的措施予以资金上的补助,要求排污者(即污染者)负担由政府行政主管部门决定的减少污染措施的费用,以保证环境处于一种可被接受的状态。由于 OECD 成员国基本上是发达国家,因此这项原则很快成为国家参与国际贸易的一项规则而被国际社会广泛接受,成为各国制定环境政策的指南和环境法的一项基本原则。

与污染者负担原则相对应,OECD 在文件中还提到了三个相关的原则,一是与产品相关的环境需求在主题上应尽可能与国际协调;二是参照关贸总协定(现为世界贸易组织,WTO),国家环境政策必须考虑采纳国民待遇原则和非歧视原则;三是各国不得以环境立法的差别为由,以更为严格的要求通过出口退税来保护它们本国的工业。①

关于污染者负担费用的范围包括哪些,在国际社会的认识是不一致的。主要分歧是该原则能否适用于其他资源行政主管部门以及能否适用于污染损害赔偿。就拿最早提出"污染者负担原则"的 OECD 来说,他们认为该原则不仅针对污染,也包括"鼓励合理利用稀缺环境资源的管理措施",但它绝对"不是污染损害的赔偿原则"。②而在日本,环境法却将该原则广泛适用于污染防治、环境复原和被害者救济这三个方面。③

这两种不同的做法都有其合理的主张,前者认为把全部环境费用都加在生产者身上,会造成污染者负担过重,而且与国家民事法律的规定相冲突。后者则认为污染者应当支付其污染活动造成的全部环境费用。为此,世界银行归纳总结道:对该原则可以以两种不同的方法来解释,一种是"标准的污染者付费的原则",即要求排污者只负担对控制污染和消除污染的费用;另一种是"扩展的污染者负担原则",它要求除上列费用之外,还得给予遭受环境污染的居民一定的补偿。④

2. 费用负担的最终主体与原因者负担原则

由于污染者负担原则在一定程度上反映了环境污染恢复责任的公平负担,因此也有学者将该项原则表述为"环境责任原则"或者"原因者主义原则"。

从大陆法系的视角分析,污染者负担原则的主体"污染者"在性质上可以解释为德国法上的"原因者主义原则"中"原因者"的范畴。然而,污染者负担原则的主体仅为污染者,"负担"的原意只是给付费用。与之相关联的是,这种支付义务仅以行政上

---

① Per Kageson, *The Polluter Pays Principle*, *On the General Principles of Environment Protection*. (A report from the Swedish Environmental Advisory Council), 1994: 69, p. 75.
② Ibid., pp. 71—79.
③ 参见汪劲编著:《日本环境法概论》,武汉大学出版社 1994 年版,第 236 页。
④ 参见世界银行:《1992 年世界发展报告——发展与环境》,中国财政经济出版社 1992 年版,第 77 页。

的标准和维持一定程度的环境质量状况为限,当排污行为或者实际污染损害超过这种限度时,排污者还应当另行承担相应的法律责任,包括行政处罚、恢复原状与损害赔偿,以及刑事处罚等。

从这一点看该原则并不适用于环境资源领域的其他人为破坏与生态损害。例如,污染者负担是当环境污染等法律事实尚未出现前,就赋予排污者支付费用义务的行为。因此,对于排污者而言,支付费用行为属于依据科学知识推定排污行为即将导致环境损害出现而应当承担的恢复或填补义务。

而从原因者主义原则分析,它不仅要求原因者就其行为负担事后费用、分担责任,而且还要求事前禁止增加一定程度的环境负荷的行为。例如,"扩大生产者责任"立法的发展(参见第八章)。

伴随环境保护的概念从污染防治扩大到自然保护和物质消费领域,污染者负担原则的适用范围也在逐步扩大。实际支付费用的主体从原材料的加工、生产到流通、消费、废弃以及再生等各个环节都存在着分担费用的现象,"污染者"的概念已经不能涵盖所有可能导致环境问题发生的原因者的范围。为此,从生态保护的立场看,将污染者负担原则改为原因者负担原则更为合适。

日本学者大塚直认为,当将费用负担作为法律上的具体问题时用"原因者负担"一词较为合适;而将其作为特别责任的分担问题时则用"原因者主义"较为合适。在德国,也有学者以经济学上的合目的性、社会伦理学上的合规范性、环境政策的合理性以及规范的合法性等作为原因者负担原则的理论依据。①

在将污染者负担原则从文字上更换为原因者负担原则的同时,各国环境法领域还存在着其他费用负担的方式及其解释。例如为了保障健康而将费用由中央和地方政府与公民承担的公共负担原则、为了环境与自然生态的保护而采取措施的费用由所有人民负担的受益者负担原则。

(二) 我国环境法上的"损害担责原则"

我国于 1979 年在《环境保护法(试行)》第 6 条规定了"谁污染谁治理"(the polluter is responsible for treating pollution)原则,即"已经对环境造成污染和其他公害的单位,应当按照谁污染谁治理的原则,制订规划,积极治理,或者报请主管部门批准转产、搬迁"。在 1989 年的《环境保护法》中将其改为由具体的制度和措施规定来隐含这一基本原则。这是因为将这项原则隐含地规定于法律条文中有利于在解释该原则时不受直接规定的局限。②

在 2014 年《环境保护法》第 5 条所确立的基本原则中,从"环境责任主义"的观点

---

① 大塚直:《环境法》(第三版),有斐阁(日)2010 年版,第 66—67 页。
② 例如,"开发者养护"就是这种解释的产物,因为其基本思想与污染者治理具有一致性。因此国内许多环境法学教科书将这一原则从学理上表述为"开发者养护、污染者治理"原则,指在对自然资源与能源的开发和利用过程中,对因开发资源而造成资源的减少和环境的损害以及因利用资源和能源而排放污染物造成环境污染危害等的养护和治理责任,应当由开发者和污染者分别承担。

出发将这一原则在立法上表述为"损害担责"原则。损害担责的本意,是指只要有环境污染和生态破坏的行为发生即为损害,行为人就要承担责任,而非有了损害结果才担责。①

从我国环境保护的法律规定看,该原则并不包括对污染损害和环境破坏所造成的被害人的损失予以赔偿。关于环境污染损害的赔偿,适用民事法律和有关环境立法对环境污染损害赔偿责任的特别规定(无过失责任)(参见第十三章)。

二、原因者负担原则的适用

原因者负担原则的适用主要表现在环境保护的费用负担方面,并且各国相应地建立了环境费或者环境税制度。因此可以说这项原则是具有法的拘束力的原则。它的具体适用表现在如下几个方面:

(一)实行排污收费或者征收污染税制度

排污收费或者征收污染税是一种简单但又行之有效的法律制度,即向环境排放污染物的单位或个人按照其排放污染物的种类、数量或者浓度而向国家交纳一定的费用,以用于治理和恢复因污染对环境造成的损害(参见第五章第五节)。

若因污染环境造成他人妨害或者损害的,排污者还应当承担相应的民事责任(参见第十三章第三节)。

(二)实行废弃物品再生利用和回收制度

从建立循环经济型社会的角度出发,目前世界各国开始在产品的废弃与回收再利用领域实行延伸生产者责任的制度。其具体做法是,将处于消费末端的产品及其废弃物与企业的产品生产环节相连接形成一个循环链,处于该循环链上各个环节的生产者和消费者均应当对进入环境的产品及其废弃物的回收利用承担一定的成本费用,保障各类散在的产品及其容器包装物等在使用消费完毕后不再作为废弃物进入环境。总体上讲,建立废弃物品再生利用和回收的责任在生产者,同时消费者作为受益者也有义务承担相应的费用(参见第八章)。

(三)实行开发利用自然资源补偿费或税制度

对于开发利用自然资源者,不论是对自然资源的开发利用还是单独以享受和利用自然(如进入国家森林公园或者风景名胜区域)为目的,都应当按照原因者负担原则支付相应的资源恢复费、自然利用费、生态补偿费或相应的税。这里所支付的费用非为一般自然资源立法规定的向自然资源所有权人(国家)支付的自然资源使用费或税,而是专门补偿由开发利用自然资源和自然环境导致的自然环境利益逸失所需的花费。其目的在于保持环境质量经常处于一定的、高质量的水平之上(参见第五章第

---

① 实际上,《环境保护法》修改草案第二、三审稿都采用了"污染者担责"的表述,但四审时有意见认为污染者担责只能体现污染者的责任,不能涵盖生态破坏者的责任。参见信春鹰主编:《〈中华人民共和国环境保护法〉学习读本》,中国民主法制出版社 2014 年版,第 68 页。

五节)。

(四) 建立环境保护费用的共同负担制度

对于环境污染防治和自然环境保护的费用,除了由上述原因者负担外,作为国家和政府的责任,国家和地方政府也有义务承担一定比例的环境保护费用。这在环境法理论上称为"共同负担制度"(参见第五章第五节、第十三章第三节)。

我国实行自然资源国家所有制,各级人民政府理应对保护和改善环境负更大的责任。为此《环境保护法》第8条规定:"各级人民政府应当加大保护和改善环境、防治污染和其他公害的财政投入,提高财政资金的使用效益。"

在西方国家,共同负担制度主要适用于国家和地方政府认为需要给予资金投入的环境污染防治或自然保护领域、紧急情况下采取应急措施所需的费用以及为防范环境风险而大范围采取措施的费用。对于污染责任者不明或者不存在、但污染损害存在的场合,有些国家还通过建立基金制度筹措资金。例如,美国联邦政府于1980年制定了《超级基金法》,目的在于建立一个危险物质反应基金(超级基金),即通过国家和企业投入一定的资金,用于治理那些已经闲置不用的或被抛弃的危险废物处理场,并保障对污染物的泄漏有基金支持以尽快对可能的污染损害作出紧急反应。

第四节 公众参与原则

一、公众参与原则的概念

(一) 定义

在法的意义上,公众特指对决策所涉及的特定利益作出反应的,或与决策的结果有法律上的利害关系的一定数量的人群或团体。它不仅包括不特定的公民(自然人)个人,也包括与特定利益相关的政府机构、企事业单位、社会团体或其他组织(参见第三章第二节)。

环境法上的公众参与原则(the principle of public participation),是指公众有权通过一定的程序或途径参与一切与公众环境权益相关的开发决策等活动,并有权得到相应的法律保护和救济,以防止决策的盲目性、使得该项决策符合广大公众的切身利益和需要。在我国,公众参与原则通常也被表述为依靠群众保护环境的原则。

在环境法中确立公众参与的原则,是民主法治理念和提升开发活动效率理念的重要体现,也是公众环境权理论在环境法上的具体体现。广大公众作为人类活动的主体,环境品质与维持自身生存休戚相关,其理所当然地享有参与决策的权利,所以在各国环境法基本原则中都确立了公众参与的原则。

在我国,虽然法律都宣示公众权利保护是国家法制的基础,1989年《环境保护法》还专门规定一切单位和个人有权对污染和破坏环境的单位和个人进行检举和控告以及行政机关应当定期发布环境状况公报的规定等等,但是由于我国几千年来形成的只注重专制(现在表现为政府行政管理)不重视法治的封建思想的影响,以致中华人民共和国成立以来的前三十年时间里就连"人权"二字也被斥为资产阶级法制的产物。

随着我国法治的进步,过去那种肆意侵犯公众权利的现象已逐步好转。2002年我国制定的《环境影响评价法》首次规定了公众参与条款。在2003年《行政许可法》也专门就涉及公众重大影响的行政许可规定了听证制度(参见第五章第四节)。2014年《环境保护法》除了第5条明确环境保护的公众参与原则外,更是新设立了"信息公开与公众参与"专章,就公众知悉权、政府与重点排污单位信息公开、建设项目环境影响报告书的公开与征求意见以及公众对违法行为的举报和环境公益诉讼作出了明确规定。

公众参与环境管理不仅是环境保护的需要,同时也是一个国家是否重视和保护公众权利的一个重要标志,它与国家的政治民主化进程是紧密联系在一起的。

(二) 参与决策的公众的范围

对于参与有关环境和开发决策的公众范围的界定,各国一般采取的是"受到直接影响"和"存在利害关系"为其标准。以世界银行投资项目的通常做法为例,在进行环境评价时,要求项目开发者必须判断并确保直接受到影响的群体能够参与项目的决策,包括项目的可能受益者、可能遭受风险者以及利害关系者。判断是否受到直接影响的标准,主要包括受到影响的居民的范围或程度、影响的强度、影响的持久度、影响是否具有可恢复性等等,据此确定受到项目影响的公众的范围。[①]

1. 居民

对于不同的项目,当地居民是否参与取决于他们是否受到了直接的影响。只有受到开发活动影响或与开发活动及其后果存在着利害关系的个人才能具备参与的资格。开发活动当地的居民由于会受到开发活动造成的环境影响的波及,或者其经济利益受到损害,或者其身心健康受到影响,或者由于其认为居住环境的舒适性、安全性和美感遭到了开发活动的影响,而成为与开发活动有利害关系的人,从而参与到环境决策过程当中。

值得注意的是,应当积极地鼓励居民中的低收入阶层、少数民族人士参与决策。

2. 各类专业人士

各类专业人士具备相关的专业知识,对于政府公布的相关信息也比一般公众理解得透彻。因此,无论是政府、还是公众以及开发者都愿意让他们参与到环境决策中来。更为重要的是,出于对其专业的关注和职业道德的考虑,他们可能对于参与也更有热情、更能积极地参与到决策之中,从而提高整个决策的质量和决策的正确性。

鉴于各类专业人士比政府更易于保持中立的立场,因而容易受到各界的信赖。

---

① Word Bank, *Public Involvement In Environmental Assessment: Requirements, Opportunities And Issues*, Environmental Assessment Sourcebook Update, October 1993.

因此,对于专业人士的参与,各国一般不设任何限制条件。对此,我国《环境保护法》第 14 条规定:"国务院有关部门和省、自治区、直辖市人民政府组织制定经济、技术政策,应当充分考虑对环境的影响,听取有关方面和专家的意见。"

3. 社会团体

社会团体可以根据关注点的不同分为环保团体和特殊利益集团,前者一般是以环境保护为目的设立的,后者则是为了某些特殊的经济利益而拥有雄厚资本的企业及其集团。

社会团体因其设立宗旨的不同和所在地域的不同,其利益需求也是不一致的。例如,对于全国性环保团体而言,尽管他们往往远离开发行为地,但他们可能基于某些保护的利益或信念而希望参与地方的环境决策。如美国的环境保护基金、自然资源保护理事会和塞拉俱乐部等。而对于某些以少数环境要素或者地方的某些特殊利益保护为目的的环保团体或者以某种职业联合为目的设立的团体而言,他们的参与则对可能出现的问题更具有针对性。

至于特殊利益集团,由于环境政策往往会影响工业,进而影响到他们的利益,因此在环境决策制定过程中他们常常会出于对集团利益,而非环境利益的关注而扮演重要的角色,他们的态度很多时候与公众的利益截然相反,因此他们的参与效果更多时候与公众利益是对立的。

由于参与环境决策的科技性较高,所以应当鼓励环保团体参与环境决策。对于环保团体而言,因其成员本身多为各类专业人士,因此他们不会像一般居民那样会被复杂的专业术语所迷惑,他们的参与可以更有效地促进环境决策的正当化(参见第三章第二节)。

除了环保团体和特殊利益团体之外,还有其他一些可能并不受项目的影响,但是却对项目本身及其产生的影响具有浓厚兴趣的其他团体。这些团体虽然并非直接同项目有利害关系,但是他们可能拥有与项目有关的重要的信息或资源。允许他们参与将有助于评价程序中关键问题的解决。这些团体主要包括全国或国际性的非政府组织、大学、研究机构等。[①]

4. 与拟议行为有关的行政机关

与拟议行为有关的行政机关并不包括负有环保职责的环境主管部门。因为环境主管部门基于其本身的职责要求,可能是环境行政的决策者,或者作为环境影响报告书的审查者的身份出现,其本身在该程序中发挥作用是基于法律赋予它的法定职权。

本书所谓的与拟议行为有关的行政机关,是排除环境主管部门之外的其他行政机关。由于某个机关基于本身的职权范围,可能对某些开发活动或开发活动的某个方面有直接的关系(例如作为该项目实施的行业主管或与该具有与项目相关行业的

---

① World Bank: *Public Involvement In Environmental Assessment*: *Requirements*, *Opportunities And Issues*, Environmental Assessment Sourcebook Update, October 1993, p. 6.

管理职权等)从而成为该项目的利害关系人,因此也参与到相关的环境决策之中。

这些机关主要包括开发行为所在地的地方政府及其跨行政区域的地方政府。地方政府由于开发活动而可能将成为其成本利益的承受者,或者项目的实施可能对当地的纳税情况以及对当地的基础建设产生影响,从而使其与开发行为有直接利害关系。由于开发行为可能会影响到两个甚至是数个地方政府、也可能涉及不同级别的地方政府及其主管部门,这时也应当采取宽泛的判断标准,适用最广义的参与定义,尽可能将所有相关的地方政府纳入公众参与方案中(参见第五章第三、四节)。[①]

(三) 公众参与的权利与政府以及申请开发建设活动单位的义务

从各国公众参与决策过程的立法与实践看,公众在参与环境与开发决策活动中享有知悉权、建言权、意见得到慎重考虑权以及司法救济权等四项权利。法律除了必须明确规定这四项权利外,还必须明确规定就政府、相关决策主管部门以及开发利用人有义务公开有关开发利用环境与资源的全部信息,明确规定开发利用环境资源决策必须征求公众意见,明确规定公众提出的意见和建议必须认真研究并对意见的采纳或者不采纳作出具体说明,明确规定公众不服最终决定所享有的申诉权与诉权及其实现程序和途径。

二、公众参与原则的适用

鉴于公众参与原则的内容具体多样,并且各国对公众参与环境决策的程序都有具体的法律规范予以保障,因此该原则在各国属于具有法律拘束力的原则。

(一) 在环境影响评价和其他涉及公众利益的许可程序中建立公众参与制度

由于大多数涉及广泛影响的环境决策是针对开发行为的,因此各国目前都制定有专门的环境影响评价(environmental impact assessment,EIA)制度,以对政策、计划和规划的编制以及拟建项目实行环境影响评价。在环境影响评价的决策程序中,应当建立广泛有效的公众参与机制和明确具体的程序诸如参与的时机和方式等,以便公众得以有效的参与环境决策(参见第五章第四节)。

在我国,除了《环境影响评价法》设有公众参与的条款规定外,对于授权性的许可行为,公众还可以根据《行政许可法》的规定参与有关许可的决策。

(二) 建立决策信息公开与披露制度

依照公众参与原理,对于涉及公众利益的重大决策,公众享有被告知相关信息的权利、被咨询相关意见的权利以及意见被慎重考虑的权利。

为了保障公众参与环境决策权力的实现,必须赋予公众相应的知情权和请求权,因此,建立决策信息公开与披露制度,要求政府实行阳光行政、增加行政决策的透明度就显得非常重要。《环境保护法》第53条第2款规定:"各级人民政府环境保护

---

① 参见叶俊荣:《环境影响评估的公众参与:法规范的要求与现实的考虑》,载《环境政策与法律》,台湾月旦出版公司1993年版,第219页。

主管部门和其他负有环境保护监督管理职责的部门,应当依法公开环境信息、完善公众参与程序,为公民、法人和其他组织参与和监督环境保护提供便利。"

我国《环境保护法》对环境主管部门和负有环境监管职责的部门应当公开的信息范围也作出了原则性规定,即环境质量、环境监测、突发环境事件以及环境行政许可、行政处罚、排污费的征收和使用情况等信息,将企业事业单位和其他生产经营者(以下简称"开发利用行为人")的环境违法信息记入社会诚信档案,及时向社会公布违法者名单(第54条)。此外,重点排污单位应当如实向社会公开其主要污染物的名称、排放方式、排放浓度和总量、超标排放情况,以及防治污染设施的建设和运行情况,接受社会监督(第55条)。对重点排污单位不公开或者不如实公开环境信息的,由县级以上地方政府环境主管部门责令公开,处以罚款,并予以公告(第56条)。

本书认为,良好的信息公开与披露制度主要应当体现如下四方面的内容:

一是尽早公开,即让公众尽早了解相关信息、尽早决定参与决策,这样可以保障参与的有效性。例如,《环境保护法》第56条第1款规定:"对依法应当编制环境影响报告书的建设项目,建设单位应当在编制时向可能受影响的公众说明情况,充分征求意见。"

二是有效公开,即公开的场所或载体应当对地域、区域和行业具有较大的影响与代表性,特别是对于可能受到影响的一定范围的居民而言,应当让他们家喻户晓、众所周知,以确保信息能为更多可能受到影响的公众所获取。

三是全面公开,即公开所有与决策有关的信息。例如《环境保护法》第56条第2款规定:"负责审批建设项目环境影响评价文件的部门在收到建设项目环境影响报告书后,除涉及国家秘密和商业秘密的事项外,应当全文公开;发现建设项目未充分征求公众意见的,应当责成建设单位征求公众意见。"

四是易于理解,即减少使用专业性和技术性的术语。

(三) 鼓励各类非政府的环境组织代表公众参与环境决策

尽管项目影响地区当地的居民是最重要的群体,但是出于公众具有利益多元、专业知识欠缺以及存在着"搭便车"(free ride)问题等背景,即使向当地居民提供了充足的信息,有时他们也会不愿意参与。为了更好地发挥公众参与的功效,避免流于形式,各国的普遍做法是运用代表人制度,即发挥各类非政府的环境组织或者其他团体的作用,由他们作为公众利益的代表参与到环境决策之中(参见第三章第二节)。

另外,为了避免各个环境团体基于其自身目的的限制而导致参与时决策出现偏颇,应当加强各公共团体之间的合作。他们之间的合作将是最有效的参与方式,可以使公众的呼声得到加强,清晰地表达公众的立场,并且将不同的公共环境利益进行全面权衡以得出最合理的决策。

(四) 建立公众参与的行政和司法保障制度

如上所述,公众参与原则既包含着公众参与的权利,也包含着公众参与的程序内容,所有这些还应当受到行政、司法的保障才能使该原则落到实处。

在行政保障方面,《环境保护法》第 57 条规定,公民、法人和其他组织发现任何单位和个人有污染环境和破坏生态行为的,有权向环境主管部门或其他负有环境监管职责的部门举报。公民、法人和其他组织发现地方各级政府、县级以上政府环境主管部门和其他负有环境监管职责的部门不依法履行职责的,有权向其上级机关或者监察机关举报。

从法律保障的角度出发,公众参与的权利还应当包括请求权。当环境决策机关剥夺了公众参与的权利、或公众的意见没有得到慎重考虑而对决策产生异议,或公众对于环境决策机关最终的决议表示反对时,公众可以基于请求权要求法院对决策机关的行为进行审查、请求法院予以救济(参见第四章)。

此外,建立环境公益诉讼制度也是公众参与的重要组成部分(参见第十四章)。我国《环境保护法》第 58 条规定,对污染环境、破坏生态,损害社会公共利益的行为,依法在设区的市级以上人民政府民政部门登记、专门从事环境保护公益活动连续五年以上且无违法记录的社会组织可以向人民法院提起诉讼。为了防止人民法院不受理环境公益诉讼,《环境保护法》第 58 条第 2 款还特别规定"符合前款规定的社会组织向人民法院提起诉讼,人民法院应当依法受理"。

第三章 环境利用行为的主体及其权利义务

第一节 环境利用行为与环境法律关系

环境利用行为(environmental utilization behavior),是指人类为满足生存需要有意识地获取环境要素或者从环境要素中谋取利益的活动。环境利用行为的构成要件有三:第一,环境利用行为的主体是人(含自然人和法律拟制的人);第二,行为在主观上是为了满足人的生存或生活需要;第三,行为的结果是获取环境要素(自然资源)或者从环境要素中谋取利益。

环境法律关系的实质是受法律调整的环境利用关系,它们以主体在环境利用行为中的权利义务为基本内容。但是,仅从传统法律关系的视角就环境法的主体、内容和客体进行一般性论说似不能很好地展现环境法区别于传统部门法的内容特征,因为人类为了生存而本能利用环境的行为及其正当性逐渐被人类制定的法律所忽视。为此,在讨论环境利用行为的主体及其权利义务之前,有必要对环境利用行为和环境法律关系的概念作一基本的界定。

一、环境利用行为

从行为对环境是否产生不利影响的角度,本书将环境利用行为分为本能利用行为与开发利用行为两大类。

(一)本能利用行为

本能利用行为(instinctive utilization behavior),是指行为人在自然状态下为了生存繁衍、适应环境变化所进行的利用和改变环境的活动。人类为了基本生存而本能地利用环境要素及其产生的生态效益[①],是古典自然法学派主张自然权利(naturalrights,天赋人权)的思想渊源。

伴随人类社会所有权制度的出现,有形的环境要素(如自然资源)逐渐成为所有权的客体,以财产的名义受到法律的保护。而自然状态下的无形环境要素及依附全部环境要素产生的生态效益,则因人类科学对环境价值认知的不足及其不符合财产(物)的法的特征而被忽略。

在大规模工业化和城市化之前,人类开发利用自然资源与排污活动不足以造

---

① 生态效益是指在一定的时空范围内,自然各要素共同产生的保持生态系统平衡、维护环境质量稳定的效果(effect)。

成环境的自然属性发生根本改变,所以它们对人类本能利用行为的影响并不明显。然而,在人类社会实现工业化和城市化之后,自然资源逐渐减少和环境污染逐渐加剧的现象则使环境的自然属性发生了根本性变化,致使人类的本能利用行为受到限制。

人因自然而生,人与自然是一种共生关系,对自然的伤害最终会伤及人类自身。目前,人类已可利用现代科学技术衡量人类对环境的舒适度、环境的质量状况以及生态系统的效益,并科学地判断受人类开发利用自然资源与排污活动的影响,如污染物排放总量、自然资源利用程度、地域开发强度、人口居住密度等。

今天,保护环境质量已作为人权保障的一部分重新被环境立法所确立。与之相对应,以本能利用行为为中心的"环境权"的概念应运而生。一般意义上的环境权,即公众享有的在优美舒适环境中生存的权利。例如,空气清新权、水质洁净权、环境安宁权、生活舒适权、自然到达权等。2010年国务院通过的《全国主体功能区规划》中就特别强调了生态系统的服务功能与生态产品的价值,对因保护生态系统而禁止或者限制发展的地区,由中央政府和相关地方政府采用生态补偿的方式偿还其输出的生态功能和生态产品的费用(参见第五章第三节、第十章第二节)。

(二) 开发利用行为

开发利用行为(development and utilization behavior),是指行为人以谋取环境容量与自然资源的经济利益为目的,向环境排放或者处理废弃物质与能量或者开发自然资源与能源等利用和改变环境状况的活动。

人类活动早期,开发利用行为属于本能利用行为中利用有形环境要素行为的一部分。然而,伴随人类社会分工的不断细化和工业化水平的提高,人类开发利用作为所有权客体的自然资源的能力不断增强,并在文明意识形态和法律的保护下呈规模化发展。所有这些不仅在一定程度上遏制了本能利用行为的活动,而且还减少了其活动的范围。另外,诸如向环境排放污染物等占用环境容量的行为还造成环境质量恶化和生态系统崩溃,又进一步加剧了对人类本能利用行为的危害。

根据开发利用行为的方式,可以将它们分为环境容量利用行为和自然资源利用行为两大类。它们的区别在于前者以向环境排放污染物为特征、后者以索取环境要素(自然资源)为特征。

1. 环境容量利用行为

环境容量(environmental capacity),一般指某一环境单元(空间)所能容纳污染物质的最大量。环境容量利用行为,是指经行政机关许可的特定主体(开发利用行为人)为牟取经济利益而利用环境容量、向环境排放污染物或抛弃废物的行为。由于环境自身具有净化和分解进入环境中有害物质的作用,因此人类可以在环境容量的负荷范围内向环境排放污染物而不致环境质量状况恶化。

为协调排放行为与人类本能利用行为的关系,规范环境容量利用行为以保障环境质量,各国环境立法均规定禁止未经许可向环境排放污染物,同时还创设了污染物排放总量控制制度(参见第六章第一、二节)。

2. 自然资源利用行为

自然资源利用行为,是指经行政机关许可的特定主体(开发利用行为人)为牟取经济利益从环境要素中获取利益的行为,如取水、伐木、狩猎、养殖、放牧以及修建水坝等。作为环境要素的组成部分,自然资源具有生命的周期性、循环性以及损害的可恢复性和可更新性,因此人类可以在不损害这些特性的基础上对它们重复利用。在这个意义上,尽管自然资源利用行为受到财产权(物权)法律的保护,但在更大程度上还应当受到人类本能利用行为和生态规律的制约。

为协调资源利用行为与人类本能利用行为的关系,规范开发利用行为与保护自然环境和生态系统,各国相继制定了合理开发、利用和保护自然资源的法律。鉴于人类在过去几个世纪开发自然资源的总量超过了维持地球生态系统稳定发展的能力,导致全球生态系统不断退化,各国还创立了自然保护法律制度,对自然区域、物种和生物多样性进行特殊保护(参见第十章)。

总之,尽管任何环境利用行为的总体目标都是为了促进人类的发展和福祉的提高,但本能利用行为主要以满足人类所有群体的基本生存为目标,利用环境提供的自然物质与生态效益;开发利用行为则以人类部分群体的物质财富和经济利益为目标,利用环境提供的纳污容量和自然资源,它们总体上也可以促进人类发展。但是,由于地球环境的有限性和局限性,致使这两类利用行为实际上存在着相互利益的此消彼长关系及其利用主体之间的竞争关系。

如果人类的法律只一味地保护建立在财产关系基础上的开发利用行为,就会危及人类通过本能利用行为获取的生存利益,从而背离法律保障基本人权的本质。本书认为,正因为传统部门法律忽视了两类人类环境利用行为的相互关系,才会在确立保护法益领域出现顾此失彼的一面。而环境立法的主要意义也在于此,它要在具有此消彼长竞争关系的本能利用和开发利用行为之间确立一个利益平衡点,既要保护人类发展的经济利益,也要维护人类生存的根本利益。

二、环境法律关系

(一) 环境法律关系的概念

环境法律关系(environmental legal relation),是环境利用行为主体间发生的具有权利义务内容的社会关系。考察环境法的发展历史,早期的环境立法只调整平等主体间的环境利用关系,如开发利用资源带来的民事权益改变以及污染致害产生的特殊侵权。之后,由于开发利用行为的扩张性与环境资源的有限性导致地球生态系统正在发生不利于人类生存的改变,必须有序地规制开发利用行为、保护公众环境权益以实现人类社会与经济的可持续发展,这样就需要通过立法授权代表国家行使环境与资源管理权和代表公众利益的政府运用行政权力强力介入和规制环境利用行为。

这样一来,环境法律关系的主体和内容就发生了根本性改变,政府及其公权力因素的介入使得环境法律关系兼具有公法和私法的复合性特征。也就是说环境利用行为的主体已由过去的平等主体双方改变为政府、开发利用者以及公民(自然人、公众及其代表)三方,在某一环境利用关系中公权力、各类私权利和环境公益等因素经常呈同时存在之势。

环境法律关系的主体是依法享有环境利用权利并承担环境保护义务的环境利用行为人以及代表国家行使环境监督管理权的行政机关。由于环境法律关系的多重构造,参与环境利用关系的主体,除了公民(自然人、公众及其代表)外,还包括各种开发利用行为人以及国家机关和政府及其环境主管部门等。

(二) 环境法律关系的特征

1. 环境法律关系是具有多重牵连法律性质的环境利用关系

在传统法中,因物的利用所产生的民事关系由私法调整,行政关系则由公法调整。而因环境利用行为所现实产生的利用关系,则比一般人们对物的利用关系的认识更为复杂特殊,它们突出表现在环境的公物属性和共有物与共益物属性方面。例如,按照环境的外在形式分,既有对有形物的利用也有对无形物的利用;按照环境要素的权利归属分,既有对公物的利用也有对私物的利用;按照环境的利用目的分,既有对物的直接利用,也有对依附于物之上的环境质量与生态效益的利用。

因此,简单采用传统的公、私法方法确立法律关系的性质明显不适应环境利用关系的定性。现实中不论所有权关系如何,实际都存在着不同环境利用行为的多个主体同时从某些环境要素及其功能与效益上获益的现象。它们既存在民事关系、也存在行政关系,需要同时采用公法和私法的手段和方法予以调整。

2. 环境法律关系以人类平等地利用环境的权利和义务为内容

受科学发展和认知水平的限制,早期对环境价值的认识主要表现为自然资源的经济价值之上。这时的法律是把自然资源作为物(特殊的物)的一种纳入物权客体的范畴,物权主体依法享有对它们占有、使用、收益和处分的权利。20世纪50年代以后,环境科学研究发现,环境提供给人类的价值是多元的和有限的,环境的某些重要价值与功能(如物种和生物多样性的生态效应及其对人的价值)在人类尚未认识之前就因不合理的开发利用自然资源而使其丧失殆尽。因此,环境保护立法从维护环境多元价值与功能的角度出发,设立了人类平等地利用环境的权利和义务。

国家通过环境立法确立平等地利用环境的权利,或者在法律中明确规定公民的环境权益,是现代法律保护人类本能利用环境行为并限制过去受到法律保护的开发利用环境行为的表现。它表明国家意识到保护本能利用行为对人类生存权的重要性,要求人类对环境的开发利用行为应以不危害本能利用行为为限,是自然权利这一自然法思想在20世纪中后期的一种新的复兴。

3. 环境法律关系符合并体现了自然生态规律的人类意志

与一般社会关系不同,环境法律关系是建立在环境利用行为上的人与人的关系。

排污行为和开发资源行为如果不构成对环境的破坏,就不会与人类本能环境利用行为相对立。所以说虽然环境法律关系是一种思想关系,但决定这种思想关系的重要因素是环境。在此,环境与生态系统是重要的中介体,人类离开了环境,环境法律关系就失去了其存在的基础和条件。为此,调整人与人之间的关系并不是环境法的唯一目的,通过调整人类环境利用关系来防止人类活动造成对环境的损害,从而协调人与自然的关系,才是环境法的终极目标。因此,环境利用关系的构成有其特殊性。鉴于自然权利在哲学伦理学的定义还包含生态系统中其他物种的权利,西方国家学者还提出了"自然的权利"(the rights of nature)的主张,它意味着承认自然的价值、尊重自然、主张人与自然和谐相处等基本理念也开始成为现代法学研究的课题。

第二节 公民(自然人)与公众

一、公民(自然人)、公众与环境保护组织的概念

公民(自然人)是环境和自然资源的享受者或者是环境质量和生态效益(ecological benefit)的受益者。

公民(自然人)是在一定区域内本能利用环境行为的主体。从生态学意义上看,公民(自然人)是构成生态系统的组成部分;从宪法意义上讲,公民(自然人)的权利是人权的核心内容。因此,公民(自然人)理所当然是环境法律关系的主体。

公民(自然人)在社会中处于个体、散在的弱势地位。虽然他们既定的民事权益受法律保护,但他们本能的环境利用行为即对环境质量和生态效益的享受则因不具有独占性和可区分性而不受法律的保护。因此,在倡导平等环境利用行为的环境法中,公民(自然人)自然成为受保护的群体。一般情况下国家会通过立法赋予公民(自然人)环境享受权、决策参与权和与之相应的民事和行政诉讼请求权。

环境法上与公民(自然人)相关的主体还有公众,一般指与开发利用环境行为及其结果有直接和间接利害关系的各种主体的统称。基于公民(自然人)在一国社会中的弱势地位和政府公权力介入开发利用环境行为的不足,各国从20世纪60年代开始出现了由公众(公民、自然人及其组成的社会组织等)依法自发成立的以环境保护为目的的非政府社会组织——环境保护组织,他们代表公民(自然人)和公众行使环境权利,通过集体的力量对抗不当或者违法的开发利用环境行为。

由于环境保护利益的公益性和散在性特征,决定了由公民(自然人)为主体成立的环境保护组织在环境法律关系中具有特殊且重要的地位。在许多国家,环境公益诉讼主要是由环境保护组织提起的,其本质是保存自然环境的原生状态和保护人类的本能环境利用行为(参见第二章第四节)。在中国,2017年修改的《民事诉讼法》第55条将"法律规定的机关和有关组织"确定为可以提起环境民事公益诉讼的适格主

体。依照《环境保护法》第58条的规定,"有关组织"是指依法在设区的市级以上人民政府民政部门登记,专门从事环境保护公益活动连续五年以上且无违法记录的社会组织(参见第十四章第一节)。

二、公众的环境权益与公民的环境保护义务

(一)环境权益理论的沿革与发展

公众环境权益理论源于西方国家法学界倡导的环境权论,是20世纪70年代依据宪法基本人权保障规定引申出来的一种新的权利形态。目前,各国和国际组织对环境权概念的一般表述是人类享有在健康、舒适的环境中生存的权利。环境权虽然已为一些国家的宪法所确立,但由于环境权的性质、内容和范围的不确定性及其与传统法的权利的交叉和冲突,因而在法学界还存在着极大的争议。

从西方国家环境权理论的发展看,美国学者提出的"公共信托论"(public trust doctrine)和日本律师与学者共同提出的"环境支配权论"对环境权理论的贡献是最大的。

1. J.萨克斯教授提倡的环境权及其公共信托论解释

1968年,萨克斯教授出版了《保卫环境——公民行动战略》一书,针对政府环境行政决定过程公众参与程度低、环境诉讼中存在诉讼资格障碍等问题,首次根据公共信托原理提出了"环境权"理论。他认为,用"在不侵害他人财产的前提下使用自己的财产"这一格言作为环境品质的公共权利的理念基础具有重要意义。第一,即使是个人的正当活动,但这一活动若对他人权利产生妨害作用的,就应当从范围上限制该活动。第二,在自己权利行使的界限内,要考虑相邻人是否可以合理的生产、使用其财产。所以应当明确权利人有义务采取所有合理手段使相邻人所受的侵害控制在最小限度内,且相邻人还可以强制其履行该义务。

在分析司法判例的基础上,萨克斯认为公共信托理论有三个原则可以适用于环境领域:第一,对于公众而言,他们对大气和水享受的利益非常重要,不应当将其作为私的所有权的对象。第二,自然给人类提供了巨大恩惠,所有公众都可以自由利用,这与利用者是企业还是个人无关。第三,建立政府的主要目的是增进一般公益,不能为了私利而将原本可一般利用的公共物进行限制或改变其分配形式。

萨克斯教授指出,公共信托理论提倡在必要的产业开发的最上限衡量资源公共利用的利益。像清洁的大气和水这样的共有财产资源已经成为开发利用行为人的垃圾场,他们不考虑毫无利润的人们的普通消费愿望,更谈不上对公众共有利益的考虑。而这些利益与相当的私的利益一样具有受法保护的资格,其所有者具有强制执行的权利。"在不妨害他人财产使用时使用自己的财产"的古代格言不仅适用于现代土地所有者之间的纠纷,而且适用于诸如工厂所有者与清洁大气的公共权利之间的纠纷、不动产所有者与保护水资源和维持野生生物生存地域的公共权利之间的纠纷、

挖掘土地的采掘业者与维持自然舒适方面的公共利益之间的纠纷。①

除了环境公共信托论外，美国有学者从宪政理论提出应当将受环境变更行为影响的健康、财产、濒危野生动物或审美的利益等纳入宪法保护对象的主张。将环境权的内容特定化，作为自由权中"自由受到环境破坏"而可以主张的权利部分。此外由于生命权比自由权更具有保护的意义，因此宪法应当保护人类环境免受"不合理"污染的影响。

综上所述，萨克斯教授倡导的环境权是基于公共信托理论解释的公民权利，而基于宪政理论解释的其他美国学者主张的环境权则是专门制约国家活动的公民基本权利。

然而，美国联邦法院大法官则认为，解决环境问题的最终责任应当在立法和行政，法院不具有运用各种知识和科学对环境问题进行充分审查的能力，否则会构成对立法权的侵害。

2. 日本学者倡导的环境权

1970年3月在日本召开的公害国际研讨会上，与会代表共同发表了《东京决议》，首次明确提出了"请求将全人类健康和福祉不受灾难侵害的环境享受权利，以及当代人传给后代人的遗产包含自然美的自然资源享受权利作为基本人权之一种，并将该原则在法的体系中予以确立"的环境权的主张。

由日本大阪律师会成立的环境权研究会认为，环境权是"支配环境和享受良好环境的权利"。对于过分污染环境，影响居民舒适的生活或者造成妨害的，可以基于这项权利请求排除妨害以及采取预防措施。与此同时，公众负有在一定忍受限度范围内忍受公害的义务。因此，可将环境权理解为私权的一部分，即以环境为直接支配对象的"支配权"。②

由于环境权具有与传统物权和人格权所不同的性质，日本法院认为"环境是一定社会的自然状态，在对环境的认识和评价上居民普遍存在着差异，不可能共同享有排他的支配权，在立法没有规定的情况下不能将环境权理解为私权的对象。"与美国联邦法院的观点相同的是，日本法官也认为"环境问题应通过民主主义机构决定"，所以它们仅将环境权作为单个居民的"环境自主权"看待。日本有关环境权诉讼的判例表明，请求设施和行为停止诉讼的"公共性"（例如历史的、文化的、宗教的价值、眺望利益、厌烟利益和舒适等等）是法院审查案件的重要判断要素。而各种环境权利的表述则被法理学界称为"新的权利"，包括日照权、环境权、厌烟权、知悉权、舒适权、平等的生存权等。③

---

① Joseph L. Sax, Defending the Environment: A Strategy for Citizen Action, Copy Right 1970 by Joseph L. Sax. 中文版参见〔美〕约瑟夫·L. 萨克斯：《保卫环境：公民诉讼战略》，王小钢译，中国政法大学出版社2011年版。
② 参见〔日〕大塚直：《环境法》（日文版），日本有斐阁2002年版，第51页。
③ 参见〔日〕田中成明：《法的规范与适用》（日文），日本大藏省印刷局1990年版，第188页。

综上所述,从环境的公共信托论,可以导出对财产和自然资源管理的国家权力来源于全体公民的信托,公民有权了解财产和自然资源的状况以及监督政府对权力的行使。从将环境权作为宪法上的基本权利或者保护的权利理论,也可以导出环境权的私权性或者环境权益的公共性。

3. 环境权的关联权利:自然的权利和自然享有权

(1) 自然的权利论

1972 年美国人 C. D. 斯通在其《树木的诉讼资格》一文中提出了自然的权利的主张,其立论的基础是从人类中心伦理到生命、自然中心主义伦理的转换。他认为自然物具有法的权利,应当在行政、司法上予以考虑,并将其与程序的保障相联系。后来,美国学者 R. F. 纳什又在《大自然的权利》一书中提出了"人类应当在对自然予以敬畏的同时确认自然的权利",主张在环境伦理发展的进程上建立自然的权利。①

在 1982 年 10 月联合国大会通过的《世界自然宪章》(World Charter for Nature)中,这种自然权利的思想已经确立,就是"每种生命形式都是独特的,无论对人类的价值如何,都应得到尊重,为了给予其他有机体这样的承认,人类必须受行为道德准则约束"。

为此,有关是否应当"赋予自然以法的权利"的主张也开始在美国等西方国家展开讨论。在美国 20 世纪 70 年代以后出现了环保团体将自然物作为共同原告的诉讼,认为其与该自然物的存在有直接"利害关系"并最终获得胜诉判决。② 本书认为,在美国出现的自然权利诉讼的实质,乃在于人类利用自然物的实际存在以及以人类对自然物的长期利用关系(包含生存关系)为中介,借此绕开传统法有关"法的利益"的诉因,从而实现任何人都可以就开发行为给自己带来的实际侵害而提起诉讼并维护环境公益的一种手段。

(2) 自然享有权论

为使环境权成为一种对环境的支配权利,日本律师联合会 1987 年在世界人权拥护大会上提出了自然享有权论。自然享有权是指人类享受被称为自然的这种有机集合体提供惠泽的权利。它是作为环境权的一种具体类型提出的,是将环境权从对抗污染的权利扩展至公民可享受自然的权利。③

与环境权主张不同的是,自然享有权论者认为,这项权利与被害人受到侵害的个别利益相接近,是一种生态系统的共益权,也可以将其称为他益权,也是人类以公共信托论为基础、受自然所信托的权利。另外,自然享有权论者还认为,人类也是作为

---

① 参见〔美〕R. F. 纳什:《大自然的权利》,杨通进译,梁治平校,青岛出版社 1999 年版。
② 例如,2003 年 6 月 12 日,美国第十巡回上诉法院就判决了一个濒危物种和环保团体作为共同原告的案件。在该案中,濒危物种格兰德河鲦鱼和环保团体野生生物保卫者、国家奥特朋协会、塞拉俱乐部等作为共同原告起诉美国垦务局局长约翰·W. 基斯。参见 Rio Grande Silvery Minnow et al v. John W. Keys, III et al, 333 F. 3d 1109.
③ 参见大塚直:《环境法》(日文版),日本有斐阁 2002 年版,第 55 页。

自然的一个构成要素，具有防卫因功利主义的目标利益而破坏由所有构成要素组成自然的平衡的权利，它可以与国益功利主义的理念相抗衡。

（二）我国立法对公众环境权益的确立与保护

1. 公众环境权益的规定及其法律解析

我国环境立法为公众确立"环境权益"首见于2002年《环境影响评价法》。该法第11条规定："专项规划的编制机关对可能造成不良环境影响并直接涉及公众环境权益的规划，应当在该规划草案报送审批前，举行论证会、听证会，或者采取其他形式，征求有关单位、专家和公众对环境影响报告书草案的意见。"[①]尽管"公众环境权益"规定在编制专项规划所应考虑的影响因素的条款中，但它为环境权益理论研究和司法实践奠定了法律基础。实践中应当依其原意做扩充性解释（参见第五章第四节）。自从2002年《环境影响评价法》首次将"公众环境权益"作为规划环评的内容确立以来，国务院于2009年、2012年、2016年三次在其发布的《国家人权行动计划》中将"环境权利"作为人权的重要组成部分纳入中国公民的经济、社会和文化权利体系[②]及其保护目标之中。《国家人权行动计划（2016—2020）》还规定，国家继续把保障人民的生存权和发展权放在首位，全面保障经济、社会和文化权利，努力使发展机会更加公平，发展成果更加均等地惠及全民，使全体人民在共建共享发展中有更多获得感；实行最严格的环境法律制度，形成政府、开发利用行为人、公众共治的环境治理体系，着力解决大气、水、土壤等突出环境问题，实现环境质量总体改善。

本书认为，环境权概念的出现源于政府不当开发决策和开发利用行为人不当开发利用环境行为，其造成的环境污染和自然破坏的结果可能妨害或侵害公民（自然人）个人和其他全体公众自由、本能地利用环境及其利益。然而，因公民个人不具有独占环境的权利，除环境污染和自然破坏致公民个人权益侵害的场合外，公民个人并不能主动独立地要求和主张公众的环境利益。与之相反，公众则是一个群体概念，而环境利益又属于群体公益，如果不通过法律赋予公众作为环境利益的主体地位，那么当环境公益受到侵害时便没有利益主体表达社会群体的主张。

公众环境权益是"公众"与"环境权益"的复合词。本书认为，公众环境权益既是公民基本权利中与享受优美环境相关的、非独占性的权利和利益的集合，也是公民对其正常生活和工作环境享有的不受他人干扰和侵害的权利与利益。由于该项权益的实现与公众稳定的生存环境密切相关，所以任何改变环境状况的行为都可能侵害公众的环境权益。

当环境权益为公众要求政府采取措施保护环境、或者据以参与环境决策的场合

[①] 《环境影响评价法》中的"公众环境权益"在草案中原为"公众利益"，因公众利益的范围过大、不具有特定性，所以《环境影响评价法》在通过前将其改为"公众环境权益"。作者根据立法资料注。

[②] 在2012年6月国务院第二次发布的《国家人权行动计划（2012—2015年）》中，"经济、社会和文化权利"包括七项，它们分别是：工作权利、基本生活水准权利、社会保障权利、健康权利、受教育权利、文化权利、环境权利。

适用时,公众的环境权益就会与公权力发生关系而与人权或宪法性权利相吻合,从而衍生公众的知情权、参与权、建议权以及相应的救济请求权(参见第二章第四节)。

而当公众的环境权益被公民个人(集团)基于物权法的相邻关系或者侵权的场合适用时,公众的环境权益就会与开发利用环境和资源的行为人之间发生关系而具有私权的性质。需要说明的是,公众在私权意义上适用环境权益规定时,不必等到妨害或侵害的实际发生才可以行使权利,消除危险、排除妨害以及补偿可得的利益逸失等具有预防效果的民事责任形式也是一种可行的法律救济方法(参见第十三章第三节)。

本书认为,环境权在公民要求国家保护环境或者据以参与环境监督和管理的意义上使用时,因其与公权力发生关系的权利是人权或宪法性权利,主要具有共益权的性质;当环境权用于私主体之间的法律关系时,因其具有自益权的性质而成为一种实质上的私权。

需要说明的是,公众行使环境权利及其获取相关利益应当以国家法律法规为依据。

2. 公众环境权益的内容

(1) 优美、舒适环境的享受权

享受优美舒适环境质量的权利是每个公民(自然人)的生存本能,既包括对清洁环境要素的生理享受,也包括对优美景观、原生自然状况的精神和心理享受。具体而言,优美、舒适环境的享受权包括清洁空气权、清洁水权、安宁权、采光权、通风权、眺望权、观赏权、静稳权及其他在优美、舒适环境的条件下工作或休息的权利等。

本书认为,优美、舒适环境的享受权中有一部分权利与国家对自然资源的所有权相竞合,另有一部分是作为自然人特有的权利,因此当表现为不特定多数的自然人特有的权利受到不当决策行为或者开发利用行为侵害时,公众可以通过环境公益诉讼请求加害人消除危险、排除妨害和恢复原状。

(2) 开发利用环境决策与行为知悉权

即对可能造成不良环境影响的政府开发与环境决策行为、开发利用行为人开发利用环境行为等,公众有了解和知悉的权利。例如,《环境保护法》规定,公民、法人和其他组织依法享有获取环境信息、参与和监督环境保护的权利(第53条第1款)。

为保护公众知悉政府信息公开的权利,2011年7月最高人民法院颁发了《关于审理政府信息公开行政案件若干问题的规定》,要求人民法院受理公民认为政府信息公开工作中的具体行政行为侵犯其合法权益提起的行政诉讼。

(3) 开发利用环境决策建言权

即对可能造成不良环境影响的政府开发与环境决策行为、开发利用行为人开发利用环境行为等,公众有提出主张或意见、建议的权利。例如,《环境保护法》规定,对依法应当编制环境影响报告书的建设项目,建设单位应当在编制时向可能受影响的公众说明情况,充分征求意见(第56条第1款)。

依照《行政许可法》的规定,公众有权依法对行政机关设定或实施的环境与资源行政许可申请行政复议或者提起行政诉讼;其合法权益因行政机关违法实施行政许可受到损害的,有权依法要求赔偿;当行政机关审批某项环境与资源行政许可事项直接关系公众重大利益的,利害关系人有被告知、陈述和申辩的权利;对行政机关作出的准予环境与资源行政许可决定公众有权查阅(第5、7、19、36、40、46、47条)。

进而,开发利用环境决策建言权还应当受到政府或环境主管部门以及建设单位等的尊重。依照《环境影响评价法》的规定,公众有权以各种适当方式参与规划和项目的环境影响评价。有权参与规划的编制机关或者项目建设单位组织的论证会、听证会等各种形式的征求意见活动。《环境影响评价法》同时还规定,公众就规划或项目环境影响报告书草案提出的意见和建议有被政府审批或批复机关认真考虑、并获得相关说明的权利(第5、11、21、23条)。

(4)监督开发利用环境行为及其举报权

在监督权方面,公众有权对开发利用行为人实行监督。根据《环境保护法》的规定,公民、法人和其他组织除了有权监督开发利用环境行为过程中的环境保护事项外,还有权向环境保护主管部门或者其他负有环境保护监督管理职责的部门举报污染环境和破坏生态行为(第53、57条)。

(5)环境权益侵害救济请求权

当公民认为自身环境权益受到或可能受到不当或不法的政府决策或开发利用行为人开发利用环境行为影响或者侵害的,有权依法申请行政复议、提起行政诉讼或者民事诉讼,请求法院撤销政府与环境主管部门的行政决定,或者请求法院判令侵害环境权益的开发利用行为人恢复环境原状与向政府赔偿国家损失。

根据《环境保护法》的规定,对污染环境、破坏生态,损害社会公共利益的行为,有关环境保护的社会组织还可以同人民法院提起环境公益诉讼(第58条)(参见第十四章第二节)。

公众的环境权益是以政府为义务主体、由法律授权政府行政机关履行环境保护的职责来实现的。政府的这些义务包括:规范行政决策程序;在政策、法律、市场和会计(审计)制度上将环境与发展相统一;确立科学风险评价和环境影响评价制度;建立与公众的合理对话体制等。

同时,公民可以依据环境权参与国家的环境管理与决策,这时环境权的实现就需要制定有关公众参与和情报公开等程序法作保障。《环境保护法》第53条规定:"公民、法人和其他组织依法享有获取环境信息、参与和监督环境保护的权利。各级人民政府环境保护主管部门和其他负有环境保护监督管理职责的部门,应当依法公开环境信息、完善公众参与程序,为公民、法人和其他组织参与和监督环境保护提供便利。"

此外,从一些国家的宪法和地方立法、国际组织的环境宣言中,我们可以看出,将环境权(非为私权)确立为宪法上的权利以及要求参与行政的权利不仅是必要的,而且也是可能的。

(三) 公民的环境保护义务

1. 关心和保护环境的一般义务

公民除了依法享有与之相应的环境权益外,还负有关心环境与合理实施本能环境利用行为的义务。《环境保护法》规定:"一切单位和个人都有保护环境的义务。"此外,公民的一般环境保护义务还包括遵守环境保护法律法规,配合实施环境保护措施;增强环境保护意识,减少资源与能源的消费,采取低碳、节俭的生活方式以及使用有利于保护环境的产品和再生产品,按照规定对生活废弃物进行分类放置;开展环境保护法律法规和环境保护知识的宣传,营造保护环境的良好风气;等等(第 6、9、36、38 条)。

2. 忍受一定限度环境污染或自然环境损害的特别义务

忍受义务是衡平各类环境利用关系的法律选择。向环境排放一定数量的污染物或开发一定数量的自然资源,均会造成部分地域环境质量或者功能的破坏,并导致不同环境利用行为人之间产生利益冲突。对此种利益冲突的协调机制是,一方面通过行政许可限制开发利用行为人对环境和资源的利用,另一方面则要求公民对开发利用行为予以容忍。只要排污行为或者开发行为不超过排放(控制)标准或者行政许可的限度和范围,行为的影响未对公民构成可测定(计量)、可预判和可证实的妨害或者潜在风险的威胁,公民就有义务在行政许可的限度内对排污行为或者开发行为予以忍受。

容忍义务来自法律规定,即只要法律不禁止某个干扰行为的存在,公民就应当予以忍受。如一定限度的相邻噪声干扰或者符合标准要求的排污行为。德国学者认为,公民在政府监督之下的容忍义务可以分为两类:一类是公民有容忍第三人为环境保护的作为的义务;另一类则是公民有容忍第三人为法律所允许环境污染的义务。①

一般情况下,容忍的判断标准是排放行为是否具有合法性,它以行为是否构成实质性影响为判断标准。在德国,某种妨害是否具备实质性一般从理性的正常人的理解出发进行利益衡量,并以生活习惯以及被妨害的不动产的用途来评价妨害的程度和持续时间,此外还要考虑基本权利体现的价值和公众利益。是否应当许可或者忍受实质性影响,取决于两个条件:一是行为是否为当地通行,二是影响是否可以通过经济上可行的措施克服。值得一提的是,某些噪声影响即使没有超过技术性排放标准也可能被认为具备了实质性,因为技术标准只具有参考性(参见第十三章第二节)。②

---

① 参见 Vgl. Kloepfer, Umweltrech, 1998, 5, Rdnrn. 133 ff. 转引自陈慈阳:《环境法总论》,台湾元照出版有限公司 2000 年版,第 383 页。

② 参见〔德〕F. 沃尔夫:《物权法》,吴越等译,法律出版社 2002 年版,第 172—174 页。F. 沃尔夫在书中举例说明,一年一度的花园餐会所飘出的烧烤味、正常的落叶、变压器发出的轻微磁辐射都不是实质性的。而某些民间节日的夜间高声音乐和喧哗如果妨害了当地居民,则构成了实质性影响。

与容忍相关的问题,是政府在规划和审批环境利用行为时负有注意该行为尽可能不对相邻人产生妨害或者带来环境危害风险的义务。

按照原因者负担原则,开发利用环境行为人应当依法向政府支付环境费税,用于政府组织环境治理和恢复工作。因此,公民在容忍的同时有权对环境费税的收支和使用状况进行监督。

当环境污染和自然破坏的干扰和妨害超过了常人的忍受限度时就属于权利滥用的行为,相邻人可以依法提出消除危险和排除妨害请求。

当然,在标准的适用上还存在着随着科技发展而适时修订标准的问题。如果科技发展已经明确某种污染物即使达标排放也可能因"小剂量、长时期"的接触而可能导致人体健康受害的话,政府就有义务适时修订污染物的排放标准或者废止原来的标准。因此,公民有权利敦促政府适时修订环境标准(参见第五章第二节)。

第三节 开发利用行为人

2014年《环境保护法》第6条第3款规定:"企业事业单位和其他生产经营者应当防止、减少环境污染和生态破坏,对所造成的损害依法承担责任。"这里的"企业事业单位和其他生产经营者"即本书所指开发利用行为人,既包括直接或间接向环境排放污染物的排污者,也包括可能破坏生态的资源开发利用者。

一、开发利用行为人的一般权利与义务

从环境利用行为的角度看,开发利用行为人是环境和自然资源的主动利用者。开发利用环境行为的特征在于单向性和破坏性,即利用环境容量向环境排放污染物或者为索取环境要素的经济价值而开发利用自然资源。由于开发利用环境行为的后果均对环境保护不利,所以开发利用行为人在环境法律关系中主要处于受制的被动地位。

从物权意义上讲,环境要素与自然资源本质上都属于环境的存在物。由于环境及其要素的形状与性质不易确定,环境的内容较为宽泛,所以长期以来法律上只将环境要素中那些对人类社会具有经济价值、容易引发纷争且四至分明的特定环境要素即自然资源确定为所有权的客体予以保护。环境问题出现以后,人们逐渐发现物权是具有排他性的支配权、绝对权和财产权,物权制度存在着只认同作为环境要素的自然资源的经济属性、不认同自然资源的生态属性,只认同有形的环境要素及其财产价值、不认同无形的环境容量及其生态价值等认识上的缺陷,而作为国家民事基本制度的物权制度所存在的缺陷,则是经济发展过程中环境污染和生态破坏的制度性根源。为了弥补民事立法在环境保护方面的缺陷,我国2017年颁布的《民法总则》在平等、自愿、公平、诚信和公序良俗原则的基础上新增加了绿色原则(生态环境保护原则),即民事主体从事民事活动,应当有利于节约资源、保护生态环境(第9条)。

我国实行社会主义公有制，主要自然资源属于国家所有。因此，开发利用行为人开发利用自然资源，首先要取得由政府特许的自然资源开发利用权或者向环境排放污染物的权利，然后按照自然资源规划或者环境保护规划实施开发和利用环境的行为。与此同时，开发利用行为人还必须接受国家对它们开展的宏观调控和管理监督。当环境利用行为触犯国家和地方环境保护法律法规时，还必须接受国家依法对它们实行的制裁。另外，当向环境排放污染物造成环境损害或者开发自然资源造成自然破坏时，还应当依法承担相应的民事责任。

（一）开发利用自然资源的权利与义务

地球上的自然资源一直在为人类社会的繁衍和进步提供非凡的经济价值，因此自然资源的所有权人以及依法对国家所有的自然资源取得开发、使用和经营管理权者有开发和利用自然资源并获取相应利益的权利（参见第十章第二节）。

鉴于自然资源具有可再生性，对它们的开发利用和恢复更新则要求应当符合自然的规律，这样才能使自然资源可持续地为人类所利用。另外，自然资源不仅作为物或者财富能够为人类社会发展提供经济支撑，而且作为环境要素它们还是地球生态系统平衡和人类生存繁衍的条件和基础。

从这个意义上讲，开发利用自然资源的权利必须受到环境与资源法律的限制。为此《环境保护法》规定，开发利用自然资源，应当合理开发，保护生物多样性，保障生态安全，依法制定有关生态保护和恢复治理方案并予以实施。引进外来物种以及研究、开发和利用生物技术，应当采取措施，防止对生物多样性的破坏（第30条）。此外，开发利用者还负有遵守法律规定的其他干预性、给付性、计划性以及禁止性和命令性等义务性规范的义务。如《环境保护法》规定的开发利用行为人应当防止、减少环境污染和生态破坏，对所造成的损害依法承担责任（第6条第3款）；使用有利于保护环境的产品和再生产品（第36条）；优先使用清洁能源，采用资源利用率高、污染物排放量少的工艺、设备以及废弃物综合利用技术和污染物无害化处理技术（第40条第3款）；等等。

（二）利用环境容量排污的权利与义务

利用环境容量排污的权利又称排污权（emission right），它是环境主管部门依法赋予排污者依照法律规定的污染物排放（控制）标准向环境排放污染物的权利，而非宪法上的基本权利。利用环境容量排污者有义务遵守行政机关依法许可的排污范围、排污方法、排污途径以及按照排污标准所限定的种类、浓度和数量等排放污染物，并依法履行环境影响评价和"三同时"、排污许可、缴纳排污费税、接受现场检查等的法定义务。

我国《环境保护法》对排放污染物的开发利用行为人规定了如下要求：建立环境保护责任制度，明确单位负责人和相关人员的责任；重点排污单位应当按照国家有关规定和监测规范安装使用监测设备，保证监测设备正常运行，保存原始监测记录；严禁通过暗管、渗井、渗坑、灌注或者篡改、伪造监测数据，或者不正常运行防治污染设施等逃避监管的方式违法排放污染物等等(第42条第2、3、4款)。此外,还负有遵守法律规定的其他干预性、给付性、计划性以及禁止性和命令性等义务性规范的义务。

当污染环境造成环境损害时,即使主观上无过失、行为符合行政法规和排放标准,也有义务依法承担相应的消除危险、排除妨害、恢复原状或者赔偿(补偿)损失的责任(参见第十三章第二节)。

二、开发利用行为人的环境社会责任

(一)开发利用行为人环境社会责任的概念

在法的意义上论开发利用行为人环境责任,是指开发利用行为人违反环境保护法律上的强制性规定所应承担的不利法律后果。本书所谓的开发利用行为人环境社会责任(environmental social responsibility),是指从事开发利用行为人作为一类社会群体对社会以及其他公众除强制性法律规范外的环境保护义务。一般也称开发利用行为人的环境社会责任。

开发利用行为人环境社会责任具有如下两个特征:第一,责任主体为从事开发利用环境行为(排污或者开发资源)的人,它们同时也属于公众的范畴,是社会群体的一种类型;第二,这种责任并非来源于法律的强制性规范,而是开发利用行为人用以维系和调整与本能利用环境的社会公众之间和谐关系的一种道义。

结合法律实施分析,开发利用行为人环境社会责任的履行可以分为两个层次。第一个层次是开发利用行为人对环境立法有关强制性规范的遵守,这是开发利用行为人最基本的义务和社会对开发利用行为人的最基本要求,如果开发利用行为人达不到这个要求就谈不上履行环境社会责任。第二个层次就是开发利用行为人自主地承担环境社会责任,包括履行环境保护法律法规中的指导性和任意性规范,适用各种社会组织推荐的有利于环境保护的规则,以及自主树立环境保护理念并付诸实施的行为。

为什么开发利用行为人会在履行法律规定的强制性规范以外,还乐意主动履行并自主性承担环境社会责任呢?从国外的实践看,开发利用行为人主动承担自主性责任的目的,一是宣示环境友好性和社会公益性,以提升开发利用行为人的国际影响而有利于国际贸易;二是迎合消费者高涨的"绿色消费"(green consumption)意识,提高社会对开发利用行为人的认同感,从而促进产品的销售;三是节省能源和资源,削减能源资源采购方面的成本;四是事前回避环境风险,预防因环境污染而引起的巨额赔偿。

当然,开发利用行为人试图通过承担环境社会责任得到更大的利益,首先必须是环境立法为开发利用行为人确立一系列明确、具体且公平的法律运行机制和指导开发利用环境行为的模式,包括权利行使、利益获取和违法制裁等内容;其次必须是政府及其环境主管部门严格和平等地执行法律,避免出现开发利用行为人可以违法获利而由国家和社会公众承担环境污染与破坏等不良后果。

(二) 开发利用行为人环境社会责任的内容

1. 通过环境保护质量体系认证或获得绿色标签认定

为了迎合开发利用行为人履行环境社会责任的需求，一些国际组织以及各国政府向开发利用行为人提供了社会认同的环境质量体系认证或者实行环境绿色标签，以鼓励开发利用行为人在守法经营的基础上履行更高的环境保护义务。例如，开发利用行为人可以主动要求通过国际标准化组织制定的ISO14000环境标准系列的认证，以宣示自己的生产过程与产品符合环境友好的社会理念，同时实现自由贸易与环境保护的统一。

此外，以环境资源耗费补偿为中心在各国建立的环境审计制度，可以为开发利用行为人提供环境和经济信息，并反映环境对经济的贡献以及经济活动对环境的影响。开发利用行为人可以通过会计系统以及其他途径采集的环境信息，以年度报告的形式向外界披露，以公示其履行环境责任的程度。

2. 推行清洁生产

推行清洁生产的方式，一方面是改进生产工艺，提高资源利用率和回收率，避免粗放式的生产模式，从而用更少的资源生产出更多的产品；另一方面，则要改进排污设施，降低污染物的排放数量，减少或避免开发利用行为人在运营过程中对生态环境造成的不利影响。可以说，推行清洁生产是开发利用行为人的自利性和利他性的良好结合，既可以提高开发利用行为人自身的经济效益，同时也切实地履行了自身的环境社会责任，可以说是一个"双赢"之举（参见第八章第二节）。

3. 主动对外宣示开发利用行为人环境保护守则

许多开发利用行为人为了占领更多的市场，还通过宣扬环境保护理念、主动按照政府或环保团体的诱导制定环境保护准则。例如，在生产链上实行"绿色供应"（green supply），即向上游供应企业提供"绿色供应标准书"，规定产品、材料、部件的各种标准，优先选取具有"ISO14001"认证资格或推行"环境管理体系构建"的企业作为供应商，采购对环境影响小的部件、材料、原料。有的企业还按照政府指导性要求或者社区与环保团体的请求，自愿与周边居民签署防治污染协议或者污染减排计划。

第四章　国家的环境保护义务

第四章　导教导学

　　虽然我国《宪法》并未明确规定公民享有在优美舒适环境中生活的环境权利,但是 2018 年修正的《宪法》,在序言中关于"贯彻新发展理念""推动物质文明、政治文明、精神文明、社会文明、生态文明协调发展"的规定,第 26 条第 1 款关于"国家保护和改善生活环境和生态环境,防治污染和其他公害"的规定,以及第 33 条第 3 款关于"国家尊重和保障人权"、第 88 条第(六)项关于国务院行使"领导和管理经济工作和城乡建设、生态文明建设"等职权的规定,都构成了国家环境保护义务的宪法渊源。

　　国家环境保护义务主要通过环境立法、环境行政以及环境司法等国家机关的活动来实现。依照《宪法》规定,全国人民代表大会是中华人民共和国最高国家权力机关,全国人民代表大会和全国人民代表大会常务委员会行使国家立法权(第 57、58 条)。国家行政机关、监察机关、审判机关、检察机关都由人民代表大会产生,对它负责,受它监督(第 3 条第 3 款)。

　　本章主要介绍国家的环境保护义务,环境行政、环境司法以及执政党中央与中央政府履行国家环境保护义务的政策手段。

第一节　国家环境保护义务概述

　　从 2009 年至今,国务院授权国务院新闻办公室在连续发布的三期《国家人权行动计划》中,都将"环境权利"作为"经济、社会和文化权利"的重要内容。①

　　从公民权利实践的宪法学分析,国家权力不仅要保持理性的克制态度减少自身侵害公民权利的可能性,同时还需积极提供保护使公民权利免受私人权力的不正当侵害。② 基于国家义务的行为状态,学理上一般将国家义务分为国家不得干预、妨碍个人自由的不作为消极义务和国家以作为方式为保障个人自由和满足个人利益提供条件、资源的积极义务。前者是国家尊重和维护自由权的基本手段;后者是国家促进和实现社会权的主要手段。③

　　纵观各国宪法和环境保护法律的规定,按照"消极(尊重)、保护、给付"的国家义务理论④,国家在法律和事实上的作为与不作为的环境保护义务主要包括三类。

---

　　① 这三期《国家人权行动计划》分别于 2009 年、2012 年和 2016 年由国务院新闻办公室发布。
　　② 参见陈征:《基本权利的国家保护义务功能》,载《法学研究》2008 年第 1 期。
　　③ 参见龚向和等:《基本权利的国家义务体系》,载《云南师范大学学报(哲学社会科学版)》2010 年第 1 期。
　　④ 参见张翔:《基本权利的受益权功能与国家的给付义务——从基本权利分析框架的革新开始》,载《中国法学》2006 年第 1 期。

一、积极作为的环境保护义务

环境保护的积极作为义务,即国家应当通过环境政策和法律手段直接实施规制污染环境和破坏生态行为及防御环境破坏风险行为,以维护公民的环境权益。为此,我国《宪法》第 26 条第 1 款规定:"国家保护和改善生活环境和生态环境,防治污染和其他公害。"

政府对环境管理的权力和义务主要表现在环境管理的职权和职责上。从环境、资源与能源管理的实践看,几乎所有向环境排污的行为和开发利用自然资源的行为都是由政府直接干预或间接诱导的。因此西方国家学者认为这是国家对环境保护享有独占权的体现。① 国家对环境保护的独占权并不意味着所有行为都必须由政府为之,有时政府还可以通过间接的作为来排除环境污染或自然破坏的影响,例如,政府可以在履行自己义务时通过第三人来达成,但最终的责任还应当由国家来承担。

在我国,国家环境保护的积极作为义务是通过如下方式来促进实现的。

第一,通过环境保护立法将环境保护确定为中国的一项基本国策。基本国策一般指执政党中央和中央政府通过法律或者文件制定和宣示的对国家经济建设、社会发展和人民生活具有全局性、长期性、决定性影响的重大谋划与政策。在中国,通过政策和法律宣示为国家基本国策的事业有四项:一是计划生育;二是环境保护;三是耕地保护;四是节约资源。② 将环境保护作为中国的一项基本国策,是国务院于 1983 年 12 月在第二次全国环境保护大会上提出的。按照当时的认识,将环境保护作为一项基本国策,并不是为了强调它的重要性而夸大其词、任意拔高,而是由当时的国情决定的。首先,防治环境污染、维护生态平衡,是保证中国农业发展的基本前提;其次,制止环境的进一步恶化,不断改善环境质量,是促进中国经济持续发展的重要条件;再次,创设一个适宜、健全的生活环境和生态环境,是国家现代化建设的重要目标;最后,远近结合、统筹兼顾,是中国实现持续发展的重大利益。③

2014 年修订的《环境保护法》第 4 条第 1 款明确规定:"保护环境是国家的基本国策。"

第二,通过对环境与资源的保护和管理实现对国家和集体财产的保护和对公众环境权益的保护。我国《宪法》第 9 条第 2 款规定:"国家保障自然资源的合理利用,保护珍贵的动物和植物。禁止任何组织或者个人用任何手段侵占或者破坏自然资

---

① 德国有学者认为,有关国家自我履行环境保护责任的行为在理论上可以表述为国家对环境保护享有独占权。参见 Vgl. Kloepfer, Umweltrecht, § 2 Rdnr. 26 u. § 4 Rdnr. 272,转引自陈慈阳:《环境法总论》,台湾元照出版有限公司 2000 年版,第 251 页。

② 在 2005 年《中共中央关于制定国民经济和社会发展第十一个五年规划的建议》中提出,要把节约资源也作为基本国策。

③ 曲格平:《中国环境问题及对策》,中国环境科学出版社 1984 年版,第 138 页。

源。"《宪法》还规定,构成自然资源的所有环境要素除法律规定属于集体所有之外全部属于国家所有,即全民所有。在这个意义上,环境污染和自然破坏形式上侵害了公众的环境权益,但本质上是对国家环境和自然资源所有权的侵害。

由法理推演,可以认为中国公众的环境权益主要是建立在环境资源的国家所有制基础之上。因此,与实行私有制或者其他所有制形式的国家相比,中国政府的环境保护行政职能具有两方面的意义:一是对国家所有环境与资源财产的保护;二是对公众环境权益的保护。

从环境保护的规范对象看,只要有可能造成环境污染或自然破坏的行为都要加以规范,因此国家的环境保护义务不限于对开发利用行为人行为的直接控制或者间接诱导,还需要政府通过制定相应的环境政策来落实,通过设立相应的环境保护行政机关来主管和协调。①

国家自己所为的环境保护行为主要针对显著的环境危害或危险,以及由此造成对公众侵害后果的行为加以防卫或抵抗,以确保公众赖以生存的最低环境品质。这是从 20 世纪的社会国原则所形成的结果。台湾地区学者陈慈阳认为,国家自我环境保护行为的任务,一是对于显著的对环境或人民的危害性,或有危害之虞加以防卫或抵抗或排除,二是确保人民生存的最低基础。②

二、消极不作为的防止环境破坏义务

防止环境破坏的消极不作为义务,即国家应当事实上减少或避免作出自身行为造成污染环境和破坏生态的行为,采取措施阻止或防止针对公民环境权益的私人侵害。

首先,国家不得以国家行为危害环境。这其实也是一种特殊的国家守法义务。国家的污染行为(也称"事实高权污染行为")相对于一般人民以及开发利用行为人而言是比较少的,例如,国防武器或国防车辆对环境的污染,或战斗机的低飞造成的噪音,以及军队的射击演练场所对附近居民所造成的危险等。为保障宪法基本权利的实现,国家负有自己不污染和破坏本国和管辖范围以外环境的义务(包括军事、国防行为造成对环境的污染或破坏)。

其次,因事实上公权力主体也可能成为环境污染和生态破坏的加害者,所以在国家行为中,公权力的主体应该像其他污染者一样,国家应当履行法律行为上的不作为③义务,接受以保护环境为使命的环境主管部门的管理,履行法定的环境义务,而不

---

① 参见陈慈阳:《环境法总论》,台湾元照出版公司 2000 年版,第 251 页。
② 德国有学者认为,有关国家自我履行环境保护责任的行为在理论上可以表述为国家对环境保护享有独占权。参见 Vgl. Kloepfer, Umweltrecht, §2 Rdnr. 26 u. §4 Rdnr. 272,转引自陈慈阳:《环境法总论》,台湾元照出版有限公司 2000 年版,第 252—253 页。
③ 德国学者认为,为了公行政任务的达成,在比例相当性原则的考量下,必要时可以对国家公行政行为之要求予以宽松把握,主要理由在于公行政本身是具有追求公益目的的存在。参见同上注书,第 254 页。

能免除对环境法规的尊重和遵守。

最后,是监控义务,即不得以经济发展为借口,放宽环境法确立的许可条件和对环境标准的严格适用。当出现由政府许可与监督下的污染行为危害第三人的情形时,政府还应当积极主动地建立相应的救济制度保障第三人和相邻人基本权利的实现。

代表国家行使公权力的政府机关虽然属于环境管理主体,但是它们经常也会因肯定或否定本能利用者或者开发利用者的某些权利或者资格而介入环境权益的冲突之中。因此,在政府机关与本能利用者、开发利用者三者之间,经常会因公私权利的混同而形成特殊的环境法律关系。

此外,保障环境行政决策的正当化、建立环境情报公开制度和保障公众参与环境决策也属于国家防止环境破坏的消极不作为义务的范畴。

三、保障公民享受最低环境质量要求的给付义务

环境保护的给付义务,即国家应当积极履行对公民的生存保障义务,提供和保障公民享受最低环境质量要求的条件。

第一,国家有维护最低环境质量义务。假设环境质量状况不适合生存,国家有义务采取有利于改善环境的措施,如植树造林、保护野生动物等。其实这种积极行为不独令人民生存在起码的生存环境之下,还可以增加生态系统的再生恢复能力和环境容量,具有经济上的潜在功能。国家不仅要保护私人的安全,而且还必须担负起保障人民生存权和促进社会发展的一系列职责,例如,水、电、气的供应,污水、垃圾的处理,医疗卫生,社会保险,教育体系和城市规划,以及解决由于战争造成的经济衰败、城市住宅拥挤,生活贫困以及其他需要国家出面加以解决的矛盾。[①]

进而言之,国家有不断改善环境质量的义务。如果将来社会发展进步,国家可以利用的资源越来越丰富,国家不应该排斥在最低环境质量之上有更高追求的选择,也就是应承担起营造优美环境的义务。环境保护作为一种公益事业,不同于私益的保护。公益理念还强调积极的促进功能,即还承担着积极促进和发展整体人格的任务。不过,在现实中,与国家立法的义务类似,这并不是刚性的法律义务,也就是说人民不能以环境质量不符合最低生活标准起诉国家,要求国家采取措施改善环境质量。该义务也是政治义务,如果政府在维护最低生存环境方面,没有达到人民的要求,可能在选举时失去执政地位。[②]

第二,排除危害和预防环境风险。对于虽然尚未发生、但理论上可能出现的损害,只要该风险处于国家干预的界限范围之内,国家就应当采取适当措施排除危害和预防危险,这同时也是宪法上要求的国家义务。

---

① 参见陈慈阳:《环境法总论》,台湾元照出版有限公司2000年版,第257—258页。
② 参见胡静:《环境安全和国家环境责任》,载《学习论坛》2007年第12期。

第二节 环 境 行 政

国家在环境利用关系中经常担负着双重主体的身份:一是以行政机关身份作为国家行政职能的执行者,依法赋予企事业单位、社会组织和公民(自然人)开发利用国家所有的自然资源、向环境排放一定限度污染物的权利;与此同时,它们又必须制定法律和政策并对环境和自然资源实施保护管理,并制裁危害环境和非法利用环境与自然资源的行为,维护环境质量和功能以及公民的环境权益。二是当环境损害给国家造成直接或间接损失时,国家又授权政府以国家所有权人的身份代表国家依法向当事人提起生态环境损害赔偿诉讼。

一、环境行政管理体制

(一)环境行政是政府的基本职能

在国家尚未认识环境问题的严重性以前,政府与环境相关的行政事务只有对自然资源的开发管理和公共行政管理。行政机关的职权主要是管理国有自然资源和能源,通过制定自然资源的开发利用规划对开发利用行为人等行为予以控制。

20世纪60年代以后,因政府开发利用环境资源决策不当导致的环境污染和生态破坏不断加剧,人们纷纷指责政府只顾经济发展、不顾人民健康。于是制定和实施环境问题的对策便纳入各国议会和行政的议事日程,最先就是通过立法在政府设立专门的环境主管部门(参见第一章第二节)。

环境主管部门的出现不仅打破了传统政府行政管理体制的格局,导致政府原有行政机关(如林业、水利、海洋、渔业、草原、农业、工业、土地和矿产等部门)有关行政权力的重新分配,而且由于环境问题还涉及生产、生活等各个领域,环境行政权力也广泛地与原有行政机关的权力出现重叠和交叉。

为使环境行政权力得以有效运行,20世纪70年代以后西方国家除大量制定防治环境污染和生态破坏的法律外,还通过立法设立了高级别的专门环境主管部门。与其他关联行政机关的职能不同的是,专门环境主管部门的宗旨和职能只针对环境问题采取各种对策。如1970年美国成立的联邦环境署、1971年日本成立的环境厅(现为环境省)等。

目前,西方国家环境行政机构体系的基本格局,是一种以环境部或环境主管部门的专门环境行政为中心、以关联行政机关个别环境行政为辅佐的协同模式。

(二)中国中央政府环境行政机构的发展

中国的环境行政机构经历了一个曲折的发展过程。由于环境与作为环境要素的自然资源存在着天然的不可分割性,为了切实履行《宪法》规定的国家职能,我国环境、资源与能源立法授权政府及其主管部门行使对国家环境、资源与能源的监管职权,由国务院通过各届中央政府机构改革方案对国务院各行政主管部门有关环境、资源与能源的职能进行规定并不断调整。

20世纪70年代以前,政府与环境行政有关的行政机关既是对国家自然资源进行管理的部门,又是国有企事业单位的上级主管机关,因而具有双重管理的主体身份。1971年,针对工业"三废"污染的管理和综合利用,国家计划委员会设立了"三废"利用领导小组。这是我国设立的第一个环境主管部门。1974年10月,国务院环境保护领导小组正式成立,其主要职责是:负责制定环境保护的方针、政策和规定,审定全国环境保护规划,组织协调和督促检查各地区、各部门的环境保护工作。国务院环保领导小组成立后,各地政府也相继建立了环境主管部门和环保科研、监测机构。

1979年9月,我国制定颁布了《环境保护法(试行)》,其中对环境保护机构的设立及其职责作了专门的规定;该法同时还对有关部门、地方、企事业单位设立环保机构作了规定。

1982年5月,全国人大常委会决定将原国家建委、国家城建总局、建工总局、国家测绘局、国务院环境保护领导小组办公室合并,组建城乡建设环境保护部,部内设环境保护局。1984年5月,国务院成立国务院环境保护委员会,办事机构设在城乡建设环境保护部(由环境保护局代行),其任务是研究审定有关环境保护的方针、政策,提出规划要求,领导和组织协调全国的环境保护工作。委员会主任由副总理兼任。1984年12月,城乡建设环境保护部环境保护局改为国家环境保护局,仍归城乡建设环境保护部领导,同时也是国务院环境保护委员会的办事机构,主要任务是负责全国环境保护的规划、协调、监督和指导工作。

1988年7月,国务院机构改革将环保工作从城乡建设部分离出来,成立独立的国家环境保护局(副部级),明确为国务院综合管理环境保护的职能部门,作为国务院直属机构,也是国务院环境保护委员会的办事机构。1998年6月,国务院对各行政主管部门,特别是对涉及环境与资源行政的主管部门进行了大的调整,除了新成立了"国土资源部"以统一对国土资源的管理外,还将原副部级的国家环境保护局升格为部级的国家环境保护总局,并扩大了其环境保护行政的职能。同时,撤销国务院环境保护委员会。

2008年3月,国务院再次进行机构改革,目的是探索实行职能有机统一的大部门体制,并加强能源环境管理机构。这次改革在国家环境保护总局的基础上新组建了作为国务院组成部门的环境保护部。

2018年3月,为整合分散的生态环境保护职责,统一行使生态和城乡各类污染排放监管与行政执法职责,加强环境污染治理,保障国家生态安全,建设美丽中国,全国人大通过了国务院机构改革的决定,将环保的职责、国家发改委应对气候变化和减排职责、原国土资源部的监督防止地下水污染职责、水利部编制水功能区划、排污口设置管理、流域水环境保护职责、原农业部的监督指导农业面源污染治理职责、原国家海洋局的海洋环保职责以及国务院南水北调工程建设委员会办公室的南水北调工程项目区环保职责整合,组建生态环境部,作为国务院组成部门。生态环境部对外保留国家核安全局牌子,不再保留环境保护部。

生态环境部的主要职责是:制定并组织实施生态环境政策、规划和标准,统一负责生态环境监测和执法工作,监督管理污染防治、核与辐射安全,组织开展中央环境保护督察等。

与此同时,为统一行使全民所有自然资源资产所有者职责,统一行使所有国土空间用途管制和生态保护修复职责,着力解决自然资源所有者不到位、空间规划重叠等问题,实现山水林田湖草整体保护、系统修复、综合治理,在全国人大通过的国务院机构改革的决定中,还将原国土资源部的职责、国家发改委的组织编制主体功能区规划职责、住建部的城乡规划管理职责、水利部的水资源调查和确权登记管理职责、原农业部的草原资源调查和确权登记管理职责、原国家林业局的森林、湿地等资源调查和确权登记管理职责、原国家海洋局的职责、原国家测绘地理信息局的职责整合,组建自然资源部,作为国务院组成部门。自然资源部对外保留国家海洋局牌子。

自然资源部的主要职责是:对自然资源开发利用和保护进行监管,建立空间规划体系并监督实施,履行全民所有各类自然资源资产所有者职责,统一调查和确权登记,建立自然资源有偿使用制度,负责测绘和地质勘查行业管理等。

至此,由自然资源部统一行使全民所有自然资源资产所有者职责、统一行使所有国土空间用途管制和生态保护修复职责,生态环境部统一自然生态监管、统一行使监管城乡各类污染排放和行政执法职责的生态环境监管体制初步形成。

(三) 地方各级人民政府的环境保护责任

1. 概述

在实行联邦制、地方自治或部分单一制的国家,由于地方政府主管部门的设立是由各地方议会按照国家法律规定的事务结合各地方固有事务及其相互关系而安排设立的,因此各国环境立法一般将地方环境保护的直接责任规定由地方行政长官承担。在我国,各级地方人民政府也根据法律、行政法规以及中央政府机构改革方案的要求,设立本地方的环境与资源主管部门。

根据我国《地方各级人民代表大会和地方各级人民政府组织法》的规定,人民政府的各工作部门受人民政府统一领导,并且依照法律或者行政法规的规定受国务院主管部门的业务指导或者领导。因此,我国法律一般会将涉及国计民生的重大事务规定由人民政府作为首要的责任者。

《环境保护法》第 6 条第 2 款规定:"地方各级人民政府应当对本行政区域的环境质量负责。"根据《环境保护法》规定,各级地方政府对本行政区域环境质量负责的主要工作表现在如下两大方面:第一,将环境保护工作纳入国民经济和社会发展规划(第 13 条),加大保护和改善环境、防治污染和其他公害的财政投入,提高财政资金的使用效益(第 8 条),组织建立环境资源承载能力监测预警机制(第 18 条);第二,根据环境保护目标和治理任务,采取有效措施,改善环境质量;未达到国家环境质量标准的重点区域、流域的有关地方人民政府,应当制定限期达标规划,并采取措施按期达标(第 28 条)。

2014 年修改的《环境保护法》规定:"国家实行环境保护目标责任制和考核评价制度。县级以上人民政府应当将环境保护目标完成情况纳入对本级人民政府负有环境保护监督管理职责的部门及其负责人和下级人民政府及其负责人的考核内容,作为对其考核评价的重要依据。考核结果应当向社会公开。"(第 26 条)此外,该法还规定:"县级以上人民政府应当每年向本级人民代表大会或者人民代表大会常务委员会报告环境状况和环境保护目标完成情况,对发生的重大环境事件应当及时向本级人民代表大会常务委员会报告,依法接受监督。"(第 27 条)

2. 改革中的省以下环境监管机构监测监察执法垂直管理制度

为加快解决现行以块为主的地方环保管理体制存在的突出问题,2016 年 9 月,中共中央办公厅、国务院办公厅发布了《关于省以下环保机构监测监察执法垂直管理制度改革试点工作的指导意见》,决定对省以下环保机构监测监察执法实行垂直管理制度改革试点。

第一,调整市县环保机构管理体制。市级环保局实行以省级环保厅(局)为主的双重管理,仍为市级政府工作部门。县级环保局调整为市级环保局的派出分局,由市级环保局直接管理。

第二,加强环境监察工作。将市县两级环境主管部门的环境监察职能上收,由省级环境主管部门统一行使,通过向市或跨市县区域派驻等形式实施环境监察。

第三,调整环境监测管理体制。本省(自治区、直辖市)及所辖各市县生态环境质量监测、调查评价和考核工作由省级环境主管部门统一负责,实行生态环境质量省级监测、考核。现有市级环境监测机构调整为省级环境主管部门驻市环境监测机构,由省级环境主管部门直接管理。省级和驻市环境监测机构主要负责生态环境质量监测工作。现有县级环境监测机构主要职能调整为执法监测,随县级环保局一并上收到市级,具体工作接受县级环保分局领导,支持配合属地环境执法,形成环境监测与环境执法有效联动、快速响应的体系,同时按要求做好生态环境质量监测相关工作。

第四,加强市县环境执法工作。环境执法重心向市县下移,加强基层执法队伍建设,强化属地环境执法。市级环保局统一管理、统一指挥本行政区域内县级环境执法力量,由市级承担人员和工作经费。环境执法机构列入政府行政执法部门序列,依法赋予实施现场检查、行政处罚、行政强制的权力。

二、环境保护的行政管理手段

虽然国务院组建了自然资源部和生态环境部分别行使自然资源管理权和生态环境监管权,但是维护国有自然资源资产价值和合理开发利用自然资源都涉及生态保护问题。在此,本书将它们统一纳入环境保护的执法手段中。

我国环境保护管理涉及污染防治行政、自然保护和自然资源管理行政等内容,行使环境保护行政权力的主体既包括各级人民政府,也包括各级政府主管部门。尽管如此,环境、资源与能源管理权力依然应当根据国家环境保护法律法规的授权行使。

归纳一下,我国环境、资源与能源管理权力主要包括环境与自然资源开发利用决策权、开发利用环境许可权、开发利用环境监督管理权以及法律赋予行政机关的规章制定权、行政强制权、行政处罚权等。[①]

(一)环境与自然资源开发利用决策权

开发利用环境与资源决策权,是指由国家环境、资源与能源法律法规授权的政府及其主管部门,就开发利用与保护环境与资源制定策略、编制规划以及发布命令并组织实施的行政权力。

与其他行政决策相比,开发利用环境与资源决策具有科技关联性和利益冲突性两大特点[②],它们对环境行政决策既有利,又有弊。

第一,科技关联性。指多数决策行为在决策过程和决策的社会影响等方面都涉及复杂的科学技术问题和科学不确定性因素。科技关联性特征所带来的问题,是环境行政决策风险的提高。

科技关联性的优点,在于促进环境行政决策对最新科学技术成果的运用,实现决策的科学化。但是,由于从事环境行政决策的官员多为技术与工程等理工背景,可能造成为求慎重而不敢决策或者固执己见而排斥其他的现象。

第二,利益冲突性。指被决策的各类环境利用行为均会涉及社会多方的利益,需要在决策过程中一并考虑。环境决策所涉及利益冲突主体包括代内利益冲突、代际利益平衡以及国际利益影响三方面。

利益冲突性的优点,在于促进环境行政决策实现民主化,它要求环境行政决策不仅考虑科技因素,而且还要考虑决策结果所产生的社会影响和利益冲突;不仅要考虑环境利用行为的经济利益,而且还要考虑公众的环境权益和衡平其他各方的既得利益。

有鉴于此,2014年《环境保护法》规定,国务院有关部门和省、自治区、直辖市人民政府在组织制定经济、技术政策时,应当充分考虑对环境的影响,听取有关方面和专家的意见(第14条)。

然而,当环境行政决策的官员缺乏广泛的社会科学背景时,他们往往不能灵活地处理冲突中微妙的社会利益关系。这时,环境行政决策可能会出现两个极端性的结果:要么面对众多的利益冲突显得无能为力,要么出现环境行政决策的独断专行。在中国,因受制于主管部门管辖及其部门利益等的影响,为了尽快通过决策方案,政府及其主管部门在决策时常常只邀请部门所属科研机构专家对具有科技关联的环境资

[①] 根据我国法律、行政法规与地方性法规和政府规章的规定,环境主管部门的法定行政职权总体上可以分为行政许可、行政处罚、行政强制、行政征收、行政裁决、行政检查、行政确认、行政给付、行政指导以及其他职权等类别。

[②] 本书所列两大特点曾参考叶俊荣:《环境政策与法律》,台湾月旦出版公司1993年版,第87—91页。

源开发利用方案及其可能的争议进行论证。此外,在官商结合的决策形成机制面前,决策官员会使决策的结果偏重于经济利益考量。

(二) 开发利用环境与资源及其相关行为许可权

开发利用环境与资源许可权(也称审批权),是指由国家环境、资源与能源法律法规授权的政府及其主管部门,赋予申请人实施开发利用环境资源的权利或者资格的行政权力。

1. 对使用(占用)环境容量和开发利用自然资源的特许与专营

由于我国环境与自然资源属于国家所有,因此政府及其主管部门代表国家向申请人(不论国有或者其他所有制企事业单位、个人)赋予开发利用自然资源或者使用(占用)环境容量(如排放重点污染物的行为)的事项,属于《行政许可法》规定的"有限自然资源开发利用、公共资源配置以及直接关系公共利益的特定行业的市场准入等"需要赋予特定权利的事项(第12条第2项)。

这种许可在性质上属于行政许可中的特许,除法律法规另有规定者外,政府及其主管部门应当通过招标、拍卖等公平竞争的方式作出决定(第53条)。

目前,我国对国家所有自然资源的开发利用实行特许制,在石油、核能等需要与外商合作的重要资源能源领域的开发利用则实行专营制。在环境保护领域中,较为新颖的实践事项是在对主要污染物或重点污染物排放实行总量控制地区,以及二氧化硫控制区实行的大气或水污染物排污许可。

2. 对与环境、资源与能源有关行为的登记(备案)、认可和核准

登记(registration)与备案(filing)是指开发利用环境行为人依照环境、资源与能源法律法规规定向环境与资源主管部门就法定登记(备案)事项提交书面申请材料的行为。由于登记与备案不以法律的一般禁止为前提,所以它们并非狭义的许可行为。其目的是便于环境与资源主管部门事后的监管。例如,排污申报登记、项目环保设计备案、资源开采登记等等。但是,若环境利用行为人未履行法定登记和备案手续的,其行为不具有法律效力、其权益也不受法律保护。

认可(certification)是指对环境、资源与能源法律规定要求具备某种信誉、条件或资格、资质而通过确认并作出相应表示的行政行为。例如,法律授权的环境与资源主管部门对有关环境、资源与能源管理认证认定机构以及从事评审、审核等认证活动人员的能力和执业资格予以承认的行为;环境主管部门对在用机动车排放污染检测机构资质的认可;自然资源主管部门对从事开发利用自然资源行为人及其相关机构或人员有关资格的认可;等等。

核准(approval)是指依环境标准或技术规范审核、认定以及补充第三人的行为,使法律效力得以完成的行政行为。例如,环境主管部门对排污者申报向环境排放污染物的种类、数量和浓度等数据的认定,对环境保护认证认定机构所做认证认定结论如环境标志产品认证以及环境管理体系认证的审核;自然资源主管部门对开发利用者所申报开发利用自然资源数量等的审核;等等。

3. 利用自然环境及其功能行为的许可

利用自然环境及其功能的行为可以分为两类，一类是习惯上人们为接近自然、享受自然而对自然环境及其功能进行一般性利用的行为，这类行为属于公民生存权和自由权的范畴。另一类则是为了保存自然的原生状况、维护生态系统平衡而为法律原则上禁止，只有在法律规定的例外情形下才能由主管部门特许解除的环境利用行为，如在自然保护区域内采集野生植物、捕获野生动物以及在其实验区、外围地带从事生态观光、旅游等行为。

对于后者，应当按照国家有关自然保护法律法规规定的程序申报许可，并在不影响保护自然环境和自然资源的前提下对自然环境进行利用。当人们进入经许可批准可以开展参观、旅游等活动的区域及其利用相关区域的设施时，还应当遵守该区域内针对环境利用行为的管理制度。此外，因科学研究、教学的需要而必须进入国家或地方实行保护的自然保护区域的，也必须严格按照法律法规的规定向法律授权的政府主管部门申报许可。

（三）开发利用环境与资源监督管理权

开发利用环境与资源监督管理权，是指由国家环境、资源与能源法律法规授权的政府及其主管部门以及经授权的行政执法机构，通过现场检查与实地调查、实行环境监测等方式，对开发利用环境行为实行监督管理的行政权力。

1. 环境主管部门及其委托的环境监察机构和其他负有环境与自然资源管理职责的部门

《环境保护法》规定，县级以上人民政府环境主管部门及其委托的环境监察机构和其他负有环境监管职责的部门，有权对排放污染物的开发利用行为人进行现场检查（第24条）。

依照环境保护部2012年7月公布的《环境监察办法》，环境监察（environmental supervision）是指环境主管部门依据环境法律、法规、规章和其他规范性文件实施的行政执法活动。环境保护部对全国环境监察工作实施统一监督管理；各级环境主管部门所属的环境监察机构负责具体实施环境监察工作。

目前，省级、设区的市级、县级环境监察机构，一般以环境监察总队、环境监察支队、环境监察大队命名。

环境监察机构工作人员可以依法对造成或可能造成环境污染或生态破坏的行为进行现场监督、检查、处理以及执行其他公务的活动，受环境主管部门的委托还可以对违法行为人实施环境行政处罚。[①]

为了克服跨区域环境污染、地方环境执法不独立等问题，环境保护部从2017年

---

① 依据《行政处罚法》规定，行政机关依照法律、法规或者规章的规定，可以在其法定权限内委托符合条件的组织实施行政处罚。委托行政机关对受委托的组织实施行政处罚的行为应当负责监督，并对该行为的后果承担法律责任；受委托组织在委托范围内，以委托行政机关名义实施行政处罚；不得再委托其他任何组织或者个人实施行政处罚（第18、19条）。

成立了华东、华南、西北、西南、东北和华北六个环保督察局。作为环境保护部派出机构,环保督察局的主要任务是与国家环保督察办公室一起共同构建国家环保"督政"体系。

其他对环境和自然资源实施监管的机构还包括:中国海监、中国渔政、森林资源监督、土地监督机构、矿产资源监督机构、水利稽查与水务稽查机构、海事监督机构、草原监理机构、自然保护区与风景名胜区管理机构、国家濒危物种进出口管理办公室(林业部门负责陆生和水生野生生物管理的机构)等。

2. 环境监测

环境监测(environmental monitoring)是对环境状况进行监视和测定行为的统称,指依法接受委托的政府监测机构或社会检测机构及其工作人员,按照环境标准和技术规范的要求,运用物理、化学、生物或遥感等技术手段对影响环境质量因素的代表值进行测定,并评价环境质量状况、分析环境影响趋势的活动。

按照环境要素,可以将环境监测分为水环境、海洋环境、大气环境、土壤环境、噪声环境、固体废物污染环境、生态环境以及辐射环境监测等类别。《环境保护法》第17条规定:"国家建立、健全环境监测制度。国务院环境主管部门制定监测规范,会同有关部门组织监测网络,统一规划国家环境质量监测站(点)的设置,建立监测数据共享机制,加强对环境监测的管理。"

此外,自然资源主管部门在各自职权范围内开展自然资源调查活动中也可以对自然保护与自然资源的状况以及自然灾害进行监测和测定。

由于环境监测数据可能来源于多个监测机构,而监测数据又是环境执法、环境统计、申报登记、排污收费以及目标责任考核的依据,为此《环境保护法》还规定,有关行业、专业等各类环境质量监测站(点)的设置应当符合法律法规规定和监测规范的要求。监测机构应当使用符合国家标准的监测设备,遵守监测规范;监测机构及其负责人对监测数据的真实性和准确性负责(第17条)。环境监测机构以及从事环境监测设备和防治污染设施维护、运营的机构,在有关环境服务活动中弄虚作假,对造成的环境污染和生态破坏负有责任的,除依照有关法律法规规定予以处罚外,还应当与造成环境污染和生态破坏的其他责任者承担连带责任(第65条)。

除了环境监测以外,环境质量对公众健康的影响至关重要。为此,在2014年修订的《环境保护法》中还规定,国家建立、健全环境与健康监测、调查和风险评估制度;鼓励和组织开展环境质量对公众健康影响的研究,采取措施预防和控制与环境污染有关的疾病(第39条)。这一规定的目的,是为环境与健康管理制度的构建奠定基础,推动我国环境管理模式由浓度控制、总量控制向风险管理转型。

为了全面了解和掌握环境质量状况和变化趋势,对水土资源、环境容量和海洋资源超载区域实行限制性措施,准确预警可能发生的各类环境突发事件,《环境保护法》特别规定,省级以上人民政府应当组织有关部门或者委托专业机构,对环境状况进行调查、评价,建立环境资源承载能力监测预警机制(第18条)。

我国《突发事件应对法》（全国人大常委会，2007年制定）规定，国家建立健全突发事件监测制度，县级以上人民政府及其有关部门应当对可能发生的突发事件进行监测（第41条）。《环境保护法》也进一步规定，县级以上人民政府应当建立环境污染公共监测预警机制，组织制定预警方案；环境受到污染，可能影响公众健康和环境安全时，依法及时公布预警信息，启动应急措施（第47条第2款）。

（四）规章制定权、行政强制权与行政处罚权

1. 行政规章制定权

环境、资源与能源行政规章是由法律授权的环境主管部门和其他行使环境监督管理权的机关，在本部门的权限范围内制定的执行环境、资源与能源法律或行政法规等内容的事项。

依照《立法法》的规定，环境、资源与能源行政规章包括国务院部门规章和地方政府规章两大类。需要注意的是，地方政府规章只可以就执行法律、行政法规、地方性法规所规定的事项以及本行政区域内的具体行政管理事项制定规章。

环境、资源与能源行政规章的制定一般包括立项、起草、审查、决定、公布、备案和解释等步骤。其中，应当注意的是在起草过程中应当广泛听取有关组织和公民的意见。鉴于环境、资源与能源行政规章多会涉及环境主管部门与其他行政机关在行政权力上的重叠或交叉，所以还应当注意听取有关部门的意见。

2. 行政强制权

依照我国《行政强制法》（全国人大常委会，2011年制定）的规定，行政强制包括行政强制措施和行政强制执行。

行政强制措施是指行政机关在行政管理过程中，为制止违法行为、防止证据损毁、避免危害发生、控制危险扩大等情形，依法对公民的人身自由实施暂时性限制，或者对公民、法人或者其他组织的财物实施暂时性控制的行为。

行政强制执行是指行政机关或者行政机关申请人民法院，对不履行行政决定的公民、法人或者其他组织，依法强制履行义务的行为（第2条）。行政强制执行的具体方式包括：加处罚款或者滞纳金；划拨存款、汇款；拍卖或者依法处理查封、扣押的场所、设施或者财物；排除妨碍、恢复原状；代履行；其他强制执行方式（第12条）。此外，当行政机关依法作出金钱给付义务的行政决定，当事人逾期不履行的，行政机关可以依法加处罚款或者滞纳金。加处罚款或者滞纳金的标准应当告知当事人。但是，加处罚款或者滞纳金的数额不得超出金钱给付义务的数额（第45条）。

当行政机关依法作出要求当事人履行排除妨碍、恢复原状等义务的行政决定，当事人逾期不履行，经催告仍不履行，其后果已经或者将造成环境污染或者破坏自然资源的，行政机关可以代履行，或者委托没有利害关系的第三人代履行（第50条）。

依照《环境保护法》规定，排污单位违反法律法规规定排放污染物，造成或者可能造成严重污染的，县级以上人民政府环境保护主管部门和其他负有环境保护监督管理职责的部门，可以查封、扣押造成污染物排放的设施、设备（第25条）。

此外,我国环境、资源与能源法律还规定,对既存违法现象(如在临时占用的草原上修建永久性建筑物、构筑物的)可以依法采取强制执行(拆除)措施;对生产、销售被列入强制回收目录的产品和包装物的,企业必须在产品报废和包装物使用后对该产品和包装物进行回收。

3. 行政处罚权

依照《行政处罚法》(全国人大,1996年制定;2009、2017年修正)的规定,行政处罚是指公民、法人或者其他组织违反行政管理秩序的行为,由行政机关按照法律、法规或者规章规定对行为人给予的行政制裁(第3条)。

环境与资源行政处罚的种类包括警告、罚款、没收违法所得、责令停止生产或者使用、吊销许可证或者其他具有许可性质的证书以及环境、资源与能源法律、法规规定的其他种类的行政处罚。

2014年《环境保护法》第63条还首次直接通过单行法规定了人身罚的处罚措施,即企业事业单位和其他生产经营者有下列行为之一,尚不构成犯罪的,除依照有关法律法规规定予以处罚外,由县级以上人民政府环境主管部门或者其他有关部门将案件移送公安机关,对其直接负责的主管人员和其他直接责任人员,处10日以上15日以下拘留;情节较轻的,处5日以上10日以下拘留:(一)建设项目未依法进行环境影响评价,被责令停止建设,拒不执行的;(二)违反法律规定,未取得排污许可证排放污染物,被责令停止排污,拒不执行的;(三)通过暗管、渗井、渗坑、灌注或者篡改、伪造监测数据,或者不正常运行防治污染设施等逃避监管的方式违法排放污染物的;(四)生产、使用国家明令禁止生产、使用的农药,被责令改正,拒不改正的。

值得一提的是,各国(地区)目前普遍将"按日计罚"(imposing fines by the day)措施适用于违法排污领域。所谓按日计罚,是指环境主管部门对持续不断的违法排污行为依法按照持续的天数累计计算罚款数额并予以处罚的方式。

在传统的行政处罚方式之外创设并实施按日计罚的原因有二:第一,连续不断地违法排污行为会造成环境污染的后果,如果只处罚违法排污行为本身并不能达到环境保护的目的;第二,受限于"一事不再罚"的处罚原则,如果法定处罚限额小于违法收益,开发利用行为人可以规避法律的漏洞,因为行政机关不能就同一违法行为进行第二次处罚。

各国(地区)的法律规定大致分为两种模式:一种是英美法系国家(地区)对持续环境违法行为规定直接按日连续处罚,另一种是大陆法系国家(地区)不论环境违法行为是否持续,先认定为"一次"违法进行处罚,并通知限期改正,届期仍未改正的再按日累计连续处罚。

我国《环境保护法》第59条第1款规定:"企业事业单位和其他生产经营者违法排放污染物,受到罚款处罚,被责令改正,拒不改正的,依法作出处罚决定的行政机关可以自责令改正之日的次日起,按照原处罚数额按日连续处罚。"为了彻底解决"违法成本低"问题,《环境保护法》第59条第2款还规定:"前款规定的罚款处罚,依照有关法律法规按照防治污染设施的运行成本、违法行为造成的直接损失或者违法所得等因素确定的执行。"

考虑到我国重庆、深圳等地已在2014年《环境保护法》修订之前通过地方性法规在环境保护监管领域实行了按日计罚措施，一些地方也拟通过地方性法规构建按日计罚措施等因素，《环境保护法》第59条第3款还规定："地方性法规可以根据环境保护的实际需要，增加第1款规定的按日连续处罚的违法行为的种类。"

对于当事人不服行政处罚申请行政复议或者提起行政诉讼的，不停止行政处罚决定的执行。当事人逾期不申请行政复议、不提起行政诉讼，又不履行处罚决定的，由作出处罚决定的环境主管部门申请人民法院强制执行。

4. 对负有环境监管职责部门工作人员不当行为的纠正与违法行为的惩治

为了及时纠正负有环境监管职责部门工作人员的不当行为，维护政府部门的权威性和公信力，保护公众的合法权益，我国《环境保护法》第67条规定，上级人民政府及其环境主管部门应当加强对下级人民政府及其有关部门环境保护工作的监督。发现有关工作人员有违法行为，依法应当给予处分的，应当向其任免机关或者监察机关提出处分建议。依法应当给予行政处罚，而有关环境主管部门不给予行政处罚的，上级人民政府环境主管部门可以直接作出行政处罚的决定。

此外，《环境保护法》第68条还规定，地方各级人民政府、县级以上人民政府环境保护主管部门和其他负有环境保护监督管理职责的部门有下列行为之一的，对直接负责的主管人员和其他直接责任人员给予记过、记大过或者降级处分；造成严重后果的，给予撤职或者开除处分，其主要负责人应当引咎辞职：（一）不符合行政许可条件准予行政许可的；（二）对环境违法行为进行包庇的；（三）依法应当作出责令停业、关闭的决定而未作出的；（四）对超标排放污染物、采用逃避监管的方式排放污染物、造成环境事故以及不落实生态保护措施造成生态破坏等行为，发现或者接到举报未及时查处的；（五）违反本法规定，查封、扣押排污单位的设施、设备的；（六）篡改、伪造或者指使篡改、伪造监测数据的；（七）应当依法公开环境信息而未公开的；（八）将征收的排污费截留、挤占或者挪作他用的；（九）法律法规规定的其他违法行为。

《环境保护法》第69条还规定："违反本法规定，构成犯罪的，依法追究刑事责任。"这其中就包括负有环境监管职责部门工作人员环境监管失职的犯罪。

（五）不服环境、资源与能源行政的救济

1. 环境行政的正当程序

理想的正当环境行政决策程序，应当是既科学，又合理；既能避免行政权力的滥用，又能保障公民的环境权利；既能维护行政决策的权威，又能激励公众自愿遵守；既能促使问题圆满解决，还能促进行政效率提高。将上述要求和标准引入环境行政决策，就需要根据环境行政决策的特点和问题安排和设计对拟议环境利用行为的决定程序。

虽然我国并没有制定专门的行政程序法律，但在行政许可、行政强制、行政处罚等领域国家法律还是专门确立了行政程序及其方法以规范行政行为。本书认为,环境行政决策的正当化程序包含如下几方面的内容。

(1) 信息公开

信息公开是法律程序的核心价值。环境行政决策信息的公开除了可以保障将行政权力的运作置于公众监督之下外,还可以保障环境利用行为人、其他与决策结果有利害关系的人或团体充分地了解可能影响他们既得利益的决策活动的内容。

《环境保护法》第53条第2款规定,各级人民政府环境主管部门和其他负有环境保护监督管理职责的部门,应当依法公开环境信息、完善公众参与程序,为公民、法人和其他组织参与和监督环境保护提供便利。

信息公开的内容不仅包括过程公开,而且还包括决策者和参与决策者的身份、决策的具体内容及其相关信息、决策所依据的各方证据以及最终决定结果等的公开。

《环境保护法》第54条第2款还规定,县级以上人民政府环境主管部门和其他负有环境保护监督管理职责的部门,应当依法公开环境质量、环境监测、突发环境事件以及环境行政许可、行政处罚、排污费的征收和使用情况等信息;第3款规定,县级以上地方人民政府环境主管部门和其他负有环境保护监督管理职责的部门,应当将排污单位的环境违法信息记入社会诚信档案,及时向社会公布违法者名单。

(2) 给各方表达意见的机会或实行听证

从法律程序的角度看,为利益各方提供表达意见的机会或者组织听证,是使一个程序或过程体现公正的基本要求,也是决策行为民主、科学的客观表现。

由于环境行政决策涉及多方面的利益冲突及其协调,如果环境行政决策的程序不能保障环境利用行为人、其他与决策结果有利害关系的人或团体等提出权利主张,那么该环境行政决策的程序就会因缺乏对人性尊严的尊重而失去正当性。

(3) 说明决策的理由

无论是作出批准还是不批准的决定,环境行政决策者都应当就其决定的依据和理由作出详细地说明。这也是依法行政的一项简单而又基本的规则。否则,该决定即使合理也会被人们认为决定缺乏客观和理性的思考,甚至是恣意行使权力的结果。因此也就很难令人感受到该行政决策是正当决策程序的结果。

这是因为,说明决策的理由不但可以增强人们对决定合理性的信心,而且对那些不满决定的结果拟就该决定行为提出复议或者申诉的人来说还可以使他们认真考虑是否有必要提出复议或申诉,以及如何提出等问题。

我国《环境影响评价法》规定,规划和项目环评应当在报送审查的环境影响报告书中附具对有关单位、专家和公众意见采纳或者不采纳的说明(第11、21条)。

(4) 公布周知

公布周知是指涉及环境决策的行政机关在对拟议的环境利用行为进行决策前,将该决策所涉及的各种事项在公众可以获取的新闻媒介或官方网站、公报中以文字的形式予以公开。

西方学者认为,如果在决定前不通知其利益可能因政府的决定而受影响的人,其他一切程序上的权利都可能毫无价值。① 因此,按照正当法律程序的要求,环境行政决策者在对拟议的环境利用行为作出决定前,有义务事先通知环境利用行为人和其他公众、团体,告知他们相关的法律信息或事实信息,并为他们了解相关信息提供帮助。与之相应的是,环境利用行为人和其他公众、团体等对决策信息享有知情权。

依照 2006 年原国家环境保护总局发布的《环境影响评价公众参与暂行办法》,环境主管部门应当在受理建设项目环境影响报告书后,在其政府网站或者采用其他便利公众知悉的方式,公告环境影响报告书受理的有关信息(第 13 条)。

对于涉及多国影响的环境利用行为的决策,当事国政府还有义务在该决策作出前通知其邻国,以防出现越境环境损害问题。

2. 不服环境行政的救济措施

不服环境行政的救济措施主要包括环境行政复议、环境行政诉讼两大类。此外,当环境主管部门和其他行使环境监督管理权的机关及其工作人员违法行使职权侵犯公民、法人和其他组织的合法权益造成损害的,受害人可以依照《国家赔偿法》(全国人大常委会,1994 年制定;2010、2012 年修正)提起国家赔偿诉讼。

(1) 环境行政复议

行政复议是指行政相对人认为具体行政行为侵犯其合法权益,向行政复议机关提出复查该具体行政行为的申请,行政复议机关对被申请的具体行政行为进行合法性、适当性审查,并作出行政复议决定的活动。

我国《行政复议法》(全国人大常委会,1999 年制定;2009、2017 年修正)第 9 条规定:"公民、法人或者其他组织认为具体行政行为侵犯其合法权益的,可以自知道该具体行政行为之日起 60 日内提出行政复议申请;但是法律规定的申请期限超过 60 日的除外。"

此外,《行政许可法》第 7 条还规定:公民、法人或者其他组织对行政机关实施行政许可,享有陈述权、申辩权;有权依法申请行政复议或者提起行政诉讼;其合法权益因行政机关违法实施行政许可受到损害的,有权依法要求赔偿。

环境行政复议应当依照《行政复议法》规定的程序和方法进行。另外,依照原国家环保总局《环境保护行政处罚办法》(原国家环境保护总局,1992 年制定;1999 年失效)的规定,环境主管部门通过接受当事人的申诉和检举,或者通过备案审查等途径,发现下级环境主管部门作出的行政处罚违法或者显失公正的,可以责令改正;经过行政复议发现下级环境主管部门作出的行政处罚违法或者显失公正的,可以依法撤销或者变更。

依照《行政复议法》规定,公民、法人或者其他组织对行政复议决定不服的,可以依照《行政诉讼法》的规定向人民法院提起行政诉讼。但是法律规定行政复议决定为

---

① 〔德〕欧内斯特·盖尔霍恩:《行政法和行政程序概要》,黄列译,中国社会科学出版社 1996 年版,第 133 页。

最终裁决的除外。

值得一提的是,行政复议法将抽象行政行为即规范性文件的制定也纳入复议范围。但适用时应该注意以下两点:第一,可以申请复议的抽象行政行为限于规章以下(不包括规章)的规定;第二,行政相对人不能单独、直接以上述抽象行政行为为对象申请复议,而必须在对具体行政行为申请复议时,认为具体行政行为所依据的规定不合法才可一并提出对该规定的审查申请。

另外,当事人对环境主管部门依法对环境民事纠纷作出的调解或者其他处理不服的,不得申请行政复议。最高人民法院还认为,根据国务院或省级人民政府对行政区划的勘定、调整或者征用土地的决定,省级人民政府确认土地、矿藏、水流、森林、山岭、草原、荒地、滩涂、海域等自然资源的所有权或者使用权的行政复议决定为最终裁决。①

(2) 环境行政诉讼

环境行政诉讼,一般指公民、法人或者其他组织认为环境主管部门和其他行使环境监督管理权的机关的具体行政行为侵犯其合法权益,向人民法院提起诉讼并由人民法院对该具体行政行为合法性进行审查并作出裁判的活动。

与行政复议依旧属于行政行为相比,行政诉讼则是一种将行政行为提交司法审查的行为。在我国各单项环境、资源与能源法律规定中,对有关行政复议是否为提起行政诉讼必经程序的规定各不相一。依照《行政复议法》第 30 条第 1 款的规定,公民、法人或者其他组织认为行政机关确认土地、矿藏、水流、森林、山岭、草原、荒地、滩涂、海域等自然资源的所有权或者使用权的具体行政行为,侵犯其已经依法取得的自然资源所有权或者使用权的,应当先申请行政复议;对行政复议决定不服的,可以依法向人民法院提起行政诉讼。对涉及自然资源所有权或者使用权的行政处罚、行政强制措施等其他具体行政行为提起行政诉讼的,不适用《行政复议法》第 30 条第 1 款的规定。

对于单项环境、资源与能源法律、法规未规定行政复议为提起行政诉讼必经程序的,公民、法人或者其他组织既可以提起行政诉讼又可以申请行政复议。但是,申请行政复议或者提起行政诉讼的,不停止行政处罚决定的执行。

三、代表国家行使生态环境损害民事索赔权

1. 对生态破坏及其损失认识的发展

我国宪法和法律赋予政府及其主管部门保护和管理国家环境和自然资源、防治污染和其他公害的职权,意味着如果环境污染和自然生态破坏给国家造成重大损失的情形发生,就是政府及其主管部门的失职。为预防环境污染和自然生态破坏事件

---

① 参见最高人民法院《关于适用〈中华人民共和国行政复议法〉第 30 条第 1 款有关问题的批复》,2003 年 2 月 25 日。

的发生,国家法律法规同时赋予政府及其主管部门相应的行政权力,并通过立法、司法、监察和审计以及行政机关内部的监督机制和社会监督来保障行政权力的正确行使。

在自然资源保护管理方面,当开发利用环境的行为人违法造成自然资源破坏的,依照我国自然资源保护法律法规的规定,有关政府和主管部门除了应给予行为人行政处罚的制裁外,还可以按照违法行为造成的自然资源破坏程度,依法责令采取补救措施、恢复原状或者赔偿损失。但是,在环境污染领域的法律中,只要污染不造成他人的人身和财产损害,即使环境破坏再严重,污染者也不用承担任何民事责任。

目前,我国已开始实行全国主体功能区规划以及相应的生态补偿制度,目的就是要向为国家社会和经济实现可持续发展提供生态系统服务的地区和居民等给予相应的经济补偿。因此,环境污染与生态破坏造成生态系统服务价值的降低或者丧失,应当纳入财产损失的范畴之中。

2. 行使环境与资源保护监督管理权的部门是代表国家进行索赔诉讼的适格主体

我国《宪法》第12条规定:"社会主义的公共财产神圣不可侵犯。国家保护社会主义的公共财产。禁止任何组织或者个人用任何手段侵占或者破坏国家的和集体的财产。"我国《物权法》第4条也规定,国家的物权受法律保护,任何单位和个人不得侵犯。

那么,当环境污染和生态破坏造成国家重大损失时,谁有权代表国家行使民事索赔的权利呢?由于我国大部分环境与资源法律没有对索赔主体作出明确规定,因此我们必须从理论和实践两个方面对此进行探究。

分析我国《宪法》《物权法》以及环境、资源与能源相关法律可知,国务院是最高国家行政机关,有关环境、资源与能源的事务应由国务院机构改革方案确定的各职能部门行使。因此,按责权相一致的原理,既然我国法律法规将环境、资源与能源和监督管理的行政职能授权国务院各职能部门行使,那么当这些职能部门掌管的国家环境与资源因环境污染和生态破坏遭受重大损失时,他们理所当然地同时享有代表国家行使民事索赔的权利。

实际上,这一权利可以从我国《海洋环境保护法》(全国人大常委会,1982年制定;1999年修订;2013、2016、2017年修正)关于"对破坏海洋生态、海洋水产资源、海洋保护区,给国家造成重大损失的,由依照本法规定行使海洋环境监督管理权的部门代表国家对责任者提出损害赔偿要求"的规定中得到支持(第90条第2款)。

此外,最高人民法院《关于为加快经济发展方式转变提供司法保障和服务的若干意见》(2010年6月)中有关"依法受理环境保护行政部门代表国家提起的环境污染损害赔偿纠纷案件"的规定也表明,我国最高国家司法机关对掌管国家环境保护职能的部门代表国家行使民事索赔权利持认同观点。

3. 试行中的生态环境损害赔偿制度

2015年12月,中共中央办公厅、国务院办公厅印发了《生态环境损害赔偿制度改革试点方案》(已失效)。2016年4月经国务院同意环保部印发了《关于在部分省份开展生态环境损害赔偿制度改革试点的通知》,确定吉林、江苏、山东、湖南、重庆、贵州、云南等7个省(市)为生态环境损害赔偿制度改革试点省份。2017年12月中共中央办公厅、国务院办公厅印发《生态环境损害赔偿制度改革方案》,明确要求于2018年1月1日起在全国范围试行生态环境损害赔偿制度。

以下就《生态环境损害赔偿制度改革方案》的具体内容作一简要介绍。

(1) 生态环境损害的定义与适用范围

生态环境损害是指因污染环境、破坏生态造成大气、地表水、地下水、土壤、森林等环境要素和植物、动物、微生物等生物要素的不利改变,以及上述要素构成的生态系统功能退化。

对造成上述损害应当按《生态环境损害赔偿制度改革方案》依法追究生态环境损害赔偿责任的情形包括:发生较大及以上突发环境事件的;在国家和省级主体功能区规划中划定的重点生态功能区、禁止开发区发生环境污染、生态破坏事件的;发生其他严重影响生态环境后果的。[①]

生态环境损害赔偿范围包括清除污染费用、生态环境修复费用、生态环境修复期间服务功能的损失、生态环境功能永久性损害造成的损失以及生态环境损害赔偿调查、鉴定评估等合理费用。

(2) 赔偿权利人和赔偿义务人

国务院授权省级、市地级政府(包括直辖市所辖的区县级政府,下同)作为本行政区域内生态环境损害赔偿权利人。省级、市地级政府可指定相关部门或机构负责生态环境损害赔偿具体工作,有权提起诉讼。[②] 在健全国家自然资源资产管理体制试点区,受委托的省级政府可指定统一行使全民所有自然资源资产所有者职责的部门负责生态环境损害赔偿具体工作;国务院直接行使全民所有自然资源资产所有权的,由受委托代行该所有权的部门作为赔偿权利人开展生态环境损害赔偿工作。

违反法律法规造成生态环境损害的单位或个人是赔偿义务人,应当承担生态环境损害赔偿责任,做到应赔尽赔。现行民事法律和资源环境保护法律有相关免除或减轻生态环境损害赔偿责任规定的,按相应规定执行。

(3) 索赔程序

首先,开展赔偿磋商。经调查发现生态环境损害需要修复或赔偿的,赔偿权利人根据生态环境损害鉴定评估报告,就损害事实和程度、修复启动时间和期限、赔偿的责任承担方式和期限等具体问题与赔偿义务人进行磋商,统筹考虑修复方案技术可

[①] 《生态环境损害赔偿制度改革方案》规定:涉及人身伤害、个人和集体财产损失要求赔偿的,适用侵权责任法等法律规定;涉及海洋生态环境损害赔偿的,适用海洋环境保护法等法律及相关规定。

[②] 《生态环境损害赔偿制度改革方案》规定:省域内跨市地的生态环境损害,由省级政府管辖;其他工作范围划分由省级政府根据本地区实际情况确定。跨省域的生态环境损害,由生态环境损害地的相关省级政府协商开展生态环境损害赔偿工作。

行性、成本效益最优化、赔偿义务人赔偿能力、第三方治理可行性等情况,达成赔偿协议。

其次,对经磋商达成的赔偿协议,可以依照民事诉讼法向人民法院申请司法确认。经司法确认的赔偿协议,赔偿义务人不履行或不完全履行的,赔偿权利人及其指定的部门或机构可向人民法院申请强制执行。

最后,对磋商未达成一致的,赔偿权利人及其指定的部门或机构应当及时提起生态环境损害赔偿民事诉讼。

对赔偿义务人造成的生态环境损害无法修复的,其赔偿资金作为政府非税收入,全额上缴同级国库,纳入预算管理。赔偿权利人及其指定的部门或机构根据磋商或判决要求,结合本区域生态环境损害情况开展替代修复。

第三节 环境司法

由于环境利用行为主体众多、目的各异、权益复杂,致使某个环境利用行为涉及环境法律关系也错综复杂,牵涉到依法处理相关案件的公权力机关也多种多样。一个环境案件的发生,不仅可能涉及行政、民事和刑事诉讼,在诉讼主体、受案(起诉)机关、诉讼管辖等方面存在困难,而且还存在行政执法和环境司法衔接以及有关证据运用和诉讼规则的调整等课题。

中共中央、国务院在2015年9月通过的《生态文明体制改革总体方案》中特别强调要"完善行政执法和环境司法的衔接机制"。在这个背景下,环境司法应运而生。环境司法,是指人民法院和人民检察院依照法定职权和法定程序,具体运用环境与资源法律处理案件的专门活动。

目前我国的环境司法工作主要包括人民法院的环境(资源)审判和人民检察院的环境检察两个方面。

一、环境审判

(一)环境审判概述

环境审判是人民法院依照法定程序对涉及环境污染和生态破坏的行政、民事和刑事诉讼案件进行审理并判决的活动。

20世纪80年代,最高人民法院曾经发布《关于人民法院经济审判庭收案范围的初步意见》,其中将环境保护案件定义为"环保机关在执行环境保护等法律、法令过程中,与其他企业、事业单位之间发生争执的案件和受污染损害单位要求排污单位赔偿损失的纠纷案件"。

为满足环境司法解决日益增多的环境保护纠纷案件的需要,1988年年底,经最高人民法院同意①,武汉市中级人民法院在所辖硚口区人民法院试点设立了我国第一个环保合议庭,由审判员与人民陪审员组成。但是,因该环保合议庭在审理某排污单位不服武汉市环保局有关排污收费决定而提起的行政诉讼案中,选任一位来自武汉市环保局的人民陪审员担任合议庭成员并判决某排污单位败诉,从而引发了人们对司法公正的质疑和讨论,为此武汉市中级人民法院遂撤销了硚口区人民法院的环保合议庭。

尽管如此,因环境污染和环境管理问题不断增多,各地有关环境行政处罚执行和排污收费争议纠纷等案件也越来越多。从20世纪90年代中后期开始,在沈阳、哈尔滨等市中级人民法院以及区级人民法院还是纷纷与当地环境主管部门合作挂牌设立了环保法庭或者环保合议庭、环保巡回法庭等,在一定程度上提高了对环保执法工作的保障力度。值得一提的是,上述无论哪种形式的环保审判机构,其办公地点大多设在当地环保局内,主要目的是为了保障环境主管部门的行政决定能够顺利获得执行,自其成立以后除了在非诉环境行政案件的执行方面部分保障环境执法权限外,实质意义上对污染受害者的民事救济或者对危害环境犯罪行为的追究等基本上不涉及。以沈阳市东陵区人民法院环保法庭为例,在其成立后的3年间,共计办理各类环境行政处罚案件253件,其中诉外解决201件,强制执行32件,执行到位各类罚款、排污费共计148.2万元。②

2006年前后,上述各类环保法庭因其自身存在的功能单一、与环保行政职能重合以及违背司法独立宗旨等问题和原因而逐渐被上级人民法院予以撤销。

然而,伴随经济的迅速发展以及受经济增长方式粗放、GDP为核心的干部考核任用体系等因素的影响,我国环境污染和生态破坏现象越演越烈,重特大环境污染事故也在频频发生。据统计,21世纪初叶我国因环境污染引发的群体性事件以每年30%的增幅发生③,而向法院提起的环境纠纷诉讼每年递增25%。④ 环境问题已经成为制约社会发展的因素。

2007年11月,经最高人民法院同意,贵阳市清镇人民法院成立了环保法庭⑤并审结了一起环境公益诉讼案,判令被告贵州天峰化工有限责任公司停止磷石膏尾矿库废渣场的使用,并于三个月内采取相应措施,排除磷石膏尾矿库废渣场对环境的妨碍、消除对环境的危险。⑥ 之后,2008年5月无锡市中级人民法院成立了环保审判庭;2008年12月昆明市中级人民法院成立了环保审判庭。

---

① 参见最高人民法院:《对"关于武汉市硚口区人民法院设立环保法庭的情况报告"的答复》(法[经]函(1989)19号),1989年2月10日。
② 王淇:《十余年零诉讼,辽宁环保法庭何处走》,载《辽宁法制报》2010年10月21日第1期。
③ 姚奕:《污染引发群体性事件年增30%》,载《法制晚报》2007年5月11日第1期。
④ 徐来、林存义:《为环境保护提供强有力的司法保障——访二级大法官、最高人民法院副院长张军》,载《法制日报》2002年11月20日第1期。
⑤ 贵阳市中级人民法院也于同日设立了环境保护审判庭。
⑥ 李云超、金晶、查兴田:《守护碧水蓝天,环保法庭在行动》,载《人民法院报》2008年1月9日。

2010年6月最高人民法院在《为加快经济发展方式转变提供司法保障和服务的若干意见》中特别指出,"在环境保护纠纷案件数量较多的法院可以设立环保法庭,实行环境保护案件专业化审判,提高环境保护司法水平。"2014年6月最高人民法院成立了环境资源审判庭。与此同时,最高人民法院还要求各省(区、市)高级人民法院按照审判专业化的思路,理顺机构职能,合理分配审判资源,设立环境资源专门审判机构;中级人民法院在高级人民法院的统筹指导下,根据环境资源审判业务量合理设立环境资源审判机构,案件数量不足的地方,可以设立环境资源合议庭;个别案件较多的基层人民法院经高级人民法院批准,也可以考虑设立环境资源审判机构。①

为确立环境资源审判工作的方向与定位,最高人民法院要求在环境资源司法保护实践中推行一套理念,以坚持源头保护、系统保护和适应环境资源保护的整体性特点为原则,统筹适用刑事、民事、行政责任,落实以生态环境修复为中心的损害救济制度,妥善处理权利冲突和责任竞合问题,并且在中立裁判的基础上,适度强化能动司法,探讨环境资源系统修复、整体保护、综合治理的保护模式,探索恢复性生态环境司法的新手段、新领域,推动形成绿色发展方式。②

与20世纪80年代后期人民法院开始设立环保法庭不同,现在的环保法庭都有独立的编制和机构,从根本上摆脱了以往环保法庭对环境主管部门的依赖局面。③

(二)环境审判的方式

我国人民法院开展环境审判工作的职能有三,一是依法惩处污染环境、破坏资源的犯罪行为,有效发挥刑罚的震慑作用;二是依法审理环境资源行政案件,坚持监督和支持并重,支持行政机关依法履行职责,纠正行政不作为和违法作为现象;三是依法审理环境资源民事案件,稳妥推进环境公益诉讼,有效维护人民群众的环境权益。最高人民法院在2016年发布的《关于充分发挥审判职能作用为推进生态文明建设与绿色发展提供司法服务和保障的意见》中还提出了"严格执法、维护权益、注重预防、修复为主、公众参与"的现代环境司法理念。

目前,各地人民法院对环境案件的审理主要有原有审判机构承担和专门审判机构承担两种方式。原有审判机构审理环境案件的方式是依旧按照三大诉讼分工的方法将环境案件分别作为行政、民事和刑事案件进行分别审理;专门审判机构审理环境案件的方式则是通过法院专门设立的环境审判机构将所有环境(资源)案件进行集中审理。

在法院环境审判机构对案件的主管模式上,既有将环境行政案件和民事案件"二合一"归口主管模式;也有将环境行政、民事和刑事案件"三合一"模式,以及将环境行

---

① 最高人民法院:《关于全面加强环境资源审判工作 为推进生态文明建设提供有力司法保障的意见》(法发〔2014〕11号),2014年6月23日。
② 江必新:《新时代环境资源审判工作的方向与定位》,载《中国地质大学学报(社会科学版)》2018年第2期。
③ 截至2017年4月,全国各级人民法院共设立环境资源审判庭、合议庭和巡回法庭956个。其中,专门审判庭296个,合议庭617个,巡回法庭43个。参见最高人民法院网:《环资审判(白皮书)及环境司法发展报告发布》,载 http://www.court.gov.cn/zixun-xiangqing-50682.html,访问时间:2018年5月7日。

政、民事和刑事案件的审理和案件执行合而为一的"四合一"模式。在案件管辖方面，各地法院在实践中按照生态环境的自然属性、集中管辖的方式或者协议的方式大致实行了省域范围内的跨区域管辖和跨省域的管辖。

环境审判机构的设立，被认为是司法在国家环境治理体系中的地位提升、功能充分发挥的重要标志。①

二、环境检察

（一）环境检察概述

环境检察是人民检察院依照法定程序审查被检举的破坏环境与资源保护犯罪事实并提起诉讼，依法认定和处理违反环境保护法规的玩忽职守罪和直接受理立案侦查的环境监管失职案，为履行民事和行政法律监督职责审查一定法律事实以及依法提起环境公益诉讼等的活动。

为促进依法行政和公正司法，加强渎职侵权检察工作，从 2008 年开始各级检察机关开展了查办危害能源资源和生态环境渎职犯罪的专项工作，之后围绕环境保护、涉法涉诉等方面群众反映强烈的问题，有针对性地加大法律监督工作力度。②

为全面推进依法治国，促进绿色发展、循环发展、低碳发展的生态文明法律制度建设，2015 年以来各级检察机关加大了生态环境司法保护力度，除了加大对破坏生态环境犯罪的打击力度外，还开展了破坏环境资源等专项立案监督活动，推动生态脆弱区、地下水漏斗区、土壤重金属污染区、农业面源污染区等损害生态环境重点区域治理，促进解决损害群众健康的突出环境问题。各级检察机关在办理破坏生态环境犯罪案件过程中，还探索通过要求犯罪嫌疑人依法停止侵害、排除妨碍、恢复原状或者修复环境、赔偿损失等方式，降低资源破坏和环境污染损害程度。此外，检察机关还加大对能源资源保护、环境污染防治、环境监管等环节职务犯罪的查办力度，防止涉嫌犯罪案件止步于行政执法环节，严肃查处背后国家机关工作人员不作为、乱作为案件。同时加强与环境保护行政执法部门的沟通与合作，建立信息交流反馈、环保法律咨询、重大案件通报等机制，形成环境保护合力。最高人民检察院还与公安部、原环境保护部联合挂牌督办，内蒙古、甘肃、宁夏和江苏检察机关及时介入案件调查，依法严惩污染环境犯罪。③

为推进健康中国建设，2016 年最高人民检察院将环境司法的重点放在依法惩治破坏环境资源和危害生态安全的犯罪，守护好绿水青山方面。主要工作包括依法惩治偷排偷放有毒有害污染物、非法排放严重超标污染物、篡改伪造环境监测数据、无

---

① 参见吕忠梅等著：《中国环境司法发展报告（2015—2017）》，人民法院出版社 2017 年版，第 4 页。
② 最高人民检察院检察长曹建明：《最高人民检察院关于加强渎职侵权检察工作促进依法行政和公正司法情况的报告》，2009 年 10 月 28 日在第十一届全国人民代表大会常务委员会第十一次会议。
③ 参见最高人民检察院：《最高人民检察院关于贯彻落实〈中共中央关于全面推进依法治国若干重大问题的决定〉的意见》，2015 年 1 月 29 日。

证为他人处置危险废物、故意提供虚假环境影响评价意见等环境污染犯罪；妨害国境卫生检疫、妨害动植物防疫检疫等危害生态安全犯罪。从严惩处在医院、学校、居民区等人口集中地区以及饮用水水源保护区、沙漠、滩涂、盐碱地、沼泽地等非法排放有毒有害污染物的犯罪；在重污染天气预警期间、突发环境事件期间、限期整改期间恶意排放超标污染物的犯罪；重点排污单位篡改伪造环境监测数据、干扰环境监测设施，致使监测数据严重失真的犯罪；非法采矿采砂破坏航道交通、影响河势稳定、危害防洪安全的犯罪，以及具有阻挠环境保护等行政主管部门监督检查、擅自闲置拆除污染防治设施、非法排放有毒有害污染物危害公共安全等恶劣情形的犯罪。办案中应当贯彻恢复性司法理念，根据案件情况可以要求行为人修复环境、赔偿损失，降低环境污染的损害程度。行为人主动采取补救措施，消除污染，积极赔偿，防止损失扩大的，依法从宽处理。①

2017年，为进一步健全环境保护行政执法与刑事司法衔接工作机制，依法惩治环境犯罪行为，切实保障公众健康，推进生态文明建设，原环境保护部、公安部和最高人民检察院联合研究制定了《环境保护行政执法与刑事司法衔接工作办法》。

（二）检察机关提起环境民事和行政公益诉讼

20世纪末叶以来，我国环境污染和生态破坏越来越严重，愈加损害广大公众的环境权益。针对这些损害公众环境权益的行为，除了政府应当加强生态环境监管外，还应当针对环境公益的损害建立行政和民事环境公益诉讼制度。但是，哪些主体能够成为适格的环境公益诉讼原告无论在理论中还是实践上都没有定论。与检察机关针对犯罪嫌疑人的犯罪行为向人民法院提出控告，要求法院通过审判确定犯罪事实、惩罚犯罪人的公诉行为相比，理论上讲公益诉讼既可以由特定的国家机关提起，也可以由有关社会组织提起。

2007年贵阳市清镇人民法院环保法庭成立以后，环境司法对环境民事和行政公益诉讼的尝试就已经开始。2009年广州市番禺区人民检察院以东涌东泰皮革染整厂偷排污水案造成公共水域污染损害为由提起了民事损害赔偿诉讼。之后昆明、遵义等地检察机关也通过民事公益诉讼或者以支持起诉等方式参与到环境公益诉讼之中。

2012年全国人大常委会修改的《民事诉讼法》第55条规定："对污染环境、侵害众多消费者合法权益等损害社会公共利益的行为，法律规定的机关和有关组织可以向人民法院提起诉讼。"但是哪些机关属于"法律规定的机关"法律并没有明确。2014年修改的《环境保护法》第58条明确了可以提起环境公益诉讼的有关社会组织的条件，但也未明确"法律规定的机关"是谁。

2015年7月全国人大常委会通过决定，授权最高人民检察院在北京等13个省、自治区、直辖市开展为期二年的提起公益诉讼试点，确立了检察机关提起环境公益诉

---

① 参见最高人民检察院：《关于全面履行检察职能为推进健康中国建设提供有力司法保障的意见》，2016年9月29日。

讼的主体地位。

为了确立检察机关提起环境民事公益诉讼的主体资格,2017年全国人大常委会再次在修改的《民事诉讼法》第55条第2款规定:"人民检察院在履行职责中发现破坏生态环境和资源保护、食品药品安全领域侵害众多消费者合法权益等损害社会公共利益的行为,在没有前款规定的机关和组织或者前款规定的机关和组织不提起诉讼的情况下,可以向人民法院提起诉讼。前款规定的机关或者组织提起诉讼的,人民检察院可以支持起诉。"与此同时,2017年修改的《行政诉讼法》第25条第4款也规定了检察机关提起环境行政公益诉讼的权利:"人民检察院在履行职责中发现生态环境和资源保护、食品药品安全、国有财产保护、国有土地使用权出让等领域负有监督管理职责的行政机关违法行使职权或者不作为,致使国家利益或者社会公共利益受到侵害的,应当向行政机关提出检察建议,督促其依法履行职责。行政机关不依法履行职责的,人民检察院依法向人民法院提起诉讼。"

法律授权检察机关提起环境民事和行政公益诉讼的主体资格对环境检察的发展具有如下意义:第一,形式上除了确立和明确检察机关提起环境民事公益诉讼的主体资格外,还填补了以往行政公益诉讼制度的空白;第二,通过授权检察机关提起环境行政公益诉讼,可以促使检察机关通过诉前程序监督环境主管部门依法履职;第三,调动了适格主体参与环境公益诉讼的积极性,形成行政机关、司法机关和社会组织等多元主体合力保护环境公益的新格局。①

第四节 执政党中央与中央政府履行国家环境保护义务的政策手段

长期以来,指导中国政府环境保护实践的规范性文件除了国家法律法规体系外,还有执政党中央的政策文件以及由执政党中央与中央政府联合发布的具有指导性和规范性文件体系。特别是中国共产党第十八届三中全会以后,执政党和中央政府在生态文明体制改革领域制定了大量具有鼓励性、促进性、协商性、指导性作用的政策规范。

2013年9月,执政党中央与中央政府一改以前设立"国家体改委"这样的机构组织实施改革的做法,新成立了"中央全面深化改革领导小组"(以下简称"中央深改组")②,由中国最高领导人习近平任组长、三位中央政治局常委任副组长。中央深改组的任务是负责生态文明体制改革的总体设计、统筹协调、整体推进、督促落实。

为加快建立系统完整的生态文明制度体系,加快推进生态文明建设,增强生态文明体制改革的系统性、整体性、协同性,2015年9月,中共中央政治局审议通过了《生

---

① 参见吕忠梅等:《中国环境司法发展报告(2105—2017)》,人民法院出版社2017年版,第291页。
② 2018年3月中共中央根据《深化党和国家机构改革方案》将其改名为中国共产党中央全面深化改革委员会,是中共中央直属决策议事协调机构。

态文明体制改革总体方案》并由中共中央、国务院联合发布,该方案提出生态文明体制改革的目标,是到 2020 年构建起由自然资源资产产权制度、国土空间开发保护制度、空间规划体系、资源总量管理和全面节约制度、资源有偿使用和生态补偿制度、环境治理体系、环境治理和生态保护市场体系、生态文明绩效评价考核和责任追究制度等八项制度构成的产权清晰、多元参与、激励约束并重、系统完整的生态文明制度体系,推进生态文明领域国家治理体系和治理能力现代化,努力走向社会主义生态文明新时代。

以中央深改组为例,截至 2017 年 11 月 20 日,中央深改组共召开三十九次会议,审议通过了包括检察机关提起公益诉讼、环境保护督察、生态环境监测网络与资源环境承载能力监测预警、领导干部自然资源资产离任审计、党政领导干部生态环境损害责任追究、健全生态保护补偿机制、规范国家生态文明试验区、省以下环境主管部门监测监察执法垂直管理制度改革、构建绿色金融体系、重点生态功能区产业准入负面清单、生态文明建设目标评价考核、生态环境损害赔偿制度改革、划定并严守生态保护红线、深化环境监测改革、建立中国三江源等国家公园体制和国家公园体制总体方案等在内的 40 多件涉及环境、资源与能源的规范性政策文件,并通过执政党中央和中央政府的执行机关予以公布,这些重要的政策文件构建了执政党中央和中央政府生态文明体制改革的"软法"①规范。

第一,在检察机关提起公益诉讼阻力重重的情况下,2015 年 5 月中央深改组通过了《检察机关提起公益诉讼改革试点方案》,并促使全国人大常委会于 2017 年修改了《民事诉讼法》和《行政诉讼法》。

第二,为强化党政领导干部的环境保护责任,2016 年 7 月中央深改组通过了《环境保护督察方案(试行)》《关于开展领导干部自然资源资产离任审计的试点方案》《党政领导干部生态环境损害责任追究办法(试行)》,除了实行中央对地方的环保督察工作机制和督政措施外,通过开展领导干部自然资源资产离任审计试点,逐渐形成符合实际的审计规范,明确审计对象、审计内容、审计评价标准、审计责任界定、审计结果运用等制度体;通过实行党政领导干部生态环境损害责任追究,明确党政领导干部"党政同责"和"一岗双责"。

第三,为在侵权的民事责任制度以外确立对造成环境污染和生态破坏的行为人追究生态环境损害赔偿责任的具体措施,2015 年 8 月中央深改组通过了《生态环境损害赔偿制度改革方案》,开始在部分省市试点生态环境损害赔偿制度;2017 年 12 月中共中央办公厅、国务院办公厅印发《生态环境损害赔偿制度改革方案》,明确要求该制

---

① 软法(soft law),一般指不能运用国家强制力保证实施的法规范。这一概念在国际环境法领域运用较多。2005 年罗豪才和宋功德在《公域之治的转型—对公共治理与公法互动关系的一种透视》中首次提出因国家管理失灵导致公共治理行为的兴起,而公共治理的兴起要求我们反思、修正传统的"法"概念,并推动着公法规范体系朝着"软硬兼施"的方向发展。罗豪才等:《公域之治的转型—对公共治理与公法互动关系的一种透视》,载《中国法学》2005 年第 5 期。

度于2018年1月1日起在全国范围试行生态环境损害赔偿制度(参见本章第二节)。

第四,为理顺环境监管职权、防止地方政府干扰环境执法,2017年7月中央深改组通过了《关于省以下环保机构监测监察执法垂直管理制度改革试点工作的指导意见》,建立健全条块结合、各司其职、权责明确、保障有力、权威高效的地方环保管理体制,确保环境监测监察执法的独立性、权威性、有效性。

第五,为进一步健全生态保护补偿机制,加快推进生态文明建设,2016年3月中央深改组通过了《关于健全生态保护补偿机制的意见》,要求按照权责统一、合理补偿,政府主导、社会参与,统筹兼顾、转型发展,试点先行、稳步实施的原则,着力落实森林、草原、湿地、荒漠、海洋、水流、耕地等重点领域生态保护补偿任务。到2020年,实现上述重点领域和禁止开发区域、重点生态功能区等重要区域生态保护补偿全覆盖,补偿水平与经济社会发展状况相适应,跨地区、跨流域补偿试点示范取得明显进展,多元化补偿机制初步建立,基本建立符合我国国情的生态保护补偿制度体系,促进形成绿色生产方式和生活方式。

中国共产党第十九次全国代表大会于2017年10月召开,习近平在十九大所做的报告中指出,必须树立和践行绿水青山就是金山银山的理念。十九大报告明确提出"坚持人与自然和谐共生","像对待生命一样对待生态环境","实行最严格的生态环境法律制度"等论断,甚至提出了"打赢蓝天保卫战"的理念;明确提出"要创造更多物质财富和精神财富以满足人民日益增长的美好生活需要,也要提供更多优质生态产品以满足人民日益增长的优美生态环境需要";明确提出"积极参与全球环境治理,落实减排承诺","为全球生态安全作出贡献"。十九大还通过了《深化党和国家机构改革方案》,其中专门提出了组建自然资源部和组建生态环境部等深化国务院机构改革的方案。

2018年6月中共中央国务院发布了《关于全面加强生态环境保护坚决打好污染防治攻坚战的意见》。该意见首次明确要求地方各级党委和政府必须坚决扛起生态文明建设和生态环境保护的政治责任,对本行政区域的生态环境保护工作及生态环境质量负总责,主要负责人是本行政区域生态环境保护第一责任人,至少每季度研究一次生态环境保护工作,其他有关领导成员在职责范围内承担相应责任;要求各地要制定责任清单,把任务分解落实到有关部门。各地区各部门落实情况每年向党中央、国务院报告。该意见还对推动形成绿色发展方式和生活方式,大气、水、土壤污染防治,生态保护与修复,以及改革完善生态环境治理体系等工作做出了具体部署和安排。总体目标是到2020年,生态环境质量总体改善,主要污染物排放总量大幅减少,环境风险得到有效管控,生态环境保护水平同全面建成小康社会目标相适应。

上述一系列的政策规范从机构体制、运行机制以及党政领导干部个人责任等方面决定着国家环境、资源与能源的法律法规的制定质量和施行效果,实质上构成了中国环境保护综合性制度保障的重要内容。

第五章　环境基本法与综合性环境法律制度

第五章　导教导学

第一节　概　　述

人类对环境污染和生态破坏的认识以及采取相应的法律行动,是伴随环境问题的渐进性发展而不断变化的。20世纪60年代以前,环境问题被看做是工业化和都市化的局部问题,污染与损害的关系也作为平等主体的民事关系而受侵权法或财产法调整。伴随经济社会发展中出现的人口增加、土地和自然资源不断稀缺,以及环境污染和生态破坏的多样化表现及其损害得不到全面补偿和污染妨害不能根本排除的结果,人们意识到不采取直接的行政规制手段就不足以应对环境问题及其对人类危害的扩大化。

然而,污染控制立法及其规定的直接规制手段,如开发许可、排污许可、禁限措施和行政处罚等并不能实现法律保护环境、保护人体健康的目的,因为行政上的直接规制手段和禁限措施针对的仅仅是不法排污行为或者不合理开发利用行为,单项环境保护法律的直接规制手段只能"头痛医头、脚痛医脚",不足以从根本上改变环境利用行为的不合理性,不足以协调公民本能环境利用权与企业开发环境利用权之间的对抗性。公害诉讼的增多,使人们开始考虑国家环境保护义务和企业环境利用行为的合理、必要限度和社会责任问题。

在这个背景下,从20世纪70年代开始,法治国家环境保护的法律方法和政策手段发生了根本性转变。其重要的标志就是综合性环境基本法的出现和非直接规制的综合性环境法律制度的创立。

一、环境基本法的概念

环境基本法(environmental basic law)非指法理学分类上的"基本法"。环境基本法是指在一国环境保护法律体系内,由国家立法机关制定的、与单项环境保护法律相对应处于最高位阶的,包含国家环境政策目标、基本原则和基本策略等内容的综合性环境保护法律。本书在第一章介绍环境基本法的目的时,已经阐明它属于国家政策法和法律适用指引法的范畴,对单项环境保护立法具有指导功能和对各类不同环境利用行为予以的规范和协调功能。

(一)环境基本法的产生背景

在一些具有法治传统的国家,基本法的出现是国家针对社会问题朝向广泛化、多样化和复杂化趋势发展,单独依靠一部或者几部法律不足以应对和解决社会关系改变而出现的新的立法形态。环境基本法也不例外,它在一些国家被称为环境宪法或者综合性环境保护法。

环境基本法的产生背景在于:

第一,与经济利益相抗衡的环境利益不能及时在国家政治尤其是宪法上得到充分反映。近代宪法是基于保护个人利益为本位的资本主义生产关系的产物。20世纪中后期,环境问题的出现导致各国社会关系领域许多重大事项发生改变。然而,许多国家由于修宪程序繁杂、涉及社会关系领域众多等原因,轻易不会修改宪法。这样就使环境问题所导致的社会关系的改变不能通过宪法表现和调整,而是通过制定新的法律予以规制。

但是,由于环境问题涉及的社会关系非常复杂,并非大量单项环境保护立法就可以解决。有鉴于此,各国开始将以对应环境问题为中心的法律群共同集合成为一个法律部门,在此基础上制定一部高位阶的综合性环境保护的政策法或基本法作为"统领",以弥补国家宪法有关环境保护规范的不足。

第二,环境问题的对策措施关系到社会、生活、文化和经济等各个领域,需要综合平衡和统一协调社会各方利益。环境问题的产生是与人类社会进步和经济发展相互交织的,由于诸多环境保护对策仅从问题的结果出发确立单一应对策略的做法脱离了国家经济、社会以及法治发展的现实,而环境保护的行政权力分属于政府各部门,也难以从总体上达成国家的环境政策和目标。

因此,各国发现,通过制定一部高位阶的法律统合国家应对环境问题的各项法律与策略,明示环境保护的基本原则和规制保障措施以及其他法律在环境保护领域的适用关系,才能够多层次、多方位地综合调整由环境问题引发及改变的社会关系。

例如,西方主要国家在20世纪50年代分别在大气、水、噪声、废弃物、野生动植物、森林、土地、河流、海洋、草原、自然保护区与优美景观保护等领域制定实施了大量单项法律,之后各国开始重视环境基本法立法:美国于1969年制定的《国家环境政策法》;德国于1959年和1974年分别制定了《自然保护法》和《污染控制法》;日本于1968年和1972年分别制定了《公害对策基本法》和《自然环境保全法》,1993年又将这两部法律合二为一修改成为《环境基本法》。我国台湾地区也在完善环境立法的基础上于2002年制定了新的"环境基本法"。

(二)我国环境基本法即《环境保护法》的内容

与外国(地区)环境基本法立法在时机上滞后于单项环境保护法律所不同的是,我国环境基本法的立法是在社会主义法制建设恢复时期制定的。1979年全国人大常委会原则通过《环境保护法(试行)》,确立了以环境污染防治为本位的环境保护立法目标。到20世纪80年代中叶,鉴于《宪法》修改并确立了社会主义有计划的商品经济体制,以及不断制定实施了一些单项环境保护法律和行政法规,我国于1989年12月对《环境保护法(试行)》予以修改并重新颁布。在经历了20多年之后我国又于2014年4月修改颁布了新的《环境保护法》,该法自2015年1月1日起施行。

历史地评价中国环境立法史上分别于1979年、1989年和2014年三次颁布(修订)的《环境保护法》,如果将1979年的《环境保护法(试行)》作为中国环境立法史上的第一座里程碑的话,那么2014年的《环境保护法》修订草案则应当是中国环境立法史上的第二座里程碑。其间于1989年修改的环保法因其主导修法的思想是"环境立法不能太严""不能给经济发展增加负担",因此其确立的基本原则是"环境保护要与经济社会发展相协调"。这也导致了20世纪末叶至21世纪初叶的国家环境立法普遍存在着原则性、宣示性、号召性条文多,但义务性、具体性、责任性条文少的现象,致使人们在面对环境违法行为适用法律时、在面对环境损害追究责任时,无论是政府环境主管部门还是污染受害者都难以从诸多的环保法律中找到具体制裁违法行为的依据或者保护和救济被害人的条款。尽管中国的环境保护法律的总量已经超过国家全部法律的1/10,但中国的环境污染和生态破坏却日益加剧,以至于人们形象地将环境保护领域的法律称为"软法"。

在修法的立法规划历经了第八届全国人大到第十二届全国人大的20多年之后,在立法总目标三年内从"有限修改"转变为"全面充实"之后,在修改方式从一审"修正案草案"改为三审"修订草案"之后,《环境保护法》修订草案终于在2014年4月24日经全国人大常委会四审立法程序后得以通过。

2014年修订的《环境保护法》共分总则、环境监督管理、保护和改善环境、防治污染和其他公害、信息公开和公众参与、法律责任以及附则等七章,计70条,在环境保护基本理念、公众参与、法律责任等方面都作出了重要修改。

首先,新修订的《环境保护法》对环境规划、环境标准、环境影响评价、环境税制等促进环境规制效果实现的保障制度和软法措施,和有关环境执法权限、环境监测、生态补偿、排污许可等制度都作出了新的安排和规定,还规定了信息公开与公众参与制度、环境公益诉讼制度、按日计罚制度。

修订后的《环境保护法》对环境污染公共事件专门作出规定,增加了环境污染公共监测预警的机制。按照《环境保护法》的要求,各级人民政府及有关部门都应当依照规定,做好突发事件的风险控制、应急准备、应急处置和事后恢复工作;各级政府、企业事业单位应当建立环境污染的公共监测预警预案;在环境受到污染,可能影响到公共健康和环境安全时,应当及时公布预警信息,及时启动应急措施,并组织实施,推动环境公共污染危险的减缓。此外,《环境保护法》有关区域联防联控的规定,也将给我国应对环境污染,尤其是大气污染提供强有力的法律支持。

其次,新修订的《环境保护法》明确了它是一部约束和规范各级人民政府有关开发利用环境与资源决策行为和强化环境监督管理职权的法律。

实际上,新修订的《环境保护法》在环境保护与经济发展的关系上宣示了"经济社会发展与环境保护相协调"的环境优先思想,确立了必须强化各级人民政府特别是政府决策主要领导人对环境质量负责的责任条款。在加大环境执法机构的执法权限的同时,也相应加大了他们应当承担的法律责任以及环境信息公开和接受社会监督的义务。

新修订的《环境保护法》还规定了环境影响评价机构、环境监测机构以及从事环境监测设备和防治污染设施维护、运营机构的连带责任,如果这些专业性机构弄虚作假,也将与其他的责任者承担连带责任。

最后,新修订的《环境保护法》科学地借鉴了法治国家和地区环境立法的成功经验,是中国环境立法史上首部针对所有行为模式完整、对应地规定了相应法律后果,即行政、民事和刑事法律责任的法律。

与以往的环境立法相比,新法明显加大了对环境违法行为的处罚力度,其法律责任的规定让人感觉它更像一部可操作的实施法而非旧法那样的政策法。例如,对按日连续处罚的规定以及对处罚额度的规定授权环境执法部门可以按照防治污染设施的运行成本、违法行为造成的直接损失或者违法所得等因素确定的规定执行,加大了对环境违法行为的制裁力度。

再如,虽然 2012 年修改的《民事诉讼法》规定了环境公益诉讼条款,但地方各级人民法院还是以各种理由不受理环保组织提起的公益诉讼。而新法则规定,符合法律规定的社会组织有权提起环境公益诉讼。如果人民法院仍然不受理,社会组织就可以以法院违法或违宪为由向人大提请立法监督或者提请检察机关予以司法监督。

需要特别指出的是,《环境保护法》是中国环境保护领域的基础性法律,《环境保护法》修订后,如果环境保护领域内的其他单行法律与之不一致的,应当适用《环境保护法》,《环境保护法》没有规定的,则适用单行法律。

二、环境基本法确立综合性环境法律制度及其意义

以往多数学者认为,环境法上的制度包含基本制度和特别制度两大类。环境法的基本制度是普遍适用于环境保护的各个领域的法律规范的总称;环境保护的特别制度则是在各单项环境保护立法中为实现法律的具体目标而确立的具有特殊性和针对性的法律措施和方法的总称。然而,环境法的调整对象是人类开发利用环境资源活动中产生的环境利用关系。由于环境利用关系存在于自然环境和资源开发、项目建设、产品生产中物料投入和废弃物排放、制成品的运输消费以及废弃物的回收再利用等物质循环的全过程,而环境法律规范中既有大量直接规制具体环境利用行为的行政管理规范,又有确立环境效益和生态价值的经济政策规范;既有针对危害环境犯罪行为制裁的刑罚规范,又有填补环境损害和恢复自然环境功能的民事责任规范。事实上,环境立法中并不存在具体的普遍适用于环境保护各领域全过程的环境基本法律制度与规范。

纵观各国环境立法,最初制定环境保护法律的目的是为了保护某一类特定的环境要素不遭受环境污染和生态破坏。但是,在各国大量环境立法之前,环境保护并未上升到宪法应当保障的国家义务的层面,所以直到大量环境立法后人们才发现,这些单项环境保护法律具有制度设计的针对性、特殊性和法律适用上的差异性等特点,主要针对各类不同环境利用行为的规制和环境要素的保护直接确立了诸如限制、禁止等行为的行政命令—控制措施,大量单项环境保护法律并不能综合且有计划地全面实施国家的环境保护政策,实现通过立法保护环境的目的。

例如,在环境污染防治领域,防止大气污染的措施主要应当针对排放源实施管控而非大气治理;防治水污染的措施除了要对排放源实施管控外,还应当对水体和水质进行治理;防治固体废物污染环境的措施则主要是减废、再生利用和无害化处置;而防止噪声扰民以及放射性污染的方法则是除了对发生源进行管控外,还要对可能受到污染妨害的受体人群实施隔离和防护。而在自然保护领域,既要对生态系统和物种采取保护措施,又要对生态系统破坏采取禁止和限制措施,它们是同等重要的;对物种的保护还有可移动物(野生动物)和不可移动物(野生植物)、本地物种和外来物种等的区分,保护措施有就地保护和迁地保护的不同。此外,对自然资源的保护除了保护其可持续利用的经济价值外,还要计算其作为环境要素的生态效益及其价值,对珍稀濒危物种的保护则会强调其作为自然物的内在价值和存在价值。

如上所述,在这个背景下各国通过制定环境基本法确立了间接性的综合性环境法律制度与环境政策的地位,具体体现了环境法的基本原则。

本书所谓综合性环境法律制度,是为促进环境规制效果的实现,通过国家环境基本法和环境政策确立的、对保障环境利用行为人遵守环境保护义务具有统筹性、保障性和诱导性的法律规范和软法措施的总称。

与各单项环境保护立法相比,如果说单项环境保护法律对环境利用行为实施限制和禁止所采用的直接规制具有"警察行政"效果的话,那么综合性环境法律制度则更多地运用了环境政策和软法的手法,以应对国家各种法律与各单项环境保护法律之间存在的保护法益上的矛盾和冲突。这是因为综合性环境法律制度不直接管制向环境排放污染或者开发利用自然资源等行为,而是采用外部影响污染和破坏环境行为的方法,通过提供规划、标准等环境行政和技术要求,运用影响、诱导和经济刺激等环境政策方法,以及明确事后可能受到制裁的法律后果等手段,促使环境利用行为人主动于事前采取预防措施并在事中遵守环境监管措施。

在我国,综合性环境法律制度主要包括环境标准、环境规划、环境影响评价、环境费与税以及突发环境事件应急。

第二节 环 境 标 准

一、概述

环境标准(environmental standards)有广义和狭义之分。广义的环境标准是指为了保护人群健康、保护社会财富和维护生态平衡,由法律授权的政府及其主管部门、社会团体和企业按照法定程序和方法就环保工作中需要统一的技术要求制定的规范性技术文件。狭义的环境标准仅指规定保障公众健康、公共福利与环境安全的环境质量标准。我国环境保护实践采用的是广义说,而西方国家多采用狭义说。

在我国,环境标准属于标准的范畴,其类别、效力及其与行政执法的关系应当由法律和行政法规规定。依照《标准化法》(全国人大常委会,1988年制定;2017年修订)规定,标准包括国家标准、行业标准、地方标准和团体标准、企业标准等五大类。国家标准分为强制性标准和推荐性标准[①],行业标准、地方标准则是推荐性标准。强制性标准必须执行,国家鼓励采用推荐性标准(第2条)。《标准化法》还规定,对保障人身健康和生命财产安全、国家安全、生态环境安全以及满足经济社会管理基本需要的技术要求,应当制定强制性国家标准(第10条)。

各国环境立法一般将行政行为适用的具有强制性的环境标准直接在法律中明确规定。例如,在美国,环境标准被定义为国家制定的以保障公众健康和生态环境所制定的环境质量基准,以及平衡社会经济发展、污染治理水平所制定的对污染源的排放限值。在日本,依照《环境基本法》的规定,环境标准包括有关人体健康项目的标准和有关生活环境项目的标准两大类。在中国,《环境保护法》规定了环境质量标准和污染物排放标准两类国家和地方环境标准。

1999年原国家环保总局颁布的《环境标准管理办法》将国务院环境主管部门和省级人民政府制定的环境标准分为国家环境标准、地方环境标准和国家环保总局标准(现为生态环境部标准,性质上属于环境保护行业标准)等三类。其中,国家环境标准包括国家环境质量标准、国家污染物排放标准(或控制标准)、国家环境监测方法标准、国家环境标准样品标准和国家环境基础标准;地方环境标准包括地方环境质量标准和地方污染物排放标准(或控制标准)。

由于环保工作涉及卫生、建设、交通、水利、国土资源、农业、林业以及海洋等部门,这些部门也有权依法制定其职权范围内涉及环境和资源管理事务的标准并适用。但是,学理上一般不将这些标准纳入环境标准的范畴。

环境标准通过客观科学的数据对相关领域的人类活动及其所产生的环境负荷进行定量分析,以量化的方法来预测、判断和说明环境承载能力,约束人类的环境利用行为,间接地实现对环境污染和生态破坏行为的"事前控制"。

2017年5月统计的现行国家环境标准(含国家环保总局标准)中,环境质量标准16项,污染物排放(控制)标准161项,环境监测类标准1001项,管理规范类标准481项,环境基础类标准38项,通过备案的地方环境标准148项。[②]

二、强制性环境标准

在我国,环境质量标准、污染物排放标准和法律、行政法规规定必须执行的其他

[①] 依照《国家标准管理办法》第4条的规定,有关强制性国家环境标准的代号,用"GB"表示;推荐性国家环境标准的代号,则用"GB/T"表示。

[②] 见原环境保护部:《国家环境保护标准"十三五"发展规划》,2017年4月发布。

环境标准属于强制性环境标准,强制性环境标准必须执行。目前,我国法律规定的强制性环境标准有环境质量标准和污染物排放标准。

(一) 环境质量标准

1. 环境质量标准的概念与类别

依照《环境标准管理办法》,环境质量标准(environmental quality standards)是为保护自然环境、人体健康和社会物质财富,限制环境中的有害物质和因素所做的统一技术规范和技术要求。例如,《环境空气质量标准》《海水水质标准》《地面水环境质量标准》《土壤环境质量标准》《渔业水质标准》《景观娱乐用水水质标准》等。

依照《环境保护法》的规定,国务院环境主管部门制定国家环境质量标准。省、自治区、直辖市人民政府对国家环境质量标准中未作规定的项目,可以制定地方环境质量标准;对国家环境质量标准中已作规定的项目,可以制定严于国家环境质量标准的地方环境质量标准。地方环境质量标准应当报国务院环境主管部门备案(第15条)。

理论上,环境质量标准是满足环境达到规定使用功能和生态环境质量的基本要求。编制环境质量标准的主要依据是各主要环境要素的使用功能、使用目的和保护目标,在此基础上对该环境要素所处在的区域分为不同类别的功能区,分别确立污染物的最大数值或环境保护的项目。

国家环境质量标准在整个环境标准中处于核心地位,是国家环境政策目标的综合反映和体现,是国家实行环境保护规划、控制污染以及分级、分类管理环境和科学评价环境质量的基础,是制定污染物排放标准的主要科学依据,也是判断某地域环境质量状况和是否受到污染的直接依据。

《环境保护法》第6条第2款规定,地方各级人民政府应当对本行政区域的环境质量负责。因此,环境质量标准的强制性主要表现在对政府环境管理行为方面,可以作为考评各级人民政府负责人的直接依据。需要明确的是,中国环境质量标准的实施需经环境主管部门或其他有关部门按照环境质量功能区划的要求,在各划定的区域内明确适用不同类别的标准数值后才具有法的拘束力,因此,对不同环境质量功能区的划定属于主管部门的行政裁量行为,在经划定的环境质量功能区内从事生产生活活动的公民依法负有容忍一定程度污染的义务。

由于对环境质量控制区域划定的结果将直接影响该区域内公众的环境权益,因此本书认为环境主管部门或其他有关部门对环境质量控制区域的划定行为应当听取公众的意见。

需要说明的是,2014年《环境保护法》第15条第3款规定:"国家鼓励开展环境基准研究。"

什么是环境基准(environmental criteria)呢?环境基准一般指一定环境中污染物对人体或生物没有任何不良影响的最大剂量(无作用剂量)或者对人体和生物产生不良影响的最小剂量(阈值量)。环境基准表明某一污染物的剂量和它所引起的客观效应之间的关系,即在一定条件和时间内污染物的含量达到一定数值时,受污染的对象所引起的客观反映。因此,它是制定环境质量标准的客观科学依据,直接决定了作为环境标准体系核心的环境质量标准的科学性和合理性。

目前,全球对环境基准研究较为深入的主要是欧美发达国家。我国目前还没有系统地针对环境基准进行深入研究,也没有建立自己的风险评估体系,通常的做法是简单地直接移植和引入欧美发达国家以及前苏联的基准或者世界卫生组织的准则作为制定环境标准的依据之一。因此,开展环境基准研究对确立符合中国国情的环境质量标准具有非常重大的意义。

2. 环境质量标准的实施领域

第一,在实施环境质量监测方面,地方政府环境主管部门结合所辖区域环境要素的使用目的和保护目的划分环境功能区,对各类环境功能区按照环境质量标准的要求进行相应标准级别的管理,并按国家规定选定环境质量标准的监测点位或断面,由环境监测站和有关环境监测机构按照环境质量标准和与之相关的其他环境标准规定的采样方法、频率和分析方法进行。

第二,在环境影响评价工作方面,环评单位应当按照环境质量标准进行环境质量评价。

第三,发生跨省河流、湖泊以及由大气传输引起的环境质量标准执行争议时,由有关省级人民政府环境主管部门协调解决,协调无效时报国务院环境主管部门协调解决。

(二) 污染物排放(控制)标准

1. 污染物排放(控制)标准的概念与类别

污染物排放(控制)标准,是为实现环境质量标准,结合技术经济条件和环境特点,限制排入环境中的污染物或对环境造成危害的其他因素所做的统一技术规范和技术要求。例如,《污水综合排放标准》《恶臭污染物排放标准》《大气污染物综合排放标准》《船舶污染物排放标准》等。

污染物排放(控制)标准是针对污染物排放所规定的最大限值即"污染允许限度"。编制污染物排放(控制)标准的主要依据是环境质量标准,并按照不同类别的功能区分别规定与之相应的排放限值,适用于所有经划定的不同环境质量功能区内的污染源(参见第八、九章)。

依照《环境保护法》规定,国务院环境主管部门根据国家环境质量标准和国家经济、技术条件,制定国家污染物排放标准。省、自治区、直辖市人民政府对国家污染物排放标准中未作规定的项目,可以制定地方污染物排放标准;对国家污染物排放标准中已作规定的项目,可以制定严于国家污染物排放标准的地方污染物排放标准。[①] 地

[①] 依照2004年环保部发布的《地方环境质量标准和污染物排放标准备案管理办法》,严于国家污染物排放标准,是指对于同类行业污染源或者同类产品污染源,采用相同监测方法,地方污染物排放标准规定的污染物项目限值、控制要求,在其有效期内严于相应时期的国家污染物排放标准。

方污染物排放标准应当报国务院环境主管部门备案(第16条)。

地方污染物排放(控制)标准既可以是适用于特定行业污染源或特定产品污染源的行业型污染物排放标准,也可以是适用于所有行业型污染物排放标准范围外的其他各行业污染源的综合型污染物排放标准。地方污染物标准向国务院环境主管部门备案后,在本行政区域内是强制性标准。然而,在中国以GDP为导向的政绩观及中共对党政干部以经济增长指标为主制定考评方法的指导下,各省级人民政府很少关注对"严于国家污染物排放标准"的地方污染物排放(控制)标准的制定。截至2012年底,中国地方污染物排放标准的总数只有63项①,而且半数以上与机动车噪声和尾气排放相关。

2. 污染物排放标准的实施领域

第一,适用于建设项目的环评。

第二,适用于对建设项目的设计、施工、验收及投产后污染物排放是否与建设项目环境影响报告书(表)中所确定的污染物排放标准的符合性的判断。

第三,适用于环境主管部门监督检查企事业单位和其他生产经营者执行相应国家和地方污染物排放标准的遵守情况。

由于污染物排放(控制)标准是针对污染物排放而作出的限制,因此对排放污染物的行为具有直接的约束力。在许多国家的环境立法中,一般将污染物排放(控制)标准作为判断排污行为是否违法的客观标准和依据。

三、推荐性环境标准与其他环境标准

(一) 推荐性环境标准

推荐性环境标准主要包括国家环境监测方法标准、国家环境标准样品标准和国家环境基础标准,以及生态环境部标准和其他有关环境主管部门依法制定的行业标准。依照《标准化法》,推荐性国家标准、行业标准、地方标准、团体标准、企业标准的技术要求不得低于强制性国家标准的相关技术要求(第21条)。

1. 国家环境监测方法标准、国家环境标准样品标准和国家环境基础标准

依照《环境标准管理办法》规定,为监测环境质量和污染物排放,规范采样、分析测试、数据处理等技术,制定国家环境监测方法标准;为保证环境监测数据的准确、可靠,对用于量值传递或质量控制的材料、实物样品,制定国家环境标准样品;对环境保护工作中,需要统一的技术术语、符号、代号(代码)、图形、指南、导则及信息编码等,制定国家环境基础标准(第7条)。

《环境保护法》第17条规定:"国家建立、健全环境监测制度。国务院环境保护主

---

① 参见原环境保护部2013年1月发布的《国家环境保护标准"十二五"发展规划》,http://kjs.mep.gov.cn/hjbhbz/,最后访问时间:2014年6月8日。

管部门制定监测规范,会同有关部门组织监测网络,统一规划国家环境质量监测站(点)的设置,建立监测数据共享机制,加强对环境监测的管理。"鉴于有关环境监测方法、标准样品、技术规范和相关数据需要在全国范围内统一适用,因此上述三类环境标准只有国家标准没有地方标准。

2. 生态环境部标准和其他环境主管部门制定的行业标准

在中国的环境标准体系中,生态环境部标准特指需要在全国环境保护工作范围内统一的技术要求而又没有国家环境标准时由生态环境部制定的标准,属于环境保护行业标准的性质,不属于《标准化法》上的国家标准。[①] 例如,在环境影响评价工作中适用的《环境影响评价技术导则总纲》(HJ2.1-2016)以及上述环境监测方法标准、环境标准样品标准和环境基础标准等都属于生态环境部标准。

生态环境部标准由生态环境部负责制定,向国家质量技术监督局备案。

此外,由于我国环境保护实行统一管理与部门分工负责管理的体制,国务院有关环境主管部门都可以在本部门范围内制定统一适用的行业标准。

(二) 其他环境标准

本书所称其他环境标准,是指社会团体和企业按照法定程序和方法就环保工作中需要统一的技术要求制定的规范性技术文件。依照《标准化法》规定,国家鼓励社会团体协调相关市场主体共同制定满足市场和创新需要的团体标准,由本团体成员约定采用或者按照本团体的规定供社会自愿采用;企业可以根据需要自行制定企业标准,或者与其他企业联合制定企业标准(第18、19条)。

环境保护的团体标准,一般指由环境保护有关的行业团体、协会等非政府组织制定的技术规范,适用于该团体会员。例如,中国环保行业协会2016年制定了《环境保护设施运营单位运营服务能力要求》,适用于环境保护设施运营单位的运营服务质量控制,以及相关方开展运营服务评价等活动。

企业排放标准,是指企业自行制定的比国家或地方更为严格的污染物排放标准。依照《标准化法》的规定,国家鼓励企业制定严于国家标准或者行业标准的企业标准,在企业内部适用(第6条第2款)。

随着循环经济的兴起,许多企业在技术改造过程中运用了新设备和新技术,在提高能源利用效率的同时也减少了污染物的排放。目前,许多著名的大型企业以及特殊领域的企业为赢得社会的公信力和当地民众的支持,纷纷制定了更为严格的排放标准,或者直接适用、或者通过与政府或者周边居民签订环境协议的方式予以适用(参见第三章第三节)。

---

① 见国家质量技术监督局发布:《关于印发〈关于环境标准管理的协调意见〉的通知》,2001年4月9日。由于实践中不存在独立的环境保护行业,因此将此类标准命名为生态环境部标准。在生态环境部官方发布的文件公告中,将生态环境部制定的行业标准称为"国家环境保护标准"。提请读者注意的是,该标准并非国家标准。

(三) 推荐性环境标准的适用

国家环境监测方法标准主要适用于环境监测活动,用于监测时确定采样位置和采样频率和测试与计算。当因采用不同的国家环境监测方法标准所得监测数据发生争议时,由上级环境主管部门裁定,或者指定采用一种国家环境监测方法标准进行复测。当污染物没有国家标准或环境保护行业标准监测方法时,应将该污染物的监测方法列入地方环境保护标准附录,或在地方环境保护标准中列出发表该监测方法的出版物。[①]

国家环境标准样品主要适用于环境监测活动中的人员质量控制考核、校准检验分析仪器等。

国家环境基础标准或生态环境部标准主要适用于环境监管活动中的环境名词术语、档案信息分类与编码、图形标志等的确定;制定各类环境标准时作为编写技术原则及技术规范;进行生态和环境质量影响评价、进行自然保护区建设和管理、对环境保护专用仪器设备进行认定等环境保护活动。

由于这三类国家环境标准的制定权限主要来源于《标准化法》的授权,由国务院环境主管部门和其他主管部门制定,因而属于指导环境监测和实施环境监督的技术规范,不具有法的拘束力。但是,当推荐性环境标准被强制性环境标准引用时,必须强制执行。当在认定污染物排放是否超标的问题上发生分歧时,可以在诉讼中用上述三类环境标准所规定的技术规范判断监测方法以及测定技术等操作程序和内容是否符合法律规定。

企业排放标准因不为法律所规定,所以一般不具有法的拘束力。但是,如下两种情况则应当认可其法的拘束力:一是在企业与政府或者周边居民签订的环境协议中作为企业义务明确规定的;二是当司法机关认可某些特殊领域的企业排放标准可以作为鉴定标准适用的。

四、强制性环境标准与环境行政的关系

在各国环境立法中,除单项污染控制法律对超过污染物排放和控制标准排污的行为规定有明确的法律后果外,其他各种类型环境标准规范的条文规定则只有行为模式、没有法律后果。

这是因为,强制性环境标准即环境质量标准和污染排放(控制)标准本属于技术规范,从法的角度看它们的规范性并不确定。人类环境利用行为的强度越大,对环境要素的压力也越大,这时就必须通过一定的指标将可以反应环境各要素对其外在的生态需求予以表现,以指导人类对环境的合理开发利用。

为提高环境行政决策的效率、减少行政机关对各类环境利用行为的审查程序、填补法律在具体规定上的不足,就必须通过法律授权专门的主管部门制定专业性较强

---

① 见《地方环境质量标准和污染物排放标准备案管理办法》(2004年11月,国家环保总局)。

的科技标准规范并适用于不同环境利用行为,它们可以弥补环境立法的不足,体现出对环境法律关系主体在环境法律规范适用上的预见性、确定性和可罚性。因此,将环境质量标准和污染排放(控制)标准作为国家强制性标准授权环境行政按照不同的环境地域要求予以分别适用是非常重要的。

由于环境利用行为和环境保护技术的发展经常处于一个动态的过程中,而强制性环境标准的制定是以现有科技水平为基础,这样在标准管制行政中经常会出现新发现的环境问题没有相应的标准对应,或现有标准的规制水平较低等现象。所有这些都需要环境行政对环境标准进行动态的调整以适应改变,并且在环境行政决策中考虑这一现实以促使决策能够防范环境风险。

例如,在环境质量标准的制定中,本着既满足环境的各类使用功能、又满足环境的生态质量要求的理念,针对人类活动强度和环境要素需求的不同,将环境地域按照环境要素的功能和人类对环境的利用目的、保护目标等分为若干类别并确立不同的标准值分别适用。这样,既有利于政府在编制环境计划时明确环境质量保护的目标,又有利于公众对计划执行效果的监督。

与之相适应,在污染排放(控制)标准的制定中,必须根据环境质量标准确立一个维持该标准值所要求状态的最低数值作为控制污染物排放的最高数值,以实现人类生存对环境质量状况的基本要求。同样,污染排放(控制)标准既是政府环境监督检查的依据,也是对超标排污者予以行政处罚和行政指导的依据,而在实行总量控制制度的地区,环境行政会决定企业在一定时期内适用总量控制标准保持排污总量的平衡,而不适用具有普适性的污染物排放标准。

本书认为,强制性环境标准本身不属于法的规范,其具体适用需法律明确规定或依附环境行政决定即公法上的判断。为此,强制性环境标准不具有判断或决定平等主体间是否存在环境妨害或者侵害的法的效力。从这个意义上讲,强制性环境标准必须经环境立法确认并由环境等主管部门决定适用后才具有相应的法的拘束力(参见第八、九章)。

基于强制性环境标准的专业性特点,各国制定、适用与解释环境标准的权力均为环境主管部门。但是,在缺乏法律程序规范的条件下,环境主管部门对具体个案的适用具有较大的弹性空间,并存在着标准适用上的随机性、模糊性与难以掌握等问题。因此,相对人以及公众参与决策就显得非常重要。在美国,为克服这些问题在环境行政上施行了"管制协商"(regulatory negotiation)式的规则确定方法,即在与相对人和公众的协商下决定相对人所适用的标准。

另外,当强制性环境标准的适用因涉及公共利益而发生纠纷时,应当在尊重专业判断的前提下行使司法审查权。

第三节 环 境 规 划

一、概述

环境规划(environmental plan)是政府为实现行政上的环境保护目标,在综合考虑各种制度和方法以及相关利益的基础上编制的环境保护工作总体安排和实施方案。由于规划的表现形式多样,既可能是某个部门独立制定,也可能是跨部门的总体安排,因此规划在各国的用词各不相一,如 plan、program、policy、strategy 以及 guideline。美国1969年《国家环境政策法》第101条(b)规定:联邦政府有责任采取一切切实可行,并与国家政策的其他基本考虑相一致的措施,改进并协调联邦的计划、职能、方案和资源。

中国是社会主义国家,20世纪90年代以前一直实行计划经济体制,因此中国的计划体系非常庞杂。中国早在1975年5月就由原国务院环境保护领导小组在《关于制定环境保护十年规划和"五五"(1976—1980年)计划》的文件中,要求各地区和部门要把环境保护规划纳入国民经济和社会发展计划。1979年9月中国颁布的第一部《环境保护法(试行)》第5条规定:"国务院和所属各部门、地方各级人民政府必须切实做好环境保护工作;在制定发展国民经济计划的时候,必须对环境的保护和改善统筹安排,并认真组织实施;对已经造成的环境污染和其他公害,必须作出规划,有计划有步骤地加以解决。"2014年修改的《环境保护法》第13条规定:"县级以上人民政府应当将环境保护工作纳入国民经济和社会发展规划。"

鉴于我国对环境保护实行统一和分工负责管理的体制,有关计划和规划的编制和实施也分别由对环境保护享有监督管理权的不同主管部门掌管,因此我国并没有一部统一的环境与自然保护规划。本书所谓的环境规划是由国民经济和社会发展五年规划的环境保护篇章、全国主体功能区规划、国家各类生态建设和保护规划、专项环境保护规划等共同组成的以保护环境为目的的规划统一体。

其中,由国务院编制并由全国人大通过的国民经济和社会发展五年规划纲要中的环境保护篇章在所有环境与自然保护规划中处于最高地位。国家级主体功能区规划由国务院审议通过,其他各类环境与自然保护专项规划则由国务院主管部门编制并报国务院批准实施。

而环境规划一直被认为是环境管理的必要基础和组成部分,是环境预测与科学决策的产物,是环境保护工作的"先导"。因此环境保护规划是实现环境立法目的和指导国家环境保护工作、考评各级政府官员执政业绩的重要依据。

二、国民经济和社会发展规划中的环境保护篇章和专项规划

依照宪法规定,国务院编制国民经济和社会发展计划①,报全国人民代表大会审查批准后执行。

在我国,国务院编制的国民经济和社会发展五年规划一般包含三个层次:第一层次是国民经济和社会发展五年规划纲要;第二层次是在纲要的指导之下由国务院主管部门编制的重点专项规划;第三层次是各部门、各地区根据纲要和重点专项规划的内容编制的行业规划和地区规划。

(一)五年规划纲要中的环境保护篇章

从1975年起,国务院环境保护领导小组在其制订的《关于制定环境保护十年规划和"五五"(1976—1980年)计划》中就规定要把环境保护纳入国民经济和社会发展计划,提出了"五年控制、十年基本解决环境污染问题"的行政目标。为此还开展了污染源调查、环境质量评价等基础性的环境保护工作。由于未能制定具有强制力的环境保护法律并编制科学系统的环境保护规划因而这一目标未能实现。

在中国国民经济和社会发展的第六个五年计划时期,中国首次根据《环境保护法(试行)》的规定将国家环境保护"六五"计划(1981—1985年)作为一个独立的篇章纳入到国家国民经济和社会发展计划之中,为中国后来的环境保护规划纳入国家规划奠定了基础。从1986年实行"七五"计划时期开始,中国环境保护规划和计划工作的各方面都得到了顺利的开展。

1989年,中国修改颁布了新的《环境保护法》,规定国家制定的环境保护规划必须纳入国民经济和社会发展计划。自此以后,国家在制定的各个国民经济和社会发展五年计划中均将环境保护与经济、社会协调发展、综合平衡作为编制规划的重要指导思想,并专门设立了环境保护篇章。以2012年全国人大通过的"十二五"规划纲要为例,该规划纲要设立了题为"绿色发展,建设资源节约型、环境友好型社会"一篇(第六篇)计六章,分别就积极应对全球气候变化、加强资源节约和管理、大力发展循环经济、加大环境保护力度、促进生态保护和修复以及加强水利和防灾减灾体系建设作出了安排。

2014年《环境保护法》第13条重申:"县级以上人民政府应当将环境保护工作纳入国民经济和社会发展规划。"

(二)国务院主管部门编制的环境与自然保护专项规划

1. 环境主管部门制定的环境保护规划

《环境保护法》规定,国务院环境主管部门会同有关部门,根据国民经济和社会发展规划编制国家环境保护规划,报国务院批准并公布实施。县级以上地方人民政府环境主管部门会同有关部门,根据国家环境保护规划的要求编制本行政区域的环境

---

① 从"十一五"时期开始,国民经济和社会发展五年计划改称为国民经济和社会发展五年规划。

保护规划,报同级人民政府批准并公布实施(第13条第2、3款)。

环境保护规划是各级政府和各有关部门在规划期内要实现的环境目标和所要采取的防治措施的具体体现。环境保护规划的目的是为了保证环境保护作为国民经济和社会发展计划的重要组成部分参与综合平衡,发挥计划的指导和宏观调控作用,强化环境管理,推动污染防治和自然保护,改善环境质量,促进国民经济和社会发展与环境保护的协调发展。

环境保护规划的内容主要包括生态保护和污染防治的目标、任务、保障措施等。以2016年12月国务院通过的《"十三五"生态环境保护规划》为例,为实现生态环境质量总体改善的目标,规划提出了约束性和预期性指标,规划的目标是到2020年生态环境质量总体改善,保障措施是将规划重点任务根据有关职责进行分工、将约束性指标分解并明确部门责任,定期对规划实施情况进行监测评估和考核,考核结果向国务院报告,向社会公布,纳入领导干部综合考核评价体系。[①]

由于中国国务院与各部门编制发布的规划很多,环境保护规划可能在涉及环境污染防治、资源开发利用与自然保护等方面与其他规划在内容上相重合。为避免不同规划之间出现矛盾与冲突,《环境保护法》规定,环境保护规划应当与主体功能区规划、土地利用总体规划和城乡规划等相衔接(第13条第4款)。

2. 有关部门编制的环境与自然保护规划与行业和地区规划

按照环境保护分工负责的管理体制,除国务院环境主管部门外,其他有关部门也依法享有环境保护与自然资源保护管理的职权,它们可以单独或者与环境主管部门联合编制有关的规划并报国务院批准发布并实施。

有关部门编制的环境与自然保护规划既有专项规划,也有行业和地区规划。例如,全国生态环境保护纲要与全国生态环境建设规划、松花江流域水污染防治规划(2006—2010年)、全国野生动植物保护及自然保护区建设工程总体规划、全国草原保护建设利用总体规划、全国生物物种资源保护与利用规划纲要、中国水生生物资源养护行动纲要、全国湿地保护工程实施规划、天然林保护工程规划,等等。

三、全国主体功能区规划

2000年,原国家计委在有关规划体制改革的意见中首次提出规划编制的"空间协调与平衡"思想,要求政府在制定规划时,必须考虑将产业分布与空间、人、资源与环境相协调。2006年《国民经济和社会发展第十一个五年规划纲要》授权国务院编制全国主体功能区规划。2011年6月国务院正式发布了《全国主体功能区规划》。

《全国主体功能区规划》是我国第一部国土空间开发规划。该规划根据不同区域的资源环境承载能力、现有开发密度和发展潜力,按照人口分布、经济布局、国土利用和城镇化格局,将国土空间划分为优化开发、重点开发、限制开发和禁止开发四类。

---

① 见中国国务院印发《"十三五"生态环境保护规划》,2016年11月24日。

其中,优化开发区域是指国土开发密度已经较高、资源环境承载能力开始减弱的区域;重点开发区域是指资源环境承载能力较强、经济和人口集聚条件较好的区域;限制开发区域是指资源承载能力较弱、大规模集聚经济和人口条件不够好并关系到全国或较大区域范围生态安全的区域;禁止开发区域是指依法设立的各类自然保护区域。

与以往的国家综合性开发利用与环境与资源保护规划相比,《全国主体功能区规划》的最大特点,在于它打破了以往全国传统行政区划界限,要求今后的各类政策以及考核模式等都将以功能区为单位展开。根据功能区划分标准,《全国主体功能区规划》由国家主体功能区规划和省级主体功能区规划组成,分国家和省级两个层次编制,规划期至2020年。

实施《全国主体功能区规划》后,国家和地方有关财政、投资、产业、土地、人口管理、环境保护以及绩效评价和政绩考核政策和指标均要发生改变。

与其他各类环境与自然保护规划相比,《全国主体功能区规划》是国土空间开发的战略性、基础性和约束性规划,是国民经济和社会发展总体规划、人口规划、区域规划、城市规划、土地利用规划、环境保护规划、生态建设规划、流域综合规划、水资源综合规划、海洋功能区划、海域使用规划、粮食生产规划、交通规划、防灾减灾规划等在空间开发和布局的基本依据。因此国民经济和社会发展规划中的环境与自然保护规划与行业和地区规划的编制都应当以《全国主体功能区规划》为准。而《全国主体功能区规划》则必须由国民经济和社会发展规划纲要予以确定。

四、环境规划的效力

理论上讲,环境规划属于行政行为之一种,是针对一定目标确立的多阶段、分时期的行政过程。在各国环境保护法律实践中,环境与自然保护规划的表现形式多种多样,既有依照法律制定的计划或规划,也有通过行政法规或者规章确立的计划或规划。因此其法律效力也各不相一。

从中国各类环境与自然保护规划的编制与执行看,国民经济与社会发展五年规划纲要由全国人大审议通过具有最高规划效力,其次依次为国务院发布的全国主体功能区规划以及与国务院各部门发布的其他类别规划。

如果规划的实施未以相应的法律规范予以指引,就不具有一般行政法规范的性质。由于中国现行环境保护法律并未对环境与自然保护规划的编制与执行规定相应的法律后果,所以这些规划主要对政府及其主管部门依法审批规划范围内相关开发利用环境资源项目以及规划所确立的环境与自然保护类项目具有指导意义和依据作用,但它们一般不对行政机关以外的人和事具有直接的法的拘束力。

在西方国家,通过环境基本法所确立的环境计划属于国家的基本计划,其他计划或者规划的编制都应当与之相协调,这是国家保护环境义务的具体体现。在中国,由于专门的环境保护计划的制订必须依据国家国民经济和社会发展五年计划中的环境保护篇章以及生态建设和环境保护重点专项规划,因此在政府计划层面上各类计划或者规划之间是相互协调一致的。在没有法律规定的情况下,国家环境计划的适法性并不明确,也即可能具有不同的法律意义和拘束力。根据法律保留原则,如果国家环境计划没有明确法律依据,就不能设立干涉行政相对人权利的内容。

我国除了环境规划外,还有土地利用规划,区域、流域、海域的建设、开发利用规划等综合性指导规划,以及工业、农业、畜牧业、林业、能源、水利、交通、城市建设、旅游、自然资源开发等专项规划,这些规划均依照法律行政法规编制实施。从它们之间的效力上看,尽管目前法律没有明确规定,但是在执行环境影响评价制度时,法定应当进行环境影响评价的规划若未经环境影响评价审查,该规划就会因程序违法而不具有规划的效力。而有关建设项目如果没有规划作为项目建设依据的话,就不可能通过环境影响评价程序。

当环境与资源保护规划的具体实施涉及公众的环境权益时,应当按照不同环境与自然保护规划的性质决定该规划的编制和审批行为是否可以接受司法审查。

第四节　环境影响评价

一、概述

环境影响评价(environmental impact assessment)一般指决策者在作出可能带来环境影响的意思决定之前,事先对环境的现状进行调查,在此基础上提出各种不同的替代方案(alternative),并就各种方案可能造成的环境影响进行预测、评价和比较,从而选择最适合于环境的意思决定。依照我国《环境影响评价法》规定,环境影响评价是指对规划和建设项目实施后可能造成的环境影响进行分析、预测和评估,提出预防或者减轻不良环境影响的对策和措施,进行跟踪监测的方法与制度(第2条)。环境影响评价必须客观、公开、公正,综合考虑规划或者建设项目实施后对各种环境因素及其所构成的生态系统可能造成的影响,为决策提供科学依据(第4条)。

环境影响评价制度的意义在于其具有科学技术性、前瞻预测性和内容综合性等优点,是环境行政决策的主要科学依据。在我国,环境影响评价制度的实施始于20世纪70年代末。1978年,中共中央在批转国务院关于《环境保护工作汇报要点》的报告中首次提出了进行环境影响评价工作的意向。同年国务院有关部门组织对位于江西省的永平铜矿进行了环境影响评价。1979年《环境保护法(试行)》对建设项目实施环境影响评价作出了规定。2016年修订的《环境影响评价法》,首次以专门立法的形式确立了环境影响评价制度。2014年修订的《环境保护法》采用准用性规范规定,编制有关开发利用规划,建设对环境有影响的项目,应当依法进行环境影响评价(第19条第1款)。

此外,在我国颁布的一系列环境保护法律如水污染、环境噪声、海洋环境保护、大气污染、固体废物污染等法律中,都毫无例外地对建设项目施行环境影响评价作了重申。此外,在建设项目环境保护管理方面,国务院于1998年颁布实施了《建设项目环境保护管理条例》(2017年修订),2009年还颁布实施了《规划环境影响评价条例》。

我国《环境影响评价法》规定,环境影响评价的对象包括应当进行环境影响评价的规划和建设项目两大类。

二、环境影响评价的对象

(一)规划的环境影响评价

1. 对规划实施环境影响评价的意义

对规划进行环境影响评价,源于20世纪80年代后期国际社会提倡的战略环境评价。它的形成与追求可持续发展实践和考虑累积环境影响有着密切的关系。[1] 1996年联合国在其报告中将战略环境评价称为"第二代环境影响评价(the Second Generation EIA)"。[2]

2003年5月联合国欧洲经济委员会在《越境环境影响评价条约有关战略环境评价的协定》中首次对"战略环境评价"作了解释,即对可能的环境影响,包括健康影响作出评估,战略环境评价应当包括对环境报告书及其准备文件范围的决定,实施公众参与和咨询的程序,以及(在决策中)慎重考虑计划(plan)或规划(programme)的环境报告书与公众参与和咨询的结果。

战略环境评价有广义与狭义之分。广义上是指在具有战略的(strategic)意思决定层面进行的环境评价,主要指立法、决策、编制计划和规划等;狭义上的则相对于传统意义上的"项目"(project)而言,特指对"政策"(policy)、"规划"(plan)、"计划"(program)进行环境评价。

战略环境评价除了是环境影响评价的一部分外,也是各国环境政策领域的一个分支。实施战略环境评价的意义主要在于它可以弥补单一项目环境影响评价的缺陷,实现社会、经济的可持续发展以及促使公众参与政府环境与开发决策成为现实。

我国曾于2000年在编制环境影响评价法草案建议稿中作出如下规定:制定可能产生重大环境影响的经济技术政策和标准、编制规划与计划的部门,有义务编制环境影响评价报告。但是,由于我国有关政策的制定主体较为模糊,且战略环境评价的实施明显会妨碍经济行政主管部门和地方政府编制和审批各类重大开发利用规划等决策,因此这一规定受到了来自国务院经济主管部门和地方政府的强烈反对,最终除象征性保留"规划的环境影响评价"条文外,战略环境评价未能全面写入2002年《环境影响评价法》。

---

[1] MARIA Rosario Partidario, Significance and the Future of Strategic Environmental Assessment, International Workshop on Strategic Environmental Assessment, Tokyo, 26—27th November, 1998.

[2] See Integrating Environment and Development in Decision-making, Commission on Sustainable Development, Fourth Session, paragraph10, 18 April-3 May 1996, New York.

鉴于实施战略环境评价对生态文明制度的顶层设计具有基础性、重要性以及对经济部门和地方政府的敏感性,2014年《环境保护法》采用折中的方式隐晦地将战略环境评价写入该法第14条:"国务院有关部门和省、自治区、直辖市人民政府组织制定经济、技术政策,应当充分考虑对环境的影响,听取有关方面和专家的意见。"

2. 应当进行环境影响评价的规划

依照我国开发利用自然资源的法律规定,环境利用行为人实施各种开发建设活动必须依据相应的开发利用规划。然而,由国务院有关部门、设区的市级以上地方人民政府及其有关部门组织编制的规划范围很广、种类繁多,如果各类规划的编制过程只考虑开发利用的经济价值、忽视预防环境问题,就无法从源头上保护环境,也不能指导政策或规划的发展方向。在这个背景下,产生了规划环境影响评价制度。

依照《环境影响评价法》第二章关于"规划的环境影响评价"的规定,我国主要对综合性规划和专项规划实行环境影响评价。

综合性规划是就国家或地方有关宏观、长远发展提出的具有指导性、预测性、参考性的指标。综合性规划包括国务院有关部门、设区的市级以上地方人民政府及其有关部门组织编制的土地利用的有关规划,区域、流域、海域的建设、开发利用规划(第7条)。

专项规划是对有关的指标、要求作出具体的执行安排。专项规划涉及几乎所有的经济活动领域,包括国务院有关部门、设区的市级以上地方人民政府及其有关部门组织编制的工业、农业、畜牧业、林业、能源、水利、交通、城市建设、旅游、自然资源开发的有关专项规划(第8条)。

(二)建设项目的环境影响评价

建设项目的概念伴随我国经济发展和环境管理范围的调整一直在发生改变,一般指由建设项目环境影响分类管理名录规定的对环境可能产生影响的新建、改建、扩建工程项目和其他开发活动。对环境可能造成影响的饮食娱乐服务性行业,也属建设项目环境保护管理的范围。

根据建设项目特征和所在区域的环境敏感程度,综合考虑建设项目可能对环境产生的影响,我国对建设项目的环境影响评价实行分类管理。依照《建设项目环境影响评价分类管理名录》(生态环境部,2018年4月修订)的规定,建设单位应当按照该名录的规定,分别组织编制建设项目环境影响报告书、环境影响报告表或者填报环境影响登记表。

三、环境影响评价的程序和内容

各国环境影响评价的基本程序主要包括:(1)确定是否应当进行环境影响评价的必要性判断(screening)程序(我国已经通过环境影响评价法对评价对象的规定予以确定);(2)确定评价范围和项目(scoping)程序;(3)实施环境影响评价和编制环境影响报告书程序;(4)公众参与程序以及最终决定程序。

环境影响评价的内容一般反映在环境影响报告书之中,主要包括对拟议行动方案及其可供选择的其他方案实施后可能造成环境影响的科学评估、受影响的环境以及环境受到影响后可能产生的不良后果等两个大的方面。作为环境影响评价基本内容,对拟议行动方案及其可供选择的其他方案一并评估以及公众参与评估和决策全过程,是必不可少的,它们是环境影响评价制度的核心和精髓。但在我国,考虑到编制行动方案的成本较高,法律并不要求在拟议行动方案之外再提供可选择的其他方案,因此被评价的方案只有一个。另外,公众参与的广度、深度及其权益保障也有待进一步明确。

鉴于环境影响评价在内容和程序上的重要性及其预防和减轻开发利用环境资源行为对环境污染与生态破坏的保障作用,《环境保护法》第19条第2款对环境影响评价制度的效力作出了如下规定:"未依法进行环境影响评价的开发利用规划,不得组织实施;未依法进行环境影响评价的建设项目,不得开工建设。"

(一)规划环境影响评价的程序

1. 编写环境影响篇章或者说明以及环境影响报告书

对规划进行环境影响评价应当由规划编制机关在规划编制过程中组织进行。编制综合性规划与专项规划中的指导性规划,应当根据规划实施后可能对环境造成的影响,编写环境影响篇章或者说明,内容包括规划实施对环境可能造成影响的分析、预测和评估,以及预防或者减轻不良环境影响的对策和措施。

编制专项规划,应当在规划草案报送审批前编制环境影响报告书[①],内容除了包括环境影响篇章或者说明的内容外,还包括环境影响评价结论。

2014年原环境保护部公布了《规划环境影响评价技术导则总纲》(HJ130-2014),要求分析、预测和评估规划实施可能对环境产生的整体影响、可能对环境和人群健康产生的长远影响以及规划实施的经济效益、社会效益与环境效益之间以及当前利益与长远利益之间的关系。

对可能造成不良环境影响并直接涉及公众环境权益的专项规划,除依法需要保密的外,编制机关应当在规划草案报送审批前征求有关公众等的意见。当有关公众等的意见与环境影响评价结论有重大分歧时,规划编制机关还应当进一步论证。在规划编制机关向审查机关报审环境影响报告书时,应当附具对公众意见采纳与不采纳情况及其理由说明。

若对已批准的规划进行重大调整或者修订,规划编制机关应当重新或者补充进行环境影响评价。

2. 审查规划环境影响评价文件

依照《规划环境影响评价条例》的规定,规划编制机关在报送指导性规划草案时,应当将环境影响篇章或者说明作为规划草案的组成部分一并报送规划审批机关;规划编制机关在报送审批专项规划草案时,应当将环境影响报告书一并附送规划审批

---

① 环境影响报告书是指详细记载和阐述环境影响评价内容的书面文件。

机关。审批机关在收到规划环境影响评价文件后,应当在审批前将其交由政府指定环境主管部门组成的审查小组对环境影响报告书进行审查(第15—17条)。

审查小组对规划环境影响评价文件进行审查后应当向审批机关提交书面意见。内容包括:基础资料、数据的真实性;评价方法的适当性;环境影响分析、预测和评估的可靠性;预防或者减轻不良环境影响的对策和措施的合理性和有效性;公众意见采纳与不采纳情况及其理由的说明的合理性;环境影响评价结论的科学性(第19条)。

依据现有知识水平和技术条件,对规划实施可能产生的不良环境影响的程度或者范围不能作出科学判断,或者规划实施可能造成重大不良环境影响的环境影响报告书,并且无法提出切实可行的预防或者减轻对策和措施的,审查小组应当提出不予通过的意见(第21条)。

《环境影响评价法》还规定,审查小组提出修改意见的,专项规划的编制机关应当根据环境影响报告书结论和审查意见对规划草案进行修改完善,对环境影响报告书结论和审查意见不采纳的,应当说明理由(第14条)。

规划审批机关在审批专项规划草案时,应当将环境影响报告书结论以及审查意见作为决策的重要依据。当规划审批机关对环境影响报告书结论以及审查意见不予采纳时,应当逐项就不予采纳的理由作出书面说明,并存档备查(第22条)。

依照《环境影响评价法》的规定,规划编制机关违反该法规定,组织环境影响评价时弄虚作假或者有失职行为,造成环境影响评价严重失实的,对直接负责的主管人员和其他直接责任人员,由上级机关或者监察机关依法给予行政处分(第29条)。

(二)建设项目的环境影响评价的程序

1. 通过分类管理方式筛选评价对象和决定评价范围

《环境影响评价法》规定,国家根据建设项目对环境的影响程度,对建设项目的环境影响评价实行分类管理。分类管理标准如下:可能造成重大环境影响的,应当编制环境影响报告书,对产生的环境影响进行全面评价;可能造成轻度环境影响的,应当编制环境影响报告表,对产生的环境影响进行分析或者专项评价;对环境影响很小、不需要进行环境影响评价的,应当填报环境影响登记表(第16条)。

至于何种程度的环境影响属于法律规定的重大、轻度或者很小,则由环境主管部门根据《建设项目环境保护分类管理目录》的规定,按照建设项目特征和所在区域的环境敏感程度并综合考虑建设项目可能对环境产生的影响,由建设单位按照名录分别组织编制建设项目环境影响报告书、环境影响报告表或者填报环境影响登记表。

2. 编制环境影响报告书

依法应当编制环境影响报告书的建设项目,属于对环境可能造成重大影响的建设项目。环境影响报告书的内容包括:建设项目概况;建设项目周围环境现状;建设项目对环境可能造成影响的分析、预测和评估;建设项目环境保护措施及其技术、经济论证;建设项目对环境影响的经济损益分析;对建设项目实施环境监测的建议;环境影响评价的结论等七部分(第17条)。

为避免重复,已经进行了环境影响评价的规划包含具体建设项目的,规划的环境影响评价结论应当作为建设项目环境影响评价的重要依据,建设项目环境影响评价的内容应当根据规划的环境影响评价审查意见予以简化。如果作为一项整体建设项目的规划按照建设项目进行环境影响评价,不进行规划的环境影响评价。另外,已经进行了环境影响评价的规划所包含的具体建设项目,建设单位可以简化其环境影响评价内容。

除国家规定需要保密的情形外,对应当编制环境影响报告书的建设项目,要求建设单位在报批建设项目环境影响报告书前,举行论证会、听证会,或者采取其他形式,征求有关单位、专家和公众的意见。建设单位报批的环境影响报告书应当附具对有关单位、专家和公众的意见采纳或者不采纳的说明(第21条)。

建设单位未依法报批建设项目环境影响报告书、报告表,或者未依照本法第24条的规定重新报批或者报请重新审核环境影响报告书、报告表,擅自开工建设的,由县级以上环境保护行政主管部门责令停止建设,根据违法情节和危害后果,处建设项目总投资额1%以上5%以下的罚款,并可以责令恢复原状;对建设单位直接负责的主管人员和其他直接责任人员,依法给予行政处分。建设项目环境影响报告书、报告表未经批准或者未经原审批部门重新审核同意,建设单位擅自开工建设的,依照前款的规定处罚、处分。建设单位未依法备案建设项目环境影响登记表的,由县级以上环境保护行政主管部门责令备案,处5万元以下的罚款(第31条)。

接受委托为建设项目环境影响评价提供技术服务的机构在环境影响评价工作中不负责任或者弄虚作假,致使环境影响评价文件失实的,由授予环境影响评价资质的环境保护行政主管部门降低其资质等级或者吊销其资质证书,并处所收费用一倍以上三倍以下的罚款;构成犯罪的,依法追究刑事责任(第32条)。2014年《环境保护法》对项目环境影响评价违法行为作出更为严厉的规定:"环境影响评价机构……在有关环境服务活动中弄虚作假,对造成的环境污染和生态破坏负有责任的,除依照有关法律法规规定予以处罚外,还应当与造成环境污染和生态破坏的其他责任者承担连带责任。"(第65条)。

3. 审批环境影响报告书

就建设项目组织编制环境影响报告书,建设单位应当向有审批权的环境主管部门或者其他依法行使审批权的部门提出审批申请。有关审批部门在对环境影响报告书进行审查时,可以由其所属评估机构组织专家对环境影响报告书进行技术评估。期间应当将有关信息向社会公布。对可能影响项目所在地居民生活环境质量以及存在重大意见分歧的建设项目,可以举行听证会、论证会、座谈会,征求有关单位、专家和公众的意见。国家规定需要保密的建设项目除外。

审批部门认为环境影响报告书符合环境影响评价法规规定的,应当向建设单位发放同意的批复。

四、环境影响评价的公众参与

环境影响评价的公众参与,是指除开发单位及审查环境影响评价机关外,其他相关机关、团体、地方政府、学者专家、当地居民等,依照法定程序和方式,参与环境影响报告书的制作、审查与监督等阶段的活动。

环境影响报告书编制中的公众参与是环境法有关公众参与原则的具体体现,是环境决策民主化和科学化的具体要求(参见第二章第四节)。

《环境影响评价法》规定,国家鼓励有关单位、专家和公众以适当方式参与环境影响评价(第5条)。此外,该法在有关规划和建设项目环境影响评价方面也规定了公众参与的途径和方法。

一般情况下,在规划和建设项目环境影响报告书的编制和审批阶段,除国家规定需要保密的情形外,规划的编制机关或者建设单位应当在报批环境影响报告书前举行论证会、听证会或采取其他形式,征求有关单位、专家和公众的意见。从公众参与方式看,论证会适合专家参与的场合,而听证会则适合于所有的公众。

依照《行政许可法》的规定,行政许可直接涉及申请人与他人之间重大利益关系的,行政机关在作出行政许可决定前,应当告知申请人、利害关系人享有要求听证的权利;申请人、利害关系人在被告知听证权利之日起5日内提出听证申请的,行政机关应当在20日内组织听证(第47条)。

为了明确公众尽早参与的时机并为之提供全面的环评信息,《环境保护法》第56条还补充规定,对依法应当编制环境影响报告书的建设项目,建设单位应当在编制时向可能受影响的公众说明情况,充分征求意见。负责审批建设项目环境影响评价文件的部门在收到建设项目环境影响报告书后,除涉及国家秘密和商业秘密的事项外,应当全文公开;发现建设项目未充分征求公众意见的,应当责成建设单位征求公众意见。

《规划环境影响评价条例》还规定,任何单位和个人对违反条例规定的行为或者对规划实施过程中产生的重大不良环境影响,有权向规划审批机关、规划编制机关或者环境保护主管部门举报。有关部门接到举报后,应当依法调查处理(第6条)。

2006年原环保总局发布了《环境影响评价公众参与暂行办法》(已失效)。2018年8月生态环境部印发了新的《环境影响评价公众参与办法》。该办法对公众参与的一般要求、组织形式等内容作出了具体规定,要求建设单位对公众参与组织实施的真实性和结果负责,将听取意见的公众范围明确为环境影响评价范围内公民、法人和其他组织,并鼓励建设单位听取范围外公众的意见。

第五节 环境费和环境税

一、概述

为贯彻"污染者负担"和"原因者负担"原则,20世纪70年代开始各国陆续实施了环境费制度,目的是通过向排污者征收一定费用,以用于治理和恢复因污染对环境造成的损害。按照OECD对其成员国的要求,环境费可以纳入企业的生产经营成本中。到20世纪90年代,因污染物中诸多导致环境污染和人体健康侵害的物质及其相关指标如SO_2、NO_x、COD等被纳入重点限制排放污染物和重点监管对象而实行总量控制,一些国家还对这些重点污染物实行了污染税制度。

20世纪末原因者负担原则确立后,各国纷纷将环境费和环境税的征收对象从污染物的排放者扩大到整个商品链各环节的受益者和从生态效益中获益的生产经营者。

(一)环境费

环境费(environmental fee)是对所有环境收费的统称,指国家或者其他公法人团体以治理污染和改善环境为目的,依法向环境利用行为人收取的与其行为相对等的金钱。在各国环境立法上,环境费通常表现为环境规费(environmental charges)、环境受益费(environmental beneficial fee)等形式。

环境规费是缴纳者基于公权力关系从环境获益而向政府支付一定报偿的对价。如废物处理处置费以及法律规定的许可费等。环境规费的确定以补偿成本为原则。

环境受益费是公权力机关为满足财政需求,对公共环境设施的建造或使用向使用者或受益者收取的费用。如风景名胜区或自然保护区公园使用费、公害防止事业费企业负担金(日本)等。环境受益费的确定以效益—成本比为原则。

我国从1979年就在《环境保护法(试行)》中规定了排污收费制度并实施了三十多年。主要对废气、海洋工程排污和废弃物海洋倾倒、污水排污、危险废物排污以及噪声超标排污征收排污费和超标排污费。然而,由于这项制度源于计划经济时期,因当时国有企业资金不足和减少企业负担等因素,我国的排污费的征收标准虽然几经调整但一直都很低,不仅不足以担负治理环境污染的投入成本,而且还成为企业放弃积极治理污染义务的理由。[①]

虽然三十多年来排污费制度对防治环境污染发挥了重要作用,然而与税收制度相比存在着执法刚性不足、地方政府和部门干预等问题,因此,从2011年启动《环境保护法》修订时国家就开始考虑进行排污费改税。2014年修订的《环境保护法》第43条第2款就规定"依照法律规定征收环境保护税的,不再征收排污费",这一规定为实施费改税提供了法律适用的依据。依照2016年全国人大常委会通过的《环境保护税法》,我国从2018年1月1日起施行环境保护税制。与排污收费的目的相同,环境保护税的目的也在于保护和改善环境,减少污染物排放。为此环境保护税制的实行也全面取代并废除了排污收费制度。

按照"开发者养护"(the exploiter is responsible for conserving resources)原则,我国实行自然保护费制度(natural protection fee system),它是指开发利用自然资源

---

① 2018年5月据财政部透露,环境保护税自2018年1月1日起开征至4月,全国环境保护税收收入就达44亿元。包兴安:《环境保护税开征满4个月实现收入44亿元》,载《证券日报》,2018年5月15日。

或自然环境者,应当依照自然资源或生态保护法律法规的规定,按其对自然资源与环境要素的利用程度向法律授权的行政主管部门缴纳一定费用的行为规范。

自然保护费、生态保护补偿费是环境费在中国自然资源和自然保护立法上的另一种表现形式,属于环境受益费的范畴。

(二) 环境税

环境税(environmental taxation),也称生态税,是一个广义的概念,它是以环境保护为目的对开发利用环境行为征税的统称。由于环境税征收既涉及排污行为,也涉及能源利用和开发利用资源行为,所以它与资源税、能源税有许多交叉,至今没有一个被广泛接受的统一定义。如果仅以排污行为为限,环境税一般包括碳排放税、二氧化硫排放税、化学需氧量与生化需氧量排放税以及重金属排放税等等。

如上所述,中国从 2018 年开始实行了环境保护税制,此外还对部分自然资源实行资源税制度。

二、我国的环境保护税制

结合法律规定,本书认为,环境保护税(emission charges system)是对在中国境内直接向环境排放应税污染物的开发利用行为人,就其相应污染物征收的一种税。与国家其他税收不同,环境保护税作为专门的绿色税种,开征的主要目的不是为了增加财政收入,主要是为了让企业既算经济账又算环境账,使高污染、高排放企业加速绿色转型,让清洁生产的企业获得发展先机。2017 年 12 月国务院决定,为促进各地保护和改善环境、增加环境保护投入,环境保护税全部作为地方收入。①

考虑到排污费制度在中国实施了近四十年时间,中国环境保护税的制度设计是按照"税负平移"方式进行的,即环境保护税法主要根据排污费项目设置税目,将排污费的缴纳人作为环境保护税的纳税人,将应税污染物排放量作为计税依据,将现行排污费收费标准作为环境保护税的税额下限。

按照《环境保护税法》规定,该法自 2018 年 10 月 26 日起施行,依照该法规定征收环境保护税,不再征收排污费(第 27、28 条)。

(一) 纳税人和课税对象

1. 纳税人

在中华人民共和国领域和中华人民共和国管辖的其他海域,直接向环境排放应税污染物的开发利用行为人为环境保护税的纳税人(第 2 条)。

排污者向依法设立的污水集中处理、生活垃圾集中处理场所排放应税污染物的,以及在符合国家和地方环境保护标准的设施、场所贮存或者处置固体废物的,不属于直接向环境排放污染物,不缴纳相应污染物的环境保护税(第 4 条)。但是,依法设立的城乡污水集中处理、生活垃圾集中处理场所超过国家和地方规定的排放标准向环

---

① 参见国务院:《关于环境保护税收入归属问题的通知》,2017 年 12 月 22 日。

境排放应税污染物的,以及开发利用行为人贮存或者处置固体废物不符合国家和地方环境保护标准的,仍应当缴纳环境保护税(第5条)。

与排污费性质相同的是,缴纳环境保护税属于排污者对占用环境容量和利用环境纳污的补偿,征税的目的是用于统筹治理和改善环境。因此《环境保护税法》规定,直接向环境排放应税污染物的排污者,除依照本法规定缴纳环境保护税外,应当对所造成的损害依法承担责任(第26条)。

目前,公民个人不属于环境保护税的纳税人。

2. 征税对象

在我国以往的排污费制度中,排污费的征收对象是大气、水、固体、噪声四类污染物。与我国排污费制度相衔接,环境保护税的征税对象也是大气、水、固体、噪声四类污染物。《环境保护税法》所附的《环境保护税税目税额表》对环境保护税的税目、税额作出了具体规定(第3、6条)。

环境保护税的税目主要分为大气污染物(主要包括二氧化硫、氮氧化物、粉尘等)、水污染物(主要不包括重金属、悬浮物、动植物油等)、固体废物(主要包括煤矸石、尾矿等)和噪声(仅为超标排放并干扰周围生活环境的工业噪声)等四类。鉴于二氧化碳是否属于大气污染物在我国各方面争议较大,法律也未明确定性,所以暂未纳入环境保护税的征收范围。

考虑到全国各地情况差异较大,《环境保护税法》规定应税大气污染物和水污染物的具体适用税额的确定和调整,由省级人民政府统筹考虑本地区环境承载能力、污染物排放现状和经济社会生态发展目标要求,在《环境保护税税目税额表》规定的税额幅度内提出,报同级人大常委会决定,并报全国人大常委会和国务院备案(第6条第2款)。

(二) 计税依据和应纳税额

1. 计税依据

《环境保护税法》规定,应税污染物的计税依据按照下列方法确定:(一) 应税大气污染物按照污染物排放量折合的污染当量[①]数确定;(二) 应税水污染物按照污染物排放量折合的污染当量数确定;(三) 应税固体废物按照固体废物的排放量确定;(四) 应税噪声按照超过国家规定标准的分贝数确定(第7条)。

在具体适用上,第一,上述(一)和(二)中的应税大气污染物、水污染物的污染当量数,以该污染物的排放量除以该污染物的污染当量值计算。每种应税大气污染物、水污染物的具体污染当量值,依照该法所附《应税污染物和当量值表》执行(第8条)。

第二,每一排放口或者没有排放口的应税大气污染物,按照污染当量数从大到小

---

① 污染当量,依照《环境保护税法》第25条第(一)项规定,是指根据污染物或者污染排放活动对环境的有害程度以及处理的技术经济性,衡量不同污染物对环境污染的综合性指标或者计量单位。同一介质相同污染当量的不同污染物,其污染程度基本相当。

排序,对前三项污染物征收环境保护税;每一排放口的应税水污染物,按照该法所附《应税污染物和当量值表》,区分第一类水污染物和其他类水污染物,按照污染当量数从大到小排序,对第一类水污染物按照前五项征收环境保护税,对其他类水污染物按照前三项征收环境保护税(第9条第1款)。

省级人民政府根据本地区污染物减排的特殊需要,可以增加同一排放口征收环境保护税的应税污染物项目数,报同级人大常委会决定,并报全国人大常委会和国务院备案(第9条第2款)。

第三,应税大气污染物、水污染物、固体废物的排放量和噪声的分贝数,按照下列方法和顺序计算:(一)纳税人安装使用符合国家规定和监测规范的污染物自动监测设备的,按照污染物自动监测数据计算;(二)纳税人未安装使用污染物自动监测设备的,按照监测机构出具的符合国家有关规定和监测规范的监测数据计算;(三)因排放污染物种类多等原因不具备监测条件的,按照国务院环境保护主管部门规定的排污系数、物料衡算①方法计算;(四)不能按照本条第一项至第三项规定的方法计算的,按照省、自治区、直辖市人民政府环境主管部门规定的抽样测算的方法核定计算(第10条)。

2. 应纳税额

《环境保护税法》规定,环境保护税应纳税额按照下列方法计算:(一)应税大气污染物的应纳税额为污染当量数乘以具体适用税额;(二)应税水污染物的应纳税额为污染当量数乘以具体适用税额;(三)应税固体废物的应纳税额为固体废物排放量乘以具体适用税额;(四)应税噪声的应纳税额为超过国家规定标准的分贝数对应的具体适用税额(第11条)。

3. 税收减免

《环境保护税法》对税收的减免优惠做了两处规定。

一是对下列情形暂予免征环境保护税的规定:(一)农业生产(不包括规模化养殖)排放应税污染物的;(二)机动车、铁路机车、非道路移动机械、船舶和航空器等流动污染源排放应税污染物的;(三)依法设立的城乡污水集中处理、生活垃圾集中处理场所排放相应应税污染物,不超过国家和地方规定的排放标准的;(四)纳税人综合利用的固体废物,符合国家和地方环境保护标准的;(五)国务院批准免税的其他情形②(第12条)。

二是对减排的优惠规定:(1)对纳税人排放应税大气污染物或者水污染物的浓度值低于国家和地方规定的污染物排放标准30%的,减按75%征收环境保护税;(2)纳税人排放应税大气污染物或者水污染物的浓度值低于国家和地方规定的污染

---

① 依照《环境保护税法》第25条第(二)、(三)项规定,排污系数是指在正常技术经济和管理条件下,生产单位产品所应排放的污染物量的统计平均值;物料衡算是指根据物质质量守恒原理对生产过程中使用的原料、生产的产品和产生的废物等进行测算的一种方法。

② 按照税收法定的原则,国务院批准免税的其他情形,由国务院报全国人民代表大会常务委员会备案。

物排放标准50%的,减按50%征收环境保护税(第13条)。

(三) 征收管理

1. 征收工作机制

《税收征收管理法》(全国人大常委会,1992年制定;1995年修正,2001年修订,2013、2015年修正)对各项税收的征管作了统一规范,因此环境保护税由税务机关依照《税收征收管理法》和《环境保护税法》的有关规定征收管理;环境主管部门负责对污染物的监测管理(第14条)。

税务机关与环境主管部门的分工协作机制,一是为加强环境保护税征收管理,保障税款及时足额入库,共同建立涉税信息共享平台和工作配合机制;二是环境主管部门应当将开发利用行为人的排污许可、污染物排放数据、环境违法和受行政处罚情况等环保相关信息,定期交送税务机关;三是税务机关应当将纳税人的纳税申报、税款入库、减免税额、欠缴税款以及风险疑点等环保税涉税信息,定期交送环境主管部门(第15条)。

2. 税收申报

(1) 申报。纳税义务发生时间为纳税人排放应税污染物的当日。纳税人应当向应税污染物排放地的税务机关申报缴纳环境保护税(第16、17条)。

环境保护税实行按月计算,按季申报缴纳。不能按固定期限计算缴纳的,可以按次申报缴纳。纳税人申报缴纳时,应当向税务机关报送所排放应税污染物的种类、数量,大气污染物、水污染物的浓度值,以及税务机关根据实际需要要求纳税人报送的其他纳税资料(第18条)。

纳税人按季申报缴纳的,应当自季度终了之日起15日内,向税务机关办理纳税申报并缴纳税款。纳税人按次申报缴纳的,应当自纳税义务发生之日起15日内,向税务机关办理纳税申报并缴纳税款。纳税人应当依法如实办理纳税申报,对申报的真实性和完整性承担责任(第19条)。

(2) 比对与复核。税务机关应当将纳税人的纳税申报数据资料与环境主管部门交送的相关数据资料进行比对,当发现纳税人的纳税申报数据资料异常或者纳税人未按照规定期限办理纳税申报的,可以提请环境主管部门进行复核。环境主管部门应当自收到税务机关的数据资料之日起15日内向税务机关出具复核意见。税务机关应当按照环境主管部门复核的数据资料调整纳税人的应纳税额[①](第20条)。

3. 税收使用

在环境保护税的收入使用上,由于实践中预算安排的环保投入远高于环保税收入(目前为排污费收入),如2015年全国排污费征收共173亿元,而同年全国污染防

---

① 依照《环境保护税法》第21条规定,依照第10条第四项的规定核定计算污染物排放量的,由税务机关会同环境主管部门核定污染物排放种类、数量和应纳税额。

治支出就有1133亿元。① 因此,《环境保护税法》并未像排污费那样实行专款专用,而是按照《预算法》(全国人大常委会,1994年制定;2014、2018年修正)的规定,将环境保护税收入与其他税收收入一并纳入一般公共预算管理,统筹安排使用。

三、自然保护费制度

在中国自然资源管理和自然保护法律法规中,规定有种类不同的收费制度,本书将其中用于自然保护目的的收费统称为自然保护费。

由于自然保护行为与自然资源的开发利用行为经常联系在一起,因此中国自然保护领域的自然保护费一般由各单项自然资源法律法规予以规定。此外,从2008年修订《水污染防治法》(全国人大常委会,1984年制定;1996年修正,2008年修订,2017年修正)开始,我国还实行了生态保护补偿制度。

以下本书按照自然保护费的目的和法律规定分别予以介绍。

(一) 直接用于自然保护的收费

属于直接用于自然保护的自然资源收费有:《森林法》(全国人大常委会,1984年制定;1998、2009年修正)中规定的育林费、森林植被恢复费以及森林生态效益补偿基金。其中,育林费专门用于造林育林;森林植被恢复费属于政府性基金,用于林业主管部门组织的植树造林、恢复森林植被,包括调查规划设计、整地、造林、抚育、护林防火、病虫害防治、资源管护等开支②;中央森林生态效益补偿基金的补偿范围为国家林业局公布的重点公益林林地中的有林地,以及荒漠化和水土流失严重地区的疏林地、灌木林地、灌丛地。③

《野生动物保护法》(全国人大常委会,1988年制定;2004、2009年修正,2016年修订,2018年修正)中规定的野生动物资源保护管理费,用于野生动物资源的保护管理、资源调查、宣传教育、驯养繁殖、科学研究。其中,陆生野生动物资源保护管理费由省级以上林业部门向经批准出售、收购、利用的国家一、二级保护野生动物或其产品的供货方收取。④

《草原法》(全国人大常委会,1985年制定;2002年修订,2009、2013年修正)中规定的草原植被恢复费。因建设征用或者使用草原的应当交纳草原植被恢复费。草原植被恢复费由草原部门按照规定用于恢复草原植被。

(二) 间接用于自然保护的自然资源收费

属于间接用于自然保护的环境费主要有:《土地管理法》(全国人大常委会,1986

---

① 参见全国人大法律委员会关于《中华人民共和国环境保护税法(草案二次审议稿)》修改意见的报告,2016年12月24日在第十二届全国人民代表大会常务委员会第二十五次会议上。
② 参见《森林植被恢复费征收使用管理暂行办法》(2002年10月25日,财政部、国家林业局)。
③ 参见《中央森林生态效益补偿基金管理办法》(2004年10月21日,财政部、国家林业局)。
④ 参见《陆生野生动物资源保护管理费收费办法》(1992年12月17日,林业部 财政部 国家物价局)和《关于陆生野生动物资源保护管理费收取范围有关问题的通知》(2002年4月9日,国家计委、财政部)。

年制定;1988年修正,1998年修订,2004年修正)中规定的耕地开垦费、土地复垦费;《水法》(全国人大常委会,1988年制定;2002年修订,2009、2016年修正)中规定的水资源费;《渔业法》(全国人大常委会,1986年制定;2000、2004、2009、2013年修正)中规定的渔业资源增殖保护费;《矿产资源法》(全国人大常委会,1986年制定;1996、2009年修正)中规定的矿产资源补偿费。

依照各单项自然资源或生态保护法律法规的规定,上述自然保护费的征收和使用一般也必须纳入财政预算并实行专款专用。

应当注意的是,有关自然资源的使用费或资源税不属于自然保护费的范畴。此外,随着建立循环经济型社会(circular economical society)国家的提倡,有关自然资源方面的环境费还在不断扩大。例如,在产品的生产和回收方面,目前世界各国广泛实行着抵押金制度、预付金制度等。

(三) 生态补偿

1. 生态补偿的概念

1997年11月,原国家环保总局在《关于加强生态保护工作的意见》中提出了"生态补偿"的概念。2005年10月,中共十六届五中全会在《关于制定国民经济和社会发展第十一个五年规划的建议》中首次提出"按照谁开发谁保护、谁受益谁补偿的原则,加快建立生态补偿机制"。自此以后,生态补偿领域内的自然资源和自然环境要素已成为新一轮政府对自然保护投入的重点领域。并且,中央政府开始整合长期以来通过税收返还、财政转移支付等措施给予的各种自然保护补助、生态工程建设以及恢复治理环境破坏的各种资金投入,并将它们统一纳入生态补偿的范畴之中。2008年修订的《水污染防治法》中首次规定,国家通过财政转移支付等方式,建立健全对位于饮用水水源保护区区域和江河、湖泊、水库上游地区的水环境生态保护补偿机制(第7条)。

由于中国语境下的"生态补偿"概念是在国际社会通用的"生态系统服务付费(payments for ecosystem services,PES)"概念的基础上结合中国实践提出的,因此"生态补偿"的概念与"生态系统服务付费"的概念是相近但不相同的。目前,我国已在湿地、矿产资源开发、流域和水资源、饮用水水源保护、农业、草原、森林、自然保护区、重点生态功能区、区域、海洋以及土壤和大气等领域实行生态补偿制度。

2014年《环境保护法》规定,国家加大对生态保护地区的财政转移支付力度。有关地方人民政府应当落实生态保护补偿资金,确保其用于生态保护补偿(第31条第2款)。此外,地方各级人民政府与其他主体或者其他主体之间通过平等协商方式实施的生态补偿也应当纳入生态补偿制度的范畴。

结合生态补偿的法律实践,本书认为生态补偿是指在综合考虑生态保护成本、发展机会成本和生态服务价值的基础上,采用行政、市场等方式,由生态保护受益者或生态损害的加害者通过向生态保护者或因生态损害而受损者以支付金钱、物质或提供其他非物质利益等方式,弥补其成本支出以及其他相关损失的行为。[①]

生态补偿的概念包括如下含义:第一,生态补偿的目的是明确界定生态保护者与受益者权利义务关系,使生态保护经济外部性内部化;第二,生态补偿的方法是采取财政转移支付或市场交易等方式;第三,确立生态补偿应当综合考虑生态保护成本、发展机会成本和生态服务价值。

2. 生态补偿的内容

生态补偿包含有三方面的主体及其行为:第一,中央人民政府或者地方各级人民政府为了实施生态保护措施,以金钱、物质或其他方式弥补因此受到损失的主体;第二,合法开发利用自然资源的主体,向政府缴纳治理、恢复生态系统费用;第三,合法开发利用自然资源的主体,向保护该自然资源的其他主体支付费用。

从中央人民政府或者地方各级人民政府的角度来看,由于我国对重要自然资源实行全民所有制,政府代表国家对自然资源享有权利。因而政府可以说是生态保护的最大获益者,政府应该将其财政收入的一部分用于补偿由于政府采取生态保护措施而受到损失的人,这体现了受益者付费(beneficiary pays principle)、受损者获补的原则。

通常,受损者获补的范围包括三个方面:其一是他人保护生态投入给予的补偿;其二是他人放弃了发展机会所致损失给予的补偿;其三是划定区域禁止开发进行的保护性投入和补偿。

除了各级人民政府,合法开发利用自然资源的主体就是自然资源的直接受益主体。合法开发利用自然资源的主体的受益体现在两个方面:其一是对以物质形态存在的自然资源的开发利用享有利益,比如开采矿产资源的企业通过矿产开采获取直接的经济利益;其二是通过利用自然资源所提供的生态系统服务享有利益,比如河流上游的森林和湿地过滤水质,从而为河流下游的居民提供清洁水源。

需要说明的是,生态补偿的对象范围不包括破坏生态环境给国家造成重大损失或者侵害当事人合法权益依法应当承担民事赔偿责任的情形。

3. 生态补偿的财税机制

我国现行生态补偿的财税机制主要包括纵向财政转移支付(中央对地方的财政转移支付分为一般性转移支付和专项转移支付)、横向财政转移支付、政府性基金以及生态税费四大类。

一般性转移支付是指中央政府对有财力缺口的地方政府(主要是中西部地区),按照规定的办法给予的补助。其中,涉及生态补偿的财政支出科目有资源枯竭城市转移支付,以及均衡性转移支付中的重点生态功能区转移支付。

专项转移支付是指中央政府对承担委托事务、共同事务的地方政府,给予的具有指定用途的资金补助,以及对承担特定事务的下级政府,给予的具有指定用途的奖励

[①] 参见汪劲:《论生态补偿的概念》,载《中国地质大学学报社会科学版》2014年第1期。

或补助。

除中央对地方的财政转移支付外,还存在地方自筹资金、自主安排的财政转移支付,浙江、广东等省份均有实践。①

横向财政转移支付是指同级地方政府之间财政资金的相互转移。目前我国在生态补偿的横向财政转移支付方面已有了一些尝试,包括福建省闽江、九龙江流域水环境保护项目、新安江流域水环境补偿试点项目、京冀两地水资源合作项目等。

此外,如前所述我国还存在与生态补偿有关的政府性基金,包括育林基金、森林植被恢复费。在生态税费制度方面,我国目前还没有建立独立的生态补偿税收,仅存在体现生态补偿原则的收费项目,主要包括排污费、海域使用金、草原植被恢复费、水资源费、砂石资源费、水土保持补偿费、矿产资源补偿费、森林植被恢复费等制度。

从生态补偿实践的财政转移支付体制看,我国已经建立了中央财政对省级转移支付体制以及省级财政对省以下转移支付体制。而有关自然资源有偿使用、主要污染物排放权有偿使用和水权交易、碳汇交易、生态产品标志和社会资本投入等市场化机制以及有关横向生态补偿机制与水、矿产等资源类产品价格形成机制、生态系统服务的价格形成机制正在建立中。

需要指出的是,生态补偿制度与自然资源有偿使用制度的性质是一致的。我国目前正在制定《生态补偿条例》,拟对生态补偿的基本原则、运行协调与管理体制、生态补偿专项资金、生态服务价值评估、生态补偿标准等作出规定。

四、环境法上的优惠和鼓励措施

环境法上的优惠,是指对制造、使用对环境有益的产品或者综合利用自然资源的行为,由政府依法赋予利用者、生产者或使用者一定利益予以鼓励的法律措施。优惠措施经常表现为减、免征费或征税、给予金钱补助以及表彰等精神奖励方面,其效果是促使企业的竞争和产品市场的拓展符合环境保护目的。

我国《环境保护法》多处对优惠和鼓励措施作出了规定,例如国家支持环境保护科学技术研究、开发和应用,鼓励环境保护产业发展,促进环境保护信息化建设,提高环境保护科学技术水平(第7条)。国家采取财政、税收、价格、政府采购等方面的政策和措施,鼓励和支持环境保护技术装备、资源综合利用和环境服务等环境保护产业的发展(第21条)。国家鼓励和引导公民、法人和其他组织使用有利于保护环境的产品和再生产品,减少废弃物的产生;国家机关和使用财政资金的其他组织应当优先采购和使用节能、节水、节材等有利于保护环境的产品、设备和设施(第36条)。人民政府对保护和改善环境有显著成绩的单位和个人给予奖励(第11条)。

---

① 例如,2004年浙江省颁布了《浙江省生态建设财政激励机制暂行办法》,将财力补贴、环境整治与保护补助、生态公益林补助和生态省建设作为财政补偿和激励的重点,将重要生态功能区作为补助的重点地区,并且将生态补偿与政府绩效和生态建设的成效结合在一起。另外,在2004年5月《广东省环境保护规划》中也规定将生态补偿作为促进区域协调发展的重要手段,并规定要采取积极的财政政策补偿山区生态环境保护。

虽然环境法上的优惠措施与环境费制度的目的无关,但因其涉及环境利用行为的积极法律后果且与环境费相关,本书仍然将其纳入综合性环境法律制度的范畴。

环境保护的鼓励措施通常是通过市场方法实现的,例如,环境标志、ISO系列环境管理标准及其认证体系等等。此外,法律也要求各级人民政府对从事有益于环境保护的活动和行为给予各种鼓励和支持。例如,《环境保护法》第22条规定,开发利用行为人,在污染物排放符合法定要求的基础上,进一步减少污染物排放的,人民政府应当依法采取财政、税收、价格、政府采购等方面的政策和措施予以鼓励和支持。

实践中,优惠的一般要件是以产品或行为低于法律限制性规定的上限、废弃物的循环程度、资源的利用和节约效率等为标准。随着科技水平的提高,优惠的标准或条件也会相应地发生改变。因此,需要政府在实践中根据具体事项灵活掌握。

在我国,几乎所有环境保护法律都对优惠与鼓励措施作了规定。《清洁生产促进法》还明确规定国家鼓励和促进清洁生产(第4条)。但是,由于优惠措施需以市场的发达和国家相关法律如税法等的完备为基础才能实施,而在中国市场经济尚未完全建立的条件下,无论是立法还是行政上只能对优惠措施作出原则规定和在实践中由环境行政机关自行掌握,最为简单易行的环境保护优惠措施是授予生产者一定的荣誉称号。

我国在推行建立资源节约型、环境友好型社会的进程中,环境法上的优惠措施还有进一步深化的余地。

第六节 突发环境事件应急

一、概述

突发环境事件(emergent environmental incident)的概念是进入21世纪以后逐步为国家规范性文件所确立的。自1993年至2014年,中国已经发生约3万起突发环境事件,其中重、特大突发环境事件1000多起[1],造成了部分地区人民生命、财产安全的危害,并给国家带来了严重的不良影响。究其原因,很大程度是在突发公共事件发生之际由于政府各部门之间缺乏统一协调的应对机制而延误了最佳处理时机所致。

为提高政府保障公共安全和处置突发公共事件的能力,最大限度地预防和减少突发公共事件及其造成的损害,2006年1月国务院发布了《国家突发公共事件总体应急预案》,将环境污染和生态破坏事件纳入事故灾难类突发公共事件的范畴。与此同时,国务院还依据《环境保护法》《海洋环境保护法》《安全生产法》(全国人大常委会,

---

[1] 信春鹰主编:《〈中华人民共和国环境保护法〉学习读本》,中国民主法制出版社2014年版,第202页。

2002年制定;2009、2014年修正)和《国家突发公共事件总体应急预案》及相关的法律、行政法规,制定实施了专项应急预案《国家突发环境事件应急预案》,适用于应对以下各类事件的应急响应:超出事件发生地省(区、市)人民政府突发环境事件处置能力的应对工作;跨省突发环境事件应对工作;国务院或者全国环境保护部际联席会议需要协调、指导的突发环境事件或者其他突发事件次生、衍生的环境事件。①

2007年8月,全国人大常委会颁布实施了《突发事件应对法》,确立了统一领导、综合协调、分类管理、分级负责、属地管理为主的应急管理体制,对突发事件的预防与应急准备、监测与预警、应急处置与救援、事后恢复与重建等应对活动作出了规定。2014年《环境保护法》第47条也规定,各级人民政府及其有关部门和企业事业单位,应当依照《中华人民共和国突发事件应对法》的规定,做好突发环境事件的风险控制、应急准备、应急处置和事后恢复等工作。

二、突发环境事件的定义和分类

依照《国家突发环境事件应急预案》的规定,突发环境事件是指突然发生,造成或者可能造成重大人员伤亡、重大财产损失和对全国或者某一地区的经济社会稳定、政治安定构成重大威胁和损害,有重大社会影响的涉及公共安全的环境事件。

突发环境事件具有社会危害性的损害后果。从引发突发环境事件的原因分析,绝大多数来源于开发利用行为人在生产经营活动发生安全生产事故灾难所致。以2010年为例,环保部直接调度、处置的突发环境事件中,由其他突发事件次生的环境事件已占近90%的比例。② 如果不重视对次生环境事件的预防和处置,将对环境和公众生命财产安全带来严重的威胁。为此,《环境保护法》规定,县级以上人民政府应当建立环境污染公共监测预警机制,组织制定预警方案;环境受到污染,可能影响公众健康和环境安全时,依法及时公布预警信息,启动应急措施(第47条第2款)。

环境污染公共监测预警机制,是指由快速分析处理环境污染和生态破坏信息,并准确预测和判断环境污染和生态破坏可能性及其予以及时发布的制度与方法的统称。建立环境污染公共监测预警机制的目的,是要尽早向社会和公众发布预警信息,引起社会各界的警惕和注意,将可能的损失减低到最小化。同时,对突发环境事件的处置结果包括事故发生原因、造成的危害以及后续处置措施及其遗留的不良影响等,也必须向社会公布,保障公民的环境知情权。

突发环境事件的预警方案也称突发环境事件应急预案,是指为及时应对突发环境事件,由政府事先编制突发环境事件的应急响应方案及其应急机制,在发生或者可能发生突发环境事件时,启动该应急预案以最大限度地预防和减少突发环境事件及其可能带来的危害等规范性措施的总称。

---

① 《国家突发环境事件应急预案》规定,核事故的应急响应遵照国家核应急协调委员会有关规定执行。
② 信春鹰主编:《〈中华人民共和国环境保护法〉学习读本》,中国民主法制出版社2014年版,第202页。

根据突发环境事件的发生过程、性质和机理,《国家突发环境事件应急预案》将突发环境事件分为如下三大类：

第一,突发环境污染事件。包括重点流域、敏感水域水环境污染事件;重点城市光化学烟雾污染事件;危险化学品、废弃化学品污染事件;海上石油勘探开发溢油事件;突发船舶污染事件等。

第二,生物物种安全环境事件。指生物物种受到不当采集、猎杀、走私、非法携带出入境或合作交换、工程建设危害以及外来入侵物种对生物多样性造成损失和对生态环境造成威胁和危害事件。

第三,辐射环境污染事件。包括放射性同位素、放射源、辐射装置、放射性废物辐射污染事件。

按照突发事件严重性和紧急程度,《国家突发环境事件应急预案》将突发环境事件分为特别重大环境事件(Ⅰ级)、重大环境事件(Ⅱ级)、较大环境事件(Ⅲ级)和一般环境事件(Ⅳ级)四级。

在我国突发环境事件中,由于企业原因造成的占到总数的85％以上。其中因企业未履行法律义务开展环境风险隐患排查、治理而造成突发环境事件发生的比例又占到80％以上。① 因此《环境保护法》规定,企业事业单位应当按照国家有关规定制定突发环境事件应急预案,报环境保护主管部门和有关部门备案。在发生或者可能发生突发环境事件时,企业事业单位应当立即采取措施处理,及时通报可能受到危害的单位和居民,并向环境保护主管部门和有关部门报告(第47条第3款)。

三、突发环境事件应急组织体系和综合协调机构

《国家突发环境事件应急预案》规定,国家突发环境事件应急组织体系由应急领导机构、综合协调机构、有关类别环境事件专业指挥机构、应急支持保障部门、专家咨询机构、地方各级人民政府突发环境事件应急领导机构和应急救援队伍组成。

为此,国务院成立了全国环境保护部际联席会议,负责协调国家突发环境事件应对工作。各有关成员部门负责各自专业领域的应急协调保障工作。各级人民政府也自上而下地设立了相应的应急指挥或者领导机构。

四、突发环境事件管理的运行机制

《国家突发环境事件应急预案》规定了预防和预警、应急响应、应急保障、后期处置以及责任追究等五项机制。

预防和预警机制要求按照早发现、早报告、早处置的原则,开展对国内(外)有关环境、自然灾害等预警信息或者监测数据的综合分析、风险评估工作。按照突发事件严重性、紧急程度和可能波及的范围,突发环境事件的预警级别由低到高分为蓝、黄、

---

① 信春鹰主编：《〈中华人民共和国环境保护法〉学习读本》,中国民主法制出版社2014年版,第203页。

橙、红四级。当有关信息证明突发环境事件即将发生或者发生可能性增大时,应当按照相关应急预案执行。

应急响应机制包括如下几个部分:

第一,按照属地为主的原则实行分级响应机制。突发环境事件的应急响应分为特别重大(Ⅰ级响应)、重大(Ⅱ级响应)、较大(Ⅲ级响应)、一般(Ⅳ级响应)四级。

第二,对突发环境事件的报告实行1小时报告制。突发环境事件责任单位和责任人以及负有监管责任的单位发现突发环境事件后,应在1小时内向所在地县级以上人民政府和上一级主管部门报告。紧急情况时可越级上报。负责确认环境事件的单位,在确认重大(Ⅱ级)环境事件后,1小时内报告省级相关专业主管部门,特别重大(Ⅰ级)环境事件立即报告国务院相关专业主管部门,并通报其他相关部门。地方各级人民政府应当在接到报告后1小时内向上一级人民政府报告。省级人民政府在接到报告后1小时内,向国务院及国务院有关部门报告。重大(Ⅱ级)、特别重大(Ⅰ级)突发环境事件,国务院有关部门应立即向国务院报告。

第三,对突发环境事件的报告分为初报、续报和处理结果报告三类。初报是指从发现事件后起1小时内上报事件的初步情况。续报是在查清有关情况后随时上报,主要报告事件进展情况及采取的应急措施等情况。处理结果报告在事件处理完毕后立即上报。国务院有关部门和部际联席会议可以根据需要成立环境应急指挥部,负责指导、协调突发环境事件的应对工作。

应急保障机制确立了资金保障、装备保障、通信保障、人力资源保障、技术保障等应急保障的内容,并对宣传、培训与演练以及应急能力评价等作出了规定。

后期处置机制要求地方政府在做好受灾人员安置工作后,组织专家对受灾范围进行科学评估,提出补偿和对遭受污染的生态环境进行恢复的建议。《环境保护法》还进一步规定,突发环境事件应急处置工作结束后,有关人民政府应当立即组织评估事件造成的环境影响和损失,并及时将评估结果向社会公布(第47条第4款)。此外,还要求建立突发环境事件社会保险机制。

在责任追究机制方面,对各种违反突发环境事件应急预案要求的行为,应当按照《突发事件应对法》和有关法律和规定对有关责任人员追究法律责任。

第二编　污染控制法

第六章 污染控制法概述

第六章 导教导学

本书在第五章论及综合性环境保护制度措施时提到,环境行政的规制手段既包括以许可、禁限措施和行政处罚等直接规制开发利用行为的方法,也包括综合性、诱导性和保障性制度和政策措施等非直接规制开发利用行为的方法。

本书所称污染控制法(pollution control law),是对环境污染防治法、物质循环利用法、化学物质环境风险管理法以及噪声、放射性物质与电磁辐射等能量危害防除法的统称。污染控制法主要通过环境行政对开发利用行为实施直接规制,是环境法的基本制度之一。污染控制法的特征在于防止环境污染于未然,在污染发生或者可能发生之前,通过采用法律规定的禁止、限制、许可、命令等行政行为,令开发利用行为人的行为满足法律和标准规定的要求,其性质属于基于法律对开发利用行为人的生产经营活动实施限制的警察行政。

污染控制法除了要实现防止污染、保护环境和人体健康的目的外,还包括维持较高的环境质量状况、实现生态与自然保护等积极的目的和作用。

第一节 环境污染的概念与特征

一、环境污染的概念

环境科学研究认为,环境污染是某种物质或者能量因人为活动进入环境而造成环境质量破坏的现象。"环境污染"的定义最早是由 OECD 环境委员会在 1974 年提出的,指被人们利用的物质或者能量直接或间接的进入环境,导致对自然的有害影响,以致危及人类健康、危害生命资源和生态系统,以及损害或者妨害舒适和环境的其他合法用途的现象。[①]

我国立法首次对环境污染概念作出完整表述的是 1978 年《宪法》第 11 条第 3 款规定的"国家保护环境和自然资源,防治污染和其他公害"。1979 年《环境保护法(试行)》时也以 1978 年《宪法》第 11 条第 3 款为依据,并将污染与其他公害在第 16 条列举为"工矿企业的和城市生活的废气、废水、废渣、粉尘、垃圾、放射性物质等有害物质和噪声、震动、恶臭等对环境的污染和危害"。

从 20 世纪 80 年代开始,我国的环境立法进入迅速发展时期,各单项污染防治法

---

① OECD Council Recommendation C(74)224,1974.

律和国家其他重要的基本法律也都有涉及环境污染的条款。例如,1982年制定的《海洋环境保护法》中,对"海洋环境污染损害"的概念作了立法解释,即"直接或间接地把物质或能量引入海洋环境,产生损害海洋生物资源、危害人体健康、妨碍渔业和海上其他合法活动、损坏海水使用素质和减损环境质量等有害影响"。1984年制定的《水污染防治法》将水污染解释为"水体因某种物质的介入,而导致其化学、物理、生物或者放射性等方面特性的改变,从而影响水的有效利用,危害人体健康或者破坏生态环境,造成水质恶化的现象"。1986年制定的《民法通则》在第124条规定了"污染环境造成他人损害"的民事责任;2009年制定的《侵权责任法》规定了"环境污染责任"。1989年制定、2014年修改的《环境保护法》则均将其称为"污染和其他公害"。

尽管我国的环境立法均未对环境污染和其他公害作出明确规定,但可以从1978年到2014年有关《宪法》和《环境保护法》等法律的立法意图和法律条文规定对它们进行学理的归纳和解释。

我国在1978年修宪和1979年制定《环境保护法(试行)》时,无论是立法者还是相关行政机关对污染和公害的理解尚处于模糊认识阶段。此时将环境污染用汉字形式表述并作出解释的仅有日本原《公害对策基本法》。为此,我国的环境立法在参照日本公害立法的基础上确立了"环境污染和其他公害"的概念。所不同的是,日本的公害(kogai)概念源于英美法的法律术语公共妨害(public nuisance),是日本立法将英美法上这一概念运用于污染控制领域而对其作出的特别解释。从日本原《公害对策法》对典型七公害的列举看,其本意即为环境污染。① 而我国《环境保护法(试行)》中规定的公害,则是作为"其他"的对象而对环境污染外在表现的一种补充,官方文件中将其英译为 public hazards,意即因物质或能量排放可能导致对公众的危险。

具体而言,当时我国立法上所谓的污染,一般认为它们属于诸多公害现象中反映为环境性状发生改变的一种危害,所以1979年《环境保护法(试行)》第16条列举的污染和危害现象均属于公害,只不过从环境危害的表现上可以将它们区分为有形危害和无形危害两大类,习惯上一般将有形物质造成的环境危害视为污染、将无形物质或因素造成的环境危害视为公害。前者如废气、废水、废渣、粉尘、垃圾、放射性物质等,后者如噪声、震动、恶臭等。2014年修改的《环境保护法》第42条规定:"排放污染物的企业事业单位和其他生产经营者,应当采取措施,防治在生产建设或者其他活动中产生的废气、废水、废渣、医疗废物、粉尘、恶臭气体、放射性物质以及噪声、振动、光辐射、电磁辐射等对环境的污染和危害。"与1989年《环境保护法》相比,这一修改仅

---

① 在1993年日本通过的《环境基本法》第2条第3款中,对"公害"下了这样的定义:"本法所称'公害',是指在环境保全的妨害中,伴随工业或人类其他活动所造成的相当范围的大气污染、水质污染(包含水质以外水的状态或者水底底质恶化。第16条第1款除外,下同)、土壤污染、噪声、振动、地面沉降(采矿致土地挖掘者除外,下同)以及恶臭,导致危害人体健康或者生活环境(包括与人类生活有密切关系的财产以及与人类生活有密切关系的动植物及其生育环境,下同)的现象。"

增加了对医疗废物、光辐射等新型环境污染和危害的防治。

至于在立法上使用规范性不确定的用语"其他公害",则是为了弥补列举性规定可能存在的挂一漏万的缺陷。例如,在立法当时已经出现但未予以列举,或者当初尚未出现而未来可能出现的环境污染和危害现象。

鉴于环境污染状态可以通过定量的方法予以明确表现,因此在实践中一般是通过环境质量标准所确立的具体数值来衡量某环境区域是否已经受到污染(参见第五章第二节)。

总之,我国在环境立法上使用"环境污染和其他公害"的概念有历史的原因,虽然这个概念的法律性质不易明确,但是随着我国污染控制法律的完善和国际环境保护交流与合作的增加,在规范性文件总体上说明"环境污染与其他公害"时一般用"环境污染"的用语来概括,因为"环境污染与其他公害"的内涵是环境污染,而其他公害则是对前者的补充。

目前存在的问题在于,当出现非法定的环境污染以外的公害因素造成他人损害时,是否也可以适用《环境保护法》的规定及其赔偿原则呢?学理上的意见当然是肯定的。

二、环境污染的特征

根据我国环境污染防治法律对水污染、海洋环境污染损害、环境噪声污染、固体废物污染以及放射性污染等所下的定义,结合 OECD 环境委员会对环境污染定义所做的总体描述,所谓"环境污染"具有如下几方面的特征:

第一,须伴随人类活动产生。环境污染是以人类的生产、生活活动为前提而产生,并且这些活动大多数是在政府主管部门批准的情况下合法从事的。人类活动以外的自然原因或因素也可以直接散发物质或能量从而产生污染和危害,但它们的产生属于自然自身的演替而一般与人为活动无关,所以由此而引发人类社会关系发生的改变就应当由防灾法来调整。因此,此类污染不属于一般意义的环境污染,也不属于污染控制法所要控制的对象。

强调环境污染须伴随人类活动产生的目的,一方面在于将它们与自然灾害区别开来,另一方面则容易通过法律明确污染环境行为的主体及其可归责性。

第二,须为物质、能量从一定的设施设备向外界排放或者泄漏。从环境污染的产生原因看,一般是物质、能量与有害因素等直接或间接地从设施、设备以及其他物向外界排放或者泄漏所致。其中,排放是指人类主动并有意识地利用环境容量,而向环境倾倒、流放、散发污染物质的行为;泄漏则是指在人为活动中因疏忽大意或管理不善,导致物质和能量直接或者间接进入环境的行为。在对环境污染实行法律控制的过程中,区别对待排放行为与泄漏行为对环境污染行为的定性具有特别重要的意义。

按照物质不灭定律,当人类将物质通过设施设备排入环境时,它们就会使环境发生一定程度的改变。当它们的浓度和总量超过环境容量即环境的自净能力时,就会导致环境质量发生质的变化而产生环境污染或破坏。此外,从一定的设施设备向外界排放或散发的某些过量的能量和有害因素也会直接导致人体健康状况或财产的性状发生改变而致害。如放射性物质、电磁波辐射以及噪声、反射光造成的光照妨害等会造成环境污染并导致危害人身、财产安全的现象发生。

第三,须以环境为媒介。环境污染的一个重要特征就是它一定是以环境为媒介发生的。在多数环境污染场合,当排放或泄漏进入环境的污染物质或能量蓄积到一定的数量、浓度时会导致环境要素的性状发生改变。其结果除可直接造成自然环境和生态系统的破坏外,还会由于人类对环境的利用关系而使环境污染造成人体健康损害或财产损害。

由于环境污染的结果包含着对环境自身价值的侵害和可能的人身、财产损害等多重侵害现象,因此从环境救济的角度出发,各国在环境污染防治立法中均确立了污染行为人应当对环境损害承担补偿费用的责任以及承担环境污染导致人身、财产损害赔偿责任的双重损害补偿(赔偿)制度。

第四,须出现环境质量下降或造成国家或者其他主体合法权益受侵害的结果。从环境利用关系中人类对环境质量和功能的利用上看,环境污染的实质就是环境质量恶化及环境满足人类的使用功能降低。由于环境利益为一种公共利益,并且公众不可能单一地对处于公共状态的环境要素主张权利,因此即使出现环境污染现象,但只要不导致人们合法权益受到具体侵害的话,人们一般不会将污染造成的环境质量下降作为一种财产损失来看待。这一点也是人们容易宽容污染者的一个最为重要的原因。

需要指出的是,环境所具有的自净能力只能在一定程度和范围内容纳并分解有害物质,但是当环境中有害物质的数量、浓度、种类等单项或多项超过环境的负荷时,环境的自净能力就会消失殆尽。所以本书认为,因污染环境导致的环境质量下降与功能的降低属于国家财产的损失,因为恢复环境的能力和利用环境的效能,政府必须投入大量的财力和人力对环境进行治理。当环境污染致他人合法权益被侵害时,环境效能的减少以及恢复环境的费用理应计算在加害行为所造成的损害结果之中(参见第四章第二节、第十三章第二节)。

三、污染物与环境污染类型

污染物是指以高于天然浓度和一定滞留时间存在于环境中,从而影响环境的正常组成和性质,对人、生物及社会物质财富等造成直接或间接有害效应的物质。[①] 在环境科学上,一般将导致环境污染的物质分为一次污染物和二次污染物。其中,由污染源直接排入环境,其物理和化学性状未发生变化的污染物称为一次污染物(也称原

---

① 《中国大百科全书·环境科学卷》,中国大百科全书出版社2002年版,第427、460、63页。

发性污染物);排放进入环境中的一次污染物在物理、化学或生物因素的作用下发生变化,或与环境中的其他物质发生反应所形成的物理、化学性状与一次污染物不同的新污染物称为二次污染物(也称继发性污染物)。

根据上述主要污染物质和因素介入的环境要素的不同,可以将污染类型分为大气污染、水质污染、海洋环境污染、土壤污染等;也根据污染物的特性将它们分为生物污染危害、化学污染危害以及物理污染危害及放射性污染等;还可以根据污染物质和因素的形态,将它们分为废气污染、废水污染和固体废物污染以及光照妨害、噪声(振动)危害(妨害)和电磁波辐射危害等。

第二节 污染控制法及其制度体系

一、污染控制法的概念

污染控制法也称污染预防法或公害规制法,有广义和狭义之分。广义上的污染控制法是指所有与预防和减少污染物排放、恢复和治理环境污染有关的法律的总称。而狭义上的污染控制法,特指以污染因子控制为目的的法律。

目前,我国已制定的涉及环境污染防治有关的单项法律主要有《水污染防治法》《大气污染防治法》《海洋环境保护法》《环境噪声污染防治法》《放射性污染防治法》《固体废物污染环境防治法》《清洁生产促进法》和《循环经济促进法》等,其他在环境污染防治方面较为重要还有针对化学品安全、农药使用、电磁辐射等控制和管理的行政法规和部门规章以及相关的环境标准。上述这些法律、法规、规章和标准还分别适用于恶臭、振动、土壤污染、地面沉降、有害物质控制等领域。

物质流污染是环境污染和生态破坏的主要来源和原因。对物质流污染的防治既包括对物质(含污染物和有害物质等)本身的排放和使用控制,也包括对利用物质行为的管理。从物质流污染的类别看,它们既包括企业生产排污致环境要素污染,也包括化学物质使用、固体废物处理所造成的环境污染;既包括对物质进入环境的全过程实行控制,也包括对物质循环利用的管理。

二、污染控制法的制度体系

(一)污染控制法的分类

本书采用的污染控制法称谓即广义的概念。按照法的目的、法的控制对象以及控制方法和手段等的不同,结合我国相关立法的称谓,本书将污染控制法具体分为环境污染防治法、物质循环与化学物质环境风险管理法和能量危害防除法三大类。

从环境污染的产生和发展机理看,污染物或致害能量从发生直至造成危害一般要经过如下四个过程:

第一,污染物或致害能量从一定的设施、设备和装置(发生源)散发或排出;

第二,污染物或致害能量在环境中扩散,某些污染物还会在环境要素中积累或沉积;

第三,污染物或致害能量致环境发生物理、化学、生态或其他环境特性的改变导致环境质量下降或者直接造成国家财产或者公民合法权益的侵害;

第四,污染物或致害能量最终到达受体即环境,引发污染与生态破坏并造成国家财产或者公民合法权益的损害。

污染控制法的直接目标是防止和减少污染物质和致害能量向环境的排放,以避免环境污染和生态破坏的出现。所以控制污染物或致害能量向环境的无序排放是污染控制法的根本任务。

(二)污染控制法的制度设计与制度流程

由于环境污染的产生和发展机理基本相同,因此不论是对污染物的控制还是对能量危害的防除,在总体上有关法律制度和措施的安排和适用基本相同。为此,污染控制法所确立的法律控制措施也必须与上述环境污染的产生和发展规律相结合。其确立法律制度的基本思路在于:首先,应当针对环境质量状况的现实条件和需要,明确该环境区域是否允许污染物质和致害能量的散发和排放,或者在何种程度上允许哪些污染物质和致害能量的散发和排放;其次,对产生污染物质和致害能量的发生源采取应对和控制措施,使污染物质和致害能量的散发和排放符合行政上的规定与要求;再次,针对环境的临界负荷和环境容量,确定对经行政许可散发和排放污染物质和致害能量的环境采取何种程度的恢复、治理措施;最后,对可能发生的污染事故、事后的污染损害等确立相应的补救或救济措施。

因此,在污染控制法律制度及其运行机制的设计安排上也有其固有的特征。综合《环境保护法》和其他单项污染控制法律的规定,环境法的基本制度和单项环境污染防治的共同性法律制度会贯穿于环境污染防治的全过程。

第一,由政府与经济、环保等部门在宏观决策环节将经济、社会发展与环境保护相协调。主要制度包括:(1)各级政府及其环境资源主管部门应当按照国民经济和社会发展规划纲要编制环境与资源保护的规划并逐步实施;(2)政府还应当结合主体功能区规划、土地利用总体规划和城乡规划以及环境质量标准等要求划定环境功能区划;(3)政府和有关部门应当在对编制的各类涉及开发利用环境行为的综合性规划或者专项规划进行环境影响评价后组织实施。

第二,由环境主管部门和其他负有环境监管职责的部门在中观决策环节对新、改、扩建的建设项目和其他产业投资项目进行审查。主要制度和措施包括:(1)环境主管部门和负有环境监管职责的部门应当确定各类环境标准的适用范围和数值指标,并在此基础上要求新、改和扩建项目依照各类规划的要求选址和项目设计,并实行环境影响评价以确定污染物质或致害能量排放、散发的最大允许数值或者控制指标,禁止使用政府明令淘汰或者限期淘汰的严重污染环境的落后生产工艺和设备[①];(2)在各类项目建设和建成使用的过程中,建设单位必须执行环境保护"三同时"制度及其竣工验收要求;(3)排放污染物的企业事业单位,应当建立环境保护责任制度,明确单位负责人和相关人员的责任;(4)重点排污单位[②]应当按照国家有关规定和监测规范安装使用监测设备,保证监测设备正常运行,保存原始监测记录。

第三,由环境主管部门及其委托的环境监察机构或其他依法行使环境监督管理权的部门实施微观执法。主要制度和措施包括:(1)实行排污许可管理的企业事业单位和其他生产经营者,应当在取得排污许可证以后才能按照要求向环境排放污染物质,自行对污染源进行监测并将数据向环境主管部门报告;在国家实行重点污染物排放总量控制制度的地方,企业事业单位在执行国家和地方污染物排放标准的同时,应当在分解落实到本单位的重点污染物排放总量控制指标内排污;(2)企业事业单位和其他生产经营者应当接受环境主管部门及其委托的环境监察部门和其他依法行使环境监督管理权部门的现场检查和监督监测;就其污染物的排放按照法律法规的规定与核定的数额缴纳相应的排污费或者按照排污总量缴纳费用;(3)在发生或者可能突发环境污染事件时,排污单位、污染物质或致害能量的所有者与经营者还必须立即采取措施,及时通报可能受到污染危害的单位和居民并向环保等部门报告和接受调查处理。

在法律后果方面,对超过国家重点污染物排放总量控制指标或者未完成国家确定的环境质量目标的地区,省级以上人民政府环境主管部门应当暂停审批其新增重点污染物排放总量的建设项目环境影响评价文件;对企业事业单位和其他生产经营者超过污染物排放标准或者超过重点污染物排放总量控制指标排放污染物的,环境主管部门可以责令其采取限制生产、停产整治等措施;情节严重的,报经有批准权的人民政府批准,责令停业、关闭;对排污单位、污染物质或致害能量的所有者与经营者通过暗管、渗井、渗坑、灌注或者篡改、伪造监测数据,或者不正常运行防治污染设施等逃避监管的方式违法排放污染物的,给予行政处罚;对造成环境严重污染的还应当追究刑事责任。如果向环境排放、散发污染物质或致害能量造成自然生态破坏、国家自然资源损失或者其他主体合法权益被侵害的,排污单位还应当承担相应的民事责任。

因此,污染控制法律制度的确立过程,实际上也是决定如何将环境法基本制度运用于污染控制法的过程。不过,因各单项污染要素和有害因素等在具体迁移转变规

---

① 《环境保护法》第46条明确规定:"国家对严重污染环境的工艺、设备和产品实行淘汰制度。任何单位和个人不得生产、销售或者转移,使用严重污染环境的工艺、设备和产品。禁止引进不符合我国环境保护规定的技术、设备、材料和产品。"

② 我国法律规定"重点排污单位"文字的有现行《水污染防治法》和《环境保护法》,但均未作出立法解释。从各地和环境管理实践上看,一般是指由省级或者设区的市级人民政府环境主管部门商有关部门确定的辖区内钢铁、造纸、化工、屠宰、电镀、印刷、污水处理等对环境潜在影响大的污染行业中的重污染企业,以及辖区内排放污染物总量占本地污染负荷85%以上的排污单位。

律上、控制对策手段上以及致害特性上存在着一定的差别,而在各单项污染控制法律的具体对策措施上还存在着不同之处。

(三) 污染控制法上的排污许可与排污权交易

1. 实施排污许可制的前提:污染物和环境容量的特定化

纵观各国污染控制立法,对污染物进行控制的主要方式包括浓度控制方式和总量控制方式两大类。

污染物的浓度,是指单位容积物体内所包含的污染物质以及有毒有害物质的数值(数量)。所谓浓度控制,是指在对污染物排放实施控制的手段上,主要以污染物的浓度作为控制对象的一种污染物排放的控制方法。这种方法是以污染物排放标准为依据,要求排污者将其排放的各项污染物质的浓度控制在一定的数值以内,通常是让企业被动地以直接遵守排放标准的义务来完成的。

浓度控制方式的优点是适用对象广、计算方法简单、易操作。然而,这种针对排放管口的浓度控制方式在实施中也显现出如下不合理之处:首先,只要排污不超标即为合法,若没有更大的利益驱动排污者不会注重更新生产技术和设备减少排污,一些企业甚至通过稀释污染物的方法向环境排污。其次,即使所有排污者均遵守法律义务,使单个排放管口的污染物排放均符合排放标准的要求,但受环境容量的限制,当排入环境中所有污染物的总量超过环境的自净能力时,同样会导致环境质量的破坏而发生环境污染事件。

在这种背景下,作为对浓度控制方式的补充,污染物排放的总量控制方式应运而生。

所谓总量,是指在一定区域环境内,可满足环境容量需要的污染物质以及有毒有害物质的全部数量。与环境容量相比,总量是以定量化的数值来表示的,而环境容量则是满足某环境要素质量目标条件下污染物的最大量。总量控制,就是在对环境可以容纳污染物质以及有毒有害物质的全部数量予以定量化的基础上,对排污者的污染物排放进行定量控制的方法。总量控制的施行须以一定区域内的环境容量和污染物排放的总量为前提,方法是由环境主管部门在确定一定区域环境容量的基础上,对环境内可以容纳的污染物的总量事先予以确定,然后将这个总量分为若干份按照一定的标准分配给申报许可的排污者,排污者有权在排污总量配额的范围内向环境排污。

总量控制的原则是各单元排污量的总和应当小于经环境主管部门核定的环境可以容纳污染物的最大量。在美国《清洁空气法》规定的总量控制制度中,总量被形象地比喻为"大泡泡"、各单元污染物排放量则被比喻为"小泡泡",该制度要求各"小泡泡"之和应当小于"大泡泡"。为此,该法律制度在美国也称"泡泡政策"(bubble policy)。

如上所述,污染控制立法的主要手段是对污染物的排放实行浓度控制,即排污单位只要按照污染物排放标准所确立的种类、数量和浓度向环境排污并依法缴纳环境税或环境费就符合法律规定的行政管制的要求。

然而,受大气和水环境容量的限制,少数对人体健康危害较大的污染物和因其总量已经超过环境容量的污染物,会积累在大气和水环境中长期污染致害,这些污染物就是需要环境行政予以特别管制的重点污染物。

2. 我国环境法上的排污许可

环境法上的许可是一个广义的概念,环境影响报告书的审批、"三同时"竣工验收等虽未称为许可,但它们都具有许可的性质。一般而言,排污许可是指有权的环境主管部门根据排污单位的申请,经依法审查准予其按照排污许可证的要求排放污染物并对排污行为实施监管的行政行为。

《环境保护法》第 45 条规定:"国家依照法律规定实行排污许可管理制度。实行排污许可管理的企业事业单位和其他生产经营者应当按照排污许可证的要求排放污染物;未取得排污许可证的,不得排放污染物。"

从我国实施排污许可的具体内容看,排污许可实际上包含如下两类性质不同的许可事项:

一是依法需要经环境主管部门批准同意的、以浓度控制方式为监管依据的一般排污行为,属于《行政许可法》第 12 条第 1 项规定需要按照法定条件予以批准的事项;

二是依照《大气污染防治法》第 19、21 条规定和《水污染防治法》第 20、21 条的规定,以总量控制方式为依据的重点大气污染物、重点水污染物排放的许可,依法应当取得排放许可证的排放工业废气以及有毒有害大气污染物的许可以及直接或间接向水体排放工业废水和医疗污水以及其他按照规定应当取得排污许可证方可排放的废水、污水的许可,属于《行政许可法》第 12 条第 2 项规定的需要赋予特定权利的事项。

所谓重点污染物,是指造成和可能造成一定区域大气污染和一定水域水污染、应当予以严格管制的污染物。由于各地排污情况不同以及这些污染物所处大气和水环境质量状况不同,对重点污染物和主要污染物的控制强度也有所不同。目前主要通过法律授权人民政府和环境主管部门通过环境政策予以调整和确立。

目前在国家规定的"十三五"期间污染排放总量控制指标中的重点污染物包括大气污染物中的二氧化硫、氮氧化物,水污染物中的化学需氧量、氨氮等四类。此外,国家"十三五"生态环境保护规划还将烟粉尘、挥发性有机物以及区域性污染物、重点地区重点行业挥发性有机物、重点地区总氮、重点地区总磷等也纳入主要污染物的范畴进行控制。

重点污染物排放总量控制制度,是指通过向一定地区和排污单位分配特定污染物排放量指标,将一定地区和排污单位产生的特定污染物数量控制在规定限度内的污染物控制方式及其管理规范的总称。①《环境保护法》第 44 条规定:"……重点污染

---

① 信春鹰主编:《〈中华人民共和国环境保护法〉学习读本》,中国民主法制出版社 2014 年版,第 192 页。

物排放总量控制指标由国务院下达,省、自治区、直辖市人民政府分解落实。企业事业单位在执行国家和地方污染物排放标准的同时,应当遵守分解落实到本单位的重点污染物排放总量控制指标……"通常情况下,省、自治区、直辖市人民政府将国务院下达的重点污染物排放总量控制指标分解落实到各市、县人民政府,各市、县人民政府再将其分解落实到排污单位,由其直接承担重点污染物排放的总量削减和控制任务。

为了保障重点污染物排放总量控制制度的实施,《环境保护法》第44条第2款还规定,对超过国家重点污染物排放总量控制指标或者未完成国家确定的环境质量目标的地区,省级以上人民政府环境保护主管部门应当暂停审批其新增重点污染物排放总量的建设项目环境影响评价文件。这一规定也称"区域限批",目的在于通过暂停审批新的建设项目的方法,促使负有减排重点污染物排放总量或者完成国家确定的环境质量目标的地区尽早完成任务。

3. 我国推行的排污许可制度

2018年1月原环境保护部公布了《排污许可管理办法(试行)》,对排污许可的适用范围、实施程序、排污许可证内容、排污许可监管、法律责任等内容作出了具体的规定。

其中,有关排污许可证内容的规定主要有如下几项要求:

第一,排污单位应当按照生态环境部公布的固定污染源排污许可分类管理名录申请并取得排污许可证;环境主管部门对实施排污许可管理的排污单位及其生产设施、污染防治设施和排放口实行统一编码管理。

第二,将排污许可证分为正、副本,正本载明基本信息,副本包括基本信息、登记事项、许可事项、承诺书等内容。副本的记载事项包括:(1)主要生产设施、主要产品及产能、主要原辅材料,产排污环节、污染防治设施,环境影响评价审批意见、依法分解落实到本单位的重点污染物排放总量控制指标、排污权有偿使用和交易记录等登记事项;(2)排放口位置和数量、污染物排放方式和排放去向,大气污染物无组织排放源的位置和数量,排放口和无组织排放源排放污染物的种类、许可排放浓度、许可排放量,取得排污许可证后应当遵守的环境管理要求,法律法规规定的其他许可事项;(3)排污单位承诺执行更加严格的排放浓度;(4)地方政府依法制定的环境质量限期达标规划、重污染天气应对措施要求排污单位执行更加严格的重点污染物排放总量控制指标。

此外,污染防治设施运行和维护、无组织排放控制等要求、自行监测要求、台账记录要求、执行报告内容和频次等要求,排污单位信息公开要求也应当在副本中作出规定。

第三,排污单位在填报排污许可证申请时,应当承诺排污许可证申请材料是完整、真实和合法的;承诺按照排污许可证的规定排放污染物,落实排污许可证规定的环境管理要求,并由法定代表人或者主要负责人签字或者盖章。

第四,排污许可证自作出许可决定之日起生效,首次发放的排污许可证有效期为3年,延续换发的排污许可证有效期为5年。

4. 排污许可制下的排污权交易

(1) 排污权交易的概念

排污权是一个狭义的概念,特指排污单位以从环境主管部门申请的排污许可证记载事项为限向大气和水体排放重点污染物和其他依法控制的污染物的权利。这里的排污权属于环境主管部门依法解除一般法律禁止行为所予赋权的结果,而非实质意义上的宪法权利。

排污权交易(emissions right trading),是指在保持一定区域(水域)内污染物排放总量不变的条件下,该区域(水域)内的一方排污单位将其部分或者全部排污权出售给另一方排污单位的行为。

排污交易制度中既包含市场调节因素,又有行政管制因素介入,是一种政府间接管制下的不完全的市场行为,是在环境保护领域出现的以市场方法修正法律直接管制方法的现象。

如果排污单位通过技术改造等手段减少了污染物的排放,便可以将节余的排放量予以存放以便今后扩大生产规模时使用,也可以通过排污交易市场出让给其他污染物排放量较大的企业或者拟在该总量控制区域内新设立的排污单位。这样,不仅企业可以自主地根据市场决定生产规模和污染物排放量,而且环境主管部门只需对污染物的排放总量实行控制就可以达到环境管理的目的。

(2) 排污交易的方法

由于排污单位的结余排放量可以通过市场交易获利、同时还需将该部分的排污权转移给购买的企业,因此就存在着排污交易并经环境主管部门予以许可的问题。

根据《行政许可法》的规定,除法律法规规定者外,依法取得的行政许可不得转让。2014年8月国务院办公厅印发了《关于进一步推进排污权有偿使用和交易试点工作的指导意见》,将"排污权"定义为"排污单位经核定、允许其排放污染物的种类和数量"。

该意见在2007年以来全国11个省(区、市)开展排污权有偿使用和交易试点的基础上,初步确立了全国统一的排污权有偿使用和交易制度。

具体方法是:① 按照国家确定的污染物(应为国家作为约束性指标进行总量控制的污染物)减排要求,将污染物总量控制指标分解到基层;② 由地方环境主管部门按污染源管理权限核定现有排污单位的排污权,以后原则上每5年核定一次;③ 排污单位在缴纳使用费后获得排污权或通过交易获得排污权,在规定期限内拥有对其使用、转让和抵押等权利;④ 试点地区可以采取定额出让、公开拍卖方式出让排污权;⑤ 排污权使用费由地方环境主管部门按照污染源管理权限收取,全额缴入地方国库,纳入地方财政预算管理。

第七章 导教导学

第七章　环境污染防治法

第一节　大气污染防治法

一、概述

(一) 大气污染的概念

大气污染(air pollution),一般指大气因某种物质的介入,导致其化学、物理、生物或者放射性等方面特性发生改变,从而影响大气的有效利用,危害人体健康或财产安全,以及破坏自然生态系统、造成大气质量恶化的现象。

大气污染的来源主要分为固定污染源和移动污染源两类。前者是指工农业生产、生活活动中由设备装置、燃料燃烧设施和固定操作作业等向大气排放的污染物;后者主要包括机动车船等交通运输工具在运行时向大气排放的污染物。

我国是一个以燃煤为主要能源的国家,所以燃煤是形成我国大气煤烟型污染的主要原因。此外,伴随人民生活水平的提高,机动车的发展也很迅速,业已成为大中城市主要大气污染物的来源。

(二) 大气污染防治法的立法沿革

在我国,大气污染防治工作最早是从对工矿企业劳动场所的环境卫生保护和职业病防护开始的。20世纪70年代,原卫生部、原国家建委、原国家计委、原国家经委、原国家劳动总局曾制定了《工业"三废"排放试行标准》和《工业企业设计卫生标准》,以标准的形式对大气污染物的排放作出了定量规定。

1987年9月,全国人大常委会颁布了首部《大气污染防治法》,对防治大气污染的一般原则、监督管理、防治烟尘污染、防治废气、粉尘和恶臭(odor)污染、法律责任等方面作出了规定。

1995年8月,我国对《大气污染防治法》进行了第一次修改,针对燃煤实行了酸雨控制区或二氧化硫污染控制区划定制度。针对机动车排放污染物的比重日益增多以及一些特大城市氮氧化物成为影响大气质量的首要污染物,2000年4月我国对《大气污染防治法》进行了第二次修改,加强了机动车污染防治,实行禁止超标排污和重点大气污染物排放总量控制和许可制度。

随着经济社会快速发展,特别是机动车保有量急剧增加,我国大气污染正向煤烟与机动车尾气复合型过渡,区域性大气环境问题日益突出,雾霾等重污染天气频发。2014年5月至9月,全国人大常委会组织开展了《大气污染防治法》实施情况的监督检查。5个执法检查组分赴京津冀重点区域、长三角重点区域、珠三角重点区域以及山西、山东、陕西10省(市)进行检查。同时委托其他21个省(区、市)人大常委会分别对本行政区域内《大气污染防治法》的实施情况进行检查。此次检查的重点是,各地各部门在落实《大气污染防治法》主要法律制度、依法加强大气污染防治监管、推动大气污染综合治理、改善大气环境质量等方面采取的措施和存在的主要问题,以及对修改完善大气污染防治法的意见和建议。

经检查发现,《大气污染防治法》的贯彻实施中存在结构性污染问题突出、地方政府及部门执法监管责任落实不到位、部分企业防治污染主体责任不落实、应对区域性复合型大气污染的工作措施不完善以及大气污染防治法律法规不够健全等问题。

为了适应大气污染的新形势,2015年8月,我国对《大气污染防治法》进行了第三次修改,修改后的法律由原来的7章66条增加到8章129条,增加了大气污染防治标准和限期达标规划、工业污染防治、农业污染防治、重点区域大气污染联合防治以及重污染天气应对等内容,进一步细化完善了我国的大气污染防治法律制度。

二、大气污染防治的制度措施

(一)一般措施

针对原有法律存在的源头治理薄弱、管控对象单一的问题,修改后的《大气污染防治法》提出了要坚持源头治理,规划先行,加强协同管控;增加了能源结构、产业结构和布局等前端源头治理方面的要求,规定要对颗粒物、二氧化硫、氮氧化物、挥发性有机物、氨等大气污染物和温室气体实施协同控制,努力实现从单一污染物控制向多污染物协同控制转变(第2条)。

依照《大气污染防治法》规定,县级以上人民政府环境主管部门对大气污染防治实施统一监督管理。县级以上人民政府其他有关部门在各自职责范围内对大气污染防治实施监督管理(第5条)。

修改后的《大气污染防治法》进一步突出了政府的环境保护责任。规定地方各级人民政府应当对本行政区域的大气环境质量负责(第3条)。加强对各级人民政府的责任考核。国务院环境主管部门会同国务院有关部门对省、自治区、直辖市大气环境质量改善目标、大气污染防治重点任务完成情况进行考核。省、自治区、直辖市人民政府制定考核办法,对本行政区域内地方大气环境质量改善目标、大气污染防治重点任务完成情况实施考核。考核结果应当向社会公开(第4条)。

未达到国家大气环境质量标准城市的人民政府应当及时编制大气环境质量限期达标规划,采取措施,按照国务院或者省级人民政府规定的期限达到大气环境质量标准(第14条第1款)。城市人民政府每年在向本级人民代表大会或者其常务委员会报告环境状况和环境保护目标完成情况时,应当报告大气环境质量限期达标规划执行情况,并向社会公开(第16条)。

关于大气污染防治标准。制定大气环境质量标准,应当以保障公众健康和保护生态环境为宗旨,与经济社会发展相适应,做到科学合理(第8条)。制定大气污染物排放标准,应当以大气环境质量标准和国家经济、技术条件为依据(第9条)。另外,制定上述两项标准应当组织专家进行审查和论证,并征求有关部门、行业协会、企业事业单位和公众等的意见(第10条)。

关于排污许可制度和重点大气污染物排放总量控制制度。《大气污染防治法》将这两项制度的适用范围由"两控区"扩展到全国,并规定了确定总量控制目标和分解总量控制指标、发放排污许可证的原则和程序,对超过国家重点大气污染物排放总量控制指标或者未完成国家下达的大气环境质量改善目标的地区,省级以上环境主管部门应当约谈该地区人民政府的主要负责人,并暂停审批该地区新增重点大气污染物排放总量的建设项目环境影响评价文件(第19条、21条、22条)。

关于重点区域大气污染防治。《大气污染防治法》专设一章(第五章)规定重点区域大气污染联合防治。要求建立重点区域大气污染联防联控机制,按照统一规划、统一标准、统一监测、统一的防治措施的要求,开展大气污染联合防治。国务院环境主管部门根据主体功能区划、区域大气环境质量状况和大气污染传输扩散规律,划定国家大气污染防治重点区域,报国务院批准(第86条)。

规定重点区域应当制订大气污染联合防治行动计划,提出重点防治任务和措施,促进重点区域大气环境质量改善(第87条)。应当提高重点区域内环保、能耗、安全、质量等方面的要求,提高产业准入标准,实施更严格的机动车大气污染物排放标准(第88条)。实行煤炭消费等量或者减量替代(第90条),并在规划环评和项目环评会商(第89条)、大气环境质量监测和大气污染源监测信息共享(第91条)、联动执法(第92条)等方面建立起区域协作机制。

关于重污染天气应对。《大气污染防治法》增加一章(第六章),专述重污染天气应对。国家建立重污染天气监测预警体系(第93条)。县级以上地方人民政府应当将重污染天气应对纳入突发事件应急管理体系。省级人民政府、设区的市人民政府以及可能发生重污染天气的县级人民政府,应当制定重污染天气应急预案(第94条)。

可能发生重污染天气的,省级人民政府以及设区的市人民政府应当及时发布预警信息,并通过电视、广播、网络、短信等途径告知公众采取健康防护措施,指导公众出行和调整其他相关社会活动。任何单位和个人不得擅自向社会发布重污染天气预报预警信息(第95条)。

县级以上地方人民政府应当依据预警等级启动应急预案,并可以采取责令有关企业停产或者限产、限制部分机动车行驶、组织开展人工影响天气作业等应急措施(第96条)。

在法律责任方面,《大气污染防治法》加大了对大气污染违法行为的处罚力度。

对未依法取得排污许可证排放大气污染物的、超过大气污染物排放标准或者超过重点大气污染物排放总量控制指标排放大气污染物的以及通过逃避监管的方式排放大气污染物的,由县级以上人民政府环境保护主管部门责令改正或者限制生产、停产整治,并处 10 万元以上 100 万元以下的罚款;情节严重的,报经有批准权的人民政府批准,责令停业、关闭(第 99 条)。开发利用行为人有上述三种违法行为或者建筑施工或贮存易产生扬尘的物料未采取有效措施防治扬尘污染,受到罚款处罚,被责令改正,拒不改正的,依法作出处罚决定的行政机关可以自责令改正之日的次日起,按照原处罚数额按日连续处罚(第 123 条)。

(二)燃煤和其他能源污染防治

1. 减少燃煤产生的污染物。具体措施包括:

调整能源结构,推广清洁能源的生产和使用,逐步降低煤炭在一次能源消费中的比重;优化煤炭使用方式,推广煤炭清洁高效利用,减少煤炭生产、使用、转化过程中的大气污染物排放(第 32 条)。

推行煤炭洗选加工,降低煤炭的硫分和灰分,限制开采高硫分、高灰分煤炭,禁止对含放射性和砷等有毒有害物质超过规定标准煤炭的开采。除了所采煤炭属于低硫分、低灰分或者根据已达标排放的燃煤电厂要求不需要洗选的以外,所有煤矿都需要建设配套的煤炭洗选设施(第 33 条)。

针对民用散烧煤造成的严重大气污染问题,规定地方各级人民政府应当加强民用散煤的管理,禁止销售不符合民用散煤质量标准的煤炭,鼓励居民燃用优质煤炭和洁净型煤,推广节能环保型炉灶(第 36 条)。在燃煤供热地区,推进热电联产和集中供热。在集中供热管网覆盖地区,禁止新建、扩建分散燃煤供热锅炉;已建成的不能达标排放的燃煤供热锅炉,应当限期拆除(第 39 条)。

城市人民政府可以划定并公布高污染燃料禁燃区,并根据大气环境质量改善要求,逐步扩大禁燃区范围。在禁燃区内,禁止销售、燃用高污染燃料;禁止新建、扩建燃用高污染燃料的设施,已建成的,应当限期改用天然气、页岩气、液化石油气、电或者其他清洁能源(第 38 条)。

2. 对普通大气污染物排放实行标准管制。

在我国国家大气环境标准体系中,《环境空气质量标准》(GB3095-2012)是大气环境标准体系的核心,自 2016 年 1 月 1 日起在全国实施,适用于全国范围的环境空气质量评价。[①] 该标准将环境空气质量功能区分为二类,一类区为自然保护区、风景名胜区和其他需要特殊保护的区域;二类区为居住区、商业交通居民混合区、文化区、工

[①] 本标准首次发布于 1982 年。1996 年第一次修订,2000 年第二次修订,2012 年为第三次修订。本标准将根据国家经济社会发展状况和环境保护要求适时修订。本标准规定了环境空气功能区分类、标准分级、污染物项目、平均时间及浓度限值、监测方法、数据统计的有效性规定及实施与监督等内容。本标准中的污染物浓度均为质量浓度。

业区和农村地区。与之相适应,该标准将环境空气质量标准分为二级,一类区执行一级标准、适用一级浓度限值,二类区执行二级标准、适用二级浓度限值。除《环境空气质量标准》外,《大气污染物综合排放标准》(GB16297-1996)是国家大气污染物排放标准中较为重要的综合性排放标准。该标准主要依据《环境空气质量标准》制定,对33种大气污染物的排放限值即最高允许排放浓度、最高允许排放速率和无组织排放监控浓度限值作出了具体规定。依照该标准的解释,在控制大气污染物排放方面,除该标准为国家综合性排放标准外,还有若干行业性排放标准共同存在。即除若干行业执行各自的行业性国家大气污染物排放标准外,其余均执行该标准。

(三) 工业污染防治

对于工业企业在生产过程中排放粉尘、硫化物和氮氧化物的,应当采用清洁生产工艺,配套建设除尘、脱硫、脱硝等装置,或者采取技术改造等其他控制大气污染物排放的措施(第43条)。产生含挥发性有机物废气的,应当在密闭空间或者设备中进行(第45条)。工业生产、垃圾填埋或者其他活动产生可燃性气体的,应当安装回收利用装置;在回收利用装置不能正常作业期间,应当将排放的可燃性气体充分燃烧或者采取其他控制大气污染物排放的措施(第49条)。

(四) 机动车船等污染防治

《中国机动车环境管理年报(2017)》显示,我国已连续八年成为世界机动车产销第一大国,机动车污染已成为我国空气污染的重要来源,是造成细颗粒物、光化学烟雾污染的重要原因,机动车污染防治的紧迫性日益凸显。

《大气污染防治法》严格对新生产机动车、在用机动车、非道路移动机械、船舶以及油品质量环保达标的监督管理。国家倡导低碳、环保出行,合理控制燃油机动车保有量,大力发展城市公共交通,提高公共交通出行比例(第50条)。国家倡导环保驾驶,鼓励燃油机动车驾驶人在不影响道路通行且需停车三分钟以上的情况下熄灭发动机,减少大气污染物的排放(第57条)。

新生产机动车应当由生产企业进行排放检验,经检验合格的,方可出厂销售(第52条)。在用机动车应当由机动车排放检验机构定期对其进行排放检验,经检验合格的,方可上道路行驶(第53条)。在用重型柴油车、非道路移动机械未安装污染控制装置或者污染控制装置不符合要求,不能达标排放的,应当加装或者更换符合要求的污染控制装置(第59条)。船舶经船舶检验机构检验符合国家排放标准的,方可运营(第62条)。国家禁止生产、进口、销售不符合标准的机动车船、非道路移动机械用燃料(第65条)。

(五) 扬尘污染防治

《大气污染防治法》首先明确了政府防治扬尘污染的责任,规定地方各级人民政府及其住房城乡建设、市容环境卫生、交通运输、国土资源等部门应当加强对建设施工和运输的管理,保持道路清洁,控制料堆和渣土堆放,扩大绿地、水面、湿地和地面铺装面积,防治扬尘污染(第68条)。

其次,明确了建设施工单位的责任。建设单位应当将防治扬尘污染的费用列入工程造价,并在施工承包合同中明确施工单位扬尘污染防治责任。施工单位应当制定具体的施工扬尘污染防治实施方案。施工单位应当在施工工地设置硬质围挡,并采取覆盖、分段作业、择时施工、洒水抑尘、冲洗地面和车辆等有效防尘降尘措施;并在施工工地公示上述扬尘污染防治措施、负责人、扬尘监督管理主管部门等信息(第69条)。

最后,加强了对运输煤炭、垃圾、渣土、砂石、土方、灰浆等散装、流体物料的车辆的管理,规定这些车辆应当采取密闭或者其他措施防止物料遗撒造成扬尘污染,并按照规定路线行驶。装卸物料应当采取密闭或者喷淋等方式防治扬尘污染(第70条)。

(六)农业和其他污染防治

针对农业面源污染点少面广的特点,《大气污染防治法》规定地方各级人民政府应当推动转变农业生产方式,发展农业循环经济,加大对废弃物综合处理的支持力度,加强对农业生产经营活动排放大气污染物的控制(第73条)。

推进秸秆、落叶的综合利用。各级人民政府及其农业行政等有关部门应当鼓励和支持采用先进适用技术,对秸秆、落叶等进行肥料化、饲料化、能源化、工业原料化、食用菌基料化等综合利用,加大对秸秆还田、收集一体化农业机械的财政补贴力度。县级人民政府应当组织建立秸秆收集、贮存、运输和综合利用服务体系(第76条)。省、自治区、直辖市人民政府应当划定区域,禁止露天焚烧秸秆、落叶等产生烟尘污染的物质(第77条)。

关于恶臭气体污染防治。恶臭,是指一切刺激嗅觉器官引起人们不愉快及损坏生活环境的气体物质。恶臭属于一次性的小范围地域污染的现象,实践中很少有长时期排放恶臭气体的现象。1993年原国家环保局批准实施了《恶臭污染物排放标准》(GB14554-93),适用于全国所有向大气排放恶臭气体单位及垃圾堆放场的排放管理以及建设项目的环境影响评价、设计、竣工验收及其建成后的排放管理。《大气污染防治法》规定,畜禽养殖场、养殖小区应当及时对污水、畜禽粪便和尸体等进行收集、贮存、清运和无害化处理,防止排放恶臭气体(第75条)。开发利用行为人在生产经营活动中产生恶臭气体的,应当科学选址,设置合理的防护距离,并安装净化装置或者采取其他措施,防止排放恶臭气体(第80条)。

在餐饮业油烟污染防治方面,要求排放油烟的餐饮服务业经营者安装油烟净化设施并保持正常使用,防止对附近居民的正常生活环境造成污染(第81条)。

在消耗臭氧层物质替代产品方面,鼓励、支持消耗臭氧层物质替代品的生产和使用,逐步减少消耗臭氧层物质的产量,直至停止消耗臭氧层物质的生产和使用。国家对消耗臭氧层物质的生产、使用、进出口实行总量控制和配额管理(第85条)。

鉴于2010年以来我国以可吸入颗粒物(PM10)、细颗粒物(PM2.5)为特征的污染物的区域性大气环境问题日益突出,损害人民群众身体健康,影响社会和谐稳定,为切实改善空气质量,国务院 2013 年 9 月发布了《大气污染防治行动计划》(以下简称《大气十条》)。该计划的奋斗目标是,经过五年努力,全国空气质量总体改善,重污染天气较大幅度减少;京津冀、长三角、珠三角等区域空气质量明显好转。力争再用五年或更长时间,逐步消除重污染天气,全国空气质量明显改善。具体的指标是:到 2017 年,全国地级及以上城市可吸入颗粒物浓度比 2012 年下降 10% 以上,优良天数逐年提高;京津冀、长三角、珠三角等区域细颗粒物浓度分别下降 25%、20%、15% 左右,其中北京市细颗粒物年均浓度控制在 60 微克/立方米左右。

2014 年 4 月 30 日,国务院办公厅印发了《大气污染防治行动计划实施情况考核办法(试行)》(以下简称《考核办法(试行)》),适用于对各省(区、市)人民政府《大气十条》实施情况的年度考核和终期考核。考核指标包括空气质量改善目标完成情况和大气污染防治重点任务完成情况两个方面。空气质量改善目标完成情况以各地区细颗粒物(PM2.5)或可吸入颗粒物(PM10)年均浓度下降比例作为考核指标。大气污染防治重点任务完成情况包括产业结构调整优化、清洁生产、煤炭管理与油品供应、燃煤小锅炉整治、工业大气污染治理、城市扬尘污染控制、机动车污染防治、建筑节能与供热计量、大气污染防治资金投入、大气环境管理等 10 项指标。

《考核办法(试行)》规定,地方人民政府是《大气十条》实施的责任主体。各省(区、市)人民政府要依据国家确定的空气质量改善目标,制定本地区《大气十条》实施细则和年度工作计划,将目标、任务分解到市(地)、县级人民政府,把重点任务落实到相关部门和企业。

2014 年 7 月 18 日,环境保护部等六部门印发了《大气污染防治行动计划实施情况考核办法(试行)实施细则》,对《考核办法(试行)》中各项考核指标的定义、考核要求和计分方法进行了明确和细化,加快落实考核工作。

第二节 水污染防治法

一、概述

(一)水污染的概念

环境科学一般将水及其相应的物理性质(如色、嗅、味、透明度等)、水中的化学物质、水中的生物及底泥等因素的总和称为狭义上的水体,而将具体的河流(或河段)、湖泊、水库、河口海湾等称为广义上的水体。[①]

依照《水污染防治法》解释,水污染(water pollution)是指水体因某种物质的介

---

① 参见刘天齐主编:《环境保护通论》,中国环境科学出版社 1997 年版,第 161 页。

入,而导致其化学、物理、生物或者放射性等方面特性的改变,从而影响水的有效利用,危害人体健康或者破坏生态环境,造成水质恶化的现象(第102条)。

水体的污染源主要有两种来源形式,一种是"点源"(point source),主要指工业污染源和生活污染源,其中包括工业废水、城市生活污水等;另一种是"面源"(non-point source),主要指农村污水和灌溉水,此外还有因地质的溶解以及降水对大气的淋洗所导致水体的污染。

(二)水污染防治法的立法沿革

从20世纪50年代起,我国就由卫生部门负责开展了水污染防治工作。但是,其工作的重点只在于饮用水卫生监督管理方面。1955年国家制定了《自来水水质暂行标准》。1956年,国务院还发布了《工厂安全卫生规程》,专门对饮用水水源的保护、废水的处理等作出了规定。1957年,国务院有关部门颁布了《关于注意处理工矿企业排出有毒废水、废气问题的通知》,首次对防治水污染提出了具体的要求。1959年我国颁布了《生活饮用水卫生规程》。

到20世纪70年代,以北京官厅水库水污染的调查为契机,我国开始开展防治工业"三废"污染水源、水系的工作,并相继由国务院及其有关部门制定了一些规范性的防治水污染的文件。

1979年9月,我国颁布的《环境保护法(试行)》首次以法律的形式对水污染的防治作出了原则性的规定,据此国家还制定颁布了一系列水环境标准。1984年5月,全国人大常委会通过了《水污染防治法》,对防治陆地水污染作出了系统的规定。1989年7月,国务院还批准实施了《水污染防治法实施细则》。此外,在1988年制定的《水法》中,也对合理开发利用水资源和防治水环境污染作出了规定。

在水环境标准方面,我国还分别对地面水环境质量、生活饮用水质、农田灌溉水质、渔业水质以及污水排放等制定了大量标准,形成了以《地表水环境质量标准》(GB3838-2002)为中心的水环境标准体系。

1996年5月全国人大常委会通过了修正的《水污染防治法》。与修正前相比,新的《水污染防治法》主要对水污染防治的流域管理、城市污水的集中治理、对饮用水源保护的强化等方面作出了新的规定,并实行重点区域水污染物排放的总量核定制度。2000年3月国务院还制定了《水污染防治法实施细则》。

针对我国水污染还在继续恶化的状况,2008年2月,全国人大常委会再次修改了《水污染防治法》,加强了对饮用水水源和其他特殊水体的保护,实行禁止超标排污和重点水污染物排放总量控制和许可制度。2017年6月,全国人大常委会再次修正了《水污染防治法》,作出了55处重大修改,涉及河长制、农业农村水污染防治、饮用水保护、环保监测等内容。

二、水污染防治的制度措施

(一) 水污染防治的一般措施

1. 水污染防治的一般规定

禁止向水体排放油类、酸液、碱液、固体废物,含有剧毒、放射性、病原体的废液、废渣、废水;禁止在江河、湖泊、运河、渠道、水库最高水位线以下的滩地和岸坡堆放、存贮固体废弃物和其他污染物;禁止利用渗井、渗坑、裂隙和溶洞,私设暗管,篡改、伪造监测数据,或者不正常运行水污染防治设施等逃避监管的方式排放水污染物;化学品生产企业以及工业集聚区、矿山开采区、尾矿库、危险废物处置场、垃圾填埋场等的运营、管理单位,应当采取防渗漏等措施,并建设地下水水质监测井进行监测,防止地下水污染;加油站等的地下油罐应当使用双层罐或者采取建造防渗池等其他有效措施,并进行防渗漏监测,防止地下水污染;禁止利用无防渗漏措施的沟渠、坑塘等输送或者存贮含有毒污染物的废水、含病原体的污水和其他废弃物;多层地下水的含水层水质差异大的,应当分层开采;对已受污染的潜水和承压水,不得混合开采;兴建地下工程设施或者进行地下勘探、采矿等活动,应当采取防护性措施,防止地下水污染;报废矿井、钻井或者取水井等,应当实施封井或者回填;人工回灌补给地下水,不得恶化地下水质(第33—43条)。对违反者,由县级以上环境主管部门责令停止违法行为,限期采取治理措施,消除污染,处以罚款,逾期不采取治理措施的,环境主管部门可以指定有治理能力的单位代为治理,所需费用由违法者承担(第85条)。

2. 对不同领域水污染防治的专门规定

第一,工业水污染防治方面。合理规划工业布局,淘汰落后工艺和设备,采取综合防治措施,从源头上减少废水和污染物排放量;含有毒有害水污染物的工业废水应当分类收集和处理,不得稀释排放;工业集聚区应当配套建设相应的污水集中处理设施,安装自动监测设备,与环境保护主管部门的监控设备联网,并保证监测设备正常运行;向污水集中处理设施排放工业废水的,应当按照国家有关规定进行预处理,达到集中处理设施处理工艺要求后方可排放;禁止新建不符合国家产业政策的小型造纸、制革等严重污染水环境的生产项目;鼓励企业进行清洁生产(第44—48条)。对违反者,由所在地的市、县人民政府责令关闭(第87条)。

第二,城镇水污染防治方面。城镇污水应当集中处理;县级以上地方人民政府应当通过财政预算和其他渠道筹集资金,统筹安排建设城镇污水集中处理设施及配套管网,提高城镇污水的收集率和处理率。城镇污水集中处理设施的运营单位按照国家规定向排污者提供污水处理的有偿服务,收取污水处理费用,保证污水集中处理设施的正常运行;收取的污水处理费用应当用于城镇污水集中处理设施的建设和运行,不得挪作他用。向城镇污水集中处理设施排放水污染物,应当符合水污染物排放标准。建设生活垃圾填埋场,应当采取防渗漏等措施,防止造成水污染(第49—51条)。对违反者,由县级以上经济综合宏观调控部门责令改正,处5万元以上20万元以下的罚款;情节严重的,由县级以上经济综合宏观调控部门提出意见,报请本级人民政府责令停业、关闭(第86条)。

第三,农业和农村水污染防治方面。国家支持农村污水、垃圾处理设施的建设,推进农村污水、垃圾集中处理;地方各级人民政府应当统筹规划建设农村污水、垃圾处理设施,并保障其正常运行;制定化肥、农药等产品的质量标准和使用标准,应当适应水环境保护要求;加强对农药、化肥、畜禽养殖场、水产养殖的管理,防止造成水污染;农田灌溉用水应当符合相应的水质标准,防止污染土壤、地下水和农产品;禁止向农田灌溉渠道排放工业废水或者医疗污水(第52—58条)。

第四,船舶水污染防治方面。加强对船舶的残油、废油、垃圾以及船舶排放含油污水、生活污水的管理,防止污染水体;加强对船舶装载的货物的管理,防止货物落水造成水污染;禁止排放不符合规定的船舶压载水;港口、码头、装卸站和船舶修造厂应当备有足够的船舶污染物、废弃物的接收设施;船舶进行散装液体污染危害性货物的过驳作业,应当编制作业方案,采取有效的安全和防污染措施,并报作业地海事管理机构批准;禁止采取冲滩方式进行船舶拆解作业(第59—62条)。对违反者,由海事管理机构、渔业主管部门按照职责分工责令停止违法行为,处1万元以上10万元以下的罚款;造成水污染的,责令限期采取治理措施,消除污染,处2万元以上20万元以下的罚款;逾期不采取治理措施的,海事管理机构、渔业主管部门按照职责分工可以指定有治理能力的单位代为治理,所需费用由船舶承担(第90条)。

(二)水污染物的排放管理

1. 对普通水污染物排放实行标准管制

在我国国家水环境标准体系中,《地表水环境质量标准》(GB3838-2002)是水环境标准体系的核心。该标准依据地表水水域环境功能和保护目标,按功能高低依次将地表水水域划分为如下五类:Ⅰ类——主要适用于源头水、国家自然保护区;Ⅱ类——主要适用于集中式生活饮用水地表水源地一级保护区、珍稀水生生物栖息地、鱼虾类产卵场、仔稚幼鱼的索饵场等;Ⅲ类——主要适用于集中式生活饮用水地表水源地二级保护区、鱼虾类越冬场、洄游通道、水产养殖区等渔业水域及游泳区;Ⅳ类——主要适用于一般工业用水区及人体非直接接触的娱乐用水区;Ⅴ类——主要适用于农业用水区及一般景观要求水域。该标准主要对24种项目规定了具体的标准限值。为对应地表水上述五类水域功能,该标准将基本项目标准值也分为五类,不同功能类别分别执行相应类别的标准值。水域功能类别高的标准值严于水域功能类别低的标准值。同一水域兼有多类使用功能的,执行最高功能类别对应的标准值。2011年3月,原环境保护部颁布了《地表水环境质量评价办法(试行)》。

除综合性的《地表水环境质量标准》外,我国还分别对特定水域制定《渔业水质标准》《景观娱乐用水水质标准》《地下水质量标准》《农田灌溉水质标准》等水质标准。

为了解决跨界水污染造成的纠纷,2017年修正的《水污染防治法》第13条规定:"国务院环境保护主管部门会同国务院水行政主管部门和有关省、自治区、直辖市人民政府,可以根据国家确定的重要江河、湖泊流域水体的使用功能以及有关地区的经济、技术条件,确定该重要江河、湖泊流域的省界水体适用的水环境质量标准,报国务院批准后施行。"据此,省界水体适用的水环境质量标准成为判断省界水体是否受到污染以及确定相邻省级行政区防治水污染责任的依据。

在水污染物排放标准方面,现行较为重要的是《污水综合排放标准》(GB8978-1996)。该标准按照污水排放去向,分年限规定了69种水污染物最高允许排放浓度及部分行业最高允许排水量。

2. 对重点水污染物排放实施总量控制

由于水体的环境容量有限,因此即使实现水污染达标排放也未必能够达到水环境质量标准的要求。对此,《水污染防治法》规定,国家对重点水污染物排放实施总量控制制度(第20条)。

重点水污染物排放总量控制指标,由国务院环境主管部门在征求国务院有关部门和各省、自治区、直辖市人民政府意见后,会同国务院经济综合宏观调控部门报国务院批准并下达实施。

省、自治区、直辖市人民政府应当按照国务院的规定削减和控制本行政区域的重点水污染物排放总量。具体办法由国务院环境主管部门会同国务院有关部门规定。

省、自治区、直辖市人民政府可以根据本行政区域水环境质量状况和水污染防治工作的需要,对国家重点水污染物之外的其他水污染物排放实行总量控制。

对超过重点水污染物排放总量控制指标或者未完成水环境质量改善目标的地区,省级以上人民政府环境主管部门应当会同有关部门约谈该地区人民政府的主要负责人,并暂停审批新增重点水污染物排放总量的建设项目的环境影响评价文件。约谈情况应当向社会公开。

(三)饮用水源和其他特殊水体保护

生活饮用水的安全事关公众健康和工农业生产,因此在经济技术上还不能全面控制水污染的情况下,强化对生活饮用水源地的保护已成为保障生活饮用水安全的重要途径。其他特殊水体具有重大的生态和经济功能,也需要进行特殊保护。为此,我国《水污染防治法》专设"饮用水水源和其他特殊水体保护"一章,加强对饮用水水源和其他特殊水体的保护。

饮用水水源保护区分为一级保护区和二级保护区;必要时,可以在饮用水水源保护区外围划定一定的区域作为准保护区。省内的饮用水源保护区的划定由省级人民政府批准,跨省的饮用水水源保护区,由有关省级人民政府商有关流域管理机构划定;协商不成的,由国务院环境主管部门会同国务院相关部门提出划定方案,报国务院批准。国务院和省、自治区、直辖市人民政府可以根据保护饮用水水源的实际需要,调整饮用水水源保护区的范围,确保饮用水安全。有关地方人民政府应当在饮用水水源保护区的边界设立明确的地理界标和明显的警示标志(第63条)。

在饮用水水源保护区内,禁止设置排污口。禁止新建、扩建对水体污染严重的建设项目;改建建设项目,不得增加排污量。

在饮用水水源一级保护区内,禁止新建、改建、扩建与供水设施和保护水源无关的建设项目,已建成的与供水设施和保护水源无关的建设项目,由县级以上人民政府责令拆除或者关闭。禁止从事网箱养殖、旅游、游泳、垂钓或者其他可能污染饮用水水体的活动。

在饮用水水源二级保护区内,禁止新建、改建、扩建排放污染物的建设项目;已建成的排放污染物的建设项目,由县级以上人民政府责令拆除或者关闭。在饮用水水源二级保护区内从事网箱养殖、旅游等活动的,应当按照规定采取措施,防止污染饮用水水体。

县级以上地方人民政府应当组织环境主管部门等部门,对饮用水水源保护区、地下水型饮用水源的补给区及供水单位周边区域的环境状况和污染风险进行调查评估,筛查可能存在的污染风险因素,并采取相应的风险防范措施。饮用水水源受到污染可能威胁供水安全的,环境保护主管部门应当责令有关开发利用行为人采取停止排放水污染物等措施,并通报饮用水供水单位和供水、卫生、水行政等部门;跨行政区域的,还应当通报相关地方人民政府(第64—69条)。

单一水源供水城市的人民政府应当建设应急水源或者备用水源,有条件的地区可以开展区域联网供水。县级以上地方人民政府应当合理安排、布局农村饮用水水源,有条件的地区可以采取城镇供水管网延伸或者建设跨村、跨乡镇联片集中供水工程等方式,发展规模集中供水。

饮用水供水单位应当做好取水口和出水口的水质检测工作。发现取水口水质不符合饮用水水源水质标准或者出水口水质不符合饮用水卫生标准的,应当及时采取相应措施,并向所在地市、县级人民政府供水主管部门报告。供水主管部门接到报告后,应当通报环境保护、卫生、水行政等部门。饮用水供水单位应当对供水水质负责,确保供水设施安全可靠运行,保证供水水质符合国家有关标准。

县级以上地方人民政府应当组织有关部门监测、评估本行政区域内饮用水水源、供水单位供水和用户水龙头出水的水质等饮用水安全状况。县级以上地方人民政府有关部门应当至少每季度向社会公开一次饮用水安全状况信息。

国务院和省、自治区、直辖市人民政府根据水环境保护的需要,可以规定在饮用水水源保护区内,采取禁止或者限制使用含磷洗涤剂、化肥、农药以及限制种植养殖等措施(第70—73条)。

县级以上人民政府可以对风景名胜区水体、重要渔业水体和其他具有特殊经济文化价值的水体划定保护区,并采取措施,保证保护区的水质符合规定用途的水环境质量标准。在风景名胜区水体、重要渔业水体和其他具有特殊经济文化价值的水体的保护区内,不得新建排污口(第74条、第75条)。

对违反上述规定者由县级以上环境主管部门责令停止违法行为,处10万元以上

50万元以下的罚款;并报经有批准权的人民政府批准,责令拆除或者关闭(第91条)。

(四) 生态用水保障

国务院有关部门和县级以上地方人民政府开发、利用和调节、调度水资源时,应当统筹兼顾,维持江河的合理流量和湖泊、水库以及地下水体的合理水位,保障基本生态用水,维护水体的生态功能(第27条)。

(五) 河长制(river chief system)的建立

河长制是河湖管理工作的一项制度创新。一直以来,河流污染治理由于涉及领域、部门比较多,难以形成合力。新修正的《水污染防治法》明确规定,省、市、县、乡建立河长制,分级分段组织领导本行政区域内江河、湖泊的水资源保护、水域岸线管理、水污染防治、水环境治理等工作(第5条)。

(六) 发生水污染事故的处罚规定

饮用水供水单位供水水质不符合国家规定标准的,由所在地市、县级人民政府供水主管部门责令改正,处2万元以上20万元以下的罚款;情节严重的,报经有批准权的人民政府批准,可以责令停业整顿;对直接负责的主管人员和其他直接责任人员依法给予处分(第92条)。

企事业单位不按照规定制定水污染事故的应急方案、发生水污染事故后未及时启动水污染事故的应急方案并采取有关应急措施的,由县级以上人民政府环境保护主管部门责令改正;情节严重的,处2万元以上10万元以下的罚款(第93条)。

企业事业单位违法造成水污染事故的,由县级以上环境主管部门处以罚款,责令限期采取治理措施,消除污染;不按要求采取治理措施或者不具备治理能力的,由环境主管部门指定有治理能力的单位代为治理,所需费用由违法者承担;对造成重大或者特大水污染事故的,可以报经有批准权的人民政府批准,责令关闭;对直接负责的主管人员和其他直接责任人员可以处上一年度从本单位取得的收入50%以下的罚款;有《环境保护法》第63条规定的违法排放水污染物等行为之一,尚不构成犯罪的,由公安机关对直接负责的主管人员和其他直接责任人员处10日以上15日以下的拘留;情节较轻的,处5日以上10日以下的拘留。对造成一般或者较大水污染事故的,按照水污染事故造成的直接损失的20%计算罚款;对造成重大或者特大水污染事故的,按照水污染事故造成的直接损失的30%计算罚款。造成渔业污染事故或者渔业船舶造成水污染事故的,由渔业主管部门进行处罚;其他船舶造成水污染事故的,由海事管理机构进行处罚(第94条)。

开发利用行为人违法排放水污染物,受到罚款处罚,被责令改正的,依法作出处罚决定的行政机关应当组织复查,发现其继续违法排放水污染物或者拒绝、阻挠复查的,依照《环境保护法》的规定按日连续处罚(第95条)。

第三节　海洋污染防治法

一、概述

(一)海洋污染的概念

海洋污染(ocean pollution),一般是指直接或间接地把物质或能量引入海洋环境,产生损害海洋生物资源、危害人体健康、妨碍渔业和海上其他合法活动、损坏海水使用素质和减损环境质量等有害影响。

海洋本身具有巨大的自净能力。当污染物等进入海洋以后,可以被海水的扩散、稀释、化学分解以及生物降解等作用而减低毒性。但是,由于海洋的自净能力并不是无限的,特别是近海海域的自净能力就更低,所以当排入海洋的污染物超过海水的净化能力时,就会出现海洋污染的现象。

从人为原因导致的海洋污染看,海洋污染物的来源主要有三:一是陆地型污染源,这是指从陆地向海域排放污染物的场所、设施等,包括工厂直接入海的排污管道、混合入海排油管道、入海河流、沿海油田以及港口等;二是海上型污染源,这是指船舶或海上设施、海洋倾废等;三是大气型污染源,主要是指大气降水或大气沉降使污染物进入海洋。

(二)海洋污染防治立法的沿革

我国的海洋环境保护立法始于20世纪70年代。针对入海河口、海区、港湾、内海和沿岸海域的局部区域环境污染,国务院于1974年批准制定了《防止沿海水域污染暂行规定》,并在有关单位内部试行。1979年,我国在《环境保护法(试行)》中对海洋环境保护作出了原则性的规定,原国务院环境保护领导小组于1982年4月发布了《海水水质标准》。

20世纪70年代后期,我国参加了《联合国海洋法公约》的起草谈判工作,鉴于国家保护海洋环境和确立防止、减少和控制海洋环境污染的法律措施是《联合国海洋法公约》生效后的重要内容和缔约国必须履行的国内法义务,我国于1982年8月参照公约草案的规定制定了第一部综合性海洋环境保护的法律《海洋环境保护法》。此后,国务院又相继制定了《海洋石油勘探开发环境保护管理条例》(国务院,1983年制定)、《海洋倾废管理条例》(国务院,1985年制定;2011、2017年修订)、《防治海岸工程建设项目污染损害海洋环境管理条例》(国务院,1990年制定;2007、2017年修订,2018年修正)、《防治陆源污染物污染损害海洋环境管理条例》(国务院,1990年制定)、《防治海洋工程建设项目污染损害海洋环境管理条例》(国务院,2006年制定;2017年修订,2018年修正)、《防治船舶污染海洋环境管理条例》(国务院,2009年制定;2013年修订,2014年修正,2016、2017年修订,2018年修正)。

20世纪90年代中叶以来,来源于内河河流和沿海地区的超标陆源污染物(landsourced pollutants)越来越多,造成污染等海洋环境灾害发生频率持续增加,海洋环境污染损害不断加剧,海洋资源基础条件破坏严重。同时我国相继批准加入了《联合国海洋法公约》等一系列海洋公约和协定,也使得我国在国际海洋事务中的权利、义务发生了变化。为此,全国人大常委会于1999年12月通过了修订的《海洋环境保护法》,此后,又分别于2013年、2016年和2017年修正。

2016年,为了履行《联合国海洋法公约》要求缔约国对深海勘探开发进行管控的义务,我国颁布了《深海海底区域资源勘探开发法》。依该法要求,承包者应当在合理、可行范围内,利用可获得的先进技术,采取必要措施,防止、减少、控制勘探、开发区域内的活动对海洋环境造成的污染和其他危害(第12条)。

2014年《环境保护法》还规定:国务院和沿海地方各级人民政府应当加强对海洋环境的保护。向海洋排放污染物、倾倒废弃物,进行海岸工程和海洋工程建设,应当符合法律法规规定和有关标准,防止和减少对海洋环境的污染损害(第34条)。

二、海洋污染防治的制度措施

(一)《海洋环境保护法》的适用范围和域外效力

我国《海洋环境保护法》适用于中华人民共和国内水[①]、领海、毗连区、专属经济区、大陆架以及中华人民共和国管辖的其他海域。在我国管辖海域内从事航行、勘探、开发、生产、旅游、科学研究及其他活动,或者在沿海陆域内从事影响海洋环境活动的任何单位和个人,都必须遵守该法。在我国管辖海域以外,造成我国管辖海域污染的,也适用该法的规定(第2条)。

在国际条约的国内适用及其效力方面,我国《海洋环境保护法》规定,对中华人民共和国缔结或者参加的与海洋环境保护有关的国际条约与本法有不同规定的,适用国际条约的规定;但是,中华人民共和国声明保留的条款除外(第96条)(参见第十七章第二节)。

此外,海洋环境保护要求实施整体性、关联性的综合污染防治措施,因此海洋环境保护管理所涉及的行政管理部门也比较多,跨行政区域的各级地方政府之间就海洋环境保护工作也必须在总体上协调一致。为此,我国《海洋环境保护法》规定了跨行政区域的海洋环境保护工作的政府协商机制(第9条)和依法行使海洋环境监督管理权各部门的海上联合执法机制(第19条)。

(二)海洋污染防治的一般措施

1. 对保护海水水质实行标准管制

为了便于国务院进一步理顺各有关部门海洋环境保护工作的关系,《海洋环境保护法》授权国务院行使海洋环境质量标准的制定权。目前,我国实施的国家海洋环境质量标准仍是由原国家环境保护局和国家海洋局于1997年共同提出的《海水水质标

---

① 依照我国《海洋环境保护法》的解释,内水是指我国领海基线向内陆一侧的所有海域。

准》(GB3097-1997)。该标准按照海域的不同使用功能和保护目标,将海水水质分为四类:第一类适用于海洋渔业水域、海上自然保护区和珍稀濒危海洋生物保护区;第二类适用于水产养殖区、海水浴场、人体直接接触海水的海上运动或娱乐区,以及与人类食用直接有关的工业用水区;第三类适用于一般工业用水区、滨海风景旅游区;第四类适用于海洋港口水域、海洋开发作业区。

我国《海洋环境保护法》规定,沿海省级人民政府对国家海洋环境质量标准中未作规定的项目可以制定地方海洋环境质量标准,并将沿海地方各级人民政府制定的海洋环境保护的目标和任务纳入人民政府工作计划(第10条)。在污染物排放标准方面我国《海洋环境保护法》规定,国家和地方水污染物排放标准的制定,应当将国家和地方海洋环境质量标准作为重要依据(第11条)。

此外,我国《海洋环境保护法》第12条还规定向海洋排放污染物的必须缴纳排污费,向海洋倾倒废弃物的必须缴纳倾倒费,但依法缴纳环保税的不再缴纳排污费。

2. 对重点海域排污实施总量控制

为控制国家划定的重点海域①的污染,我国《海洋环境保护法》确立了重点海域排污总量控制制度。由国务院批准确定主要污染物排海总量控制指标,在此基础上对主要污染源采取分配排放控制数量的方法具体实施。对超过主要污染物排海总量控制指标的重点海域,主管部门将暂停审批新增相应种类污染物排放总量的建设项目环境影响报告书(表)(第11条)。

(三)防治陆源污染物对海洋环境的污染损害

陆源污染物是指由陆地污染源排放的污染物。防治陆源污染物对海洋环境的污染损害,主要是防止沿海地区的工农业生产和居民生活所产生的废弃物直接向海域排放、防止在海岸滩涂设置废弃物堆放场或处理场以及防止沿海农田施用化肥农药等污染海洋、防止陆源污染物通过江河进入海洋环境。

为此,我国《海洋环境保护法》从入海排污口设置(第30条)和禁限措施两方面对防治陆源污染物对海洋环境的污染损害作出了规定。其中,禁止性义务规范主要包括:禁止向海域排放油类、酸液、碱液、剧毒废液和高、中水平放射性废水。禁止经中华人民共和国内水、领海转移危险废物(第33、39条)。限制性义务规范主要是对直接或间接向海域排放各类污染物所做的限制性规定(第33—38条)。

为履行《联合国海洋法公约》有关防止大气污染物造成海洋污染的义务,我国《海洋环境保护法》特别规定,国家采取必要措施,防止、减少和控制来自大气层或者通过大气层造成的海洋环境污染损害(第41条)。

(四)防治海岸工程建设项目对海洋环境的污染损害

海岸工程是指位于海岸或与海岸相邻,需要利用海洋完成其部分或全部功能的

---

① 根据中国海洋环境保护管理实践,我国《海洋环境保护法》所谓的"重点海域",一般指黄海、南海、渤海和东海等四大海域。

建设工程。为防止海岸工程对海洋环境造成污染损害,《海洋环境保护法》主要从三个方面规定了保护措施:

第一,对海岸工程建设项目实行环境影响评价和"三同时"制度,并把防治污染所需资金纳入建设项目投资计划(第42—44条)。

第二,兴建海岸工程建设项目,必须采取有效措施,保护国家和地方重点保护的野生动植物及其生存环境和海洋水产资源。在依法划定的海洋自然保护区、海滨风景名胜区、重要渔业水域及其他需要特别保护的区域,不得从事污染环境、破坏景观的海岸工程项目建设或者其他活动(第42、46条)。

第三,禁止在沿海陆域内新建不具备有效治理措施的化学制浆造纸、化工、印染、制革、电镀、酿造、炼油、岸边冲滩拆船以及其他严重污染海洋环境的工业生产项目。严格限制在海岸采挖砂石。露天开采海滨砂矿和从岸上打井开采海底矿产资源,必须采取有效措施,防止污染海洋环境(第45、46条)。

(五)防治海洋工程建设项目对海洋环境的污染损害

海洋工程建设是指在海岸线以下施工兴建的各类海洋工程建设项目。防治海洋工程建设项目对海洋环境污染损害的主要措施包括:

第一,海洋工程建设项目实行编报海洋环境影响报告书和"三同时"制度(第47、48条)。

第二,海洋工程建设项目建设不得使用含超标准放射性物质或者易溶出有毒有害物质的材料;当海洋工程建设项目需要爆破作业时,必须采取有效措施,保护海洋资源;在海洋石油勘探开发及输油过程中必须采取有效措施,避免溢油事故的发生(第49、50条)。

第三,海洋石油钻井船、钻井平台和采油平台的含油污水和油性混合物,必须经过处理达标后排放;残油、废油必须予以回收,不得排放入海。经回收处理后排放的,其含油量不得超过国家规定的标准。钻井所使用的油基泥浆和其他有毒复合泥浆不得排放入海。水基泥浆和无毒复合泥浆及钻屑的排放,必须符合国家有关规定。海洋石油钻井船、钻井平台和采油平台及其有关海上设施,不得向海域处置含油的工业垃圾。处置其他工业垃圾,不得造成海洋环境污染。海上试油时,应当确保油气充分燃烧,油和油性混合物不得排放入海。勘探开发海洋石油,必须按有关规定编制溢油应急计划,报国家海洋部门的海区派出机构备案(第51—54条)。

(六)防治倾倒废弃物对海洋环境的污染损害

倾倒,是指通过船舶、航空器、平台或者其他载运工具,向海洋处置废弃物和其他有害物质的行为,包括弃置船舶、航空器、平台及其辅助设施和其他浮动工具的行为。但不包括船舶、航空器及其他载运工具和设施正常操作产生的废弃物的排放。

按照废弃物的毒性、有害物质含量和对海洋环境的影响等因素,我国将向海洋倾倒的废弃物分为三类:第一类为禁止倾倒的废弃物,即毒性大或长期不能分解及严重妨害海上航行、渔业等活动的物质;第二类为需要获得特别许可证才能倾倒的废弃物,即对海洋生物没有剧毒性,但能通过生物富集污染水产品或危害航行、渔业等活动的物质;第三类为不属于前两类物质的其他低毒性或无毒的废弃物,即要事先获得普通许可证即可倾倒的物质。

我国《海洋环境保护法》对向中华人民共和国管辖海域倾倒废弃物及其管制措施作出了规定(第85条)。同时,禁止中华人民共和国境外的废弃物在中华人民共和国管辖海域倾倒;禁止在海上焚烧废弃物;禁止在海上处置放射性废弃物或者其他放射性物质(第55、61、86条)。

依照法律规定,我国拟定了可以向海洋倾倒的废弃物名录,并按照科学、合理、经济、安全的原则选划了海洋倾倒区和临时性海洋倾倒区。此外,根据废弃物的毒性、有毒物质含量和对海洋环境影响程度,我国还制定了海洋倾倒废弃物评价程序和标准。

对获准倾倒废弃物的单位,实施许可证和报告制度(第59、60条)。对经确认不宜继续使用的倾倒区,终止一切倾倒活动(第58条)。

此前,国务院曾于1985年制定了《海洋倾废管理条例》,它与《防止倾倒废物及其他物质污染海洋公约》的规定是一致的。2007年2月,国务院决定接受于2006年11月2日在伦敦召开的《防止倾倒废物及其他物质污染海洋的公约1996年议定书》首届缔约国会议上通过的《防止倾倒废物及其他物质污染海洋的公约1996年议定书》附件1修正案。

(七)防治船舶及有关作业活动对海洋环境的污染损害

我国《海洋环境保护法》主要是通过行为控制、建立油污损害赔偿制度和保险基金制度,来实现防治船舶及有关作业活动对海洋环境污染损害的。

第一,禁止违法规定向中华人民共和国管辖海域排放污染物、废弃物和压载水、船舶垃圾及其他有害物质(第62条)。船舶应持有的防止海洋环境污染的证书与文书(第63条)。载运具有污染危害性货物的船舶结构与设备应当能够防止或者减轻所载货物对海洋环境的污染(第64条)。

第二,对于载运具有污染危害性货物进出港口的船舶,其承运人、货物所有人或者代理人,必须事先向海事部门申报。需要船舶装运污染危害性不明的货物,应当按照有关规定事先进行评估。交付船舶装运污染危害性货物的单证、包装、标志、数量限制等,必须符合对所装货物的有关规定。装卸油类及有毒有害货物的作业,船岸双方必须遵守安全防污操作规程(第67、68条)。

第三,要求港口、码头、装卸站和船舶修造厂必须按照有关规定备有足够的用于处理船舶污染物、废弃物的接收设施,并使该设施处于良好状态。装卸油类的港口、码头、装卸站和船舶必须编制溢油污染应急计划,并配备相应的溢油污染应急设备和器材。船舶进行散装液体污染危害性货物的过驳作业,还应当事先按照有关规定报经海事行政主管部门批准(第69、70条)。

第四,当船舶发生海难事故,造成或者可能造成海洋环境重大污染损害的,法律规定国家海事部门有权强制采取避免或者减少污染损害的措施。对在公海上因发生海难事故,造成中华人民共和国管辖海域重大污染损害后果或者具有污染威胁的船舶、海上设施,国家海事部门有权采取与实际的或者可能发生的损害相称的必要措施。同时法律规定所有船舶均有监视海上污染的义务。民用航空器发现海上排污或者污染事件,必须及时向就近的民用航空空中交通管制单位报告。接到报告的单位,应当立即向依照本法规定行使海洋环境监督管理权的部门通报(第71、72条)。

第五,为有效补偿和赔偿油污损害,法律规定国家完善并实施船舶油污损害民事赔偿责任制度,并按照船舶油污损害赔偿责任由船东和货主共同承担风险的原则,建立船舶油污保险、油污损害赔偿基金制度(第66条)。

2009年9月9日国务院颁布的《防治船舶污染海洋环境管理条例》规定,除1000总吨以下载运非油类物质的船舶无需投保外,航行于中华人民共和国管辖海域内的其他船舶均须投保船舶油污损害民事责任险,不论其是国际航行船舶还是国内航行船舶。2010年8月19日,交通运输部发布的《船舶油污损害民事责任实施办法》进一步细化了我国船舶油污损害民事责任保险制度的相关规定。另外,虽然我国是《1969年国际油污损害民事责任公约》和《1971年国际油污损害赔偿基金公约》的缔约国,但《1971年国际油污损害赔偿基金公约》只适用于香港特别行政区。因此,《1969年国际油污损害民事责任公约》及其修正案对我国内地和香港特别行政区均具有约束力,而《1971年国际油污损害赔偿基金公约》及其修正案只对香港特别行政区具有约束力(参见第十七章第二节)。

第四节 土壤污染防治法

一、概述

(一)土壤污染的概念

土壤是指陆地生物生长或生活的地壳岩石表面的疏松表层,其厚度一般在2米左右。土壤污染(soil pollution),一般指土壤因物质、生物或者能量的介入,其原有特性或者质量发生改变,从而发生影响土壤有效利用、危害人体健康或者破坏生态环境的现象。

土壤污染主要来源于污水灌溉、酸雨和降尘、汽车排气、向土壤倾倒固体废弃物以及过量施用农药、化肥等途径。当土壤中有害物质含量超过其自净能力就会引起土壤的组成、结构和功能发生变化,微生物活动受到抑制。有害物质或其分解产物在土壤中逐渐积累后,就会通过"土壤→植物→人体"或"土壤→水→人体"的途径直接或间接被人体吸收,达到危害人体健康的程度。

我国于1973年开始开展土壤元素背景值调查;1983年起开始组织进行土壤环境容量研究以及土壤环境质量基准研究。然而,由于经济迅速发展和工业布局的不合理,大量污染物超标排放与不合理使用农药化肥等行为使中国的土壤污染状况越来越严重。资料表明,重金属、工业"三废"、污水灌溉农田以及畜禽废弃物是土壤污染源的主要来源。

(二)土壤污染防治法律制度的发展

国外社会对土壤污染防治立法的认识发端于20世纪70年代。美国联邦政府于1976年制定了《资源保护和回收法》,确立了固体废物与危险废物管理、州或地区固体废物计划、商业部长在资源回收中的责任、联邦职责以及研究、推广、示范和情报等制度。之后美国又于1980年制定了《环境反应、补偿和责任法》(也称《超级基金法》),明确规定了危险物质泄漏、责任和补偿、危险物质反应税收以及污染责任保险等制度。为促进棕色地块的清除和再利用以及为棕色地块振兴提供经济援助,美国2001年还通过《小型企业责任免除和棕色地块振兴法》,确立对中小企业有关超级基金法的一定责任予以免除。

美国土壤污染防治立法的特点在于管控法律规定的危险物质,从识别危险废物到对危险废物的经营活动及其产生者、运输者以及处理、储存和处置者的管理,从危险物质泄漏的治理责任到治理的相关费用分担和建立信托基金制度等都作出了全面规定。

在欧洲,欧共体于1972年颁布的《欧洲土壤宪章》(European Soil Charter)首次将土壤列为需要重点保护的环境要素。欧盟委员会于2006年9月通过了《土壤保护专题战略》(Thematic Strategy for Soil Protection,COM/2006/0231),提出要以保护和可持续利用土壤为主要目标进行框架立法。欧洲议会于2007年11月正式通过《建立土壤保护和修复框架指令》(Establishing Aframe Work for the Protection of Soilanda Mendıng Directive,COM/2006/0232),鼓励成员国采取土壤污染风险预防和修复治理措施,加强信息沟通交流。英国于1995年制定的《环境法》中设"土地污染和矿山废弃"专章对有关污染土地的识别、特别厂址的识别和指定、对污染土地的补救、不执行补救通知的犯罪、登记簿、污染土地状况的报告等作出了规定。德国于1998年制定了《联邦土壤保护法》,明确了土地所有者或者利用者的回避土壤变质义务、净化主体及其责任、污染土壤调查义务以及信息公开、净化费用负担、污染土壤的登记以及补偿请求权等制度作出了规定。

在日本,1970年修改《公害对策基本法》时,就将典型公害种类扩大到"土壤污染"。之后,日本于1970年制定了《关于防止农用土地土壤污染的法律》,1986年1月制定了以转换公用地和国有地为对象的《有关市街地土壤污染暂定对策指针》,1991年通过了《土壤污染有关的环境标准》。2002年,以市街地土壤规制为对象日本制定了《土壤污染对策法》。该法确立了土壤污染状况调查制度,规定对污染土壤实行指定地域制并建立土壤污染台账,规定土壤污染致使健康被害的防止措施,以及土地所有权人有权向污染行为的实施者请求支付除去污染等措施所需费用等。

在其他国家(地区)和国际组织方面,1988年加拿大制定了《土壤保护法》;2004

年韩国制定了《土壤环境保护法》;2003年我国台湾地区制定了《土壤及地下水污染整治法》;2001年国际标准化组织(ISO)还专门制定了《土壤污染调查的国际规格框架指南 ISO14015》。

(三)我国土壤污染防治的立法沿革

由于土壤污染是其他污染物不当排放或者化肥农药不当使用导致的,为此,我国1979年制定的《环境保护法(试行)》和1989年制定的《环境保护法》都曾原则性规定政府应当加强对农业环境保护,要合理使用土地、合理使用农药化肥、合理利用污水灌溉,防止防止土壤和农作物的污染。但迄今为止,我国并未制定专门的土壤污染防治法律,主要规定散见于国土、海洋、森林、水污染与水土保持、企业、农产品安全与食品安全等法律的相关条文之中。

1995年原国家环保局组织制定了《土壤环境质量标准》(GB15618-1995,2008年修订),对土壤中污染物的最高允许浓度指标值及相应的监测方法作出了规定。这是我国首部有关土壤污染治理方法和措施的专门性技术规范,适用于农田、蔬菜地、茶园、果园、牧场、林地、自然保护区等地的土壤污染防治和修复。为保护在工业企业中工作或在工业企业附近生活的人群以及工业企业界区内的土壤和地下水,对工业企业生产活动造成的土壤污染危害进行风险评价,1999年原国家环保总局还批准发布了《工业企业土壤环境质量风险评价基准》(HJ/T25-1999)。

2011年12月,国务院发布《国家环境保护"十二五"规划》,首次明确提出了土壤环境保护的主要政策与法律制度的建设方向,即加强土壤环境法律制度建设,完善土壤环境质量标准,加强制定农产品产地土壤环境保护监督管理办法和技术规范;研究建立建设项目用地土壤环境质量评估与备案制度及污染土壤调查、评估和修复制度,明确治理、修复的责任主体和要求。规划还要求强化土壤环境监管,推进重点地区污染场地和土壤修复。

2015年4月,《中共中央国务院关于加快推进生态文明建设的意见》将土壤环境质量总体保持稳定,环境风险得到有效控制作为主要目标之一,明确提出制订实施土壤污染防治行动计划,优先保护耕地土壤环境,强化工业污染场地治理,开展土壤污染治理与修复试点。2016年5月,国务院发布《土壤污染防治行动计划》,提出了土壤污染防治的总体要求、工作目标和主要指标,明确开展土壤污染调查、推进土壤污染防治立法、实施农用地分类管理、建设用地准入管理、强化未污染土壤保护、加强污染源监管、开展污染治理与修复、加大科技研发力度、发挥政府主导作用、加强目标考核等制度措施。

在工业场地再开发利用方面,2012年11月,原环境保护部联合工信、国土和住建等四部门联合发布了《关于保障工业企业场地再开发利用环境安全的通知》。2014年2月,为加强污染场地环境监督管理,原环境保护部还发布了《场地环境调查技术导则》(HJ25.1-2014)、《场地环境监测技术导则》(HJ25.2-2014)、《污染场地风险评估技术导则》(HJ25.3-2014)、《污染场地土壤修复技术导则》(HJ25.4-2014)以及《污染场地术语》(HJ682-2014)等五项国家环境保护标准。

2014年修改的《环境保护法》进一步规定,国家加强对土壤的保护,建立和完善相应的调查、监测、评估和修复制度。各级人民政府应当加强对农业污染源的监测预警,防治土壤污染;在财政预算中安排资金,支持农村土壤污染防治工作(第32、33、50条)。

为防治土壤污染、保障公众健康、推动土壤资源永续利用,2018年8月,全国人大常委会审议通过了新制定的《土壤污染防治法》,该法自2019年1月1日起施行。

二、土壤污染防治的制度措施

依照《土壤污染防治法》的解释,土壤污染是指因人为因素导致某种物质进入陆地表层,引起土壤化学、物理、生物等方面特性的改变,影响土壤功能和有效利用,危害公众健康或者破坏生态环境的现象。防止土壤污染,应当坚持预防为主、保护优先、分类管理、风险管控、污染担责和公众参与的原则。

《土壤污染防治法》还分别对土壤污染的综合性制度与措施、预防和保护土壤环境、管控土壤污染风险和修复以污染的土壤以及土壤污染防治的保障和监督等方面做出了下列规定。

(一)土壤污染防治的综合性制度与措施

1. 规划制度

《土壤污染防治法》规定,将土壤污染防治工作纳入环境保护规划,并应当根据环境保护规划要求、土地用途、土壤污染状况普查和监测结果等,编制土壤污染防治规划。

2. 标准制度

《土壤污染防治法》明确要求制定国家土壤污染风险管控标准,对国家土壤污染风险管控标准中未作规定的项目,可以制定地方土壤污染风险管控标准,并支持对土壤环境背景值和环境基准的研究。

3. 普查制度

《土壤污染防治法》规定,国务院有关部门每10年至少组织一次全国土壤污染状况普查。为了弥补普查时间跨度较大的不足,还规定了国务院有关部门、设区的市级以上地方人民政府可以根据实际情况组织开展部分地区土壤污染状况普查。

4. 监测制度

《土壤污染防治法》规定国家实行土壤环境监测制度。即生态环境主管部门制定监测规范,组织监测网络,统一规划国家土壤环境监测站(点)的设置,地方人民政府有关部门还应当加强对有关地块的重点监测和土壤污染重点监管单位周边土壤的定期监测。

（二）明确了政府、企业和公众在土壤污染防治方面的责任

第一，规定了土壤污染防治工作的管理体制，确立了生态环境主管部门对全国土壤污染防治工作实施统一监督管理，农业农村、自然资源、住房城乡建设、林业草原等主管部门在各自职责范围内对土壤污染防治工作实施监督管理的管理体制。

第二，规定各级人民政府应当加强对土壤污染防治工作的领导，组织、协调、督促有关部门依法履行土壤污染防治管理职责，地方各级人民政府应当对本行政区域土壤污染防治和安全利用负责。其中，国家实行土壤污染防治目标责任制和考核评价制度，将土壤污染防治目标完成情况作为考核评价地方各级人民政府及其负责人、县级以上人民政府负有土壤污染防治监督管理职责的部门及其负责人的内容。

第三，规定了任何组织和个人都有保护土壤、防止土壤污染的义务，采取有效措施，防止、减少土壤污染，对所造成的土壤污染依法承担责任。

（三）明确了土壤污染防治责任的不同主体

鉴于土壤污染防治的特殊性，根据污染者担责的总体原则，法律针对农用地和建设用地做了不同的制度设计。

首先，对农用地规定以政府责任为主，由政府及其有关部门组织采取污染状况调查、风险评估和风险管控等措施。

其次，对安全利用类和严格管控类农用地地块规定，土壤污染责任人应当采取相应的风险管控措施；对产出的农产品污染物含量超标，需要实施修复的农用地地块应当实施修复。农村集体经济组织及其成员、农民专业合作社及其他农业经营等主体，负有协助实施土壤污染风险管控和修复的义务。

最后，对建设用地规定了由土壤污染责任人、土地使用权人承担防治责任的制度框架。土地使用权已经被地方政府收回、土壤污染责任人为原土地使用权人的，由地方人民政府组织实施土壤污染风险管控和修复。

（四）建立了土壤污染防治的预防和保护制度

为了从源头上预防土壤污染的产生，《土壤污染防治法》建立了土壤有毒有害物质的防控制度，规定国家根据对公众健康、生态环境的危害和影响程度，对土壤中有毒有害物质进行筛查评估，公布重点控制的土壤有毒有害物质名录。同时，根据有毒有害物质排放等情况，制定土壤污染重点监管单位名录。

《土壤污染防治法》还规定对未污染的耕地、林地、草地和饮用水水源地要重点保护，加强对国家公园等自然保护地的保护，维护其生态功能，并规定对未利用地应当予以保护，不得污染和破坏。

（五）建立了土壤污染的风险管控和修复制度

根据不同类型土地的特点，《土壤污染防治法》分设专节规定了农用地和建设用地的土壤污染风险管控和修复，设置了不同的制度和措施。

一是对农用地建立了分类管理制度。规定按照土壤污染程度和相关标准，将农

用地划分为优先保护类、安全利用类和严格管控类,分别规定不同的管理措施,明确相应的风险管控和修复要求;将符合条件的优先保护类耕地划为永久基本农田,实行严格保护;对安全利用类农用地,结合主要作物品种和种植习惯等情况,制定并实施安全利用方案;对严格管控类农用地,应当划定特定农产品禁止生产区域、开展土壤和农产品协同监测与评价,并鼓励采取调整种植结构、退耕还林还草、退耕还湿、轮作休耕、轮牧休牧等风险管控措施。

二是对建设用地建立土壤污染风险管控和修复名录制度,规定进出名录管理地块的条件、程序以及应当采取的风险管控和修复措施与禁止行为要求。

(六)确立了土壤污染防治的经济措施

《土壤污染防治法》规定,应当通过多种渠道、多种方式解决土壤污染资金问题。

一是规定国家采取有利于土壤污染防治的财政、税收、价格、金融等经济政策和措施;

二是各级人民政府应当安排必要的资金用于土壤污染防治工作,加强绩效管理和审计监督,确保资金使用效益;

三是国家建立土壤污染防治基金制度,主要用于农用地土壤污染治理和土壤污染责任人或者土地使用权人无法认定的土壤污染风险管控和修复以及政府规定的其他事项。

此外,《土壤污染防治法》还规定了保障和监督的内容以及法律责任。

第八章　物质循环与化学物质环境风险管理法

第八章　导教导学

第一节　物质循环管理法概述

一、物质循环的概念

1970年，A.克尼斯等人基于生态系统的危机，即物质代谢结构的崩溃而撰文提出了"物质循环分析论"（也称生态经济理论），认为人类的经济活动应当包括资源、能源的投入→生产加工→分配流通→最终消费→排放、废弃物的全过程。① 这是首次在经济学理论中提出经济循环要与物质循环相适应的思想。

物质循环分析论所要解决的是人类与自然之间的物质代谢问题，其特点在于它将生态系统和自然体系与人类的经济活动结合在一起，认为环境问题是由于经济活动与生态系统的物质代谢结构相违背所致，因此应当脱离传统的只以财产、服务的市场交换经济贸易为主题的经济体系，而在能源的转化、物质加工、最终消费、废弃物加工处理这些开放体制中抓住人类的经济活动，以全部收支的观点来看待环境的污染及其控制。

以物质循环分析论为基础，物质循环全过程管理理念逐渐形成，即对物质从生产直到废弃各个阶段实施全方位管理的过程，除了回收、再生循环和再商品化外，还必须促进和管理全社会的物质循环。

二、物质循环管理的立法沿革

（一）物质循环管理法的概念

物质循环管理法，是指以对废弃物实施物质循环管理为中心，以促进循环经济为目的的法律规范的总称。它是在通过法律手段保障和促进废物再生利用的基础上发展起来的环境法的分支部门。

在西方国家，对物质循环的管理主要可以分为"物质投入的管理""物质排放的管理""物质再使用、再利用和再资源化的促进"以及"物质处理的管理"等四大类。② 为此，有关物质循环管理法律也主要是在污染防治和废弃物处理的基础上发展起来的。

---

① Ayres, R. U., A. V. Kneese, and R. C. d'Arge, *Aspects of Environmental Economics, A Materials Balance-General Equilibrium Approach*, Baltimore, Md.：Johns Hopkins University Press, 1970.
② 〔日〕大塚直：《环境法》，日本有斐阁2002年版，第354页。

物质循环管理立法的目的，主要是控制现代社会大量生产、大量消费和大量废弃的经济活动造成环境负荷增加的行为。因此，它们与环境污染防治法、自然保护法的立法目的、控制方式和规制对象等均有所不同。

综观各国物质循环管理立法的内容，通过法律实行控制的废弃物质包括容器包装废弃物、机动车废弃物、废旧家电与电子仪器、食品废弃物、建设废弃物等五大类，控制的对象包括伴随燃烧处理废弃物过程产生的有毒废气、废弃物最终处分场所的污染防治管理、非法丢弃废弃物行为以及有害废弃物处理等方面。

(二) 物质循环管理法的制度基础——延伸生产者责任制度

延伸生产者责任(extended producer responsibility, EPR)是21世纪以后世界各国有关废弃物管理行政的关键词之一，其核心内涵是将消费、使用完毕后的产品回收、再利用和最终处分的责任由消费者转移到产品的生产者一方，促使生产者在产品的设计和生产环节就必须考虑减量、再利用等一系列废弃后的产品处理问题。

延伸生产者责任制度最早确立于德国的包装废弃物法规之中，此外，在美国、日本等国的法律中也被逐步确立，它被认为是污染者负担原则的具体体现(参见第二章第三节)。与环境费(税)制度不同的是，延伸生产者责任制度的核心只与产品废弃物管理有关，目的在于减轻政府对有关产品消费后所发生处理费用的财政负担。①

延伸生产者责任制度主要只着眼于责任，即生产者到底应当承担何种责任的问题。1992年瑞典基于产品的生命周期原理确定了延伸生产者责任制度的模式和范围。

该模式从保护自然资源、减低有害物质的产生和使用以及能源利用，到削减最终处分的废弃物等环节出发，主要确立了如下四类具体的生产者的责任。

第一，补偿责任(liability)，指生产者应当基于产品的环境影响而补偿环境损失的责任。补偿责任的范围包含产品生命周期各个阶段的使用与最终处分等环节，具体由各国立法决定。在法理上，补偿责任可以被理解为产品法上有关产品责任的一部分。

第二，经济责任(economic responsibility)，指生产者应当全部或者部分负担产品使用之后的收集、再利用与最终处分等费用的责任。

第三，物理责任(physical responsibility)，指生产者应当对产品或者产品所带来的影响，从物理上采取实际管理制度的责任。

第四，情报提供责任(informative responsibility)，指生产者应当就产品的环境影响以及在性能方面提供情报的责任。②

通常情况下当消费者通过货款和兑换购买了产品之后，产品的所有权将转移到消费者。然而在延伸生产者责任制度下，可以由法律规定商品移交之后生产者继续

---

① 〔日〕植田和弘等监修:《循环型社会手册》(日文版)，日本有斐阁2001年版，第258页。
② 参见〔日〕植田和弘等监修:《循环型社会手册》(日文版)，日本有斐阁2001年版，第259—260页。

对产品享有所有权。

在延伸生产者责任制度中,生产者的产品回收、处理义务与租赁契约生产者的契约上的义务相类似。

(三) 物质循环管理法律制度的规制环节

具体到目前各国的物质循环管理立法,在生产环节,采取生产抑制措施,即依法直接由政府管制或者采取政府与产业界之间签署自愿协定的方式;在消费环节,采取再生和回收利用措施,包括经济刺激措施(产品费或税;生态税;事前处理手续费;保证金);在废弃物处理环节则明确企业对资源、容器包装、家电等的回收责任以及对不能回收利用废弃物的分类、处置等处理责任,并明确费用与财政分担制度。2014年修改的《环境保护法》第40条第1款规定:"国家促进清洁生产和资源循环利用。"

从内容上看,尽管《固体废物污染环境防治法》中增加了循环经济的理念,但由于我国政府机构在体制上存在主管部门"各管一块"的职能划分格局,因此该法在制度创新方面依旧未能摆脱"污染防治"的末端治理结构和方法。对于企业内部生产实行物质循环的管理目前主要是依照《循环经济促进法》(全国人大常委会,2008年制定)和《清洁生产促进法》这两部政策性法律实施的。因此,以下本书将主要围绕循环经济和清洁生产这两个方面对我国现行有关物质循环管理的法律制度作一简要的论述。

第二节 固体废物管理的制度措施

一、概述

固体废物(solid wastes)通常也称废弃物,是指被丢弃的固体和泥状物质,包括从废水、废气中分离出来的固体颗粒。依照我国《固体废物污染环境防治法》(全国人大常委会,1995年制定,2004年修订,2013、2015、2016年修正)规定,固体废物是指在生产、生活和其他活动中产生的丧失原有利用价值或者虽未丧失利用价值但被抛弃或者放弃的固态、半固态和置于容器中的气态的物品、物质以及法律、行政法规规定纳入固体废物管理的物品、物质(第88条)。

我国《固体废物污染环境防治法》所要控制和防治产生污染的固体废物,主要包括工业固体废物(industrial solid wastes)、生活垃圾(household refuse)以及危险废物(hazardous wastes)三大类。

1995年7月,全国人大常委会通过了《固体废物污染环境防治法》,该法除了对固体废物的处置原则作出规定外,主要还对工业固体废物和危险废物的申报登记制度,企业事业单位处理、处置工业固体废物和危险废物的责任制度,处理、处置危险废物的行政代执行措施以及对危险废物实行许可证管理等作出了具体规定。为适应国家环境和产业政策的发展,加强对固体废物的再生利用,维护生态安全,促进经济社会可持续发展,全国人大常委会于 2004 年修订了《固体废物污染环境防治法》,并于 2013 年、2015 年和 2016 年三次修正了该法。

依照《固体废物污染环境防治法》的规定,县级以上人民政府的环境主管部门对固体废物污染环境的防治工作实施统一监督管理,环卫部门负责城市生活垃圾清扫、收集、贮存、运输和处置的监督管理工作,其他有关部门在各自的职责范围内负责固体废物污染环境防治的监督管理工作(第 10 条)。

二、对固体废物实行减量化、资源化和无害化管理

《固体废物污染环境防治法》规定,国家对固体废物污染环境的防治,实行减少固体废物的产生量和危害性、充分合理利用[1]固体废物和无害化处置固体废物的原则,促进清洁生产和循环经济发展(第 3 条第 1 款)。这一规定的内容简称"三化"管理,即减量化、资源化和无害化。"三化"管理原则各个环节是互为因果、相辅相成的:减量化须以资源化为依托,资源化可促进减量化、无害化的实现,无害化又可以实现和达到减量化和资源化的目的。因此,在具体措施方面不能将它们截然分开。

为此《固体废物污染环境防治法》主要确立了如下鼓励性规范:第一,鼓励、支持集中处置固体废物并促进相关产业的发展;第二,在编制有关发展规划中统筹考虑减少固体废物的产生量和危害性,促进固体废物的综合利用和无害化处置;第三,实行污染者责任原则,即产品的生产者、销售者、进口者、使用者对其产生的固体废物依法承担污染防治责任;第四,鼓励单位和个人购买、使用再生产品和可重复利用产品(第 3—5 条)。

从上述鼓励性规范的内容看,"三化"管理原则的重心应当是减量化和资源化,目的在于促使物质实现再循环、再利用。

(一) 对固体废物污染环境实行全过程管理

对固体废物实行的全过程管理,是防治固体废物污染环境的一项实体和程序相结合的原则。它是指对固体废物从产生、收集、贮存、运输、利用直到最终处置的全部过程实行一体化的管理,这通常也被人们形象地比喻为"从摇篮到坟墓"的管理。

《固体废物污染环境防治法》确立了污染者依法负责的原则,即产品的生产者、销售者、进口者、使用者对其产生的固体废物依法承担污染防治责任,并分别规定了固体废物的产生者和收集、贮存、运输、处置者的义务。

首先,产生固体废物的单位和个人应当采取措施,防止或者减少固体废物对环境的污染(第 16 条)。产品和包装物的设计、制造,应当遵守国家有关清洁生产的规定,并防止过度包装;生产、销售、进口依法被列入强制回收目录的产品和包装物的企业,必须按照国家有关规定对该产品和包装物进行回收(第 18 条)。使用农用薄膜的单

---

[1] 依照我国《固体废物污染环境防治法》的规定,利用是指从固体废物中提取物质作为原材料或者燃料的活动。

位和个人,应当采取回收利用等措施防止污染环境。从事畜禽规模养殖应当按照国家有关规定收集、贮存、利用或者处置养殖过程中产生的畜禽粪便(第19—20条)。

其次,收集、贮存、运输、利用、处置固体废物者,必须采取防扬散、防流失、防渗漏或者其他防止污染环境的措施,并不得擅自倾倒、堆放、丢弃、遗撒固体废物,禁止向河流及其附近环境倾倒、堆放固体废物(第17条)。对收集、贮存、运输、处置固体废物的设施、设备和场所,应当加强管理和维护,保证其正常运行和使用。禁止在需要特别保护的区域内建设工业固体废物集中贮存、处置的设施、场所和生活垃圾填埋场(第21、22条)。

当转移固体废物出省级行政区域贮存、处置的,应当向固体废物移出地省级环境主管部门申请,移出地省级环境主管部门商经接受地省级环境主管部门同意后,方可批准转移。禁止将境外的固体废物进境倾倒、堆放、处置;禁止进口不能用作原料或者不能以无害化方式利用的固体废物;对可以用做原料的固体废物实行限制进口和非限制进口分类管理,且进口的固体废物必须符合国家环境标准(第23—25条)。为进一步加强限制进口类可用作原料的固体废物进口管理,原环境保护部于2015年发布了《限制进口类可用作原料的固体废物环境保护管理规定》,并于2017年进行了二次修订。

《固体废物污染环境防治法》规定,固体废物的产生者和收集、贮存、运输、处置者违反上述规定的,由县级以上人民政府环境主管部门责令停止违法行为,限期改正,处以罚款(第68、71条)。

(二) 固体废物污染防治的分类管理

《固体废物污染环境防治法》将固体废物分为工业固体废物、生活垃圾以及危险废物三类。其中对工业固体废物、生活垃圾采取一般管理措施,对危险废物则采取严格管理措施。

1. 工业固体废物

工业固体废物,是指在工业生产活动中产生的固体废物(第88条)。工业固体废物的环境管理除执行环境污染防治的基本法律制度外,还适用如下特别措施。

第一,淘汰落后工艺设备。由于工业固体废物大多可在生产工艺和设备技术改进的条件下循环利用和再生利用,为此《固体废物污染环境防治法》规定,国务院经济综合宏观调控部门应当公布限期淘汰产生严重污染环境的工业固体废物的落后生产工艺、落后设备的名录,并限期淘汰并停止生产、销售、进口或者使用这些设备或工艺(第28条)。违反上述规定的,由县级以上人民政府经济综合宏观调控部门责令改正;情节严重的,报请同级人民政府按照国务院规定的权限决定停业或者关闭(第72条)。

第二,工业固体废物产生者的义务。首先,向所在地环境主管部门提供工业固体废物的种类、产生量、流向、贮存、处置等有关资料;其次,对暂时不利用或者不能利用的工业固体废物必须按规定建设贮存设施、场所,安全分类存放或采取无害化处置措施;最后,禁止擅自关闭、闲置或者拆除工业固体废物污染环境防治设施、场所(第30—34条)。违反上述规定的,由县级以上人民政府环境主管部门责令停止违法行为,限期改正,处以罚款(第68条)。此外,矿山企业要采取减少尾矿、矸石、废石等矿业固体废物的产生量和贮存量措施,对尾矿、矸石、废石等矿业固体废物贮存设施停止使用后规定采取封场措施(第36条)。违反上述规定的,由县级以上地方人民政府环境主管部门责令限期改正,并可处以罚款(第73条)。

第三,企业事业单位变更、终止后污染防治责任的承担。产生工业固体废物的单位需要终止的,应当事先对工业固体废物的贮存、处置的设施、场所采取污染防治措施,并对未处置的工业固体废物作出妥善处置。产生工业固体废物的单位发生变更的,未处置的工业固体废物及其贮存、处置的设施、场所进行安全处置或者采取措施保证该设施、场所安全运行的责任由双方约定;未约定的,由变更后的单位承担。对在《固体废物污染环境防治法》施行前已终止的单位未处置的工业固体废物及其贮存、处置的设施、场所进行安全处置的费用,法律规定由有关人民政府承担;但是该单位享有的土地使用权依法转让的,应当由土地使用权受让人承担处置费用(第35条)。

2. 生活垃圾

生活垃圾,是指在日常生活中或者为日常生活提供服务的活动中产生的固体废物以及法律、行政法规规定视为生活垃圾的固体废物(第88条)。

对生活垃圾的处理主要涉及收集、运输、处置等环节。为此《固体废物污染环境防治法》规定由县级以上政府统筹安排建设城乡生活垃圾收集、运输、处置设施,建立和完善生活垃圾污染环境防治的社会服务体系。并且环卫部门可以通过招标等方式选择具备条件的单位从事生活垃圾的清扫、收集、运输和处置(第38、39条)。

城市生活垃圾的产生者,应在指定地点放置垃圾,不得随意倾倒、抛撒或者堆放。清扫、收集、运输、处置城市生活垃圾应当遵守国家有关环境保护和环境卫生管理的规定,防止污染环境。对城市生活垃圾的处理,要及时清运,并逐步做到分类收集和运输,开展合理利用和实施无害化处置。禁止擅自关闭、闲置或者拆除生活垃圾处置的设施、场所;确有必要关闭、闲置或者拆除的,必须经所在地的市、县级人民政府环卫部门商所在地环境主管部门同意后核准,并采取措施,防止污染环境(第40、41、42、44条)。为遵循减量化、资源化、无害化的原则,切实推动生活垃圾分类,国家发展改革委、原住房城乡建设部于2017年颁布了《生活垃圾分类制度实施方案》,拟在部分地区试行生活垃圾强制分类制度。

为减少生活垃圾的产生量,地方政府应当采取包括改进燃料结构、组织净菜进城、合理安排生活垃圾回收利用收购网点等措施。为防止从生活垃圾中回收的物质危害人体健康,法律特别规定此类物质必须按照国家规定的用途或者标准使用,不得用于生产可能危害人体健康的产品(第43、45条)。

此外，《固体废物污染环境防治法》还规定，工程施工单位、从事公交运输经营单位以及从事城市新区开发、旧区改建和住宅小区开发建设单位、从事公共场所设施经营管理单位，都应当按照国家有关规定，清扫、收集运输过程中产生的生活垃圾（第46—48条）。违反上述规定的，由县级以上地方人民政府环卫部门责令停止违法行为，限期改正，处以罚款（第74条）。

3. 危险废物

危险废物，是指列入国家危险废物名录或者根据国家规定的危险废物鉴别标准和鉴别方法认定的具有危险特性的固体废物（第88条）。所谓危险特性，主要是指毒性、易燃性、腐蚀性、反应性、传染疾病性、放射性等。

对于危险废物必须执行下列更为严格的管理措施。

第一，国家危险废物名录与标识。国家危险废物名录由国务院环境主管部门会同有关部门制定，规定统一的危险废物鉴别标准、鉴别方法和识别标志。危险废物的容器和包装物以及收集、贮存、运输、处置危险废物的设施、场所，必须设置危险废物识别标志（第51、52条）。

第二，危险废物集中处置。国务院环境主管部门会同国务院经济综合宏观调控部门组织编制危险废物集中处置设施、场所的建设规划，报国务院批准后实施。县级以上地方人民政府应当依据危险废物集中处置设施、场所的建设规划组织建设危险废物集中处置设施、场所（第54条）。

为了解决重点危险废物集中处置设施、场所的退役费用，法律规定应当在建设重点危险废物集中处置设施、场所时将费用预提，并列入投资概算或者经营成本（第65条）。

第三，危险废物产生者的义务。首先，是申报义务。即产生危险废物的单位必须按照国家有关规定制定危险废物管理计划，并向所在地环境主管部门申报危险废物的种类、产生量、流向、贮存、处置等有关资料（第53条）。其次是处置义务。即产生危险废物的单位必须按照国家有关规定处置危险废物，不得擅自倾倒、堆放。对不履行处置义务的，由所在地县级以上环境主管部门责令限期改正；逾期不处置或者处置不符合国家有关规定的，由所在地县级以上环境主管部门指定单位代为处置，处置费用由产生危险废物的单位承担（第55条）。违反上述规定的，由县级以上地方人民政府环境主管部门责令限期改正，处代为处置费用1倍以上3倍以下的罚款（第76条）。最后，是缴纳危险废物排污费义务。以填埋方式处置危险废物不符合国务院环境主管部门规定的，应当缴纳危险废物排污费。危险废物排污费用于污染环境的防治，不得挪作他用（第56条）。对不按照国家规定缴纳危险废物排污费的，限期缴纳，逾期不缴纳的，处应缴纳危险废物排污费金额1倍以上3倍以下的罚款（第75条）。

第四，危险废物经营者的义务。从事收集、贮存、处置危险废物经营活动的单位必须向所在地环境主管部门申领经营许可证；从事利用危险废物经营活动的单位必须向国务院环境主管部门或省级环境主管部门申领经营许可证（第57条）。

收集、贮存危险废物，必须按照危险废物特性分类进行。贮存危险废物必须采取符合国家环境标准的防护措施并不得超过一年（第58条）。违反上述规定的，由县级以上人民政府环境主管部门责令停止违法行为，没收违法所得，可以并处违法所得3倍以下的罚款。不按照经营许可证规定从事前款活动的，还可以由发证机关吊销经营许可证（第77条）。

第五，危险废物转移者的义务。转移危险废物的，必须按照国家规定填写危险废物转移联单（hazardous waste transfer manifest），跨省、自治区、直辖市转移危险废物的，应当向危险废物移出地省、自治区、直辖市人民政府环境主管部门提出申请。移出地省、自治区、直辖市人民政府环境主管部门应当商经接受地省、自治区、直辖市人民政府环境主管部门同意后，方可批准转移该危险废物。转移危险废物途经移出地、接受地以外行政区域的，危险废物移出地设区的市级以上环境主管部门应当及时通知沿途经过的设区的市级以上环境主管部门。运输危险废物，必须采取防止污染环境的措施，并遵守国家有关危险货物运输管理的规定。禁止将危险废物与旅客在同一运输工具上载运（第59、60条）。违反上述规定的，由县级以上人民政府环境主管部门责令停止违法行为，限期改正，处以罚款（第75条）。

此外，法律还明确规定，禁止经中华人民共和国过境转移危险废物（第66条）。违反者由海关责令退运该危险废物，并可以并处罚款（第79条）。

第三节　促进清洁生产和循环经济的制度措施

一、清洁生产促进制度

（一）清洁生产促进立法概述

1989年，联合国环境规划署提出了清洁生产（clean production）的概念，即"将污染预防战略持续地应用于生产过程、产品和服务中，通过不断地改善管理和推进技术进步，提高资源利用效率，减少污染物产生和排放，以降低对人类和环境的危害"。1996年联合国环境规划署又将其概括为"为增加生态效率并减少对人类和环境的风险，持续应用于生产过程、产品和服务中的综合的预防性环境战略"。[①]

我国于2002年6月制定了《清洁生产促进法》（2012年修正）。依照该法的解释，清洁生产是指不断采取改进设计、使用清洁的能源和原料、采用先进的工艺技术与设备、改善管理、综合利用等措施，从源头削减污染，提高资源利用效率，减少或者避免生产、服务和产品使用过程中污染物的产生和排放，以减轻或者消除对人类健康和环境的危害（第2条）。

清洁生产的实质，是从源头着手，预防为主，对产品设计、生产和消费进行保护环

---

① 参见"清洁生产"词条，载《中国大百科全书·环境科学》，中国大百科全书出版社2002年版，第296页。

境、节约资源的全过程控制,实现经济效益和环境效益的统一。与《固体废物污染环境防治法》相比,我国《清洁生产促进法》的立法是在国际社会倡导构筑循环型社会国家的大背景下制定的,因此,《清洁生产促进法》较之于《固体废物污染环境防治法》更为强调物质的循环管理要求。

依照《清洁生产促进法》的规定,在我国领域内从事生产和服务活动的单位以及从事相关管理活动的部门应当依照本法规定,组织、实施清洁生产(第3条)。清洁生产制度的适用范围包括两个方面:一是从事相关管理活动的部门;二是从事生产和服务活动的单位。

(二) 政府及其环境主管部门的职权与职责

政府及其环境主管部门是支持、促进清洁生产的行政管理者主体,依照法律规定其主要职权包括:

制定有利于清洁生产的政策和清洁生产推行规划;建立清洁生产表彰奖励制度;制定有利于实施清洁生产的财政税收政策;定期制定和发布清洁生产技术、工艺、设备和产品导向目录和指南;批准设立节能、节水、废物再生利用等环境、资源与能源方面的产品标志,并按照国家规定制定相应标准;组织和支持建立清洁生产信息系统和技术咨询服务体系,向社会提供有关清洁生产方法和技术、可再生利用的废物供求以及清洁生产政策等方面的信息和服务;组织清洁生产技术研究开发和示范,组织开展清洁生产教育和宣传;组织编制有关行业或者地区的清洁生产指南和技术手册,指导实施清洁生产;优先采购节能、节水、废物再生利用等有利于环境、资源与能源的产品;定期公布污染严重企业名单(第7—17条)。

(三) 企业的义务

按照强制力的不同,可以将《清洁生产促进法》的规定分为指导性、自愿性和强制性规范三种。

第一,指导性规范,即不附带消极法律后果或无须依照本法承担法律责任的选择性行为模式。例如,新建、改建和扩建项目应当进行环境影响评价,对原料使用、资源消耗、资源综合利用以及污染物产生与处置等进行分析论证,优先采用资源利用率高以及污染物产生量少的清洁生产技术、工艺和设备(第18条)。

第二,自愿性规范,即不附带任何法律义务且具有积极法律后果(以政府奖励、表彰等形式表现)的选择性行为模式。其主要目的在于鼓励企业自愿实施清洁生产,改善企业及产品形象,同时可以相应地依照有关规定得到奖励和享受政策优惠。例如,企业在污染物排放达到国家和地方规定的排放标准的基础上,可以自愿与有管辖权的经济贸易行政主管部门和环境主管部门签订进一步节约资源、削减污染物排放量的协议。该经济贸易行政主管部门和环境主管部门应当在当地主要媒体上公布该企业的名称以及节约资源、防治污染的成果(第28条)。

第三,强制性规范,即附带消极法律后果(违反将受到法律制裁)的行为模式。例如,违法不实施强制性清洁生产审核或者在清洁生产审核中弄虚作假的,或者实施强制性清洁生产审核的企业不报告或者不如实报告审核结果的,由县级以上地方人民政府负责清洁生产综合协调的部门、环境保护部门按照职责分工责令限期改正;拒不改正的,处以5万元以上50万元以下的罚款(第39条)。为规范清洁生产审核行为,国家发展和改革委员会、原国家环境保护总局于2004年8月16日联合颁布了《清洁生产审核暂行办法》。

此外,为鼓励社会团体和公众参与清洁生产的宣传、教育、推广、实施及监督,《清洁生产促进法》还规定,省、自治区、直辖市人民政府负责清洁生产综合协调的部门、环境主管部门,根据促进清洁生产工作的需要,在本地区主要媒体上公布未达到能源消耗控制指标、重点污染物排放控制指标的企业的名单,为公众监督企业实施清洁生产提供依据。列入前款规定名单的企业,应当按照国务院清洁生产综合协调部门、环境保护部门的规定公布能源消耗或者重点污染物产生、排放情况,接受公众监督(第17条)。未按照规定公布能源消耗或者重点污染物产生、排放情况的,由县级以上地方人民政府负责清洁生产综合协调的部门、环境保护部门按照职责分工责令公布,可以处10万元以下的罚款(第36条)。

二、循环经济促进制度

(一)概述

20世纪90年代,在西方国家物质循环理论及其实践的影响下,我国开始提出发展循环经济的战略目标。2005年国务院发布了《关于加快发展循环经济的若干意见》,为循环经济的发展提供了明确的政策依据。

2008年8月29日,第十一届全国人大常委会第四次会议审议通过了《循环经济促进法》,将发展循环经济纳入了法制轨道。

所谓循环经济(circular economy),是指在生产、流通和消费等过程中进行的减量化、再利用、资源化活动的总称。减量化,是指在生产、流通和消费等过程中减少资源消耗和废物产生;再利用,是指将废物直接作为产品或者经修复、翻新、再制造后继续作为产品使用,或者将废物的全部或者部分作为其他产品的部件予以使用;而资源化,是指将废物直接作为原料进行利用或者对废物进行再生利用(第2条)。

依照《循环经济促进法》的规定,县级以上人民政府循环经济发展综合管理部门负责组织协调、监督管理全国和地方循环经济发展工作,环保等有关主管部门按照各自的职责负责有关循环经济的监督管理工作(第5条)。

(二)循环经济促进的基本制度

循环经济发展综合管理部门会同环保等有关部门编制循环经济发展规划,并规定资源产出率、废物再利用和资源化率等指标(第12条)。循环经济发展综合管理部门会同统计、环保等有关部门建立和完善循环经济评价指标体系,上级人民政府将主要评价指标完成情况作为对地方人民政府及其负责人考核评价的内容(第14条)。

生产列入强制回收名录(mandatory recycling list)的产品或者包装物的企业,必须对废弃的产品或者包装物负责回收;对因不具备技术经济条件而不适合利用的,由各该生产企业负责无害化处置。消费者应当将废弃的产品或者包装物交给生产者或者其委托回收的销售者或者其他组织(第15条)。

加强资源消耗、综合利用和废物产生的统计管理,并将主要统计指标定期向社会公布。标准化主管部门会同循环经济发展综合管理和环保等有关部门建立健全循环经济标准体系,制定和完善节能、节水、节材和废物再利用、资源化等标准。建立健全能源效率标识等产品资源消耗标识制度(第17条)。

(三) 减量化、再利用和资源化

减量化方面,对于生产过程,《循环经济促进法》规定了落后设备、材料和产品淘汰制度,确立了产品的生态设计制度。对于流通和消费过程,对服务业提出了节能、节水、节材的要求;在保障产品安全和卫生的前提下,限制一次性消费品的生产和消费等。此外,还对政府机构提出了厉行节约、反对浪费的要求(第18—28条)。

再利用和资源化方面,对于生产过程,《循环经济促进法》规定了各类产业园区发展区域循环经济、工业固体废物综合利用、工业用水循环利用、工业余热余压等综合利用、建筑废物综合利用、农业综合利用以及对产业废物交换的要求。对于流通和消费过程,《循环经济促进法》规定了建立健全再生资源回收体系等具体要求(第29—41条)。

(四) 循环经济促进的激励措施

促进循环经济的发展,仅靠行政强制手段是不够的,必须依法建立合理的激励机制,调动各行各业的积极性。为此,《循环经济促进法》规定了设立循环经济专项资金、对促进循环经济发展的产业给予税收优惠、限制耗能高、污染重的产品出口以及实行有利于资源节约和合理利用的价格政策、政府采购政策等(第47条)。

三、合理开发利用能源过程中的环境管理

(一) 合理开发利用能源法律制度概述

1. 能源的概念

能源是指能为人类提供某种形式能量的物质资源。按能源的生成方式,可以将能源分为天然能源(一次能源)和人工能源(二次能源)两大类。天然能源是指自然界中以天然的形式存在并没有经过加工或转换的能量资源,如煤炭、石油、天然气、核燃料、风能、水能、太阳能、地热能、海洋能、潮汐能等;人工能源则是指由一次能源直接或间接转换成其他种类和形式的能量资源,如煤气、汽油、煤油、柴油、电力、蒸汽、热水、氢气、激光等。

其中,已被人类广泛利用并在人类生活和生产中起过重要作用的能源,称为常规能源,通常是指煤炭、石油、天然气、水能等四种。而新近才被人类开发利用、有待于进一步研究发展的能量资源称为新能源,相对于常规能源而言,在不同的历史时期和科学技术水平情况下,新能源有不同的含义和内容。

2. 能源与环境问题

能源开发利用带来的环境问题,主要表现在能源在开发利用过程中产生的环境污染和自然破坏方面,其中既有合理开发利用、也有不合理开发利用的结果。例如,人类大量燃烧煤炭除了可以造成酸雨、湖泊酸化、森林死亡外,还可以导致全球气候变暖;不适当的水电开发工程不仅不能达到预期开发目标,而且还会带来严重的生态危机;而鼓励发展汽车的政策还会造成能源过量使用和环境污染的增加。过去的经验告诉我们,在每次能源危机的同时一定还会伴随着自然资源的危机和人类生存环境的危机问题。

因此,节约能源和合理开发利用能源同环境与资源保护的关系是至关密切的。

3. 能源法的范围

能源法的概念有形式意义和实质意义之分。形式意义的能源法是指能源法律规范借以表现的各种形式;实质意义的能源法是指调整能源合理开发、加工转换、储运、供应、贸易、利用及其规制,保证能源安全、有效、持续供给的能源法律规范的总称。[①]

本书所谓的能源合理利用法律制度仅指形式意义的能源法中有关节约能源、可再生能源、矿产资源等合理开发利用法律规范的总称,着眼于能源规制与环境保护的关系方面。有关核能利用与放射性污染防治的法律制度将在第九章论述。

目前,各国将能源法的重点放在确保充足的能源供应而不是提供一个重在最大限度地提高效率、尊重生态或确保所有的使用者平等使用的体系之上。所以有人认为,能源法是在不考虑对环境的有害影响的情况下发展起来的。[②]

对于因能源开发利用导致的环境问题(环境的外部性),过去是通过污染控制立法和确立"污染者负担费用"的原则予以解决。但是,污染控制立法并不能解决能源利用中的费用负担问题,因为大多数国家的能源几乎为公用企业垄断经营,这样能源消耗所带来的社会费用就成为能源法律制度未能规制的空白地带。只有在水电系统有所例外,因为它必须同时考虑河流和湖泊的航运、渔业养殖等其他用途。例如,最早的能源立法是美国于1920年制定的《联邦电力法》,该法规定联邦机构在决定是否授权建立新的水电设施前要平衡与水资源利用相关的多种相互竞争的用途。[③]

1973年发生了西方石油危机,世界能源供应形势紧张。如何有效合理地使用有限的常规能源,压缩石油消费,成为各国最紧迫的问题。不少国家立足于本国实际,加快了能源立法的进程。

目前,各国能源立法的主要方向是:提升国家电力网络,将更多资金注入新能源技术,发展替代能源,推进可再生能源的使用以及通过法律促进企业有关节能降耗事业的发展。

---

① 肖乾刚、肖国兴编著:《能源法》,法律出版社1996年版,第56页。
② 参见〔澳〕艾德里安·J.布拉德布鲁克等主编:《能源法与可持续发展》,曹明德等译,载《原著序言I》,法律出版社2005年版,第2页。
③ 同上书,第3页。

在我国，现行与节能、可再生能源利用有关的法律是《节约能源法》和《可再生能源法》。依照《节约能源法》的解释，我国法律规定中的能源，是指煤炭、原油、天然气、电力、焦炭、煤气、热力、成品油、液化石油气、生物质能和其他直接或者通过加工、转换而取得有用能的各种资源（第2条）。它既包括天然能源，也包括人工能源。

此外，全国人大常委会制定的《矿产资源法》《煤炭法》(1996年制定；2009、2011、2013、2016年修正)、《电力法》(1995年制定；2009、2015修正)和《石油天然气管道保护法》(2010年)也属于我国能源立法的范畴。目前，我国正在起草制定全面体现能源战略和政策导向的基础性法律《能源法》，以及促进和安全发展原子能事业的《原子能法》。

（二）开发矿产资源的环境保护管理

1.《矿产资源法》的环境保护规定

矿产资源(mineral resources)是指由地质作用形成的，具有利用价值的，呈固态、液态、气态的自然资源。按照国务院制定的《矿产资源法实施细则》(1994年)的规定，矿产资源分为能源矿产、金属矿产、非金属矿产和水气矿产四类。

矿产资源具有有限性、非再生性、不均衡性等特点。目前，中国矿产资源在开发利用和保护过程中还存在着矿山资源回收率低、矿产资源耗损严重、掠夺开采，破坏矿产资源、环境污染等问题。

早在1950年我国就颁布了《矿业暂行条例》，1965年底国务院还针对矿产资源保护专门制定公布了《矿产资源保护试行条例》。1986年国家制定实施了《矿产资源法》。1996年对《矿产资源法》作出了修改，同时还颁布实施了《煤炭法》。

由于地下水资源具有水资源和矿产资源的双重属性，为此在地下水资源的管理方面，依照《矿产资源法实施细则》的规定，地下水资源的勘查，适用《矿产资源法》与该细则的规定；地下水的开发、利用、保护和管理，适用《水法》和有关的行政法规（第44条）。

根据《矿产资源法》的规定，国务院地质矿产部门主管全国矿产资源勘查、开采的监督管理工作。国务院环境主管部门协助国务院地质矿产部门进行矿产资源勘查、开采和监督管理工作（第11条第1款）。

2.《矿产资源法》有关合理开发利用的规定

第一，明确矿产资源的所有权、探矿权和采矿权。

中国实行的是单一的矿产资源国家所有权制度，由国务院行使国家对矿产资源的所有权。地表或者地下的矿产资源的国家所有权，不因其所依附的土地的所有权或者使用权的不同而改变。

《矿产资源法》规定，对勘查、开采矿产资源实行许可证制度和探矿权、采矿权的有偿取得制度。从矿产资源的勘查直到开采，都必须依法分别申请，以取得探矿权、采矿权，并办理登记。非经法律规定不得转让探矿权、采矿权，禁止将探矿权、采矿权倒卖牟利（第一、二章）。

第二,矿产资源勘查、开采过程中的管理。

《矿产资源法》规定,国家对矿产资源的勘查、开发实行统一规划、合理布局、综合勘查、合理开采和综合利用的方针(第 7 条)。矿产资源勘查登记由国务院地质矿产部门进行;特定矿种的矿产资源勘查登记工作,可以由国务院授权有关主管部门负责。对国家规划矿区、对国民经济具有重要价值的矿区和国家规定实行保护性开采的特定矿种[1],实行有计划的开采(第 17 条)。

第三,开发利用矿产资源过程中的环境保护规定。

《矿产资源法》规定,对矿产资源的勘查、开发,实行统一规划、合理布局、综合勘查、合理开采和综合利用的方针(第 7 条)。对矿产资源勘查实行登记和对开采实行审批制度。开采矿产资源必须采取合理的开采顺序、开采方法和选矿工艺。矿山企业的开采回采率、采矿贫化率和选矿回收率[2](简称"三率",是合理开发利用与保护矿产资源的重要标志)应当达到设计要求(第 29 条)。

在开采主要矿产的同时,对具有工业价值的共生和伴生矿产应当统一规划,综合开采,综合利用,防止浪费;对暂时不能综合开采或者必须同时采出而暂时还不能综合利用的矿产以及含有有用组分的尾矿[3],应当采取有效的保护措施,防止损失破坏(第 30 条)。1992 年,国家环境保护局还专门针对尾矿污染的防治制定了《防治尾矿污染环境管理规定》。

对于开采矿产资源者,要求必须遵守国家劳动安全卫生、环境保护的法律规定。并且应当节约用地。耕地、草原、林地因采矿受到破坏的,矿山企业应当因地制宜地采取复垦利用、植树种草或者其他利用措施(第 31、32 条)。

开采矿产资源给他人生产、生活造成损失的,应当负责赔偿,并采取必要的补救措施(第 32 条)。具体补偿方式依照法律规定执行。探矿权人在没有农作物和其他附着物的荒岭、荒坡、荒地、荒漠、沙滩、河滩、湖滩、海滩上进行勘查的,不予补偿。开采矿产资源必须按照国家规定缴纳资源税和资源补偿费。

3. 我国《煤炭法》对煤炭生产开发中的保护管理规定

为了合理开发利用和保护煤炭资源,规范煤炭生产、经营活动,促进和保障煤炭行业的发展,我国于 1996 年颁布了《煤炭法》。《煤炭法》除了对煤炭的生产经营活动

---

[1] 依照我国《矿产资源法实施细则》的解释,"国家规划的矿区",是指国家根据规划和矿产资源规划,为建设大、中型矿山划定的矿产资源分布区域。"对国民经济具有重要价值的矿区",是指国家根据国民经济发展需要划定的,尚未列入国家建设规划的,储量大、质量好、具有开发前景的矿产资源保护区域。"国家规定实行保护性开采的特定矿种",是指由国务院根据国民经济建设和高科技发展的需要,以及资源稀缺、贵重程度确定的,由国务院有关主管部门按照国家计划批准开采的矿种。

[2] "开采回采率",是指采矿过程中采出的矿石或金属量与该采取拥有的矿石或金属储量的百分比。"采矿贫化率",是指采矿过程中采出的矿石的品位降低数与矿体(或矿块)平均品位的百分比。"选矿回收率",是指精矿中有用成分重量的百分比。参见中国自然资源研究会教育工作委员会编:《自然资源简明词典》,中国科学技术出版社 1993 年版,第 239—240 页。

[3] 依照我国《防治尾矿污染环境管理规定》(原国家环境保护局,1992 年)的解释,尾矿是指选矿和湿法冶炼过程中产生的废物。

予以规范外,对合理开发利用和保护煤炭资源也作出了明确的规定。

煤炭资源为国家所有。国家对煤炭开发实行统一规划、合理布局、综合利用的方针(第4条)。国家依法保护煤炭资源,禁止任何乱采、滥挖破坏煤炭资源的行为(第5条)。国家鼓励和支持在开发利用煤炭资源过程中采用先进的科学技术和管理方法(第9条)。国务院煤炭管理部门依法负责全国煤炭行业的监督管理。国务院有关部门在各自的职责范围内负责煤炭行业的监督管理(第12条第1款)。

为了保障煤炭资源的合理开发利用,国家提倡和支持煤矿企业和其他企业发展煤电联产、炼焦、煤化工、煤建材等,进行煤炭的深加工和精加工。国家鼓励煤矿企业发展煤炭洗选加工,综合开发利用煤层气、煤矸石、煤泥、石煤和泥炭(第35条)。国家发展和推广洁净煤技术。国家采取措施取缔土法炼焦(第36条)。

在环境保护方面,开发利用煤炭资源,应当遵守有关环境保护的法律、法规,防治污染和其他公害,保护生态环境(第11条)。煤矿建设应当贯彻保护耕地、合理利用土地的原则,应当坚持煤炭开发与环境治理同步进行(第20条)。煤矿建设项目的环境保护设施必须与主体工程同时设计、同时施工、同时验收、同时投入使用(第21条)。对因开采煤炭压占土地或者造成地表土地塌陷、挖损者,规定由采矿者负责进行复垦,恢复到可供利用的状态;造成他人损失的,应当依法给予补偿(第32条)。

(三) 促进可再生能源的开发利用

1. 可再生能源的概念和立法发展

可再生能源(renewable energy sources)有广义和狭义之分,广义的可再生能源泛指所有可以再生利用的能源。

我国是一个能源消耗大国,能源资源少、结构不合理、利用效率低和环境污染重等问题也非常突出。到2020年,要实现国内生产总值翻两番,即使能源消费仅再翻一番,一次能源消费总量将达到30亿吨标准煤,需要新增煤炭生产能力约10亿吨。然而,我国目前以煤炭为主的能源消费结构已经造成了严重的大气污染,化石燃料消费形成的大量二氧化碳也是造成全球气候变暖的主要原因。

为了促进可再生能源的开发利用,增加能源供应,改善能源结构,保障能源安全,保护环境,实现经济社会的可持续发展,全国人大常委会于2005年制定了《可再生能源法》(2009年修订)。该法第2条规定,可再生能源特指风能、太阳能、水能、生物质能、地热能、海洋能等非化石能源。

2. 可再生能源利用的基本原则

为了促进可再生能源的开发利用,《可再生能源法》确立了如下基本原则。

(1) 国家责任和全民义务相结合原则

从发达国家的经验和我国的实践看,只有明确规定政府在可再生能源发展中的责任,并明确规定由全体能源消费者承担可再生能源发展的相关费用,才有可能推动可再生能源进入大规模的商业化发展阶段,使之能与常规能源相竞争。

为此,《可再生能源法》规定,国家将可再生能源的开发利用列为能源发展的优先领域,通过制定可再生能源开发利用总量目标和采取相应措施,推动可再生能源市场的建立和发展(第4条第1款)。

(2) 政府引导和市场运作相结合原则

在可再生能源发展现有阶段,政府仍然是举足轻重的推动力量。政府的主要职责是营造市场、制定市场规则和规范市场运行等,为可再生能源同常规能源竞争创造公平的市场环境,引导和激励各类经济主体积极参与到可再生能源的开发利用中来。

为此,《可再生能源法》规定,国家鼓励各种所有制经济主体参与可再生能源的开发利用,依法保护可再生能源开发利用者的合法权益(第4条第2款)。

(3) 当前需求和长远发展相结合原则

为合理安排并使用能源,一方面要加快解决部分地区特别是农村和偏远地区缺乏电力等现代能源的迫切需要,一方面也要从长远考虑,促进风力发电、生物质能发电、太阳能发电和生物液体燃料①等新兴技术的开发利用,推进新兴可再生能源产业的成长,缓解我国长期面临的能源安全和环境安全问题。

3. 可再生能源基本法律制度

(1) 总量目标制度

可再生能源总量目标,是指政府能源部门在调查研究的基础上确立的可再生能源开发利用中长期总量目标。在可再生能源开发利用比较先进的国家,通常都根据可再生能源发展目标,制定详细的、具有法律效力的规划,指导和规范可再生能源开发利用。

我国《可再生能源法》确立的可再生能源总量目标制度包括如下几个方面:一是实行全国可再生能源资源调查;二是编制全国可再生能源开发利用中长期总量目标及其规划;三是可再生能源并网发电审批和全额收购(第6—16条)。

(2) 可再生能源上网电价与费用分摊制度

根据我国电价改革的实际情况和促进可再生能源开发利用的要求,并借鉴一些发达国家的成功经验,法律规定按照风力发电、太阳能发电、小水电、生物质能发电等不同的技术类型和各地不同的条件,分别规定不同的上网电价。这一价格机制将使可再生能源发电投资者获得相对稳定和合理的回报,引导他们向可再生能源发电领域投资,从而加快可再生能源开发利用的规模化和商业化。但随着可再生能源发电领域科技进步、规模扩大和管理水平的提高,可再生能源发电成本会逐步下降,也需要适时调整上网电价,以降低价格优惠。

为此,我国《可再生能源法》规定:可再生能源发电项目的上网电价按照有利于促进可再生能源开发利用和经济合理的原则确定并予公布(第19条第1款)。电网企

---

① 依照我国《可再生能源法》的解释,生物液体燃料是指利用生物质资源生产的甲醇、乙醇和生物柴油等液体燃料。

业依照上网电价收购可再生能源电量所发生的费用,高于按照常规能源发电平均上网电价计算所发生费用之间的差额,由在全国范围对销售电量征收可再生能源电价附加补偿(第20条)。

(3) 可再生能源专项资金和税收、信贷鼓励措施

第一,国家财政设立可再生能源发展基金,资金来源包括国家财政年度安排的专项资金和依法征收的可再生能源电价附加收入等。可再生能源发展基金用于补偿可再生能源发电企业的电费差额,并用于支持可再生能源开发利用的科研和工程、农牧区生活用能的可再生能源利用项目偏远地区和海岛可再生能源独立电力系统[①]建设等方面(第24条)。

第二,提供有财政贴息的优惠贷款。对列入国家可再生能源产业发展指导目录、符合信贷条件的可再生能源开发利用项目,金融机构可以提供有财政贴息的优惠贷款(第25条)。

第三,给予税收优惠。国家对列入可再生能源产业发展指导目录的项目给予税收优惠(第26条)。

(四) 节约能源

1. 节能的意义

依照我国《节约能源法》的解释,节能是指加强用能管理,采取技术上可以承受的措施,减少从能源生产到消费各个环节中的损失和浪费,更加有效、合理地利用能源(第3条)。

鉴于能源是发展国民经济和提高人民生活水平的重要物质基础,所以节约能源是合理有效地利用能源,缓解能源紧缺状况,提高企业经济效益和保护环境的重要措施。大力开展节能工作,进一步提高能源利用水平,是我国经济发展的一项长远战略方针。

2. 我国节约能源立法的历史发展

我国于1980年确定了开发与节约并重的能源工作方针和有关政策。1986年,国务院发布了《节约能源管理暂行条例》。这些政策和法规的实施,对于促进节能工作的开展,发挥了积极的作用,为此国务院各企业主管部门还建立健全了有关节约能源的规章制度。

为了推进全社会节约能源,提高能源利用效率和经济效益,保护环境,保障国民经济和社会的发展,满足人民生活需要,1997年我国颁布实施了《节约能源法》。2005年4月,我国还颁布实施了第一部公共建筑节能设计的综合性国家标准《公共建筑节能设计标准》,适用于新建、扩建和改建的公共建筑的节能设计。2007年,为进一步推进节能工作,确保"十一五"节能指标的实现,全国人大常委会对《节约能源法》

---

① 依照我国《可再生能源法》的解释,可再生能源独立电力系统是指不与电网连接的单独运行的可再生能源电力系统。

进行了修改。

3. 节约能源法律制度的主要内容

第一,将节能纳入我国的基本国策。节约与开发并举、把节约放在首位是我国的能源发展战略(第4条)。

第二,实行固定资产投资项目节能评估和审查制度。在对固定资产投资工程项目进行研究论证时,就必须对建设项目本身的能源利用的合理性进行专题论证,使各项用能指标达到规定要求,避免出现新增用能项目的能源浪费与用能不合理的情况,把固定资产投资项目的经济效益与环境保护、合理用能统一起来,使国家的经济建设、环境保护、能源利用相互协调。对不符合强制性节能标准的项目,项目审批或者核准的机关不得批准或者核准建设;建设单位不得开工建设;已经建成的,不得投入生产、使用(第15条)。

第三,实行节能标准与能效标识制度。国务院标准化主管部门和国务院有关部门依法组织制定并适时修订有关节能的国家标准、行业标准,建立健全节能标准体系。同时鼓励企业制定严于国家标准、行业标准的企业节能标准(第13条)。对家用电器等使用面广、耗能量大的用能产品,实行能源效率标识管理(第18条)。生产者和进口商应当对列入国家能源效率标识管理产品目录的用能产品标注能源效率标识,在产品包装物上或者说明书中予以说明,并按照规定报国务院产品质量监督部门和国务院管理节能工作的部门共同授权的机构备案。生产者和进口商应当对其标注的能源效率标识及相关信息的准确性负责。禁止销售应当标注而未标注能源效率标识的产品(第19条)。

用能产品的生产者、销售者,可以根据自愿原则,按照国家有关节能产品认证的规定,向经国务院认证认可监督管理部门认可的从事节能产品认证的机构提出节能产品认证申请;经认证合格后,取得节能产品认证证书,可以在用能产品或者其包装物上使用节能产品认证标志(第20条)。

第四,实行落后用能产品淘汰制度。国家对落后的耗能过高的用能产品、设备和生产工艺实行淘汰制度。淘汰的用能产品、设备、生产工艺的目录和实施办法,由国务院管理节能工作的部门会同国务院有关部门制定并公布。生产过程中耗能高的产品的生产单位,应当执行单位产品能耗限额标准。对超过单位产品能耗限额标准用能的生产单位,由管理节能工作的部门按照国务院规定的权限责令限期治理(第16条)。

第五,实行重点用能单位管理制度。依照《节约能源法》的规定,所谓重点用能单位,是指年综合能源消费总量1万吨标准煤以上的用能单位,以及国务院有关部门或者省级人民政府节能部门指定的年综合能源消费总量5000吨以上不满1万吨标准煤的用能单位(第52条)。

重点用能单位应当每年向管理节能工作的部门报送上年度的能源利用状况报告。能源利用状况包括能源消费情况、能源利用效率、节能目标完成情况和节能效益分析、节能措施等内容(第53条)。管理节能工作的部门应当对重点用能单位报送的能源利用状况报告进行审查(第54条)。

第六,对节能的财政支持措施。中央财政和省级地方财政安排节能专项资金,支持发展和推广通用节能技术和节能工程(第59、60条)。国家制定优惠政策,对节能先进技术、节能示范工程和节能推广项目给予支持(第61、65条)。

4. 合同能源管理——一种市场化的节能方式

合同能源管理(energy performance contract,EPC),是20世纪70年代发源于西方国家的一种基于市场运作方式形成的新的节能机制,到20世纪90年代引入我国,通过示范、引导和推广,节能服务产业迅速发展,专业化的节能服务公司不断增多,服务范围已扩展到工业、建筑、交通、公共机构等多个领域。

2010年我国发布了国家标准《合同能源管理技术通则》(GB/T24915-2010),合同能源管理正式开始在我国推广。

依照该通则的规定,所谓合同能源管理,是指节能服务公司与用能单位以契约形式约定节能项目的节能目标,节能服务公司为实现节能目标向用能单位提供必要的服务,用能单位以节能效益支付节能服务公司的投入及其合理利润的节能服务机制。合同能源管理的目的是减少用能单位的能源消耗,以达到节能减排的目的。

合同能源管理包括如下几种类型:

(1) 节能效益分享型

即节能改造工程前期投入由节能公司支付,客户无需投入资金。项目完成后,客户在一定的合同期内,按比例与公司分享由项目产生的节能效益。根据具体节能项目的投资额不同,节能效益分配比例和节能项目实施合同年度将有所不同。依照财政部和国家发展改革委联合发布的《合同能源管理财政奖励资金管理暂行办法》规定,此种类型可以受到国家财政支持。

(2) 节能效益支付型(也称"项目采购型")

即客户委托公司进行节能改造,先期支付一定比例的工程投资,项目完成后,经过双方验收达到合同规定的节能量,客户支付余额,或用节能效益支付。

(3) 节能量保证型(也称"效果验证型")

即节能改造工程的全部投入由公司先期提供,客户无需投入资金,项目完成后,经过双方验收达到合同规定的节能量,客户支付节能改造工程费用。

(4) 运行服务型

即客户无需投入资金,项目完成后,在一定的合同期内,由公司负责项目的运行和管理,客户支付一定的运行服务费用。合同期结束,项目移交给客户。

合同能源管理的主要方式是节能服务公司与用户签订能源管理合同,为用户提供节能诊断、融资、改造等服务,并以节能效益分享方式回收投资和获得合理利润。此举可以大大降低用能单位节能改造的资金和技术风险,充分调动用能单位节能改造的积极性,是一种行之有效的节能措施。以2009年为例,全国节能服务公司502

家,完成总产值 580 多亿元,形成年节能能力 1350 万吨标准煤,对推动节能改造、减少能源消耗、增加社会就业发挥了积极作用。①

第四节 化学物质环境风险管理的制度措施

一、概述

各国(地区)对化学物质的法律控制,最先是基于化学物质的用途和有害性的不同分别由法律规定予以管制的。例如,对人体健康和环境可能造成的危害农药就属此类化学物质,各国已通过立法对其销售和使用实施控制。

然而,对于危害性质不确定的化学物质和新化学物质则难以管制。有鉴于此,各国主要采用对化学物质的事前审查措施以预防环境风险的发生。

(一) 日本

日本在 20 世纪 60 年代发生了多氯联苯污染事件。此次污染事件是在化学物质使用过程中进入环境通过食物链导致人体健康危害的。对此,传统的末端治理已毫无用处,只有将管制措施延伸至制造、使用过程才能起到预防作用。

1973 年日本制定了《化学物质审查与制造等规制的法律》,首创了对新化学物质实行审查的制度,即在新化学物质未取得安全性确认前不得在国内生产或者进口,对具有难分解性、蓄积性、长期毒性等特性的化学物质实行严格管理下的制造、进口和使用许可。2003 年该法修订后,规定了三种化学物质的风险评估程序。2009 年该法再次修订后,将现有化学物质完全纳入化学物质审查的对象中,引进了"优先评价化学物质"这一概念。之后,日本于 1999 年制定了《化学物质排放量管理促进法》,对化学物质的排放和转移进行管理,以削减化学物质带来的环境风险。

(二) 美国

1976 年美国国会通过了《有毒物质控制法》,对有毒化学物质采取综合性对策。该法要求生产者应当提供化学物质对环境影响的资料和数据,要求政府在行使职权时应对后果进行分析,既要保护技术的发展,又要确保环境的安全。

1986 年美国国会通过了《紧急计划和公众知情权法》,要求某些化学相关行业每年按照有毒物质排放目录向环保局提供一份报告,并公开大型制造设备中的有害物质排放和转移量。

2016 年美国国会对《有毒物质控制法》进行了修订,修改内容主要包括现有化学物质、新化学物质、化学品测试、化学品报告、国家与各州之间的关系、科学性以及费用问题等方面。

---

① 参见《国务院办公厅转发发展改革委等部门关于加快推行合同能源管理促进节能服务产业发展意见的通知》,2010 年 4 月 2 日。

(三) 欧盟

欧盟曾先后在危险物质分类与包装、现有化学物质风险评价与管理、危险物质与调和剂销售与使用控制等方面发布了一些指令。从 20 世纪 80 年代开始,欧盟对新化学物质实行了登记管理制度,并且对已经生产使用的现有物质则实行销售前的通告与试验措施。对新化学物质和现有化学物质中的有害物质实行限制生产和销售。

1996 年 9 月欧盟委员会颁布了《综合污染预防与控制指令》(简称 IPPC),以 1999 年 10 月 30 日之后新建的大型工业设施为对象,建立了一套关于大型工业设施的综合许可制度。该指令将环境作为一个整体以推进综合性环境对策,减轻或防止环境污染。[①] 此项指令还要求建立欧洲污染物排放登记制度,每三年公布一次欧盟境内主要污染物排放源名单。之后,欧盟委员会分别于 2000 年和 2006 年实施了欧洲污染物排放登记制度和欧洲污染物排放和转移登记制度。

2006 年 5 月,欧盟通过了《关于化学品注册、评估、授权和限制的法规》(简称 REACH)并于 2007 年 6 月 1 日起实施。该法规采取"无数据则无市场"的原则,要求现有化学物质和新化学物质都必须进行注册。在化学物质被注册后,由化学品管理局进行相关评估,原则上对高关注物质禁止投入市场,为特定用途需生产或使用的必须获得授权。[②] 此外,对限制名单中的其他物质则在遵守有关限制条件的情况下可以制造、投放市场或使用。法规还强化了供应链环节当事人之间的信息共享体系,不仅制造者和进口者应向供应链下游传递信息,下游用户同时也负有责任向供应链上游传递信息。

二、我国化学物质环境管理制度的构建

我国对化学物质的管理,过去主要是从生产和使用安全的角度考虑实施控制的,即主要是对危险化学物质进行管理。例如,1987 年国务院就制定了《化学危险物品安全管理条例》(2002 年修改为《危险化学品安全管理条例》,并于 2011 年、2013 年两次修订),对生产、储存、经营、运输和使用化学危险物品[③]的行为予以控制。在农药管理方面,1997 年国务院制定了《农药管理条例》(2001、2017 年修订),以加强管理农药的生产、经营和使用,保护生态环境和维护人畜安全。2014 年《环境保护法》第 48 条规定:"生产、储存、运输、销售、使用、处置化学物品和含有放射性物质的物品,应当遵守国家有关规定,防止污染环境。"此外在食品卫生、劳动场所保护等方面我国也制定了相关的化学物质管理措施。

---

① 〔日〕柳宪一郎:《环境法与政策》,日本清文社 2001 年版,第 227 页。
② 根据 REACH 规定,需授权物质的类别:(1) 符合致癌物分类标准的物质;(2) 符合致畸物分类标准的物质;(3) 符合生殖毒性物质分类标准的物质;(4) 具有持久性、生物蓄积性和毒性的物质(PBT);(5) 属于高持久性、高生物蓄积性和毒性的物质(vPvB);(6) 有科学证据证明会对人类或环境引起严重影响的物质。
③ 该条例所谓的化学危险物品,系指由中华人民共和国国家标准《危险货物分类与品名编号》规定的分类标准中的爆炸品、压缩气体和液化气体、易燃液体、易燃固体、自燃物品和遇湿易燃物品、氧化剂和有机过氧化物、毒害品和腐蚀品七大类。

在化学物质信息管理方面,1987 年 UNEP 制定了《关于化学品国际贸易资料交流的伦敦准则》,核心内容是知情同意程序的规定。根据该准则,1994 年原对外贸易合作部和原环保总局制定了《化学品首次进口及有毒化学品进出口环境管理规定》。2004 年 12 月,全国人大常委会批准了《关于在国际贸易中对某些危险化学品和农药采用事先知情同意程序的鹿特丹公约》,此后我国开始对禁用和严格限用的化学品清单进行了调整。

对于化学物质不确定的环境风险管理,目前主要依据原环境保护部于 2010 年修订的《新化学物质环境管理办法》,原环保总局于 2003 年发布的管理办法同时废止。2012 年 7 月原环境保护部还颁布了《危险化学品环境管理登记办法(试行)》,初步建立了化学物质排放和转移登记制度,该办法于 2016 年由原环境保护部决定予以废止。

(一)对化学品首次进口和有毒化学品进出口的环境管理

1994 年制定的《化学品首次进口及有毒化学品进出口环境管理规定》适用于化学品的首次进口和列入《中国禁止或严格限制的有毒化学品名录》的化学品进出口的环境管理。但是食品添加剂、医药、兽药、化妆品和放射性物质不适用该规定。该规定于 2007 年被修改,删除了部分内容。

"化学品首次进口"(the first import of chemicals),是指外商或其代理人向中国出口其未曾在中国登记过的化学品,即使同种化学品已有其他外商或其代理人在中国进行了登记,仍被视为化学品首次进口(第 4 条)。

对化学品首次进口的环境管理措施主要包括:

第一,全面执行《伦敦准则》的事先知情同意程序。对中国禁止或严格限制的有毒化学品编制有毒化学品名录,实行名录制与登记和审批制(第 5 条),"事先知情同意"是指为保护人类健康和环境目的而被禁止或严格限制的化学品的国际运输,必须在进口国指定的国家主管部门同意的情况下进行(第 4 条)。

第二,对进口化学品实行分类管理。对化学品、禁止的化学品、严格限制的化学品、有毒化学品分别予以定义并实行分类管理。其中,"化学品"是指人工制造的或者是从自然界取得的化学物质,包括化学物质本身、化学混合物或者化学配制物中的一部分,以及作为工业化学品和农药使用的物质。"禁止的化学品"是指因损害健康和环境而被禁止使用的化学品。"严格限制的化学品"是指因损害健康和环境而被禁止使用,但经授权在一些特殊情况下仍可使用的化学品。"有毒化学品"是指进入环境后通过环境蓄积、生物累积、生物转化或化学反应等方式损害健康和环境,或者通过接触对人体具有严重危害和具有潜在危险的化学品(第 4 条)。

第三,防止口岸污染和消除责任。因包装损坏或者不符合要求而造成或者可能造成口岸污染的,口岸主管部门应立即采取措施,防止和消除污染,并及时通知当地环境主管部门,进行调查处理。防止和消除其污染的费用由有关责任人承担(第 21 条)。

(二) 对新化学物质的环境管理

《新化学物质环境管理办法》适用于在中国境内从事研究、生产、进口和加工使用新化学物质活动的环境管理活动。依照该办法规定,新化学物质是指未列入《中国现有化学物质名录》的化学物质(第3条)。

该办法规定的主要措施包括:

第一,对新化学物质实行申报制。新化学物质的生产者或者进口者,必须在生产前或者进口前进行申报,领取新化学物质环境管理登记证。未取得登记证的新化学物质,禁止生产、进口和加工使用(第5条)。新化学物质申报分为常规申报、简易申报和科学研究备案申报,要求"申报数量级别越高、测试数据要求越高"(第9—15条)。

第二,对新化学物质实行登记制。当登记中心受理常规申报后,应当将新化学物质申报报告提交专家评审委员会对新化学物质进行识别和技术评审,原环境保护部在对评审意见进行审查后确定新化学物质管理类别并作出决定是否准予登记(第20条)。

第三,对新化学物质实行跟踪控制。要求常规申报的登记证持有人在化学品安全技术说明书中明确新化学物质危害特性,并向加工使用者传递相关信息(第30条)。此外,常规申报的登记证持有人不得将获准登记的新化学物质转让给没有能力采取风险控制措施的加工使用者(第33条)。

第九章 能量危害防除法

第九章 导教导学

第一节 环境噪声与振动控制法

一、概述

(一) 环境噪声及其控制

声由物体振动而产生。在环境科学中,一般将振动的固体、液体和气体称为声源,它们通过空气的传动而使人类和动物感觉到声响(sound)。由声构成的环境称为"声环境"(acoustic environment)。当环境中的声音对人类、动物以及自然物不发生不良影响时,是一种正常的物理现象。

依照我国《环境噪声污染防治法》的解释,环境噪声(environmental noise)是指在工业生产、建筑施工、交通运输和社会生活中所产生的干扰周围生活环境的声音(第2条第1款)。

环境噪声则属于所有接收者所不需要的或使人们的心理或生理机能产生不愉快的声音,因此也将噪声称为感觉性公害,无论噪声是否成为污染现象都会对人类的正常生产、生活活动以及对动物的健康或生存造成影响。此外,在环境科学中,将振幅和频率杂乱、断续或统计上无规律的声振动也称为噪声,将环境中所有远近不同、方向不同、自身或周围反射的噪声统称为环境噪声。

按噪声源的种类,可将环境噪声分为工业噪声、交通噪声、施工噪声、社会生活噪声以及自然噪声。其中,工业噪声、施工噪声和社会生活噪声,其传播影响范围通常呈面状;交通噪声的传播影响范围通常沿着道路呈线状。

环境噪声具有如下特点:第一,环境噪声具有无形性和多发性,不会导致二次污染;第二,环境噪声具有局限性和暂时性,当声源一旦停止运作,环境噪声即刻完全消失;第三,环境噪声具有危害性及其不易评估性,会对周围局部存在的人群或物造成多方面的干扰、影响和危害。

由于受体的感受性不同,因此噪声的干扰、妨害或者危害很难以一定的客观数值来衡量或评价。

由于人类对环境噪声的感觉因人而异,所以对各种环境噪声应当在何种程度上进行行政管制就需要有一个明确的标准数值。为此,我国《环境噪声污染防治法》确立了区别于"环境噪声"的"环境噪声污染"的概念,即所产生的环境噪声超过国家规定的环境噪声排放标准,并干扰他人正常生活、工作和学习的现象(第2条第2款)。

与该法对"环境噪声"所作的解释相比较,对于在环境噪声排放标准规定的数值以内排放的噪声称为环境噪声;对于超过环境噪声排放标准规定的数值排放噪声并产生了干扰现象的,则称为环境噪声污染。

本书认为,从防治环境噪声干扰的角度出发,对于环境噪声排放①并未超标,但事实上又存在着对他人正常生活、工作和学习等造成影响的,也应当分别不同情况由环境主管部门作出相应的处理,以维护邻里之间良好的相邻关系,这也是国外行政处理噪声妨害问题的惯例。②

目前,我国的环境噪声与环境噪声污染主要发生在人口密集的城市,并且城市噪声的影响范围正在逐年扩大。

在对环境噪声及其污染的控制方面,总体上讲,环境噪声污染的防治,不仅包括对已经造成污染的环境噪声进行治理,而且很重要的一点是对可能产生干扰危害的环境噪声予以控制。由于环境噪声所具有的特点,环境噪声及其污染的防治所采取的主要措施是从控制声源和声的传播途径两个方面展开的。

当然,控制环境噪声的危害还应当包括对接收者进行保护,主要方法是采取佩带护耳器以及减少在噪声环境中的暴露时间,从而防止噪声对人的危害。然而,目前各国环境噪声污染防治立法主要是针对声源和传声途径采取规范措施,对环境噪声及其污染造成工作场所以外周围环境的干扰进行控制。在诸如工矿企业有关从事产生噪声的业务活动及其场所内生产、经营人员的噪声防护方面,由于他们的工作属于职业行为,因此对他们可能受到噪声危害的防护主要应当通过劳动、卫生立法来进行调整。

在世界各国噪声控制立法中,企业内部的噪声防护一般都不受噪声控制法的调整。我国《环境噪声污染防治法》第3条第2款也规定:"因从事本职生产、经营工作受到噪声危害的防治,不适用本法。"

(二)环境噪声污染防治立法

由于环境噪声是一种妨害人们正常生活、学习和工作的声音,所以早在20世纪50年代我国制定的《工厂安全卫生规程》中就对工厂内各种噪声源规定了防治措施。在1957年我国全国人大常委会制定的《治安管理处罚条例》中,也对在城市任意发放高大声响、影响周围居民的工作和休息且不听制止者规定了处罚条款。1973年国务院发布的《关于保护和改善环境的若干规定(试行草案)》中专门对工业和交通噪声的控制作出了规定。1979年《环境保护法(试行)》在第22条规定:"加强对城市和工业噪声、震动的管理。各种噪声大、震动大的机械设备、机动车辆、航空器等,都应当装置消声、防震设施。"为完善环境保护法制,我国曾于1982年着手噪声控制法草案的

---

① 依照我国《环境噪声污染防治法》第63条的规定,噪声排放是指噪声源向周围生活环境辐射噪声。
② 据作者在美国佛罗里达州考察所闻,当同一声源产生的噪声被他人在一个月以内连续投诉三次时,城市政府就可以对设施的所有人予以处罚。

起草工作。1986年国务院制定了《民用机场管理暂行规定》,对防治民用飞机产生的噪声作出了控制性规定。1989年,国务院公布了专门的《环境噪声污染防治条例》(已失效),为全面开展防治环境噪声污染的行政管理提供了行政法规的依据。1996年,在全面总结环境噪声污染防治工作经验的基础上,我国制定施行了《环境噪声污染防治法》。

二、环境噪声污染防治的主要法律制度

(一)防治噪声污染的综合性法律制度

除了执行环境污染防治的基本法律制度外,我国《环境噪声污染防治法》对噪声的防治规定了如下综合性制度和措施。

第一,对编制城市规划的总体要求。城市规划部门在确定建设布局时应当依据国家声环境质量标准和民用建筑隔声设计规范,合理划定建筑物与交通干线的防噪声距离,并提出相应的规划设计要求(第12条)。

第二,实行声环境质量标准制度。声环境质量标准是衡量区域环境是否受到环境噪声污染的客观判断标准,也是制定环境噪声排放标准的主要依据。同时,声环境质量标准还是城市规划部门划定建筑物与交通干线防噪声距离的法定标准之一。目前我国执行的是《声环境质量标准》(GB3096-2008)。

除此之外,我国还制定有《机场周围飞机噪声环境标准》(GB9660-88)等声环境质量标准。

县级以上地方人民政府根据国家声环境质量标准,划定本行政区域内各类声环境质量标准的适用区域,并进行管理(第10条第2款)。

第三,对排放偶发性强烈噪声的特别规定。为防止在城市范围内从事生产活动排放偶发性强烈噪声扰民,在城市范围内从事生产活动确需排放偶发性强烈噪声的,必须事先向当地公安机关提出申请,经批准后方可进行。当地公安机关应当向社会公告(第19条)。对违反者,由公安机关根据不同情节给予警告或者处以罚款(第54条)。

(二)工业噪声污染防治

工业噪声(industrial noise),是指在工业生产活动中使用固定的设备时产生的干扰周围生活环境的声音。《环境噪声污染防治法》第23条规定,在城市范围内向周围生活环境排放工业噪声的,应当符合国家规定的《工业企业厂界环境噪声排放标准》(GB12348-2008)。

在工业生产中因使用固定的设备造成环境噪声污染的工业企业,必须按照国务院环境主管部门的规定,向所在地的县级以上地方人民政府环境主管部门申报拥有的造成环境噪声污染的设备的种类、数量以及在正常作业条件下所发出的噪声值和防治环境噪声污染的设施情况,并提供防治噪声污染的技术资料(第24条)。

对可能产生环境噪声污染的工业设备,由国务院有关主管部门根据声环境保护的要求和国家的经济、技术条件,逐步在依法制定的产品的国家标准、行业标准中规定噪声限值(第 26 条第 1 款)。

(三) 建筑施工噪声污染防治

建筑施工噪声(construction noise),是指在建筑施工过程中产生的干扰周围生活环境的声音。我国《环境噪声污染防治法》第 28 条规定,在城市市区范围内向周围生活环境排放建筑施工噪声的,应当符合国家规定的建筑施工场界环境噪声排放标准。

在城市市区噪声敏感建筑物集中区域①内,禁止夜间进行产生环境噪声污染的建筑施工作业。但抢修、抢险作业和因生产工艺上要求或者特殊需要必须连续作业的除外。因特殊需要必须连续作业的,必须有县级以上人民政府或者其有关主管部门的证明,对于夜间作业的,还必须公告附近居民(第 30 条)。对违反者可予以责令改正和并处罚款(第 56 条)。

(四) 交通运输噪声污染防治

交通运输噪声(traffic noise),是指机动车辆(特指汽车和摩托车)、铁路机车、机动船舶、航空器等交通运输工具在运行时所产生的干扰周围生活环境的声音。

交通运输噪声主要来源于机动车发动机的声音和机动车运行于道路摩擦产生的声音。因此交通运输噪声的控制主要包括如下几个方面:

第一,对机动车制造、销售或进口的规定。禁止制造、销售或者进口超过规定的噪声限值的汽车。在城市市区范围内行驶的机动车辆所使用的消声器和喇叭,也必须符合国家规定的要求(第 32、33 条)。

第二,对声响装置的规定。为防止机动车辆、机动船舶以及铁路机车所使用的声响装置对周围环境造成噪声干扰,规定使用者必须按照规定使用声响装置。对于安装警报器的特种机动车辆,规定在执行非紧急任务时禁止使用警报器(第 34 条)。对违反者,机动车辆由当地公安机关根据不同情节给予警告或者处以罚款;机动船舶由港务监督机构根据不同情节给予警告或者处以罚款;铁路机车由铁路主管部门对有关责任人员给予行政处分(第 57 条)。

机动车辆使用的声响装置往往是瞬间性的,这种突发性的瞬间噪声容易导致人体精神受到伤害或诱发其他疾病。为此,城市人民政府公安机关可以根据本地城市市区区域声环境保护的需要,划定禁止机动车辆行驶和禁止其使用声响装置的路段和时间,并向社会公告(第 35 条)。

第三,对道路建设的规定。对于建设途经已有噪声敏感建筑物集中区域的高速公路、城市高架或轻轨道路,有可能造成环境噪声污染的,应当设置声屏障或者采取其他有效的控制环境噪声污染的措施。另外,对于在已有的城市交通干线的两侧建

---

① 依照我国《环境噪声污染防治法》第 63 条的规定,噪声敏感建筑物是指医院、学校、机关、科研单位、住宅等需要保持安静的建筑物。噪声敏感建筑物集中区域是指医疗区、文教科研区和以机关或者居民住宅为主的区域。

设噪声敏感建筑物的,建设单位应当按照国家规定间隔一定距离,并采取减轻、避免交通噪声影响的措施(第36、37条)。

第四,对交通枢纽地区噪声控制的规定。在车站、铁路编组站、港口、码头、航空港等地指挥作业时使用广播喇叭的,应当控制音量,减轻噪声对周围生活环境的影响。穿越城市居民区、文教区的铁路,因铁路机车运行造成环境噪声污染的,当地城市人民政府应当组织铁路部门和其他有关部门,制定减轻环境噪声污染的规划,铁路部门应当遵守该规划的要求,采取减轻环境噪声污染的措施(第38、39条)。

第五,对航空器噪声的控制。除起飞、降落或者依法规定的情形以外,民用航空器不得飞越城市市区上空。城市人民政府应当在航空器起飞、降落的净空周围划定限制建设噪声敏感建筑物的区域;在该区域内建设噪声敏感建筑物的,建设单位应当采取减轻、避免航空器运行时产生的噪声影响的措施。民航部门也应当采取有效措施,减轻环境噪声污染(第40条)。

(五)社会生活噪声污染防治

社会生活噪声(community noise),是指人为活动所产生的除工业噪声、建筑施工噪声和交通运输噪声之外的干扰周围生活环境的声音。我国《环境噪声污染防治法》主要对商业经营活动、营业性文化娱乐场所、饮食服务业、住宅楼室内装修等行为产生的噪声作出了控制性规定。

1. 对商业经营活动、营业性文化娱乐场所排放噪声的控制

在城市市区噪声敏感建筑物集中区域方面,因商业经营活动中使用固定设备造成环境噪声污染的商业企业,必须向所在地环境主管部门申报拥有的造成环境噪声污染的设备的状况和防治环境噪声污染的设施的情况(第42条)。

近年来,随着人民生活水平的不断提高和第三产业的迅速发展,各地兴建了大量的歌舞厅、游乐场、音像放映厅等文化娱乐设施,由于这些设施不定期、不定时地开放和经营,其排放的噪声对周围生活环境产生了很大的影响。为此,《环境噪声污染防治法》对文化娱乐业的环境噪声污染防治也作出了规定:新建营业性文化娱乐场所的边界噪声,必须符合国家规定的环境噪声排放标准;对于不符合国家规定的环境噪声排放标准的,文化部门不得核发文化经营许可证,工商部门不得核发营业执照。并且,对于正在经营中的文化娱乐场所也同样要求执行该规定(第43条)。

2. 对饮食服务业排放噪声的控制

在防治城市饮食服务业噪声对附近居民居住环境的污染方面,1995年2月,原国家环境保护局和国家工商行政管理局曾联合发布了《关于加强饮食娱乐服务企业环境管理的通知》。该通知规定,在居民楼内,不得兴办产生噪声污染的娱乐场点、机动车修配厂及其他超标准排放噪声的加工厂。在城镇人口集中区内兴办娱乐场点和排放噪声的加工厂,必须采取相应的隔声措施,并限制夜间经营时间,达到规定的噪声标准。宾馆、饭店和商业等经营场所安装的空调器产生噪声和热污染的,经营单位应采取措施进行防治。对离居民点较近的空调装置,应采取降噪、隔声措施,达到当地

环境噪声标准。不得在商业区步行街和主要街道旁直接朝向人行便道或在居民窗户附近设置空调散热装置。

根据我国《环境噪声污染防治法》的规定,禁止在城市市区噪声敏感建筑物集中区域使用高音广播喇叭,并禁止在商业经营活动中以使用高音广播喇叭或者采用其他发出高噪声的方法来招揽顾客。对于在商业经营活动中使用空调器、冷却塔等可能产生环境噪声污染的设备、设施的,其经营管理者应当采取措施,使其边界噪声不超过国家规定的环境噪声排放标准。在城市市区街道、广场、公园等公共场所组织娱乐、集会等活动,使用音响器材可能产生干扰周围生活环境的过大音量的,必须遵守和服从当地公安机关的规定(第44、45条)。

3. 对住宅楼室内装修等室内行为排放噪声的控制

对于住宅楼进行室内装修者,该法也规定应当限制作业时间,以避免对周围居民造成环境噪声污染。使用家用电器、乐器或者进行其他家庭室内娱乐活动时,应当控制音量或者采取其他有效措施,避免对周围居民造成环境噪声污染(第46条)。

对违反上述规定者,由公安部门根据我国《环境噪声污染防治法》和《治安管理处罚法》的规定予以处罚。

三、关于振动控制的规定

与环境噪声控制相关的还有对振动的控制。振动是指具有主观性质的、以对心理和感觉上造成影响、局部多发且不发生二次污染的能量流污染现象。

目前,我国尚未制定专门的振动控制法律。在振动控制方面,主要执行的是《城市区域环境振动标准》(GB10070-88)。该标准主要对城市区域环境振动的标准值及其适用地带范围和监测方法作出了规定。

第二节 放射性污染防控与核安全法

一、概述

(一)放射性物质与核安全的概念

自然界中某些原子核处于不稳定状态的元素或物质会自身发生核衰变现象,即自发地改变核结构从而转变成另一种物质。在核衰变的过程中,这些元素或物质会放出由粒子或光子组成的射线,并辐射出原子核里的过剩能量,变成原来物质的较低能态。这些元素或物质在核衰变过程中所表现出的放出射线的属性即为放射性。

放射性物质(radioactive substance)是指能够产生放射性以及辐射的元素及其化合物。依照《放射性污染防治法》的规定,放射性污染,是指由于人类活动造成物料、人体、场所、环境介质表面或者内部出现超过国家标准的放射性物质或者射线的现象

(第62条)。

核安全(nuclear safety)是指对核设施、核活动、核材料和放射性物质采取必要和充分的监控、保护、预防和缓解等安全措施,防止由于任何技术原因、人为原因或自然灾害造成事故,并最大限度地减少事故情况下的放射性后果,从而保护工作人员、公众和环境免受不当的辐射危害。① 我国《核安全法》(全国人大常委会,2017年制定)第2条规定:"在中华人民共和国领域及管辖的其他海域内,对核设施、核材料及相关放射性废物采取充分的预防、保护、缓解和监管等安全措施,防止由于技术原因、人为原因或者自然灾害造成核事故,最大限度减轻核事故情况下的放射性后果的活动,适用本法。"

国际上比较通行的对"核安全"概念的界定,目前主要是基于核安全的"3S"协同体系②。其中,3S分别代表了核安全(nuclear safety)、核安保(nuclear security)和核保障(nuclear safeguard)。根据国际原子能机构(IAEA)文件的翻译和释义,核安全,是指实现正常的运行工况,防止事故发生或减轻事故后果,从而保护工作人员、公众和环境免受不当的辐射危害;核安保,是指防止、侦查和应对涉及核材料和其他放射性物质或相关设施的偷窃、蓄意破坏、未经授权的接触、非法转让或其他恶意行为,核安全与核安保在很多领域存在协同关系③;核保障,是指国际原子能机构与一个或多个成员国缔结的载有该国或多个成员国承诺不利用某些物项推进任何军事目的和授权原子能机构监督履行这种承诺的协定。④

(二) 我国放射性污染防控与核安全的立法沿革

放射性污染防治立法所要控制的对象,是人工放射性辐射源及其物质,以及从事放射性活动的人为活动。在对放射性物质与核材料的法律控制方面,国务院已经颁布了八部行政法规予以规范,包括1986年制定的《民用核设施安全监督管理条例》、1987年制定的《核材料管理条例》、1989年制定的《放射性同位素与射线装置放射防护条例》(2005年修改为《放射性同位素与射线装置安全和防护条例》)、1993年制定的《核电厂核事故应急管理条例》、1997年制定的《核出口管制条例》(2006年修订)、1998年制定的《核两用品及相关技术出口管制条例》(2007年修改)、2009年制定的《放射性物品运输安全管理条例》、2011年制定的《放射性废物安全管理条例》。

此外,1987年原国家环保局发布了《城市放射性废物管理办法》,对产生放射性

---

① 参见国家核安全局发布的《核安全文化政策声明》(2014年)。
② See IAEA, *Handbook on Nuclear Law: Implementing Legislation*, Vienna, 2010, p.4.
③ 如监管基础结构、设计和建造核装置和其他设施的工程方面的规定、核装置和其他设施的出入口控制、放射源的分类、放射源的设计、放射源和放射性物质管理保安、无看管源的回收、应急响应计划和放射性废物管理等方面。
④ 参见国际原子能机构:《安全术语——核安全和辐射防护系列》,维也纳,2007年,中文文本来源:国家原子能机构网站,http://www-pub.iaea.org/MTCD/publications/PDF/IAEASafetyGlossary2007/Glossary/SafetyGlossary_2007c.pdf,最后访问时间:2014年10月15日。

废物和废放射源的工业、农业、医疗、科研、教学及其他应用放射性同位素和辐射技术的行为作出了规定。1990年原国家环保局制定了《放射环境管理办法》(已于2007年废止),以防治核设施、放射性同位素应用和伴生放射性矿物资源利用等辐射项目可能对环境造成的损害。此外,原卫生部、公安部、国家核安全局等政府部门也分别对有关辐射食品卫生、核事故医学应急、医用放射性射线、航空运输放射性物质以及进口放射性物质等的管理作出了规定。

为了防治放射性污染,保护环境,保障人体健康,促进核能、核技术的开发与和平利用,2003年6月,全国人大常委会制定了《放射性污染防治法》,2017年9月,全国人大常委会颁布了《核安全法》。此外,我国《原子能法》也在制定中。

二、我国放射性污染防治与核安全的制度措施

我国《放射性污染防治法》主要对核设施、核技术利用、铀(钍)矿和伴生放射性矿开发利用以及放射性废物的管理作出了规定,该法适用于中国领域和管辖的其他海域在核设施选址、建造、运行、退役和核技术、铀(钍)矿、伴生放射性矿开发利用过程中发生的放射性污染的防治活动。

《核安全法》以安全利用核能,预防与应对核事故,保护公众和从业人员的安全与健康,保护环境,促进经济社会可持续发展为目的,该法适用于对核设施、核材料及相关放射性废物采取充分的预防、保护、缓解和监管等安全措施,防止由于任何技术原因、人为原因或者自然灾害造成事故,最大限度减轻事故情况下的放射性后果的各种活动。

至于劳动者在职业活动中接触放射性物质造成的职业病的防治,依照我国《职业病防治法》的规定执行。

(一)放射性污染防治的综合管理措施

第一,确立了安全管理方针。《放射性污染防治法》规定,国家对放射性污染的防治,实行预防为主、防治结合、严格管理、安全第一的方针(第3条)。《核安全法》也规定,从事核事业必须遵循确保安全的方针。核安全工作必须坚持安全第一的原则(第4条)。

第二,规定了放射性污染防治标准。放射性污染防治标准属于排放标准性质。国家放射性污染防治标准由国务院环境主管部门根据环境安全要求、国家经济技术条件制定(《放射性污染防治法》第9条)。核安全标准则由国务院有关部门按照职责分工制定,是强制执行的标准(《核安全法》第8条)。

目前,我国主要制定有《核动力厂环境辐射防护规定》(GB6249-2011)、《核电厂放射性液态流出物排放技术要求》(GB14587-2011)、《放射性废物的分类》(GB9133-1995)、《核热电厂辐射防护规定》(GB14317-93)、《放射性废物管理规定》(GB14500-93)、《辐射防护规定》(GB8703-1988)、《核设施流出物监测的一般规定》(GB11217-1989)、《核辐射环境质量评价一般规定》(GB11215-1989)等标准。

其中,涉及放射工作、辐射应用、放射性废物的综合性标准主要是《辐射防护规定》,该规定对伴有辐射照射的一切实践和设施等规定了剂量限制体系、辐射照射的控制措施、放射性废物管理、放射性物质安全运输、选址要求、辐射监测、辐射事故管理、辐射防护评价以及辐射工作人员的健康管理等措施和方法。

(二)涉核单位的预防义务

涉核单位是指核设施(nuclear facilities)营运单位、核材料持有单位、核技术利用(nuclear technology utilization)单位、铀(钍)矿和伴生放射性矿开发利用单位。

首先,是采取安全与防护措施义务。预防发生可能导致放射性污染的各类事故,包括员工培训、采取有效的防护安全措施以及对放射性污染承担责任,实行从事放射性污染防治的专业人员实行资格管理制度与从事放射性污染监测工作的机构实行资质管理制度(《放射性污染防治法》第13、14条)。

其次,是放射性标识与警示说明义务。放射性物质和射线装置[①]应当设置明显的放射性标识和中文警示说明。生产、销售、使用、贮存、处置放射性物质和射线装置的场所,以及运输放射性物质和含放射源的射线装置的工具,应当设置明显的放射性标志(《放射性污染防治法》第16条)。

最后,是遵守含有放射性物质产品及其运输安全的标准。任何含有放射性物质的产品以及使用伴生放射性矿渣和含有天然放射性物质的石材做建筑和装修材料,都必须符合国家放射性污染防治标准。不符合国家放射性污染防治标准的,不得出厂和销售(《放射性污染防治法》第17条)。

在核设施安全方面,核设施的设计应当符合核安全标准,核设施营运单位取得核设施建造许可证后,应当确保核设施整体性能满足核安全标准的要求(《核安全法》第24、26条)。

在运输安全方面,国务院于2009年制定的《放射性物品运输安全管理条例》根据放射性物品的特性及其对人体健康和环境的潜在危害程度,将放射性物品分为一类、二类和三类。

该条例规定,国务院核安全监管部门对放射性物品运输的核与辐射安全实施监督管理(第4条)。运输放射性物品,应当使用专用的放射性物品运输包装容器(第5条)。同时,条例对放射性物品运输容器的设计、放射性物品运输容器的制造与使用,以及放射性物品的运输及其监督检查等均作出了规定。

(三)核设施的管理

核设施,是指核电厂、核热电厂、核供汽供热厂等核动力厂及装置;核动力厂以外的研究堆、实验堆、临界装置等其他反应堆;核燃料生产、加工、贮存和后处理设施等核燃料循环设施;放射性废物的处理、贮存、处置设施。

---

① 依照我国《放射性污染防治法》的规定,射线装置是指X线机、加速器、中子发生器以及含放射源的装置。

核设施的管理包括营运、进口、出口、规划限制区、安全管理与核事故措施等方面。

我国《放射性污染防治法》和《核安全法》规定，核设施营运单位在进行核设施建造、装料、运行、退役等活动前，必须完成申请领取核设施建造、运行许可证和办理装料、退役等审批手续，方可进行相应的活动。进口核设施应当满足国家有关核安全法律、行政法规和标准的要求，并报国务院核安全监督管理部门审查批准，出口核设施应当遵守国家有关核设施出口管制的规定。此外，核设施营运单位还应当制定核设施退役计划（《放射性污染防治法》第19、22条，《核安全法》第22、25、27、30、31条）。

对于核动力厂等重要核设施外围地区，应当划定规划限制区。核设施营运单位应当对核设施周围环境中所含的放射性核素的种类、浓度以及核设施流出物中的放射性核素总量实施监测，并定期向环境主管部门报告监测结果。国务院环境主管部门负责对核动力厂等重要核设施实施监督性监测，并根据需要对其他核设施的流出物实施监测（《放射性污染防治法》第23、24条）。

核设施营运单位应当严格控制辐射照射，确保有关人员免受超过国家规定剂量限值的辐射照射，确保辐射照射保持在合理、可行和尽可能低的水平。核设施营运单位应当制订培训计划，对从业人员进行核安全教育和技能培训并进行考核，并为从业人员提供相应的劳动防护和职业健康检查，保障从业人员的安全和健康（《核安全法》第18、20条）。

核设施营运单位应当建立健全安全保卫制度，按照核设施的规模和性质制定核事故场内应急计划，做好应急准备。出现核事故应急状态时，核设施营运单位必须立即采取有效的应急措施控制事故，并向政府部门报告（《放射性污染防治法》第25条，《核安全法》第58条）。

国家建立健全核事故应急制度。核设施主管部门和其他有关部门、核设施营运单位按照各自的职责依法建立核事故应急制度，中国人民解放军和中国人民武装警察部队按照国务院、中央军事委员会的有关规定在核事故应急中实施有效的支援（《放射性污染防治法》第26条，《核安全法》第54—57条、59条）。

此前，为保证民用核设施的建造和营运的安全，国务院曾于1986年制定了《民用核设施安全监督管理条例》。

（四）核材料的管理

核设施营运单位和其他有关单位持有核材料，应当按照规定的条件依法取得许可，并采取下列措施，防止核材料被盗、破坏、丢失、非法转让和使用，保障核材料的安全与合法利用：建立专职机构或者指定专人保管核材料；建立核材料衡算制度，保持核材料收支平衡；建立与核材料保护等级相适应的实物保护系统；建立信息保密制度，采取保密措施等（《核安全法》第38条）。

（五）核技术利用的管理

核技术利用，是指密封放射源（radioactive source）、非密封放射源和射线装置在医疗、工业、农业、地质调查、科学研究和教学等领域中的使用。

1. 放射性同位素和射线装置许可

放射性同位素(radioactive isotope),是指某种发生放射性衰变的元素中具有相同原子序数但质量不同的核素。射线装置(ray device),是指 X 线机、加速器、中子发生器以及含放射源的装置。

我国《放射性污染防治法》规定,生产、销售、使用放射性同位素和射线装置的单位,应当按照国务院有关放射性同位素与射线装置放射防护的规定申请领取许可证,办理登记手续。转让、进口放射性同位素和射线装置的单位以及装备有放射性同位素的仪表的单位,应当按照国务院有关放射性同位素与射线装置放射防护的规定办理有关手续(第 28 条)。

生产、销售、使用放射性同位素和加速器、中子发生器以及含放射源的射线装置的单位,应当在申请领取许可证前编制环境影响评价文件并报省级人民政府环境主管部门审查批准;未经批准,有关部门不得颁发许可证(《放射性污染防治法》第 29 条第 1 款)。

为了加强对放射性同位素、射线装置安全和防护的监督管理,促进放射性同位素、射线装置的安全应用,国务院于 2005 年 9 月修改了《放射性同位素与射线装置安全和防护条例》(1989 年制定)。

2. 放射性同位素和射线装置管理

国家建立放射性同位素备案制度。放射性同位素应当单独存放,贮存场所应当采取有效的防火、防盗、防射线泄漏的安全防护措施,不得与易燃、易爆、腐蚀性物品等一起存放,并指定专人负责保管。贮存、领取、使用、归还放射性同位素时,应当进行登记、检查,做到账物相符(《放射性污染防治法》第 31 条)。

生产、使用放射性同位素和射线装置的单位,应当按照国务院环境主管部门的规定对其产生的放射性废物进行收集、包装、贮存(《放射性污染防治法》第 32 条第 1 款)。

对违法生产、销售、使用、转让、进口、贮存放射性同位素和射线装置以及装备有放射性同位素的仪表的,由环境主管部门或者其他有关部门依据职权责令停止违法行为,限期改正;逾期不改正的,责令停产停业或者吊销许可证;有违法所得的,没收违法所得;违法所得 10 万元以上的,并处违法所得 1 倍以上 5 倍以下罚款;没有违法所得或者违法所得不足 10 万元的,并处 1 万元以上 10 万元以下罚款;构成犯罪的,依法追究刑事责任(《放射性污染防治法》第 53 条)。

3. 放射源管理

放射源(radioactive source),是指除研究堆和动力堆核燃料循环范畴的材料以外,永久密封在容器中或者有严密包层并呈固态的放射性材料。生产放射源的单位,应当按照国务院环境主管部门的规定回收和利用废旧放射源;使用放射源的单位,应当按照国务院环境主管部门的规定将废旧放射源交回生产放射源的单位或者送交专门从事放射性固体废物贮存、处置的单位(《放射性污染防治法》第 32 条第 2 款)。

生产、销售、使用、贮存放射源的单位,应当建立健全安全保卫制度,指定专人负责,落实安全责任制,制定必要的事故应急措施。发生放射源丢失、被盗和放射性污染事故时,有关单位和个人必须立即采取应急措施,并向公安部门、卫生部门和环境主管部门报告(《放射性污染防治法》第33条第1款)。

公安部门、卫生部门和环境主管部门接到放射源丢失、被盗和放射性污染事故报告后,应当报告本级人民政府,并按照各自的职责立即组织采取有效措施,防止放射性污染蔓延,减少事故损失。当地人民政府应当及时将有关情况告知公众,并做好事故的调查、处理工作(《放射性污染防治法》第33条第2款)。

(六) 铀(钍)矿和伴生放射性矿开发利用的管理

1. 报告审批

开发利用或者关闭铀(钍)矿的单位,应当在申请领取采矿许可证或者办理退役审批手续前编制环境影响报告书,报国务院环境主管部门审查批准。

开发利用伴生放射性矿[①]的单位,应当在申请领取采矿许可证前编制环境影响报告书,报省级以上人民政府环境主管部门审查批准(《放射性污染防治法》第34条)。

2. 开发利用单位的义务

铀(钍)矿开发利用单位应当对铀(钍)矿的流出物和周围的环境实施监测,并定期向国务院环境主管部门和所在地省、自治区、直辖市人民政府环境主管部门报告监测结果(《放射性污染防治法》第36条)。

对铀(钍)矿和伴生放射性矿开发利用过程中产生的尾矿,应当建造尾矿库进行贮存、处置;建造的尾矿库应当符合放射性污染防治的要求(《放射性污染防治法》第37条)。

铀(钍)矿开发利用单位应当制定铀(钍)矿退役计划。铀矿退役费用由国家财政预算安排(《放射性污染防治法》第38条)。

(七) 放射性废物的管理

放射性废物(radioactive waste),是指含有放射性核素或者被放射性核素污染,其浓度或者比活度大于国家确定的清洁解控水平,预期不再使用的废弃物。

对放射性废物的管理,首先,法律规定要求减量化、无害化处理、处置,涉核单位应当合理选择和利用原材料,采用先进的生产工艺和设备,尽量减少放射性废物的产生量。其次,放射性废物应当实行分类处置,针对不同种类的放射性废物应当编制不同的选址规划。再次,国家建立放射性废物管理许可制度,专门从事放射性废物处理、贮存、处置的单位,应当申请许可(《放射性污染防治法》第39条,《核安全法》第41—43条)。

在处理处置放射性废物的管理方面,我国《放射性污染防治法》规定:向环境排放

---

① 根据我国《放射性污染防治法》第62条的规定,伴生放射性矿是指含有较高水平天然放射性核素浓度的非铀矿(如稀土矿和磷酸盐矿等)。

放射性废气、废液的,必须符合国家放射性污染防治标准。其中,产生放射性废气、废液的单位向环境排放符合国家放射性污染防治标准的放射性废气、废液,应当向审批环境影响评价文件的环境主管部门申请放射性核素排放量,并定期报告排放计量结果(第40、41条)。

对于产生放射性废液的,必须采用符合规定的排放方式向环境排放符合国家放射性污染防治标准的放射性废液。并且必须按照这一标准的要求,对不得向环境排放的放射性废液进行处理或者贮存(《放射性污染防治法》第42条)。

对产生放射性固体废物的,应当按照国务院环境主管部门的规定,对其产生的放射性固体废物进行处理后,送交放射性固体废物处置单位处置,并承担处置费用(《放射性污染防治法》第45条第2款)。设立专门从事放射性固体废物贮存、处置的单位,必须经审查批准取得许可证(《放射性污染防治法》第46条第2款)。

对低、中水平放射性固体废物,必须在符合国家规定的区域实行近地表处置;对高水平放射性固体废物实行集中的深地质处置(《放射性污染防治法》第43条第1、2款)。在放射性固体废物处置场所选址方面,由环境主管部门在环境影响评价的基础上编制放射性固体废物处置场所选址规划,报国务院批准后实施(《放射性污染防治法》第44条第1款)。

对处理处置放射性废物规定的主要禁止性规范包括:禁止利用渗井、渗坑、天然裂隙、溶洞或者国家禁止的其他方式排放放射性废液;禁止在内河水域和海洋上处置放射性固体废物;禁止未经许可或者不按照许可的有关规定从事贮存和处置放射性固体废物的活动;禁止将放射性固体废物提供或者委托给无许可证的单位贮存和处置;禁止将放射性废物和被放射性污染的物品输入中华人民共和国境内或者经中华人民共和国境内转移。

对违反上述规定者,环境主管部门可以分别情节责令停止违法行为、限期改正和处以罚款;构成犯罪的,依法追究刑事责任(《放射性污染防治法》第54—57条)。向中华人民共和国境内输入放射性废物和被放射性污染的物品,或者经中华人民共和国境内转移放射性废物和被放射性污染的物品的,由海关责令退运该放射性废物和被放射性污染的物品,并处50万元以上100万元以下罚款;构成犯罪的,依法追究刑事责任(《放射性污染防治法》第58条)。

为了进一步贯彻和落实《放射性污染防治法》的上述规定,强化对放射性废物的管理,2011年国务院还制定了《放射性废物安全管理条例》。

(八)核损害赔偿

公民、法人和其他组织受到核损害的,有依法获得赔偿的权利。

因核事故造成他人人身伤亡、财产损失或者环境损害的,核设施营运单位应当按照国家核损害责任制度承担赔偿责任。为核设施营运单位提供设备、工程以及服务等的单位不承担核损害赔偿责任。

核设施营运单位应当具备核损害赔偿财务保障能力,通过投保责任保险、参加互助机制等方式,作出适当的财务保证安排,确保能够及时、有效履行核损害赔偿责任。

不过,如果能够证明损害是因战争、武装冲突、暴乱等情形造成的,核设施营运单位不承担赔偿责任。同时,核设施营运单位与为核设施营运单位提供设备、工程以及服务等的单位有约定的,在承担赔偿责任后,可以按照约定追偿(《核安全法》第15、90条)。

第三节 其他能量流污染危害的法律控制

一、电磁辐射污染

(一)概述

电磁辐射(electromagnetic radiation)是由加速度运动的电荷所产生的一种能量。任何一个带有电荷的物体均能在其周围产生电场,任何一个载流导体均能在周围产生磁场。当带电系统的电荷或电流随时间作周期性变化时,该系统所产生的磁场也发生周期性变化并不断向空间传播可达无限远处。[①]

电磁辐射污染主要来源于居室内的家用电器、工作场所内的办公电器以及室外环境空间中来自广播、电视、移动通讯、微波等发射装置以及高压输电线等。根据发射电磁波强弱的不同,造成电磁辐射污染的电磁骚扰源可以分为两大类,一类是弱电磁骚扰源、另一类是强电磁骚扰源。相对而言,强电磁骚扰源辐射的频谱往往较窄,易于防护;而弱电磁骚扰源则因为频谱较宽,会对生物体造成影响。

通常,电磁辐射的频谱可大体分为工频(50 Hz/60 Hz)、射频或高频(10^3—10^8 Hz)以及微波($>10^9$ Hz)三个频段。不同频率对人体健康的影响后果差别较大。

电磁辐射的危害,从20世纪80年代末开始已经逐步为发达国家所关注。到90年代以后,电器商品产生的电磁辐射危害已经不断为人们所印证。1991年美国的《情报周刊》杂志刊登文章称电磁辐射为"第二石棉问题",为此美国联邦环保局还同时发表了关于电磁辐射可以致癌的相关因果关系的结论。[②] 另外,临床上也有电磁辐射致小儿白血病的研究报告。

电磁辐射危害的机理,科学家已经得出了结论。大体上是因为电荷在空间所具有的两重属性导致。由电荷的力量所发生的电波与电荷的运动产生的磁共同组成"电磁"。在日常生活用品中,许多电器如电视机、微波炉、电脑、荧光灯、手机等从家庭用品到工业用品以及输电线等都会产生电磁。一般情况下,只要有电的地方,不论其强弱、远近,都会存在着电磁辐射的影响。美国科学家经过15年的研究发现,细胞

[①] 参见刘天齐主编:《环境保护通论》,中国环境科学出版社1997年版,第229页。

[②] 所谓石棉问题,是指20世纪70年代自从石棉的危险性开始成为社会问题后在美国经历了20年的时间,逐步为人们所发现,某石棉公司(manble)已经为此承担了6.5亿美元的赔偿。参见 Elliot M. Kass, Information Week, January 7, 1991.

膜对电磁辐射相当的敏感。由此会产生生物化学改变,导致细胞的激素、蛋白质等生产速度的改变。不管这些细胞自身是否有危害,都会对其他细胞的功能导致连锁反应,结果出现功能的障碍。所以电磁辐射的危害也主要表现在癌、白血病等疾病方面。[①]

（二）关于电磁辐射控制的法律制度

1. 国外立法概况

对电磁辐射进行的法律控制,目前各国的主要方法是规制电磁的暴露量。以美国为例,电磁辐射立法主要在联邦各州,从 1989 年起美国有七个州制定了相关法规,确定电磁辐射暴露量的主要依据是计算电磁辐射的公式或者非公式计算的辐射标准。例如,1989 年佛罗里达州法律就规定了公共输电线电磁辐射的最大许可量。从经济上的支出看,据州环保局进行的测算,为遵守该法律,电力公司方面在 30 年间将负担 1 亿至 5 亿美元的费用。而在加利福尼亚州,则通过设定标准对电磁辐射进行规制。如从 1991 年起对房地产建设靠近输电线的建筑实行严格的控制标准,即对住房与辐射源之间的最短距离作出严格的限制性规定。

在电器制品方面,电器制品产生的电磁辐射对环境健康的安全性是制造者应当考虑的问题之一。目前各国针对电器制品所考虑的主要控制对象与方法包括:产品电磁辐射的强度;消费者使用方法、提醒与注意的义务;警告(电器制品与消费者之间的正确位置关系与使用时间的警告)以及电器制品的使用年限等。

2. 我国电磁辐射环境管理措施

为加强电磁辐射环境保护工作的管理,有效地保护环境,保障公众健康,原国家环境保护局于 1997 年制定了《电磁辐射环境保护管理办法》。该办法规定,电磁辐射是指以电磁波形式通过空间传播的能量流,且限于非电离辐射,包括信息传递中的电磁波发射,工业、科学、医疗应用中的电磁辐射,高压送变电中产生的电磁辐射。任何从事上述电磁辐射的活动,或进行伴有该电磁辐射的活动的单位和个人,都必须遵守该办法的规定(第 2 条)。

《电磁辐射环境保护管理办法》主要涉及对电磁辐射建设项目或者设备的监管。要求电磁辐射建设项目或者设备执行环境保护申报登记和环境影响评价制度、"三同时"制度,并接受环境主管部门的审批以及竣工验收。该办法还规定,从事电磁辐射活动的单位和个人必须定期检查电磁辐射设备及其环境保护设施的性能,及时发现隐患并及时采取补救措施。并且,规定在集中使用大型电磁辐射发射设施或商业设备的周围,按环境保护和城市规划要求划定的规划限制区内,不得修建居民住房和幼儿园等敏感建筑。

在电磁辐射建设项目的发射设备管理方面,目前主要执行国家无线电管理委员会批准的频率范围和额定功率的标准;对于工业、科学和医疗中应用的电磁辐射设

[①] 〔日〕东京海上火灾保险株式会社编:《环境风险与环境法(美国编)》,日本有斐阁 1996 年版,第 301 页。

备,执行《无线电干扰限值》的标准要求。

3. 关于电磁辐射防护的规定

由于对电磁辐射的管理主要是规制电磁的暴露量,为此1988年3月,原国家环境保护局批准实施了具有排放标准性质的《电磁辐射防护规定》(GB8702-88)。

我国《电磁辐射防护规定》对产生电磁辐射的行为确立了"可合理达到尽量低"的原则,并且将该规定的防护限值确立为可以接受的防护水平的上限(包括各种可能的电磁辐射污染的总量值),其范围是100 kHz—300 GHz。

在公众照射电磁辐射防护方面,对基本限值规定在一天24小时内任意连续6分钟按全身平均的比吸收率(SAR)应小于0.02W/KG。对导出限值规定在一天24小时内环境电磁辐射场的参数在任意连续6分钟内的平均值应满足要求。

4. 关于环境电磁波卫生标准的规定

原卫生部于1988年制定了适用于一切人群经常居住和活动场所环境电磁辐射的《环境电磁波卫生标准》(GB9175-88)。该标准对职业辐射和射频、微波治疗需要的辐射不适用。

该标准以电磁波辐射强度及其频段特性对人体可能引起潜在性不良影响的阈下值为界,将环境电磁波容许辐射强度标准分为二级。

其中,一级标准为安全区,指在该环境电磁波强度下长期居住、工作、生活的一切人群(包括婴儿、孕妇和老弱病残者),均在会受到任何有害影响的区域;新建、改建或扩建电台、电视台和雷达站等发射天线,在其居民覆盖区内,必须符合"一级标准"的要求。

二级标准为中间区,指在该环境电磁波强度下长期居住、工作和生活的一切人群(包括婴儿、孕妇和老弱病残者)可能引起潜在性不良反应的区域;在此区内可建造工厂和机关,但不许建造居民住宅、学校、医院和疗养院等,已建造的必须采取适当的防护措施。对于超过二级标准地区,对人体可带来有害影响;在此区内可作绿化或种植农作物,但禁止建造居民住宅及人群经常活动的一切公共设施,如机关、工厂、商店和影剧院;如在此区内已有这些建筑,则应采取措施,或限制辐射时间。

由于我国现行各类电磁辐射国家标准均是20世纪80年代后期制定的,虽然这些标准的实施在保护人群健康、防止环境电磁辐射污染起到了一定的作用,但由于这些标准的制定机关不同、规范所保护的要求以及规制的行为等也有所不同,它们在限值之间还存在着许多的差异,与国外采用的标准限值的差异则更大。上述标准的实施经常引发公众对标准限值安全性的忧虑以及政府对电磁辐射管理的混乱。

二、光照妨害

光照妨害也称光污染(light pollution),是指人为原因导致高强度光亮直接或间接照射到环境和受体,使原有的光照强度增强或者温度升高,从而干扰他人生活、学习或工作的现象。

国际上一般将光污染分成白亮污染、人工白昼和彩光污染等三类，白亮污染主要来源于建筑物的玻璃幕墙、釉面砖墙、磨光大理石和各种涂料等装饰反射光线；人工白昼主要来源于夜幕降临后的广告灯、霓虹灯等；彩光污染则存在于舞厅、夜总会安装的黑光灯、旋转灯、荧光灯以及闪烁的彩色光源等条件下。其中,白亮污染和人工白昼是目前光照妨害的主要来源和需要控制的对象。

从预防的角度看,主要应当针对建筑物安装玻璃幕墙等可能产生光照妨害的设施进行控制。具体措施是通过建筑材料有关产品标准确定幕墙玻璃的反射率,要求建筑物安装使用的玻璃幕墙必须符合标准规定的要求。

光照妨害属于地域性环境问题,其性质属于物权法有关相邻关系的范畴。因此,应当按照不动产相邻关系的准则处理有关的争议纠纷。

第三编　自然保护法

第十章 自然保护法概述

第十章 导教导学

本书所称自然保护法(natural conservation law)是对自然地域保护法、野生动植物及其生境①保护法以及自然资源法中自然保护措施的统称。与污染控制法一样,自然保护法也属于环境法中直接通过环境行政规制开发利用行为的基本制度之一,其目的除了保护作为环境要素的自然存在物和生态系统外,还要保护自然物所独立于人类以外的、内在的价值。

第一节 自然保护法概述

一、自然保护的概念

我国在20世纪50年代以前没有自然保护的概念,与之相关的概念仅指对自然界中的自然资源的保护。1987年原国务院环境保护委员会发布了《中国自然保护纲要》,首次对自然保护的概念作了如下定义:自然保护即保护人类生活其中的自然环境和自然资源,使之免遭破坏。自然保护的目的是为了给当代和后代人建立最合适的生活、工作和生产条件,以保证经济的持续发展和社会的繁荣进步。②《中国自然保护纲要》有关自然保护的解释,实际上是对1979年《环境保护法(试行)》有关"自然环境"和1982年《宪法》有关"生态环境"等概念所作的范围界定,即自然环境和自然资源的保护同属于自然保护的范畴。

在2014年修改的《环境保护法》中,为了与"环境污染"的用词形式相对应,体现执政党生态文明制度建设的要求,该法用"生态保护"一词来概括自然保护的内容,使得《环境保护法》的适用范围也相应地扩大到整个生态系统。

尽管自然保护(natural conservation)一词在环境法学中经常被引用并与环境污染的概念相提并论,但它仍然是一个对象和范围均较为模糊且保护目的不确定的概念。因人们在不同时期对自然的概念及其内涵、自然的价值及其法益等的认识不同,自然保护的目标也各不相同。

以将"环境与资源保护法学"作为法学二级学科的称谓为例,其中的"资源保护"就是一个概念模糊的用词形式。首先,从环境保护的观念出发,资源保护的含义显然

---

① 生境,指生物生存的环境,也称栖息地。
② 《中国自然保护纲要》编写委员会编:《中国自然保护纲要》,中国环境科学出版社1987年版,第11页。

只针对环境要素中的自然资源,并不包含其他自然环境要素。其次,从对资源经济价值的认识出发,自然资源的保护法益是自然资源的所有权、使用权及其带来的相关经济利益,所以资源保护的直接目的是促进所有权人可持续开发利用自然资源,其对自然环境要素的保护只是对经济利益保护间接的和反射的利益表现。因此,环境保护与资源保护是两类具有不同保护目的的行为复合体,在环境要素的经济价值与生态价值之间它们存在着此消彼长的竞争关系。环境利用关系的存在,强调对资源经济价值的保护,从而必将影响对自然生态价值的保护,反之亦然。

与来源于人类利用环境容量排放污染物所造成的环境污染破坏不同的是,人类对自然环境和生态系统的破坏主要来源于开发利用自然资源等活动,主要表现在资源稀缺、环境退化以及自然环境的人类美学价值(本能环境利用行为的利益)的逸失等方面。

伴随人类社会的进步和自然资源因开发利用不断稀缺以及物种的不断灭绝,作为自然资源的环境要素在生态系统中的巨大价值与功能不断为人们所认识,人类社会的法律制度也在不断地朝向为了保护自然而减少或者停止开发利用自然资源的目标和方向改进。以狩猎法为例,从中世纪起各国开始制定狩猎法规范人类狩猎行为;到 20 世纪中叶,各国又因野生动物资源逐渐减少纷纷废除狩猎法而大量制定保护野生动物的法律。

二、自然保护法的几个重要概念

(一)自然保护法及其保护对象

自然保护法,是以保护生态系统平衡或防止生物多样性破坏为目的,对一定的自然地域(含区域与流域)、野生生物及其生境实行特殊保护并禁止或限制环境利用行为而制定的法律规范的总称。

与主要采取消极控制对策和措施的污染控制法相比,自然保护法所强调的是积极的管理,对自然环境或自然资源的不同利用类型分别予以规划、管理和保护。自然保护法的主要手段是通过政府对指定地域一定的开发行为予以控制,规定限制土地所有者权限、私权及其调整措施、损失补偿及收买土地等措施从而实现自然保护的目的。

最早通过地域划分的方法对生态实行全方位保护的法律,是美国于 1872 年制定的《黄石国家公园法》。之后许多国家通过公园制度或者自然保护区(natural conservation area)制度以保存原生自然生态与环境。为防止自然保护区域的周边地带受到人为活动的破坏或者环境污染的损害,许多国家还在自然保护法中规定了为了自然保护区公用收买土地的制度,为保护自然环境对周边居民实行补助或者减免税费等措施。

与污染控制法不同的是,自然保护法是以保全一定地域的自然环境和物种为目的,对需要保护的地域和物种通过法律确立地域或者物种指定制,对在指定地域范围内的各种开发利用行为实行限制或者禁止,对指定物种采取特别措施予以保护。所以自然保护法的目标是保存既已形成的自然环境地域以及珍稀濒危的野生生物物种,涉及地域环境保护、野生生物保护、河流湖泊保护以及自然文化遗迹和景观舒适保护等内容。

目前,生态保护或生物多样性保护的概念正在逐步取代自然保护的概念,成为时代的关键词之一。许多环境法学著作更是将现代环境法称为生态法。[①]

根据《中国自然保护纲要》的列举,自然保护的对象包括土地、森林、草原和荒漠、物种、陆地水资源、河流、湖泊和水库、沼泽和滩涂、海洋、矿产资源以及大气。

保护自然(生态)是当代人类应当采取的对待自然界的态度,但是它并不意味着要完全保持自然的所有原始状态,除了对具有代表性的地区和对象要给予严格保护外,一般是在对自然资源的合理开发利用的过程中进行保护,使它们的自然机能得以正常发挥作用,不至于因为人们的活动而使其崩溃或瓦解,造成生态系统的平衡失调。

根据《中国自然保护纲要》的规定,中国有关生态和自然资源保护主要有如下几个目标:(1)保护人类赖以生存和发展的生态过程和生命保障系统(如水、土、光、热、气等自然物质系统),使其免遭破坏和污染;(2)保证生物资源(水产资源、陆地野生动植物资源等)的永续利用;(3)保存生物种的遗传多样性;(4)保留自然历史纪念物(瀑布、火山口、陨石、地层剖面、山洞、古生物化石以及古树名木等)。[②]

(二) 自然保护的基本理念与基本方法

1. 保持和保存自然的原生状况

在各国和国际组织的环境保护文件的英文用词形式中,通常将环境保护上的"保护"统称为 protection。例如,世界自然资源保护联盟于 1980 年编写的《世界自然保护大纲》认为,"保护"即是"人类对生物圈的利用的管理,以便它能对当代人产生最大的持续利益,同时维护其潜力以满足后代的需要和追求。因此,保护是积极的,包括了保持、保存、持续利用、恢复和自然环境的改善"。

进一步说,保护的内涵有保持(conservation)和保存(preservation)。本书认为,保持的目的是保持自然环境要素经常处于可供人类持续利用的状态,而保存的目的则是保存生态系统或自然界其他历史或人文古迹处于原始的状态。

生态保护的重点是维持生态系统的多样性(the diversity of an ecosystem)以及自然的原生状态,防止人为因素对生态系统造成不良的影响或破坏。因此,生态保护的法律行动除了要遵循环境法的基本原则外,还应当遵循两个特有的原则,这就是保

[①] 详细内容请见曹明德:《生态法原理》,人民出版社 2002 年版。
[②] 参见《中国自然保护纲要》编写委员会编:《中国自然保护纲要》,中国环境科学出版社 1987 年版,第 11 页。

持和保存的原则。

尽管保持和保存的意义是一致和积极的,但是它们二者之间也存在着如下区别:在保持的原则下,人类可以对自然界以及生态进行非开发或生产性的利用,如休闲、运动、娱乐、观光等活动。而在保存的原则下,非为科学研究不允许人类对自然界以及生态进行一般性利用,包括人们对自然界进行的所谓"养护"[①]等工作。

由于地球上所有的物种都是各种生态系统的组成部分,所以除无生命物质外,生态保护的实质是保护生物多样性(conserving the biodiversity),而生物多样性的保护又被广泛地融合于动、植物及其生境的保护之中。

2. 保护生物多样性

生物多样性(biodiversity)是指生物之间的多样化和变异性及物种生境的生态复杂性,它是地球上所有的生物——植物、动物和微生物及其所构成的综合体。

在法律上,根据联合国《生物多样性公约》所下的定义,生物多样性是指"所有来源的形形色色生物体,这些来源除其他外,包括陆地、海洋和其他水生生态系统及其所构成的生态综合体"。

生物多样性主要包括物种多样性、遗传多样性和生态系统多样性这三个组成部分。

其中,物种多样性是指动、植物以及微生物种类的丰富性,它是人类生存和发展的基础;遗传多样性是指存在于生物个体内、单个物种内以及物种之间的基因多样性,包括分子、细胞和个体三个水平上的遗传变异度,它是生命进化、物种分化的基础[②];生态系统的多样性是指森林、草原、荒漠、农田、湿地和海洋以及竹林和灌丛等生态系统的多样化特性。

所有的生态系统都保持着各自的生态过程,包括生命所必需的化学元素的循环和生态系统各组成部分之间能量流动的维持。由于生态过程对于所有生物的生存、进化和持续发展至关重要,因此维持生态系统的多样性对于维持物种和基因的多样性是必不可少的。

中国国土辽阔,气候多样,地貌类型丰富,河流纵横,湖泊众多,东部和南部又有广阔的海域,复杂的自然地理条件为各种生物及生态系统类型的形成与发展提供了多种生境。归纳起来,中国的生物多样性具有物种多样性高度丰富、特有生物物种种类繁多、生物区系起源古老、经济物种异常丰富这四大特点。[③]

中国人口的快速增长以及经济建设的高速发展,使得人们对于自然资源和环境

[①] 人为对自然界的原生生物及其环境进行的诸如给饵、投食、救助、扑救山火等养护活动,现在也被科学家们认为是改变自然状态的行为。

[②] "中国生物多样性保护行动计划"总报告编写组编:《中国生物多样性保护行动计划》,中国环境科学出版社1994年版,"前言"。

[③] 参见"中国生物多样性保护行动计划"总报告编写组编:《中国生物多样性保护行动计划》,中国环境科学出版社1994年版,第7—13页。

的需求不断增大,对生物多样性保护也构成了强大的压力。开发利用环境行为一方面超过了物种的自然恢复能力、使丰富的物种不断减少,另一方面还污染了环境、侵占了生物的栖息地,致使许多动物和植物处于濒临灭绝的状态。

第二节 自然保护法的制度体系

一、自然保护法的分类

按照立法目的和保护法益的不同,本书将自然保护法分为自然生态保护法和自然资源法中有关资源开发利用的自然保护措施两大部分。它们在具体的管制方法、制度措施等方面也存在着不同。

由于我国政府过去在对生态价值的认识低于对自然资源所产生经济价值的认识,因此一般仅认为自然资源立法中的保护性规范就能够达到保护生态系统的目的,所以实践中将生态保护与自然资源保护合称为"自然保护",在自然保护方面的立法比较薄弱。目前,在中国除《野生动物保护法》《海岛保护法》外,与生态保护相关的国家立法还有《水土保持法》《文物保护法》《防沙治沙法》,以及《城乡规划法》《农业法》等。除此之外,国务院还制定有《自然保护区条例》《野生植物保护条例》《风景名胜区条例》等行政法规。

研究和学习自然保护法应当注意其与自然资源法的联系和区别。自然资源法指调整人们在自然资源的开发、利用、保护和管理过程中所发生的各种社会关系的法律规范的总称。[①] 早在各国大量进行环境立法前,自然资源法就以法律的财产制度或准物权制度的形式存在。

由于自然资源法的立法意图本为确定自然资源的权属关系并合理开发和利用自然资源,所以在自然资源法中的资源保护规范间接地起到了保护自然的作用。但是,我们必须清醒地认识,自然资源法的立法本位是保护自然资源对人类的外在经济价值,它的直接目的是维持生态系统中自然资源得以为人类可持续开发和利用。

在自然资源法方面,合理开发、利用、保护和管理自然资源,不仅有利于人类对自然资源予以永续利用,而且还会由于合理开发、利用而促使将对自然资源的开发维持在保持生态系统平衡的基础上,并且还会因合理开发、综合利用自然资源或能源从而减少环境污染物的产生。

目前中国主要制定有《森林法》《土地管理法》《水法》《草原法》《渔业法》等,此外国务院及其有关行政主管部门也制定了一些合理开发利用自然资源的行政法规。

[①] 肖乾刚主编:《自然资源法》,法律出版社1992年版,第10页。

二、自然保护法的共同制度与措施

(一)主体功能区划

我国生态保护行政的首要任务,是依照法律法规的规定确定生态保护的目标,通过对生物资源的考察,由有关行政主管部门编制和实施生物多样性保护规划,从而达到对该生态系统保护的目的。

2011年6月国务院发布了《全国主体功能区规划》,通过确定国家层面主体功能区、能源与资源保障及其实施措施等内容和确立国家重点生态功能区名录、国家禁止开发区域名录等方式,对全国性国土空间开发进行了全面的规划。

该规划的最大特点,就是将国土空间划分为优化开发区域、重点开发区域、限制开发区域和禁止开发区域四类主体功能区,并规定了相应的功能定位、发展方向和开发管制原则。其中,限制开发区域中的重点生态功能区强调了保护生态的功能及其提供生态产品的能力;禁止开发区域则强调了对自然文化资源的原真性和完整性保护。

对生态服务的价值,政府应当通过财政转移支付的方式购买;其他获益主体则应当按照法律法规有关资源有偿使用制度和生态补偿制度的规定给予补偿。

依照《全国主体功能区规划》,推进实现主体功能区主要目标的时间是2020年,规划范围为全国陆地国土空间以及内水和领海(不包括港澳台地区)。鉴于海洋国土空间在全国主体功能区中的特殊性,国家有关部门将根据本规划编制全国海洋主体功能区规划。目前,国务院各部门和省级人民政府正在组织完成各部门和省级主体功能区规划编制工作,并相应地调整完善财政、投资、产业、土地、农业、人口、环境等相关规划和政策法规,建立健全绩效考核评价体系。

(二)生态保护红线划定

《环境保护法》规定,国家在重点生态功能区、生态环境敏感区和脆弱区等区域划定生态保护红线,实行严格保护(第29条)。

但是,《环境保护法》并未对生态保护红线作出相关的立法解释。按照2017年2月中共中央办公厅、国务院办公厅印发的《关于划定并严守生态保护红线的若干意见》的规定,生态保护红线是指在生态空间[①]范围内具有特殊重要生态功能、必须强制性严格保护的区域,是保障和维护国家生态安全的底线和生命线。由此可知,生态保护红线是一定的范围和区域的概念,通常包括具有重要水源涵养、生物多样性维护、水土保持、防风固沙、海岸生态稳定等功能的生态功能重要区域,以及水土流失、土地沙化、石漠化、盐渍化等生态环境敏感脆弱区域。

---

① 生态空间是指具有自然属性、以提供生态服务或生态产品为主体功能的国土空间,包括森林、草原、湿地、河流、湖泊、滩涂、岸线、海洋、荒地、荒漠、戈壁、冰川、高山冻原、无居民海岛等。参见中办国办印发:《关于划定并严守生态保护红线的若干意见》,2017年2月。

生态保护红线的划定目标是以改善生态环境质量为核心,以保障和维护生态功能为主线,按照山水林田湖系统保护的要求,划定并严守生态保护红线,实现一条红线管控重要生态空间,确保生态功能不降低、面积不减少、性质不改变,维护国家生态安全,促进经济社会可持续发展。

(三)自然保护区域指定制和物种保护名录制

自然保护法的保护对象是一定的自然区域和物种而非全部自然环境及其要素,因此,各国自然保护立法毫无例外地通过实行自然保护区域指定制和物种保护名录制对需要严格保护的自然区域和物种实行保护。

具体方法是,国家通过自然保护立法确定自然保护区域的条件,由人民政府组织调查确认后批准设立指定。对于保护物种,则在调查研究的基础上通过人民政府编制物种保护名录将其纳入。

(四)"就地保护"和"迁地保护"措施

我国在自然保护的具体措施方面主要采取了"就地保护"和"迁地保护"的方法,通过建立自然保护区以及健全生物多样性保护的监测系统对生态保护状况予以综合的评估。

所谓就地保护(in-situ conservation),是指以各种类型的自然保护区包括风景名胜区的方式,对有价值的自然生态系统和野生生物及其生境予以保护,以保持生态系统内生物的繁衍与进化,维持系统内的物质能量流动与生态过程。[1] 建立自然保护区和各种类型的风景名胜区是实现这种保护目标的重要措施。

所谓迁地保护(ex-situ conservation),是指在自然生态系统已经受到破坏或可能受到严重破坏威胁的地域,以人工方式对那些不迁移就会灭绝的野生生物物种,从该地域迁往另一地域予以保护的过程。[2]

就保护策略的比较而言,就地保护比迁地保护更为重要。因为在就地保护的条件下,可以使全部生物物种及其整个生态系统都得到保护。而在迁地保护情况下,仅仅只能保存单一的目标物种。原则上迁地保护只适用于对受到高度威胁的动植物物种的紧急拯救,不然它们就可能灭绝。此外,使濒危的野生物种得到迁地保护,对公众也具有生态教育的意义。

在具体执行上,由政府依照法律对自然保护区域内的各种行为实行控制或者限制,对捕猎野生动物的行为予以禁止,并且对野生动植物的进出境实行监管。

(五)治理、恢复、补救和拯救

依照中国自然资源保护法律的规定,因环境利用行为导致自然环境或自然资源破坏的,由行为人负责治理或者由人民政府决定限期治理。对自然资源进行开发利

---

[1] 参见"中国生物多样性保护行动计划"总报告编写组:《中国生物多样性保护行动计划》,中国环境科学出版社1994年版,第16页。

[2] 同上书,第21页。

用的行为一般是长时期的,因此开发利用自然资源所造成的自然破坏也具有长期性、渐进性和累积性,同样需要用一定的时期进行治理以逐步恢复自然本来的功能。为此,对自然破坏实行的治理措施也有不同的方式并适用于不同的自然破坏区域。目前中国自然资源法律规定的治理措施及其适用范围主要包括两类。

一是限期治理。对破坏自然环境实行的限期治理,特指环境利用行为人违反法律规定开发利用自然资源,造成自然环境的使用功能降低所依法应当承担的治理责任。它主要适用于在一定期限内通过治理措施可以迅速恢复的自然环境与资源破坏区域。如在水土保持、草原、防沙治沙与土地等法律中都有限期治理的规定。

二是综合治理和专项治理。即国家或地方政府依照环境保护与自然资源保护计划的安排,通过投入专门的治理资金等对自然破坏实行的治理。

其中,综合治理是指将治理对象和措施纳入国家国土整治计划或土地利用总体规划,由国家投入资金对自然破坏施行的大规模、长时期的整治活动。专项治理是指由各级政府在确定的环境保护与自然资源保护计划时期内,将环境退化或自然破坏地区纳入该计划所划定的治理区,有目的地从事治理活动的政府行为。

《环境保护法》规定,企业事业单位和其他生产经营者为改善环境,依照有关规定转产、搬迁、关闭的,人民政府应当予以支持(第23条)。对企业事业单位和其他生产经营者超过污染物排放标准或者超过重点污染物排放总量控制指标排放污染物的,县级以上人民政府环境主管部门可以责令其采取限制生产、停产整治等措施;情节严重的,报经有批准权的人民政府批准,责令停业、关闭(第60条)。

恢复、补救和拯救。环境法上的恢复和补救措施,主要适用于因开发利用规划的失误或者违法开发利用自然资源而导致自然资源受到破坏或者自然环境可能遭受损失的区域。它们主要包括恢复原状与补救或拯救两种措施:

恢复原状措施主要适用于因开发利用规划的失误造成土地资源过度开垦、或改变原自然环境的使用功能和生态功能而造成生态不良影响的区域,如恢复土地原状、土地复垦等,以恢复该土地的原有功能和用途。

补救措施适用于依据众所周知的事实与自然规律可以判定行为的结果将会造成自然破坏及其损害的领域。如在水生动物洄游通道处建闸、筑坝的行为、开发矿产资源的行为以及从事工程建设导致供水影响的行为等都应当依法采取补救措施。

拯救措施主要是针对生长受到人为活动或自然灾害威胁的国家和地方重点保护野生动植物,目的在于保护或者恢复野生动植物的生长环境。

应当说明的是,在自然破坏领域广泛实施的治理、恢复和补救并非绝对、单一的事后补救措施,因自然资源保护法律规定的不同,它们有时也可以重叠适用于具体的自然破坏领域。

第十一章 自然地域和野生生物保护法

第十一章 导教导学

第一节 自然地域保护

一、自然保护区

(一) 概述

中国从20世纪50年代起就开设了自然保护区①,但并未就自然保护区的建设和管理作出规定。从1979年颁布第一部《环境保护法(试行)》开始,中国在有关土地、海洋、森林、野生动植物资源保护管理等法律法规中对自然保护和自然保护区作出了一些原则性的规定,各级政府相应地建立了一些性质不同的自然保护区,有关部门还制定了《自然保护区土地管理办法》(原国家土地管理局,1995年制定)和《森林和野生动物类型自然保护区管理办法》(原林业部,1985年制定)等部门规章。

1992年中国签署参加了联合国《生物多样性公约》(Convention on Biological Diversity),为履行生物多样性保护的国际义务,加强自然保护区的建设和管理,保护自然环境和自然资源,1994年国务院制定了《自然保护区条例》(2017年修正)。

按照我国《自然保护区条例》的解释,自然保护区是指对有代表性的自然生态系统、珍稀濒危野生动植物物种的天然集中分布区、有特殊意义的自然遗迹等保护对象所在的陆地、陆地水体或者海域,依法划出一定面积予以特殊保护和管理的区域(第2条)。

我国《自然保护区条例》规定,符合下列条件之一者应当建立自然保护区:第一,典型的自然地理区域、有代表性的自然生态系统区域以及已经遭受破坏但经保护能够恢复的同类自然生态系统区域;第二,珍稀、濒危野生动植物物种的天然集中分布区域;第三,具有特殊保护价值的海域、海岸、岛屿、湿地、内陆水域、森林、草原和荒漠;第四,具有重大科学文化价值的地质构造、著名溶洞、化石分布区、冰川、火山、温泉等自然遗迹;第五,经国务院或者省级人民政府批准,需要予以特殊保护的其他自然区域(第10条)。

按照我国《自然保护区条例》的规定,国家对自然保护区实行综合管理与分部门管理相结合的管理体制。国务院环境主管部门负责全国自然保护区的综合管理。国务院林业、农业、地质矿产、水利、海洋等有关部门在各自的职责范围内,主管有关的

---

① 1956年国务院批准在广东鼎湖山设立中国最早的自然保护区。

自然保护区(第8条第1款、第2款、第3款)。

我国《自然保护区条例》规定,对于自然保护区的建设和管理,应当妥善处理与当地经济建设和居民生产、生活的关系(第5条)。在建设自然保护区的资金、物质方面,自然保护区的管理机构或主管部门可以接受国内外组织或个人的捐赠(第6条)。

(二) 自然保护区分级

我国《自然保护区条例》将我国自然保护区分为国家级自然保护区和地方级自然保护区两类。其中:在国内外有典型意义、在科学上有重大国际影响或者有特殊科学研究价值的自然保护区,列为国家级自然保护区。除列为国家级自然保护区的外,其他具有典型意义或者重要科学研究价值的自然保护区列为地方级自然保护区(第11条)。在确立自然保护区的范围和界限方面,条例规定应当兼顾保护对象的完整性和适度性,以及当地经济建设和居民生产、生活的需要(第14条第2款)。

依照我国《自然保护区类型与级别划分原则》(国家环境保护局、国家技术监督局1993年联合发布,GB/T14529-93)的规定,自然保护区分为国家级、省(自治区、直辖市)级、市(自治州)级和县(自治县、旗、县级市)级四级。

在自然保护区的命名方面,规定采用自然保护区所在地地名加"国家级自然保护区"或者"地方级自然保护区"的方式。有特殊保护对象的自然保护区,可以在自然保护区所在地地名后加特殊保护对象的名称(第16条)。

(三) 自然保护区内保护区域的划分

自然保护区分为核心区、缓冲区和实验区三类。

第一类是核心区。自然保护区内保存完好的天然状态的生态系统以及珍稀、濒危动植物的集中分布地,应当划为核心区,禁止任何人进入,不得建设任何生产设施;非经自然保护区管理机构批准,也不允许进入从事科学研究的观测、调查活动;其中,进入国家级自然保护区核心区的,应当经省、自治区、直辖市人民政府有关自然保护区行政主管部门批准(第27条)。

对于自然保护区核心区内原有居民确有必要迁出的,由所在地地方人民政府予以妥善安置。

第二类是缓冲区。在自然保护区的核心区外围,可以划定一定面积的缓冲区。除因教学科研的目的需要、依法批准可以进入缓冲区从事非破坏性的科学研究观测、教学实习和标本采集活动者外,禁止在缓冲区开展旅游和生产经营活动,不得建设任何生产设施。并且,进入缓冲区从事上述活动者还必须向自然保护区管理机关提交活动成果的副本(第28条)。

对于在缓冲区从事非破坏性的科学研究观测、教学实习和标本采集活动的,应当向自然保护区管理机构提出方案,经批准后方可进行。

第三类是实验区。在自然保护区的缓冲区外划为实验区,可以进入从事科学试验、教学实习、参观考察、旅游以及驯化、繁殖珍稀、濒危野生动植物活动。但是不得建设污染环境、破坏资源或者景观的生产设施;建设其他项目的,其污染物排放不得超过污染物排放标准。对已建成的设施其污染物排放超过排放标准的,应当限期治理;造成损害的,必须采取补救措施。

对于在实验区内开展参观、旅游活动的,由自然保护区管理机构编制方案,方案应当符合自然保护区管理目标。严禁开设与自然保护区保护方向不一致的参观、旅游项目(第29条)。

在自然保护区的区划方面,核心区应是最具保护价值或在生态进化中起到关键作用的保护地区,所占面积不得低于该自然保护区总面积的1/3;实验区所占面积不得超过总面积的1/3。三区的划分不应人为割断自然生态的连续性,可尽量利用山脊、河流、道路等地形地物作为区划界线。①

当原批准建立自然保护区的人民政府认为必要时,可以在自然保护区的外围划定一定面积的外围保护地带。在该外围保护地带建设的项目,不得损害自然保护区的环境质量,已造成损害的,必须限期治理。

单位和个人违反规定,擅自移动或者破坏自然保护区界标,或者未经批准进入自然保护区或者在自然保护区内不服从管理机构管理,或者违反规定从事科学研究、教学实习和标本采集的,由自然保护区管理机构责令其改正,并可以根据不同情节处以100元以上5000元以下的罚款(第34条)。

(四)自然保护区的类型划分与管理

世界自然保护联盟曾于1978年将自然保护区划分为科学保护区/严格的自然保护区、国家公园、自然纪念地/自然景物地、管理的自然保护区/野生生物禁猎区、保护性陆地(或海洋)景观保护区、资源保护区、自然生物区/人类学保护区、多用途管理区/管理的资源区、生物圈保护区以及世界遗产迹地等10个类型。在我国,依照国务院环境主管部门组织有关自然保护区主管部门制定的国家标准《自然保护区类型与级别划分原则》的规定,我国将自然保护区按主要保护对象分为三个类别、九个类型。此外,国家海洋主管部门还制定实施了《海洋自然保护区类型与级别划分原则》(GB/T17504-1998)。

我国《自然保护区条例》规定,国家级自然保护区由其所在地的省级人民政府有关自然保护区主管部门或者国务院有关自然保护区主管部门管理;地方级自然保护区由其所在地的县级以上地方人民政府有关自然保护区主管部门管理(第21条)。

截至2012年年底,全国已建立各种类型、不同级别的自然保护区2669个,保护区总面积约14978.7万公顷,约占国土面积的14.9%。其中,国家级自然保护区363个,面积9414.6万公顷。

---

① 参见国家环境保护总局办公厅关于印发《国家级自然保护区总体规划大纲》的通知,2002年6月26日。

(五) 对有关行为的禁止性与限制性规定

除对自然保护区的核心区、缓冲区和实验区的管理有严格的规定外,我国《自然保护区条例》还规定,在自然保护区的内部未分区的,按照该条例有关核心区和缓冲区的规定进行管理(第30条)。

在自然保护区内的单位、居民和经批准进入自然保护区的人员,必须遵守自然保护区的各项管理制度(第25条)。除法律、法规另有规定者外,禁止在自然保护区内进行砍伐、放牧、狩猎、捕捞、采药、开垦、烧荒、开矿、采石、挖沙等活动(第26条)。

外国人进入自然保护区的,应当事先向自然保护区管理机构提交活动计划,并经自然保护区管理机构批准;其中,进入国家级自然保护区的,应当经省、自治区、直辖市环境保护、海洋、渔业等有关自然保护区行政主管部门按照各自职责批准(第31条第1款)。

当发生事故或者其他突然性事件,造成或者可能造成自然保护区污染或者破坏的单位和个人,必须立即采取措施处理,及时通报可能受到危害的单位和居民,并向自然保护区管理机构、当地环境主管部门和自然保护区主管部门报告,接受调查处理(第33条)。

二、风景名胜区与城市景观

(一) 概述

依照我国《风景名胜区条例》(国务院2006年发布;2016年修订)规定,风景名胜区(landscapes and famous scenery),是指具有观赏、文化或者科学价值,自然景观、人文景观比较集中,环境优美,可供人们游览或者进行科学、文化活动的区域(第2条第2款)。

在我国,对自然与文化历史遗产的保护也通过建设风景名胜区[①]进行保护管理。自然与文化遗产通常以人文遗迹、自然遗迹以及"珍贵"景观的概念表述。其中,人文遗迹(human remains)是指遗存在地面社会上或埋藏在地下的历史文化遗物,一般包括具有纪念意义和历史价值的建筑物、纪念物或具有历史、艺术、科学价值的古文化遗址、古长城、古墓葬、古建筑、石窟、寺庙、石刻等。自然遗迹(natural remains)指自然形成的具有地质学、地理学、生态学意义的遗存物,如温泉、洞穴、火山口、古化石、贝壳堤、特别地貌等。"珍贵"景观一般指具有生态学和美学及社会文化珍贵价值必须保护的特定的地理区域或景物现象,如自然保护区、风景名胜游览区、疗养区、珍贵自然景观以及重要的具有政治文化、纪念意义的建筑、设施和遗址等。

按照生态系统原理,自然遗产(natural heritage)是地区生态系统平衡所不可分

[①] 依照1999年由住建部主编并批准的《风景名胜区规划规范》的规定,风景区规划应严格保护自然与文化遗产,保护原有景观特征和地方特色。

割的组成部分①,并且自然和文化遗迹本身就是完整记录自然环境演变与发展的历史资料。

1985年我国加入了《保护世界文化和自然遗产公约》(Convention Concerning the Protection of the World Cultural and Natural Heritage)。1985年国务院颁布实施了《风景名胜区管理暂行条例》,2006年9月国务院将其修改为《风景名胜区条例》(2016年修订),适用于风景名胜区的设立、规划、保护、利用和管理。

(二) 风景名胜区保护管理措施

1. 风景名胜区的分级

按照景观的观赏、文化、科学价值和环境质量、规模大小、游览条件等,《风景名胜区条例》将风景名胜区分为国家级风景名胜区和省级风景名胜区。自然景观和人文景观能够反映重要自然变化过程和重大历史文化发展过程,基本处于自然状态或者保持历史原貌,具有国家代表性的,可以申请设立国家级风景名胜区;具有区域代表性,可以申请设立省级风景名胜区(第8条)。

截至2012年底,国务院已经分八批批准建立国家级风景名胜区225处,面积约10.36万平方公里;各省级人民政府批准设立省级风景名胜区737处,面积约9.01万平方公里,两者总面积约19.37万平方公里。这些风景名胜区占我国陆地总面积的比例,总数由1982年的0.2%提高到2.02%。②

2. 风景名胜区的保护

第一,规定风景名胜区内的景观和自然环境,应当根据可持续发展的原则,严格保护,不得破坏或者随意改变。风景名胜区内的居民和游览者应当保护风景名胜区的景物、水体、林草植被、野生动物和各项设施(第24条)。

第二,在风景名胜区内禁止开山、采石、开矿、开荒、修坟立碑等破坏景观、植被和地形地貌的活动;禁止修建储存爆炸性、易燃性、放射性、毒害性、腐蚀性物品的设施;禁止在景物或者设施上刻划、涂污;禁止乱扔垃圾(第26条)。

第三,禁止违反风景名胜区规划,在风景名胜区内设立各类开发区和在核心景区内建设宾馆、招待所、培训中心、疗养院以及与风景名胜资源保护无关的其他建筑物;已经建设的,应当按照风景名胜区规划,逐步迁出。风景名胜区内的建设项目应当符合风景名胜区规划,并与景观相协调,不得破坏景观、污染环境、妨碍游览(第27条,第30条第1款)。

第四,在风景名胜区内进行建设活动的,建设单位、施工单位应当制定污染防治和水土保持方案,并采取有效措施,保护好周围景物、水体、林草植被、野生动物资源

---

① 在原地矿产部于1994年颁发的《地质遗迹保护管理规定》中规定,地质遗迹,是指在地球演化的漫长地质历史时期,由于各种内外动力地质作用,形成、发展并遗留下来的珍贵、不可再生的地质自然遗产。地质遗迹的保护是环境保护的一部分,应实行"积极保护、合理开发"的原则。

② 我国的风景名胜区基本覆盖了各类地理区域,遍及除香港、澳门、台湾和上海之外的所有省份。参见住房和城乡建设部发布:《中国风景名胜区事业发展公报(1982—2012)》,2012年。

和地形地貌(第 30 条第 2 款)。

此外,国家建立风景名胜区管理信息系统,对风景名胜区规划实施和资源保护情况进行动态监测。国家级风景名胜区所在地的风景名胜区管理机构应当每年向国务院建设主管部门报送风景名胜区规划实施和土地、森林等自然资源保护的情况(第 31 条)。

(三) 城市景观与绿地

城市的美化和绿化是环境保护的重要内容之一。但是我国过去对城市环境卫生管理的工作主要侧重于对城市生活垃圾的管理。1987 年由国务院颁布,并于 2016 年修订的《公共场所卫生管理条例》,对与城市环境卫生相关的公共场所卫生的管理作出了规定。

1992 年 5 月,国务院制定了《城市市容和环境卫生管理条例》(2011、2017 年修订)。该条例适用于城市市容和环境卫生管理。城市市容的管理包括有关城市容貌标准、城市中的建筑物与设施、户外广告标语等、市政公用设施、主要街道两侧的建筑物、临街草坪绿地、城市交通运输工具的外形、城市工程施工现场等的管理。城市环境卫生管理包括环境卫生设施、生活废弃物以及其他城市垃圾的清扫、收集、运输和处理、公共厕所建设、城市污水处理系统建设、垃圾贮存设施、公共场所保洁、产生港口的水面清洁等的管理。

1992 年 6 月,为了促进城市绿化事业的发展,改善生态环境,美化生活环境,增进人民身心健康,国务院制定了《城市绿化条例》(2011、2017 年修订)。该条例适用于在城市规划区内种植和养护树木花草等城市绿化的规划、建设、保护和管理。

为确定城市的规模和发展方向,实现城市的经济和社会发展目标,合理地制定城市规划和进行城市建设,1989 年全国人大常委会通过了《城市规划法》,对城市的概念、城市规划的制定、城市新旧区的开发与改造、城市规划的实施等作出了规定。为了加强城乡规划管理,协调城乡空间布局,改善人居环境,促进城乡经济社会全面协调可持续发展,2007 年全国人大常委会将其修改为《城乡规划法》,并于 2015 年进行修订。该法所称城乡规划,包括城镇体系规划、城市规划、镇规划、乡规划和村庄规划。规划区范围、规划区内建设用地规模、基础设施和公共服务设施用地、水源地和水系、基本农田和绿化用地、环境保护、自然与历史文化遗产保护以及防灾减灾等内容,应当作为城市总体规划、镇总体规划的强制性内容(第 17 条)。

2014 年修改的《环境保护法》第 35 条特别规定:"城乡建设应当结合当地自然环境的特点,保护植被、水域和自然景观,加强城市园林、绿地和风景名胜区的建设与管理。"

三、海洋生态、海域与海岛保护

海洋环境的范围既包括海水、海洋生物,也包括海域、海岛、海礁以及海底等。相对于陆地环境而言,海洋环境更是一个整体,海洋生态系统的构成也有其特殊之处。

我国在有关海洋环境保护的立法方面采用了一体化环境保护立法的方式,即将海洋资源保护、海洋生态保护以及海洋污染控制等集于一体,以《海洋环境保护法》的形式颁布。之后,全国人大常委会还制定了《海域使用管理法》(2001年)和《海岛保护法》(2009年)。

(一)海洋生态保护

本书第七章已对我国海洋环境保护概况以及《海洋环境保护法》有关海洋污染防治的规定作了阐述(参见第七章第三节)。为此,以下只对《海洋环境保护法》第三章有关海洋生态保护的规定作一简要阐述。

1. 海洋功能区划和近岸海域①环境功能区

海洋功能区划是根据海区的自然属性并结合社会需求而确定,它将海洋环境与资源的开发利用和治理保护合而为一,其中治理保护区、自然保护区、特殊功能区和保留区的目的主要在于保护海洋生态环境。海洋功能区划是海洋生态保护的基本制度,也是全国主体功能区划的组成部分。

依照原国家环保总局1999年12月颁布的《近岸海域环境功能区管理办法》(2010年修改),近岸海域环境功能区,是指为适应近岸海域环境保护工作的需要,依据近岸海域的自然属性和社会属性以及海洋自然资源开发利用现状,结合本行政区国民经济、社会发展计划与规划,按照本办法规定的程序,对近岸海域按照不同的使用功能和保护目标而划定的海洋区域。(第2条第1款)

近岸海域环境功能区分为四类:一类近岸海域环境功能区包括海洋渔业水域、海上自然保护区、珍稀濒危海洋生物保护区等;二类近岸海域环境功能区包括水产养殖区、海水浴场、人体直接接触海水的海上运动或娱乐区,与人类食用直接有关的工业用水区等;三类近岸海域环境功能区包括一般工业用水区、海滨风景旅游区等;四类近岸海域环境功能区包括海洋港口水域、海洋开发作业区等(第2条第2款)。各类近岸海域环境功能区执行相应类别的海水水质标准(第2条第3款)。

由于划分海洋功能区是海洋开发规划和海洋综合管理的一项基础性工作,其内容兼及海洋资源开发利用和海洋环境保护,其范围全面覆盖我国管辖海域。因此,海洋功能区划与近岸海域环境功能区划两者之间是整体与局部、综合与个别的关系。近岸海域环境功能区划作为海洋功能区划内容的一个组成部分,它不仅要和海洋功能区划保持衔接和协调,而且,要以海洋功能区划为基础和前提条件,并在区划的目的、原则、方法和分类分级与指标体系等方面保持尽可能的一致。

---

① 依照《近岸海域环境功能区管理办法》的规定,近岸海域是指与沿海省、自治区、直辖市行政区域内的大陆海岸、岛屿、群岛相毗连,《中华人民共和国领海及毗连区法》规定的领海外部界限向陆一侧的海域。渤海的近岸海域,为自沿岸低潮线向海一侧12海里以内的海域。

2. 海洋自然保护区和海洋特别保护区

根据保护海洋生态的需要，国务院有关部门和沿海省级人民政府应当选划、建立海洋自然保护区（第21条第1款）。目前，我国已建立国家级海洋自然保护区34个，总面积约1.94万平方公里。①

《海洋环境保护法》还规定，凡具有特殊地理条件、生态系统、生物与非生物资源及海洋开发利用特殊需要的区域，可以建立海洋特别保护区，采取有效的保护措施和科学的开发方式进行特殊管理（第23条）。海洋特别保护区分为国家级和地方级（省级）两级，保护区的设立及其管理遵循综合管理与分部门、分级管理相结合的原则，由沿海省级人民政府海洋部门或原国家海洋局海区派出机构负责组织实施。2005年11月，原国家海洋局颁布了《海洋特别保护区管理暂行办法》。2010年8月，原国家海洋局废止该暂行办法，并制定了《海洋特别保护区管理办法》。

与海洋自然保护区不同的是，海洋特别保护区内的保护，不是单纯保护某一种资源或维护自然生态系统的原始性或现有状态，而是提供科学依据，对所有资源积极地采取综合保护措施，协调各开发利用单位之间及其与某一资源或多项资源的关系，以保证最佳的开发利用秩序和效果。②

3. 政府保护海洋生态的义务

《海洋环境保护法》规定，国务院和沿海地方各级人民政府应当采取有效措施，保护红树林、珊瑚礁、滨海湿地③、海岛、海湾、入海河口、重要渔业水域④等具有典型性、代表性的海洋生态系统，珍稀、濒危海洋生物的天然集中分布区，具有重要经济价值的海洋生物生存区域及有重大科学文化价值的海洋自然历史遗迹和自然景观（第20条第1款）。

对具有重要经济、社会价值的已遭到破坏的海洋生态，应当进行整治和恢复（第20条第2款）。

4. 开发、利用海洋资源中的保护措施

开发利用海洋资源，应当根据海洋功能区划合理布局，严格遵守生态保护红线，不得造成海洋生态环境破坏（第24条第2款）；引进海洋动植物物种，应当进行科学论证，避免对海洋生态系统造成危害（第25条）；开发海岛及周围海域的资源，应当采取严格的生态保护措施，不得造成海岛地形、岸滩、植被以及海岛周围海域生态环境的破坏（第26条）。

---

① 参见《国务院关于印发全国海洋主体功能区规划的通知》国发〔2015〕42号。
② 参见《国务院对海洋特别保护区管理工作方案的批复》，1992年12月7日。
③ 我国《海洋环境保护法》上的"滨海湿地"，是指低潮时水深浅于六米的水域及其沿岸浸湿地带，包括水深不超过六米的永久性水域、潮间带（或洪泛地带）和沿海低地等。
④ 我国《海洋环境保护法》上的"渔业水域"，是指鱼虾类的产卵场、索饵场、越冬场、洄游通道和鱼虾贝藻类的养殖场。

沿海地方各级人民政府还应当结合当地自然环境的特点,建设海岸防护设施、沿海防护林、沿海城镇园林和绿地,对海岸侵蚀和海水入侵地区进行综合治理。禁止毁坏海岸防护设施、沿海防护林、沿海城镇园林和绿地(第27条)。

在从事海洋渔业、养殖业的环境管理方面,《海洋环境保护法》规定,国家鼓励发展生态渔业建设,推广多种生态渔业生产方式,改善海洋生态状况。对于新建、改建、扩建海水养殖场的,还应当进行环境影响评价。对于海水养殖,规定应当科学确定养殖密度,并应当合理投饵、施肥,正确使用药物,防止造成海洋环境的污染(第28条)。

(二)海域使用与保护

为了加强海域使用管理,维护国家海域所有权和海域使用权人的合法权益,促进海域的合理开发和可持续利用,2001年10月全国人大常委会还颁布施行了《海域使用管理法》。该法所谓的海域,是指中华人民共和国内水、领海的水面、水体、海床和底土。

《海域使用管理法》将海域规定为国家所有,由国务院代表国家行使海域所有权(第3条第1款)。在对海域进行合理开发和利用方面,海域使用权派生于国家海域所有权,因此可以将其视为是与土地使用权并列的用益物权之一。

《海域使用管理法》的主要内容是对海洋功能区划的编制、审批等作出具体规定,要求养殖、盐业、交通、旅游等行业规划涉及海域使用的,应当符合海洋功能区划。并且规定沿海土地利用总体规划、城市规划、港口规划涉及海域使用的,应当与海洋功能区划相衔接。此外,该法还确立了海域使用权登记制度、海域有偿使用制度。

(三)海岛保护

我国海域辽阔、海岛众多,在我国管辖的300万平方公里海域范围内,500平方米以上的海岛有6900多个。随着沿海经济快速发展,造成海岛生态严重破坏、海岛数量急剧减少。

1.概述

为了保护海岛及其周边海域生态系统,合理开发利用海岛自然资源,维护国家海洋权益,促进经济社会可持续发展,2009年12月全国人大常委会通过了《海岛保护法》。

依照《海岛保护法》的解释,海岛是指四面环海水并在高潮时高于水面的自然形成的陆地区域,包括有居民海岛和无居民海岛。海岛保护是指海岛及其周边海域生态系统保护,无居民海岛自然资源保护和特殊用途海岛保护(第2条)。

国务院海洋主管部门和国务院其他有关部门负责全国有居民海岛及其周边海域生态保护工作;国务院海洋主管部门负责全国无居民海岛保护和开发利用的管理工作(第5条)。

2.海岛及其周边海域生态系统保护

海岛保护的基本措施与《海洋环境保护法》相同,例如,禁止改变自然保护区内海岛的海岸线,禁止采挖、破坏珊瑚和珊瑚礁,禁止砍伐海岛周边海域的红树林(第16条)。在海岛从事科学研究活动不得造成海岛及其周边海域生态系统破坏(第18条)。对海岛物种实行登记制度(第19条)。

3. 有居民海岛生态系统的保护

《海岛保护法》对有居民海岛生态系统保护措施的规定与陆地生态保护的法律制度基本上相同。例如,规定有居民海岛的开发、建设应当遵守有关城乡规划、环境保护、土地管理、海域使用管理、水资源和森林保护等法律、法规的规定,保护海岛及其周边海域生态系统(第23条)。

此外,《海岛保护法》还规定严格限制在有居民海岛沙滩建造建筑物或者设施,严格限制在有居民海岛沙滩采挖海砂(第26条);严格限制填海、围海等改变有居民海岛海岸线的行为,严格限制填海连岛工程建设(第27条)。

4. 无居民海岛自然资源保护

《海岛保护法》规定,无居民海岛属于国家所有,国务院代表国家行使无居民海岛所有权(第4条)。

未经批准利用的无居民海岛,应当维持现状;禁止采石、挖海砂、采伐林木以及进行生产、建设、旅游等活动(第28条)。严格限制在无居民海岛采集生物和非生物样本;因教学、科学研究确需采集的,应当报经海岛所在县级以上地方人民政府海洋主管部门批准(第29条)。

从事可利用无居民海岛开发利用活动的,应当遵守可利用无居民海岛保护和利用规划,采取严格的生态保护措施,避免造成海岛及其周边海域生态系统破坏。无居民海岛的开发利用涉及利用特殊用途海岛,或者确需填海连岛以及其他严重改变海岛自然地形、地貌的,由国务院审批(第30条)。除公益事业外,经批准开发利用无居民海岛的应当依法缴纳使用金(第31条)。

在可利用无居民海岛建造建筑物或者设施的,应当使其与周围植被和景观相协调(第32条)。

5. 特殊用途海岛保护

依照《海岛保护法》规定,领海基点所在海岛、国防用途海岛、海洋自然保护区内的海岛等属于具有特殊用途或者特殊保护价值的海岛,国家对此类海岛实行特别保护(第36条)。

第一,对领海基点所在的海岛划定保护范围,设置明显标志(第37条)。第二,禁止破坏国防用途无居民海岛,禁止将国防用途无居民海岛用于与国防无关的目的(第38条)。第三,对具有特殊保护价值的海岛及其周边海域,人民政府应当批准设立海洋自然保护区或者海洋特别保护区(第39条)。

第二节　野生生物及其生境保护

一、野生生物及其生境的概念

野生生物包括野生动物和野生植物两大类。对野生生物的保护属于物种保护的范畴,而非仅仅指经济价值意义上的资源。

人类对野生动物以及植物的保护,在20世纪中叶以前仅仅是为了它们的经济价值。例如,许多国家过去都制定有狩猎法,以保持人类的狩猎对象——野生动物的繁殖、增加,维护正常狩猎的秩序,使野生动物得以有效利用。

到20世纪中叶,人类逐渐认识到野生动植物在作为自然资源为人类提供经济价值的同时,对保持生物多样性和维持生态系统平衡也具有重要的生态价值。为此,许多国家对狩猎法进行了修改或予以废除,并且制定了野生动物保护法,或者在有关的法律中修改制定了以强调保护野生动物和维护生态系统平衡为目的的法律规范。1973年3月,21个国家在美国华盛顿签署了为防止商业贸易对野生动植物物种过度利用导致物种灭绝的《濒危野生动植物物种国际贸易公约》(Convention on International Trade in Endangered Species of Wild Fauna and Flora)(参见第十七章第三节)。在各国物种保护立法方面,美国于1973年通过了《濒危物种法》(Endangered Species Act),实行濒危物种名录制度保护濒危物种和受威胁物种(threatened species)赖以生存的生态系统。1960年泰国制定了《野生动物保存、保护法》,禁止狩猎被保护的动物。澳大利亚1983年通过的野生物保护(进出口)管理法通过对某些动物、植物及其货品的进出口管理,以及对某些外来鸟类的管理,进一步保护野生生物。墨西哥在2000年废除了1952年制定的《联邦狩猎法》,制定了《野生物种保护法》,保护墨西哥境内的野生动物及其居住环境并保证以可持续的方式利用。日本于1963年将《狩猎法》修改为《鸟兽保护法》,2002年又将立法目的扩大到确保生物的多样性。

1990年8月,德国《民法修正案》第90条增加了a款规定:"动物不是物。它们受特别法的保护。法律没有另行规定时,对于动物适用有关物所确定的有效规则。"与此相关的条文还有第251条第2款第2项规定:"治愈受害动物所发生的费用,不因其明显超过动物价额而为过巨";第903条第2项规定:"动物的所有人在行使其权限时,应遵从关于动物保护的特别规定。动物的范围既包括野生动物,也包括家养动物。"[①]1994年《俄罗斯联邦民法典》第137条规定,对动物适用关于财产的一般规则,但以法律和其他法律文件未有不同规定为限。在行使权利时,不允许以违背人道主

---

① 为此,德国还将《德国民法典》第一编总则中的第二章"物"重新命名为"物,动物",从而将动物排除在一般意义上的物之概念之外。参见高利红:《动物的法律地位研究》,中国政法大学出版社2005年版,第1页。

义的态度残酷地对待动物。2002年修正的瑞士联邦《民法典》第641a条规定,动物不是物。对于动物,只要不存在特别规定,适用可适用于物的规定。[1] 目前,我国野生生物保护立法除了1988年制定的《野生动物保护法》(2016年修订)和相关渔业、水资源法律有部分规定外,国务院还制定有《野生植物保护条例》(1996年)等。近年来,由于外来物种入侵造成对我国生态环境安全的危害,国务院有关部门还制定了防治外来物种入侵的管理规定。

二、野生动物保护的制度措施

(一) 概述

野生动物一般指非人工驯养、在自然状态下生存的各种动物,包括哺乳类动物、鸟类、爬行动物、两栖动物、鱼类、软体动物、昆虫、腔肠动物以及其他动物。

为保护、拯救珍贵、濒危野生动物,保护、发展和合理利用野生动物资源,维护生态平衡,我国于1988年制定了《野生动物保护法》,在2016年的修改中,将立法目的改为"保护野生动物",删除了"合理利用野生动物资源"的文字。

我国《野生动物保护法》所称野生动物,是指珍贵、濒危的陆生、水生野生动物和有重要生态、科学、社会价值的陆生野生动物(第2条)。也就是说该法保护的野生动物,既包括处于自然状态下尚未受到人们通过合法途径获取、控制而成为私有财产所有权客体的各类野生陆生、水生动物,也包括人们通过合法手段豢养、狩猎或养殖的野生动物。至于珍贵、濒危的水生野生动物以外的其他水生野生动物的保护,则适用《渔业法》的规定(第2条第4款)。

除野生动物保护法外,国务院还分别制定了《陆生野生动物保护实施条例》(原林业部1992年发布;国务院2011年、2016年修订)和《水生野生动物保护实施条例》(原农业部1993年发布,2011年修订;国务院2016年修订),对具体的行政保护措施作出规定。[2]

(二) 野生动物权属及其保护方针

在传统法理论中,野生动物是一种对人类具有各种经济价值的资源,属于"谁猎谁有、谁占谁有"的无主物。由于我国将野生动物统一纳入自然资源管理,因此《野生动物保护法》规定,野生动物资源属于国家所有。国家保障依法从事野生动物科学研究、人工繁育等保护及相关活动的组织和个人的合法权益(第3条)。任何组织和个人都有保护野生动物及其栖息地的义务,对违法行为有权检举和控告(第6条)。对非法捕杀国家重点保护野生动物者,则依照《刑法》规定追究刑事责任。

为了保护野生动物及其生存环境,野生动物保护法规定,国家对野生动物实行保

---

[1] 参见常纪文《关于"民法典"如何规范动物和环境问题的探讨—兼评我国三套"民法典"建议稿》,《环境保护》2015年22期。

[2] 2010年12月29日通过的国务院《关于废止和修改部分行政法规的决定》对这两个条例中的部分条款进行了修订。

护优先、规范利用、严格监管的原则,鼓励开展野生动物科学研究,培育公民保护野生动物的意识,促进人与自然和谐发展(第4条第1款)。

此外,法律还规定各级野生动物保护主管部门应当监视、监测环境对野生动物的影响。当这些影响对野生生物造成危害时,野生动物保护主管部门应当会同有关部门进行调查处理(第14条)。国家或者地方重点保护野生动物受到自然灾害、重大环境污染事故等突发事件威胁时,当地人民政府应当及时采取应急救助措施(第15条)。

(三) 重点保护野生动物名录制

由于野生动物种类繁多,并非每一类、每一个野生动物都需要法律规定予以保护。为此,法律规定实行重点保护野生动物名录制,即将国家重点保护的野生动物分为一级保护野生动物和二级保护野生动物,由国务院野生动物部门以制定并公布《国家重点保护野生动物名录》的形式予以保护(第10条第2款)。

现行《国家重点保护野生动物名录》(原林业部、原农业部1988年制定,2003年调整)共列出了一级保护野生动物97种、二级保护野生动物161种。为履行《濒危野生动植物种国际贸易公约》的义务,我国于1993年还将该公约附录一和附录二所列非原产我国的所有野生动物分别核准为国家一级和国家二级保护野生动物。此外,经国务院林业部门核准,可以将从国外引进的珍贵、濒危野生动物视为国家重点保护野生动物。对这些野生动物及其产品(包括任何可辨认部分或其衍生物)的管理,同原产我国的国家一级和国家二级保护野生动物一样,按照国家现行法律、法规和规章的规定实施管理。

除国家外,地方也可以制定地方重点保护野生动物名录。所谓地方重点保护野生动物,是指国家重点保护野生动物以外由省、自治区、直辖市重点保护的野生动物(第10条第3款)。

此外,法律规定,对野生动物野外种群生息繁衍的重要区域,国务院野生动物保护主管部门应当会同国务院有关部门,根据野生动物及其栖息地状况的调查、监测和评估结果,确定并发布野生动物重要栖息地名录。通过划定相关自然保护区域,保护野生动物及其重要栖息地,保护、恢复和改善野生动物生存环境。并禁止或者限制在相关自然保护区域内引入外来物种、营造单一纯林、过量施洒农药等人为干扰、威胁野生动物生息繁衍的行为。对不具备划定相关自然保护区域条件的,可以采取划定禁猎(渔)区、规定禁猎(渔)期等其他形式予以保护(第12条)。对违反相关自然保护区域规定、破坏野生动物栖息地的行为应当按照《环境影响评价法》《陆生野生动物保护实施条例》《自然保护区条例》等法律法规的规定处罚(第43条)。

《野生动物保护法》还规定,因保护本法规定保护的野生动物,造成人员伤亡、农作物或其他财产损失的,由当地政府给予补偿(第19条)。目前,我国云南、陕西、北京、西藏和安徽等地已经制定了相关的补偿办法。

（四）野生动物保护管理

1. 陆生野生动物保护管理

《野生动物保护法》规定的野生动物管理措施，主要是针对开发利用野生动物行为实施的控制。这些控制措施主要包括：

第一，建立野生动物资源及其栖息地档案，并定期或者委托有关科学研究机构组织对野生动物资源及其栖息地状况的调查、监测和评估（第11条）。

第二，对人工繁育国家重点保护野生动物的，应当持有许可证，但有关科学研究机构因物种保护目的的除外（第25条）。对人工繁育技术成熟稳定的国家重点保护野生动物，经科学论证，纳入国务院野生动物保护主管部门制定的人工繁育国家重点保护野生动物名录，实行与野外种群不同的管理措施，可以凭人工繁育许可证，按照省、自治区、直辖市人民政府野生动物保护主管部门核验的年度生产数量直接取得专用标识（第28条）。利用野生动物及其制品的，应当以人工繁育种群为主（第29条）。

第三，禁止猎捕、杀害国家重点保护野生动物。因科学研究、种群调控、疫源疫病监测或者其他特殊情况，需要捕捉、捕捞国家一级保护野生动物的，必须向国务院野生动物部门申请特许猎捕证；猎捕国家二级保护野生动物的，必须向省、自治区、直辖市政府野生动物部门申请特许猎捕证（第21条）。猎捕非国家重点保护野生动物的，必须取得狩猎证，并且服从猎捕量限额管理（第22条）。按照特许猎捕证、狩猎证规定的种类、数量、地点、工具、方法和期限进行猎捕（第23条）。禁止使用毒药、爆炸物、电击或者电子诱捕装置以及猎套、猎夹、地枪、排铳等工具进行猎捕，禁止使用夜间照明行猎、歼灭性围猎、捣毁巢穴、火攻、烟熏、网捕等方法进行猎捕，但因科学研究确需网捕、电子诱捕的除外（第24条）。

在相关自然保护区域、禁猎（渔）区、禁猎（渔）期猎捕国家重点保护野生动物，未取得特许猎捕证、未按照特许猎捕证规定猎捕、杀害国家重点保护野生动物，或者使用禁用的工具、方法猎捕国家重点保护野生动物的，由县级以上人民政府野生动物保护主管部门、海洋执法部门或者有关保护区域管理机构按照职责分工没收猎获物、猎捕工具和违法所得，吊销特许猎捕证，并处罚款；构成犯罪的，依法追究刑事责任（第45条）。对未取得狩猎证、未按照狩猎证规定猎捕非国家重点保护野生动物，或者使用禁用的工具、方法猎捕非国家重点保护野生动物的，由县级以上地方人民政府野生动物保护主管部门或者有关保护区域管理机构按照职责分工没收猎获物、猎捕工具和违法所得，吊销狩猎证，并处罚款；构成犯罪的，依法追究刑事责任（第46条）。

第四，对野生动物贸易实行管制，禁止出售、购买、利用国家重点保护野生动物及其制品（第27条第1款）。因科学研究、人工繁育、公众展示展演、文物保护或者其他特殊情况，需要出售、购买、利用国家重点保护野生动物及其制品的，应当依法申请批准（第27条第2款）。运输、携带、寄递国家重点保护野生动物及其制品等出县境的，应当持有或者附有有关证件（第33条）。出口国家重点保护野生动物或者其制品的，进出口中国参加的国际公约所禁止或者限制贸易的野生动物或者其制品的，应当经国务院野生动物部门或者国务院批准(第35条)。从境外引进野生动物物种的,应当经国务院野生动物保护主管部门批准(第37条)。

第五,禁止生产、经营使用国家重点保护野生动物及其制品制作的食品,或者使用没有合法来源证明的非国家重点保护野生动物及其制品制作的食品(第30条)。禁止为出售、购买、利用野生动物或者禁止使用的猎捕工具发布广告。禁止为违法出售、购买、利用野生动物制品发布广告(第31条)。禁止网络交易平台、商品交易市场等交易场所,为违法出售、购买、利用野生动物及其制品或者禁止使用的猎捕工具提供交易服务(第32条)。

第六,外国人在我国对国家重点保护野生动物进行野外考察或者在野外拍摄电影、录像,应当经省、自治区、直辖市人民政府野生动物保护主管部门或者其授权的单位批准(第40条)。

2. 我国渔业法律制度有关水生野生动物保护措施

人们一般将从事水生动植物养殖或捕捞的生产经营活动称为渔业。所谓渔业资源,是指水域中可以作为渔业生产经营的对象,以及具有科学研究价值的水生生物的总称。

由于渔业资源的概念是从产业部门分工的角度来划分和确立的,因此它与以自然要素为依据确立的资源的概念在内容上存在着交叉。例如,渔业资源中的鱼类和其他珍稀濒危水生动物同时也是动物资源。

渔业资源是一种可再生的生物资源,并且不同于陆地生物资源,一般具有很大的流动性、洄游性、隐蔽性和集群性。在不同的生活阶段,渔业资源常常密集于不同的空间位置,因此在集群时往往容易遭到集中捕捞的破坏。

为了加强渔业资源的保护、增殖、开发和合理利用,发展人工养殖,保障渔业生产者的合法权益,促进渔业生产的发展,中国于1986年制定了《渔业法》,该法适用于中华人民共和国的内水、滩涂、领海以及中华人民共和国管辖的一切其他海域从事养殖和捕捞水生动物、水生植物等渔业生产活动。我国《渔业法》规定,国家保护禁止捕捞的珍贵水生动物(第37条)。

1993年国务院批准实施了《水生野生动物保护实施条例》(2011年、2013年修正),对珍贵、濒危的水生生物及其产品(即珍贵、濒危的水生生物的任何部分及其衍生物)规定了如下保护性措施:

第一,定期组织野生动物资源调查,建立资源档案,为制定水生野生动物资源保护发展规划、制定和调整国家和地方重点保护水生野生动物名录提供依据(第6条)。

第二,维护和改善水生野生动物的生存环境,保护和增殖水生野生动物(第7条)。

第三,对于受伤、搁浅和因误入港湾、河汊而被困的水生野生动物实行紧急救护措施;对于在捕捞作业中误捕的水生野生动物,应当立即无条件放生(第9条)。

第四,对因保护国家或地方重点保护的水生野生动物受到损失者,由人民政府给予补偿(第10条)。

第五,在国家或地方重点保护的水生野生动物的主要生息繁衍地区和水域,划定水生野生动物自然保护区,加强对国家或地方重点保护的水生野生动物及其生存环境的保护管理(第11条)。

三、野生植物保护的制度措施

(一) 野生植物保护及其立法

野生植物是指非人工培植、在自然状态下生存的各种植物,包括藻类、菌类、地衣、苔藓、蕨类和种子等植物。实际上森林、草原等都属于野生植物的范畴,过去人类对野生植物的保护仅局限于森林、草原等经济植物,专门立法保护野生植物只是近二十年的事情。

1984年国务院原环境保护委员会公布了《国家重点植物保护名录》,1991年我国编写了《中国植物红皮书》。1987年国务院发布了《野生药材资源保护管理条例》,对濒危野生药材资源实行保护。关于野生植物国际贸易方面,1980年我国加入了《濒危野生动植物种国际贸易公约》,并于2006年制定了《濒危野生动植物进出口管理条例》加强对濒危野生动植物进口的管理。为防止动植物的病虫害传播,我国于1991年制定了《进出境动植物检疫法》(全国人大常委会,1991年制定;2009年修正)。关于野生植物新品种保护方面,1998年我国加入了《国际植物新品种保护公约》(International Convention for the Protection of New Varieties of Plants),并相应地制定了《植物新品种保护条例》(国务院,1997年制定;2013、2014年修订)保护植物新品种权,鼓励培育和使用植物新品种。此外,有关自然保护区的法规也对野生植物的保护作出了规定。

为了保护、发展和合理利用野生植物资源,保护生物多样性,维护生态平衡,国务院于1996年制定了《野生植物保护条例》,适用于在中国境内从事野生植物的保护、发展和利用等活动。

《野生植物保护条例》所要保护的野生植物,是指原生地天然生长的珍贵植物和原生地天然生长并具有重要经济、科学研究、文化价值的濒危、稀有植物。至于药用野生植物以及城市园林、自然保护区、风景名胜区内的野生植物的保护,则分别适用各该有关法律法规的规定(第2条)。

(二) 野生植物的保护措施

《野生植物保护条例》对野生植物保护的一般规定例如野生植物资源保护方针、保护依法开发利用和经营管理野生植物资源者的合法权益等,与《野生动物保护法》对野生动物保护的规定相同。其他有关野生植物及其生境保护的具体措施主要包括:

第一,对于野生植物的保护,规定鼓励和支持野生植物的就地保护和迁地保护(第5条)。禁止任何单位或个人非法采集野生植物或者破坏其生长环境(第9条)。

第二,实行野生植物保护名录制度。条例将野生植物分为国家重点保护和地方重点保护两类。其中,国家重点保护野生植物又分为国家一级保护野生植物和国家二级保护野生植物(第10条)。1999年8月国务院批准了《国家重点植物保护名录(第一批)》,2001年8月国务院还批准发布了《国家重点保护野生植物名录(第一批)修正案》。

除国家重点保护野生植物外,地方还可以制定地方重点保护野生植物名录。

第三,通过建立自然保护区保护野生植物。在自然保护区以外的其他区域,地方人民政府可以根据实际建立国家重点保护野生植物和地方重点野生植物的保护点或者设立保护标志(第11条第1款)。

第四,对野生植物实行监视制度。该监视制度与野生动物保护法的规定相同。对于生长受到威胁的国家和地方重点保护的野生植物,应当采取拯救措施,保护或者恢复其生长环境,必要时应当建立繁育基地、种质资源库或者采取迁地保护措施(第14条)。

四、对外来物种入侵的法律控制

(一)概述

外来物种(alien species)是相对于本地物种[①]而言提出的,它是指出现在其自然分布范围(过去或现在)和分布位置以外(即在原分布范围以外自然定殖的,或没有直接或间接引进,或没有人类活动就不能定殖)的一种物种、亚种或低级分类群,包括这些物种能生存和繁殖的任何部分、配子或繁殖体。[②]

依照世界自然保护联盟于2000年公布的《防止外来入侵物种导致生物多样性丧失的指南》的解释,外来入侵物种(invasive alien species)是指在自然、半自然生态系统或生境中,建立种群并影响和威胁到本地生物多样性的一种外来物种。

外来物种通过各种途径到达新的生态环境后,需要通过侵入、定居、适应和扩散四个阶段才能成为生存并致害。

外来物种入侵(alien species invasion)所造成的生态破坏问题是20世纪后期为各国所认识。外来入侵物种通过压制或排挤本地物种,危及本地物种的生存,加快物种多样性和遗传多样性的丧失,破坏生态系统的结构和功能,进而造成巨大的生态环境和经济损失。目前,国际社会已将外来入侵物种列为除生境破坏以外,生物多样性丧失的第二大因素。[③]

外来物种入侵的引入路径主要有有意引进、无意引进和自然入侵三种。在我国,

[①] 本地物种(或者当地物种),是指在其自然范围(过去或现在)和分布位置之内(即在其自然存在,或在没有直接或间接引进,或没有人类干预的情况下能够占领的范围内)的物种、亚种或低级分类群。

[②] 由于在一个国家内的不同地区之间也存在着外来物种入侵问题。因此,本书所谓的外来物种,特针对不同国家(地区)之间而言。

[③] 李振宇、解焱主编:《中国外来入侵种》,中国林业出版社2002年版,序言。

作为有用植物引进的大约占50%。而致害性外来入侵物种中,40%属有意引进、50%属无意引进,经自然扩散进入中国境内的外来入侵物种不到10%。[①]

(二) 控制外来物种入侵立法

国际社会有关外来物种入侵的法律文件首见于1992年的《生物多样性公约》。该公约在有关"就地保护"条款中规定:"成员国必须对那些威胁生态系统、栖息地或物种的外来物种进行预防引入、控制或根除。"此外,于2000年开始签署的《卡塔赫纳生物安全议定书》(The Cartagena Protocolon Biosafety)也为生物技术改性活生物体(living modified organisms,LMOs)的越境转移、过境、装卸和使用等的控制确立了法律框架(参见第十七章第三节)。

1997年,世界环境科学委员会(Scientific Committee on Problems of the Environment,SCOPE)和联合国环境规划署共同发起了"全球入侵物种项目"(Global Invasive Species Program,GISP),致力于采用综合的途径解决外来物种入侵这一全球性环境问题。[②] 2000年该项目完成了题为《关于设计外来入侵物种的立法和制度框架的指南》,为各国建立防治外来物种入侵法律制度提出了建议。

目前,美国、新西兰和日本等国已经制定了防治外来物种入侵的法律。其中主要特色在于:在引进外来物种方面,规定了引进许可制度;在外来物种获准引进后,则适用国内法有关特定动植物的名录指定制度,通过制定外来物种管理计划和法律确立的管理、清除措施实施监控。

在中国,与外来入侵物种相关的规定散见在野生动植物保护与病虫害、杂草检疫和传染病防疫的法律法规中,目前尚未制定专门针对外来物种入侵的法律制度。例如,1991年我国制定的《进出境动植物检疫法》规定输入动物、动物产品、植物种子、种苗及其他繁殖材料的,必须事先提出申请,办理检疫审批手续(第10条)。我国于1999年修改的《海洋环境保护法》中,对防范引进海洋动植物物种对海洋生态环境的威胁规定应当进行科学论证(第25条)。2002年修订的《农业法》中,对从境外引进生物物种资源规定依法登记或者审批,并采取相应安全控制措施(第64条第1款)。

此外,2000年12月在国务院印发的《全国生态环境保护纲要》的通知中,要求对引进外来物种实行风险评估,加强进口检疫工作,防止国外有害物种进入国内。2001年原国家林业局专门就加强引进、驯养繁殖和野外放生外来物种管理工作发布了《关于加强野生动物外来物种管理的通知》。2003年8月原国家林业局在《关于发布商业性经营利用驯养繁殖技术成熟的梅花鹿等54种陆生野生动物名单的通知》中,还要求对列名中的外来物种,在驯养繁殖、运输、经营利用、进出口等各个环节,要采取有效措施,切实防范其逃逸至野外,避免对自然生态造成危害。2003年,原国家环保总

---

① 赵永新:《外来物种入侵,一年"吃"掉1200亿》,载人民网:http://www.people.com.cn/GB/huanbao/1073/2525411.html。最后访问时间:2011年6月26日。

② 参见《全球入侵物种项目(GISP)的历史沿革》,IUCN通讯第17/18期,转引自保护中国生物多样性网站:http://www.chinabiodiversity.com/shwdyx/ruq/ruq-index-cn.htm。最后访问时间:2005年11月3日。

局发布了《关于加强外来入侵物种防治工作的通知》,提出要充分认识外来入侵物种危害的严重性,实行"预防为主,防治结合"的方针。并从 2003 年开始与中国科学院联合发布《中国外来入侵物种名单》,到 2016 年已经发布了第四批。2016 年《"十三五"生态环境保护规划》提出要"严格外来物种引入管理。严防严控外来有害生物物种入侵,开展外来入侵物种普查、监测与生态影响评价,对造成重大生态危害的外来入侵物种开展治理和清除。"

2005 年 12 月全国人大常委会通过的《畜牧法》第 15 条规定:"从境外引进的畜禽遗传资源被发现对境内畜禽遗传资源、生态环境有危害或者可能产生危害的,国务院畜牧兽医行政主管部门应当商有关主管部门,采取相应的安全控制措施。"2016 年修订的《野生动物保护法》第 37 条对从境外引进野生动物物种的规定,特别增加了从境外引进野生动物物种的,应当采取安全可靠的防范措施,防止其进入野外环境,避免对生态系统造成危害的有关内容。

从我国立法现状看,对无意引进外来有害物种的检疫措施和制度已逐步建立,但对外来物种有意引进的控制、外来物种入侵的治理和生态环境的恢复等重要问题法律还没有作出具体规定。为了对防止外来物种入侵的综合性防治工作以及为防止开发利用生物技术造成生物多样性破坏提供法律依据,2014 年《环境保护法》第 30 条第 2 款特别规定:"引进外来物种以及研究、开发和利用生物技术,应当采取措施,防止对生物多样性的破坏。"

此外,在野生动植物保护方面,还涉及有关转基因和生物遗传资源等内容。我国已于 2005 年加入《卡塔赫纳生物安全议定书》,2016 年正式成为《关于获取遗传资源和公正公平分享其利用所产生惠益的名古屋议定书》(*Nagoya Protocol on Access to Genetic Resources and the Fair and Equitable Sharing of Benefits Arising from Their Utilization*)的缔约方。与对外来物种管理相类似,我国现行法律法规仅在农业转基因安全、转基因食品、药物和微生物安全等方面作出一些规定,关于生物遗传资源管理方面的规定也正在进一步完善中。

第十二章 自然资源法中的自然保护措施

第十二章 导教导学

第一节 自然资源法的概念

通常情况下,自然资源保护是指保护以物的形式存在的与环境融为一体、天然存在的具有经济价值的环境要素。当自然资源被人类开发利用成为原材料、物料或商品时,它们就不是自然资源保护法律意义上的自然资源,而是物质流污染防治和循环利用法律的对象。

本书认为,自然资源法有关资源开发利用中的自然保护措施属于自然保护法的组成部分。

一、自然资源立法与权益保护

(一)我国自然资源立法与体制改革简况

从自然保护的角度出发,合理开发利用自然资源应当成为保护自然环境不受人为因素破坏的根本解决方案。然而,由于自然资源立法的基础,即传统物权无论在理论还是实践方面均缺乏这种制度上的安排,为此国内外环境法学研究者一般认为,传统物权制度对现代社会、政府和公众推展自然保护事业还存在着对合法环境权益保护的阻碍之处。

在对自然的法律保护方面,鉴于自然保护的需求与自然资源开发利用的制度安排存在着一定的冲突,为此在法律变革方面西方国家的做法是一方面制定专门的自然保护法、通过划定保留自然原始状态的保护区域(如自然保护区制度、国家公园制度、自然与人文遗迹制度)和物种保护制度对具有自然价值的区域和物种进行保护;另一方面则是将自然的价值纳入自然资源的公共价值体系之中,通过公权力对开发利用自然资源的限制实现保护自然和经济社会可持续发展的目标。

在我国,社会主义公有制的建立使得自然资源以各种国家干预的形式将所有权集中于国家(以全民的名义)作为全民所有的公有财产(法律规定属于劳动群众集体所有者除外)。因此,现行自然资源法律制度的建立与西方国家自然资源的权属从物权走向准物权、从私的权利逐步公法化的历史沿革正好相反。根据《宪法》第9条的规定,矿藏、水流、森林、山岭、草原、荒地、滩涂等自然资源都属于国家所有(由法律规定属于集体所有的森林和山岭、草原、荒地、滩涂除外)。为此,中国各种自然资源的占有、使用、收益和处分等都是通过国家公权力干预实现的。

从20世纪80年代开始,我国社会主义经济体制逐步由原来实行的计划经济体制转向有计划的商品经济体制,并最终确定了实行社会主义市场经济体制的模式。但是,由于自然资源权属关系中有关使用权和用益物权问题在我国尚未通过立法厘清,造成实践中有关自然资源管理问题上的混乱,使得自然资源使用权及其用益物权"虚置"的现象十分严重,破坏自然资源的现象也十分普遍,这也严重影响到政府对自然资源实行的保护。

目前,我国已制定《森林法》《草原法》《渔业法》《矿产资源法》《土地管理法》《海域使用管理法》《水法》《煤炭法》等自然资源的法律。

2007年3月,第十届全国人大第五次会议通过了《物权法》。制定《物权法》的主要目的是"维护国家基本经济制度,维护社会主义市场经济秩序,明确物的归属,发挥物的效用,保护权利人的物权"。该法主要就物权法的调整范围和原则以及所有权、用益物权、担保物权作了详细的规定,同时还对登记制度、物权的保护、相邻关系、共有、善意取得、拾得遗失物、发现埋藏物、占有等作了规定。其中有大量条款涉及自然资源的物权关系以及相邻环境利用关系。

然而,在2018年国务院组建自然资源部以前,我国并无代表国家行使自然资源所有权的独立部门,也未在法律上明确规定和严格区分自然资源所有权的占有、使用及其处分关系,而是通过行政手段将自然资源分配给国有企事业单位无偿占有和开发利用,并授权各类资源主管部门分别掌管不同自然资源的开发利用与行政管理权力。

这种模式在改革开放前发挥过一定的作用,但因严重忽视自然资源的社会经济属性而难以适应市场经济体制的需要。其结果是国家的自然资源所有权实质上为各部门和地方政府所掌控,一般情况下属于不动产的土地、河流和海域等为地方占有并使用,属于动产的矿产等资源为中央控制。土地使用权、采矿权、林木采伐权、林地使用权、取水权、渔业捕捞权、渔业养殖权、草原使用权等及其用益物权制度与国家所有权的关系在法律上也并不明确,单项自然资源法律规定的自然资源使用权在实践中呈现出中央和地方对国家所有的自然资源及其利益呈共享状态,法律只能规定由各级政府及其主管部门行使对自然资源的勘探、开发和利用的权利以及出让自然资源使用权的权利。最终造成国家所有的自然资源实际沦为"谁享有许可审批权就归谁所有"的局面。

受领导干部考核指标中GDP占比非常高的影响,地方党政领导干部为GDP竞赛而擅自修改或根本不执行自然资源开发利用和保护规划,违法审批自然资源开发利用项目,并且放任企业采取掠夺方式开发利用自然资源以及严重污染环境等违法行为,使得我国的资源压力不断增大、环境质量趋于恶化。

中共十八届三中全会提出要"健全国家自然资源资产管理体制,统一行使全民所有自然资源资产所有者职责"。2016年12月中央深改组通过了《关于健全国家自然资源资产管理体制试点方案》,要求按照所有者和管理者分开和一件事由一个部门管理的原则,将所有者职责从自然资源管理部门分离出来,集中统一行使,负责各类全民所有自然资源资产的管理和保护。要坚持资源公有和精简统一效能的原则,重点在整合全民所有自然资源资产所有者职责,探索中央、地方分级代理行使资产所有权,整合设置国有自然资源资产管理机构等方面积极探索尝试,形成可复制可推广的管理模式。

2018年3月,全国人大通过了国务院机构改革的方案,由国务院对原国土资源部、国家发改委、住建部、水利部、农业部、国家林业局、国家海洋局和国家测绘局等部门的有关职责整合,组建自然资源部,统一行使全民所有自然资源资产所有者职责,统一行使所有国土空间用途管制和生态保护修复职责,着力解决自然资源所有者不到位、空间规划重叠等问题,实现山水林田湖草整体保护、系统修复、综合治理。

(二) 自然资源的使用权与用益物权

如前所述,自然资源是在一定技术经济条件下环境中对人类有用的一切自然要素。这里所谓的有用,主要指自然资源可以为人类社会的发展提供物质保障和带来经济利益。因此,人类在较早的时期就已经通过制定法律来保护自然资源。例如传统物权法的渊源既包括有关土地、树木、水、矿产等自然资源所有权或用益物权方面的法律,也包括对自然资源管理的相关法律。

西方国家一般将自然资源的权属问题纳入用益物权的范畴探讨。用益物权一般指以物的使用收益为目的的权利。而在中国,由于宪法和自然资源法律均规定自然资源为全民所有即国家所有的形式,因此中国的民事立法和自然资源法律只规定自然资源使用权,即任何人对国有自然资源只能依法取得其使用权(参见第三章第二节)。

依照中国现行的自然资源法律,依法确立的自然资源使用权主要包括土地使用权、采矿权、林木采伐权、林地使用权、取水权、渔业捕捞权、渔业养殖权、草原使用权等。然而,从物权法的角度看,土地与其他自然资源是有重要区别的。这一点在现行法律中无论是《民法通则》《物权法》还是自然资源法律并没有予以明确。

(三) 自然资源使用权与公众对自然的享受权(环境权益)的关系

从对自然资源使用权与用益物权的比较分析中,我们可以得出自然资源使用权具有准物权的性质,因此法律对自然资源进行保护的实质是保护自然资源的使用权及与之相关的用益物权。这样可以认为对自然资源使用权及其相关用益物权的保护就是制定自然资源法律的直接目的。

但是,从自然保护法的角度看,对上述自然资源相关权益的法律保护本身并非同时也对环境权益予以了保护。这是因为:首先,自然资源法律强调的是保护人类对自然资源的利用关系,虽然保护的结果对自然或生态有益,但是这种利益是间接的和附属于人类经济利益的;其次,如果将自然环境和生态系统中各个自然要素均置于自然资源法律之下予以保护的话,就会对那些应当通过法律予以保存的有代表性的自然生态系统、珍稀濒危野生动植物物种的天然集中分布区、有特殊意义的自然遗迹等保护对象所在的陆地、陆地水体或者海域等非常的不利。

由于自然资源法律所强调的社会公共利益仅针对人类对自然资源的持续利用，自然资源立法也不可能离开自然资源这一概念的本质属性去关注或保护那些非为资源的其他环境要素及其利益。这一点也是自然资源使用权保护与环境权益保护的本质区别之所在（参见第一章第一节）。

为此，本书认为，应当根据自然保护的原理，按照《全国主体功能区规划》的新要求变革现行自然资源法律制度。在社会结构方面，应当强调"空间—环境—人"的整体关系，通过公权力限制用益物权的行使，实现"私权—环境—经济—社会—法律"协调一致[①]；在所有权社会化方面，突破所有权绝对、无主物先占先得的罗马法原则，法律救济必须体现自然生态价值，景观、舒适和美学价值等，而非传统的物权二分（动产和不动产）的价值；将公益区分为一般公益和永久公益，如填海建造公园虽为公益，但与填海对港湾、海洋生态等永久公益相比则为一般公益；在自然资源的税费制度方面，应当创设生态税或者生态补偿费等。

尽管自然资源法与环境法存在着本质上的差别，但由于它们二者均建立在社会公共利益保护的理念的基础之上，并且保护对象均具有自然物的性质，所以有关自然资源保护的法律原则与环境保护的法律原则是基本一致的。例如，有关协调发展的原则、预防为主的原则、原因者负担费用的原则、协同合作的原则以及公众参与的原则等也贯穿于自然资源法律之中。

另外，鉴于各国在修改自然资源法律的进程中，或多或少地都会增加自然资源保护和自然环境保护的条文，这样就使得自然资源法在性质上具有环境法的特征，自然资源法律中有关自然保护的法律规范也就成为环境法的一个有机组成部分。

二、自然资源及其法律保护的特有原则

在自然资源法中，存在着一些与一般环境法所不同的法律原则，了解它们将有助于深入学习和掌握中国自然资源保护的法律制度。[②]

（一）重要自然资源的全民所有

由于我国主要实行着生产资料的社会主义公有制，即全民所有制和劳动群众集体所有制的形式，因此对于关系到作为国民经济生产资料的某些重要的自然资源，如矿藏、水流、森林、山岭、草原、荒地、滩涂等，我国的宪法和自然资源立法均将它们确定为全民所有。而对于少数自然资源，则可以由法律规定由劳动群众集体所有（如森林、山岭、草原、荒地、滩涂等）。

在自然资源的合理利用和保护方面，我国《宪法》第 9 条规定："国家保障自然资

[①] 本书有关社会结构和所有权社会化及其内容的区分方法，曾参考柯泽东：《环境法论（二）》，台湾大学法学丛书编辑委员会 1995 年版，第 7—11 页。

[②] 以下本书所列原则曾参考肖乾刚主编：《自然资源法》，法律出版社 1992 年版，第 14—16 页。《自然资源法》一书将自然资源法的基本原则分为：重要自然资源属于社会主义全民所有、正确处理国家、集体和个人三者关系、综合利用和多目标开发、统一规划和因地因时制宜、经济效益、生态效益和社会效益相统一和"开源节流"。

源的合理利用,保护珍贵的动物和植物。禁止任何组织或者个人用任何手段侵占或者破坏自然资源。"

(二) 合理分配自然资源的经济利益

由于重要的自然资源属于全民所有,因此如何合理分配自然资源给国家、集体或个人所带来的物质利益,是在开发利用自然资源过程中应当予以明确的重要问题。为了充分调动和发挥国家、集体与个人三者在资源保护、开发与利用过程中的积极性、主动性和创造性,同时保障他们三者在这一活动过程中的合法权益,就应当通过多种经济形式和多种经营方式来开发利用自然资源。为此,中国自然资源法律和有关民事立法对自然资源的所有权与其生产经营权规定采取"两权分离"的方法,即对自然资源在所有权、使用权和经营管理权诸方面予以了明确的规定,以这种方法来保障国家、集体和个人三者在开发利用自然资源方面的合法权利与利益。

(三) 综合利用与循环利用

许多自然资源具有多种用途和可以被反复利用的特征,因此当某种资源在其某一方面的效能被人类利用后,其"废弃"的部分仍可以作为另一种用途的资源而重新得到再利用。所谓综合利用(comprehensive utilization),是指在开发利用自然资源的过程中,最大限度地利用自然资源的各种用途。所谓循环利用(cyclic utilization),是指对那些被人们利用后其性质仍不会改变的自然资源,通过回收的方式使其得以再利用的过程。综合利用与循环利用的结果,可以消除或减少自然资源或能源因未能充分利用而造成的浪费和对环境的污染破坏,保障自然资源给人类带来最大的经济效益与环境效益。

(四) 因时、因地制宜

所谓因时、因地制宜,是指对自然资源的开发利用应当与特定时间、特定地域生态系统的结构和功能相适应。由于各地域环境条件的不一,导致生态系统的结构及其功能也不相同,并且这些生态系统也会随时间的变化而改变。因此,对于自然资源的开发利用必须适应地域生态系统的特点以及自然资源随之发生的周期性变化。

三、自然资源使用权的行使与自然保护的关系

根据自然资源使用权的本质属性,可以将自然资源使用权体系分为两大类,一类属于自然资源的直接获益权体系,它们以实际占有自然资源并直接获利为特征,由直接对自然资源进行支配并获取利益的权利如采矿权、林木采伐权、取水权和渔业捕捞权等构成;另一类属于自然资源的用益物权体系,它们以对自然资源的占有并获取资源上的收益为特征,分别由林地使用权、草原使用权和渔业养殖权等构成。

自然资源的直接获益权和用益物权的行使及其与自然保护的关系,在中国分别由相关的单项自然资源立法予以调整。

总体上看,我国宪法从保护国家经济利益的角度确立了自然资源的国家所有制形式,除法律规定为劳动群众集体所有与少数个人所有者外,国家通过法律授权政府

对国家所有的自然资源行使处分权和保护管理权。

在这个意义上,政府既是国家自然资源权利的行使者,也是自然资源的保护管理者,政府既可以依法授权环境利用行为人开发利用国家所有的自然资源,也可以行使国家公权力对相对人(开发利用环境行为人)的行为进行管制。

在自然资源管理的行政过程中,首先,是要确权,即确定自然资源的所有权、使用权、经营权及其有关的权益,并在此基础上开展自然资源管理事务。

其次,在确定各项权属后,由各自然资源的主管部门对自然资源的开发、利用、保护和管理编制规划,并且提出具体的开发利用原则和方法。

再次,对开发利用自然资源者实行申报登记制度,开发利用自然资源者应当事先向自然资源管理机关进行申报和登记,在此基础上由自然资源管理机关向申报者发放开发利用许可证。

复次,对于开发利用自然资源者实行征收资源补偿费或资源税制度,并且对开发利用者规定具体的禁止性或限制性措施,以保护自然资源的正常增殖或繁殖。

最后,对违反有关自然资源法律规定者,由自然资源管理机关依照法律法规的规定予以行政处罚。

与此同时,当自然资源开发利用行为与人类生存的本能利用行为发生冲突时,政府还应当制约和限制开发利用行为以保护公众的环境权益;当开发利用环境行为造成或者可能造成自然生态破坏时,政府既可以行使公权力对开发利用环境行为给予制裁,也可以代表国家向自然生态的破坏者提出恢复原状和赔偿损失的请求。

第二节 自然资源法中的自然保护措施

一、土地资源合理开发利用制度中的保护措施

(一)概述

土地是指地球陆地的表层。它是人类赖以生存和发展的物质基础和环境条件,是社会生产活动中最基础的生产资料。土地也是地球上的植物生长发育和动物栖息以及繁衍后代的场所。

土地的基本属性在于位置固定、面积有限和不可替代。其中,位置固定是指每块土地所处的经纬度都是固定的,不能移动,只能就地利用;面积有限是指非经漫长的地质过程,土地面积不会有明显的增减;不可替代是指土地无论作为人类生活的基地,还是作为生产资料或动植物的栖息地,都不能用其他物质来代替。[①]

土地资源是指一切对人类具有利用价值的土地。由于人类对土地价值的认识在不断扩大,所以几乎可以将所有的土地都称为土地资源。

[①] 《中国自然保护纲要》编写委员会编:《中国自然保护纲要》,中国环境科学出版社1987年版,第17页。

在中国,土地资源具有土地类型多样、山地面积大、农用土地资源面积小、后备耕地不足等四大特点,中国可利用土地资源人均占有量还不足世界平均值的1/3。在这种条件下,加上中国人口众多,中国就需要用约占世界总面积9%的耕地,养活约占世界总人口 23%的人民。

土地制度是传统物权法的基本制度。由于土地是可以带来经济利益的自然要素,所以历史上罗马法将土地所有权确立为排他的使用、收益、处分的权利,日耳曼法则将其规定为管理土地的物的权利。从土地制度的历史发展看,由于土地兼具有私益(指以土地为生存利益者)与公益(包括市民法的一般公益与社会法的特殊公益)共存、用益权优于所有权等特征,因此近现代的土地制度也就具有公法和私法的双重性质。

从各国土地制度的现状看,土地的所有权与使用权分离是其最大的特点。

(二) 我国《土地管理法》关于土地保护的基本规范

1. 概述

为加强土地管理,维护土地的社会主义公有制,保护、开发土地资源,合理利用土地,切实保护耕地,促进社会经济的可持续发展,中国于 1986 年制定了《土地管理法》,除此之外,还在《土地管理法实施条例》(国务院 1991 年发布;1998、2011、2014 年修订)以及《水土保持法》及其实施条例、《农业法》(全国人大常委会,1993 年制定;2002 年修订、2009、2012 年修正)、《土地复垦条例》(国务院,2001 年发布)、《基本农田保护条例》(国务院,1994 年发布;1998、2001 年修订)等法律法规中对土地资源的保护作出了规定。

2. 主要内容

《土地管理法》是我国土地制度的基本法律。该法从如下六个方面对土地的保护作出了规定。

第一,对土地利用实行"十分珍惜、合理利用土地和切实保护耕地"的原则,并且这项原则被宣示为中国的一项基本国策(第 3 条)。

第二,明确土地的所有权与使用权。对全民所有,即国家所有土地的所有权规定由国务院代表国家行使,并实行国有土地有偿使用制度(第 2 条)。值得注意的是,依据 2016 年中办国办印发的《关于完善农村土地所有权承包权经营权分置办法的意见》,我国将开始探索宅基地所有权、资格权、使用权"三权分置",落实宅基地集体所有权,保障宅基地农户资格权,适度放活宅基地使用权。同时,依据 2016 年发布的《国务院关于全民所有自然资源资产有偿使用制度改革的指导意见》,我国将积极探索完善国有土地资源有偿使用制度。

第三,国家对土地实行用途管制制度,通过编制土地利用总体规划实现土地的规定用途(第 4 条第 1 款、第 2 款)。土地利用总体规划是指由国家或地方各级人民政府依据国民经济和社会发展规划、国土整治和资源环境保护的要求、土地供给能力以及各项建设对土地的需求而编制的总体利用规划。

编制规划的原则是：严格保护基本农田，控制非农业建设占用农用地；提高土地利用率；统筹安排各类、各区域用地；保护和改善生态环境，保障土地的可持续利用；占用耕地与开发复垦耕地相平衡。对于下一级土地利用总体规划的编制，应当依据上一级土地利用总体规划进行。

为了保护耕地，规定在下一级规划中，建设用地总量不得超过上一级规划的控制指标，而耕地保有量则不得低于上一级土地利用总体规划确定的控制指标(第18条第2款)。

在土地利用总体规划的编制与其他规划的关系方面，《土地管理法》还规定，城市总体规划、村庄和集镇规划，以及有关江河、湖泊综合治理和开发利用规划等，都应当与土地利用总体规划相衔接并且互相协调(第22条第2款、第23条)。

第四，对土地实行分类制。法律规定，土地分为农用地、建设用地和未利用地三类，对其予以分别用途和管理。其中，农用地是指直接用于农业生产的土地，包括耕地、林地、草地、农田水利用地、养殖水面等；建设用地是指建造建筑物、构筑物的土地，包括城乡住宅和公共设施用地、工矿用地、交通水利设施用地、旅游用地、军事设施用地等；未利用地是指农用地和建设用地以外的土地(第4条第2款、第3款)。

《土地管理法》规定，国家严格限制农用地转为建设用地，控制建设用地总量，对耕地实行特殊保护。使用土地者必须严格按照土地利用总体规划确定的用途使用土地(第4条第2款、第4款)。

第五，对土地实行一系列的行政管制措施。《土地管理法》对土地利用还规定实行建设用地总量控制制度(第24条)、土地调查制度(第27条第1款)和土地统计制度(第29条第1款)，并且规定国家建立全国土地管理信息系统，对土地利用状况进行动态监测(第30条)。

第六，对耕地实行的特殊保护制度。要求严格控制将耕地转为非耕地使用；严格执行土地利用总体规划，确保耕地总量不因非利用计划的原因而减少；对于因合理利用而造成耕地总量减少的，由国务院责令省级地方人民政府在规定的期限内组织开垦与所减少耕地的数量与质量相当的耕地；实行基本农田①保护制度；防止耕地破坏；实行土地复垦②制度，改善土地条件，恢复土地的原用途；鼓励土地整理(第31—42条)。

此外，《土地管理法》还在建设用地管理方面规定了土地保护措施(第43—65条)。

---

① 按照《基本农田保护条例》的规定，基本农田是指根据一定时期人口和国民经济对农产品的需求，以及对建设用地的预测而确定的长期不得占用的和基本农田保护区规划期内不得占用的耕地。
② 依照2011年3月由国务院颁布的《土地复垦条例》，所谓土地复垦是指对生产建设活动和自然灾害损毁的土地，采取整治措施，使其达到可供利用状态的活动。

(三) 我国《水土保持法》中的土地保护和水土保持规范

1. 概述

水土保持是针对水土流失现象提出的。所谓水土流失,是指由于自然或人为原因致使土地表层由于缺乏植被保护,被雨水冲蚀后导致土层逐渐变薄、变瘠的现象。依照《水土保持法》(人大常委会1991年制定;2009年、2010年修订)的解释,水土保持是指对自然因素和人为活动造成水土流失所采取的预防和治理措施(第2条)。

除自然变化的原因外,水土流失主要是人为原因的毁林开垦、滥垦草原、陡坡丘陵和山坡开荒造成的。其结果将导致土壤减少、土地肥力减退、土地不能涵养水分并与干燥的气候形成恶性循环,从而导致土地的沙漠化。另外,由于水土流失是水流的冲蚀所导致,因此水土流失还会造成河道泥沙淤积、河床升高,并导致泥石流和滑坡等自然破坏现象的出现,这些现象不仅破坏了生态系统,而且对人类正常的生产生活活动也会造成非常重大的影响。

为预防和治理水土流失,保护和合理利用水土资源,减轻水、旱、风沙灾害,改善生态环境,1991年中国制定了《水土保持法》,1993年国务院制定实施了《水土保持法实施条例》。除此之外,我国在《环境保护法》《土地管理法》《水法》《森林法》《草原法》以及《农业法》中也规定了防治水土流失的规定。

2. 主要内容

《水土保持法》关于水土保持的规定主要包括如下四个方面。

第一,国家对水土保持工作实行预防为主、保护优先、全面规划、综合治理、因地制宜、突出重点、科学管理、注重效益的方针(第3条)。为实施水土保持的基本方针,法律规定国家实行水土保持规划制度,县级以上人民政府应当将水土保持工作纳入本级国民经济和社会发展规划,对水土保持规划确定的任务,安排专项资金,并组织实施。国家在水土流失重点预防区和重点治理区,实行地方各级人民政府水土保持目标责任制和考核奖惩制度(第4条)。

根据《水土保持法》的规定,国务院水行政主管部门主管全国的水土保持工作(第5条)。

第二,规定了水土保持的规划措施。内容主要包括:编制水土保持规划的原则;水土流失调查;县级以上人民政府依据水土流失调查结果划定并公告水土流失重点预防区和重点治理区;水土流失规划的主要内容;水土流失规划的批准和实施等(第10—15条)。

第三,规定了水土流失的预防措施。内容主要包括:地方各级人民政府应当按照水土保持规划,采取封育保护、自然修复等措施,组织单位和个人植树种草,扩大林草覆盖面积,涵养水源,预防和减轻水土流失;禁止在崩塌、滑坡危险区和泥石流易发区从事取土、挖砂、采石等可能造成水土流失的活动;水土流失严重、生态脆弱的地区,应当限制或者禁止可能造成水土流失的生产建设活动;禁止在25度以上陡坡地开垦种植农作物;禁止毁林、毁草开垦和采集发菜。禁止在水土流失重点预防区和重点治理区铲草皮、挖树兜或者滥挖虫草、甘草、麻黄等;林木采伐应当采用合理方式,防止水土流失;生产建设项目选址、选线应当避让水土流失重点预防区和重点治理区;无法避让的,应当提高防治标准,优化施工工艺,减少地表扰动和植被损坏范围,有效控制可能造成的水土流失(第16—29条)。

第四,规定了水土流失的治理措施。内容主要包括:国家加强水土流失重点预防区和重点治理区的坡耕地改梯田、淤地坝等水土保持重点工程建设,加大生态修复力度;加强江河源头区、饮用水水源保护区和水源涵养区水土流失的预防和治理工作;开办生产建设项目或者从事其他生产建设活动造成水土流失的,应当进行治理;国家鼓励单位和个人按照水土保持规划参与水土流失治理,并在资金、技术、税收等方面予以扶持;国家鼓励和支持承包治理荒山、荒沟、荒丘、荒滩,防治水土流失,并依法保护土地承包合同当事人的合法权益;在水力、风力和重力侵蚀地区以及水源保护区进行水土流失治理;退耕还林、退耕还草等(第30—39条)。

(四) 我国《防沙治沙法》中的土地保护规定

1. 概述

我国是世界上土地沙化(land desertification)危害最严重的国家之一。20世纪50年代以来,由于沙漠化的加剧,我国已经有超过10万平方公里的土地面积完全沙化。在进入21世纪的第一天,我国北方地区即受到沙尘暴的袭击,接着又发生了两次沙尘暴,给受灾地区的农牧业、工业、运输业以及水电、交通、通信等基础设施造成了严重损失,人员伤亡事件也屡屡发生。土地沙化的蔓延和加剧,对我国经济和社会的可持续发展形成巨大威胁。

沙化土地的不断扩张,有气候变化、自然灾害等自然原因,但主要是由不合理的人为活动如盲目开垦、过度放牧、滥采滥伐、滥挖野生中药材等沙生植物、水资源开发利用不合理等原因造成的。此外,工矿、交通、油田等工程建设施工中破坏林草植被,固体废弃物扩散或酸碱污染,以及施工区崩塌滑坡造成土地沙化在一些地区也很突出。

为了限制人为破坏植被的行为,我国《森林法》《草原法》《水土保持法》等法律分别作过一些规定,但都未能从根本上起到遏制沙漠化扩张的作用。

为预防土地沙化,治理沙化土地①,维护生态安全,促进经济和社会的可持续发展,我国于2001年8月制定了《防沙治沙法》,对土地沙化的预防、沙化土地的治理和开发利用作出了具体规定。

2. 主要内容

土地沙化有广义和狭义之分,广义的土地沙化,是指因气候变化和人类活动所导致的天然沙漠扩张和沙质土壤上植被破坏、沙土裸露的过程。狭义的土地沙化,是指主要因人类不合理活动所导致的天然沙漠扩张和沙质土壤上植被及覆盖物被破坏、

---

① 依照我国《防沙治沙法》规定,沙化土地是指中华人民共和国境内已经沙化的土地和具有明显沙化趋势的土地。

形成流沙及沙土裸露的过程。《防沙治沙法》中所谓的防治沙化是指狭义的土地沙化的概念。

《防沙治沙法》关于防沙治沙的措施包括如下五个方面。

第一，明确了防沙治沙工作的七项基本原则。即统一规划，因地制宜，分步实施，坚持区域防治与重点防治相结合；预防为主，防治结合，综合治理；保护和恢复植被与合理利用自然资源相结合；遵循生态规律，依靠科技进步；改善生态环境与帮助农牧民脱贫致富相结合；国家支持与地方自力更生相结合，政府组织与社会各界参与相结合，鼓励单位、个人承包防治；保障防沙治沙者的合法权益（第3条）。

第二，实行防沙治沙规划制度。防沙治沙规划应当对遏制土地沙化扩展趋势，逐步减少沙化土地的时限、步骤、措施等作出明确规定，并将具体实施方案纳入国民经济和社会发展五年计划和年度计划。法律规定，在规划期内不具备治理条件的以及因保护生态的需要不宜开发利用的连片沙化土地，应当规划为沙化土地封禁保护区，实行封禁保护。国家在沙化土地所在地区，建立政府行政领导防沙治沙任期目标责任考核奖惩制度（第10—13条）。

第三，规定了土地沙化的预防措施。《防沙治沙法》主要从因地制宜地营造防风固沙林网、林带以及种植多年生灌木和草本植物，禁止在沙化土地上砍挖灌木、药材及其他固沙植物，草原实行以产草量确定载畜量制度，防止因地下水和上游水资源的过度开发利用，退耕还林还草，以及在沙化土地封禁保护区范围内禁止一切破坏植被活动等方面规定了预防措施（第14—22条）。

第四，规定了沙化土地的治理措施。对于沙化土地的治理，分为公益性治沙活动、营利性治沙活动和开发者治理等三类。为此法律规定了政府组织、单位和个人自愿以及开发者承担义务的治理方式。为保障治理人的合法权益，法律还规定了相应的资金等补偿措施（第23—31条）。

第五，明确了防沙治沙的保障措施。法律规定，对经政府按照规划确定的防沙治沙工程，通过项目预算安排资金；并规定根据防沙治沙的面积和难易程度，给予从事防沙治沙活动的单位和个人资金补助、财政贴息以及税费减免等政策优惠。此外，对于单位和个人投资进行防沙治沙的，在投资阶段免征各种税收；取得一定收益后，可以免征或者减征有关税收；对于使用已经沙化的国有土地从事治沙活动的，经县级以上人民政府依法批准，可以享有不超过70年的土地使用权。

因保护生态的特殊要求，将治理后的土地批准划为自然保护区或者沙化土地封禁保护区的，批准机关应当给予治理者合理的经济补偿（第32—37条）。

二、森林资源合理开发利用制度中的保护措施

（一）概述

森林是指在一定区域内生长的以树木或者其他木本植物为主的植物群落。森林的类型有很多，根据森林的生态习性，一般可以将它们分为针叶林、针阔混交林、落叶

阔叶林、长绿落叶阔叶混交林、长绿阔叶林、热带季雨林、雨林以及它们的各种次生类型。若按照森林对人类的用途,还可以将其分为防护林、用材林、经济林、薪炭林、特种用途林等。

森林是自然界中具有重要经济价值和生态价值的资源和财富,它除了可以为人类提供木材和各种林副产品外,还具有涵养水源、保持水土、防风固沙、调节气候、保障农牧业生产、保存森林生物物种、维持生态平衡等重要的作用。

我国《森林法》所称的森林,即森林资源。广义的森林资源是对林区内依附森林所生长的所有野生动植物的总称。而我国《森林法实施条例》(国务院,2000 年颁布;2011、2016 年修订,2018 年修正)对"森林资源"作出了狭义的解释,包括森林(乔木林和竹林)、林木(树木、竹子)、林地(即包括郁闭度①0.2 以上的乔木林地以及竹林地、灌木林地、疏林地、采伐迹地、火烧迹地、未成林造林地、苗圃地和县级以上人民政府规划的宜林地等)以及依托森林、林木、林地生存的野生动物、植物和微生物(第 2 条)。

但是,有关野生动物的保护性规范一般由《野生动物保护法》确立(参见本章第二节)。

从森林资源的状况分析,中国是一个少林的国家,森林总量不足、分布不均、功能较低。中国森林资源的主要特点在于:树种和森林类型繁多、林产独特丰富、森林覆盖率低和资源少、森林林种结构不合理以及森林生长率低、生长量小。②

2014 年,全国森林面积 2.08 亿公顷,森林覆盖率 21.63%。全国人均森林面积仅为世界人均水平的 1/4,人均森林蓄积只有世界人均水平的 1/7,森林资源总量相对不足、质量不高、分布不均的状况仍未得到根本改变。与世界水平相比只有全球平均水平的 2/3,排在世界第 139 位。全国人均森林面积 0.145 公顷,不足世界人均占有量的 1/4;人均森林蓄积 10.151 立方米,只有世界人均占有量的 1/7。③

中华人民共和国成立以后,中国政府制定了许多关于合理利用森林资源的行政法规和部门规章。1963 年国务院还专门发布了《森林保护条例》。在 20 世纪 80 年代,中共中央、国务院以及原林业部还制定了一系列的制止乱砍滥伐森林、植树造林、森林防火、森林采伐更新管理的具体规定。

然而,早期的森林立法是出于持续林业产出的目的而规定限制采伐和保证伐后的林木更新。例如,在 1979 年我国制定的首部《森林法(试行)》中,就将提供木材和各种林产品、满足国家经济建设和人民生活的需要作为森林保护的首要功能;将调节气候、涵养水源、保持水土、防风固沙、保障农业、牧业的发展,防治空气污染,保护和美化环境,增强人民身心健康等作为森林保护的次要功能。1984 年制定的《森林法》则对森林功能的上述顺序进行了修改,明确将森林蓄水保土、调节气候、改善环境的

---

① 郁闭度是一种确定森林覆盖面积的计算方法,国际通行的郁闭度标准是按大于 0.2 计算的。例如,按郁闭度大于 0.3 计算森林覆盖率为 13.92%时,若按郁闭度大于 0.2 计算则相当于 15.25%。
② 参见《中国自然保护纲要》,中国环境科学出版社 1987 年版,第 27 页。
③ 参见原国家林业局发布:第八次全国森林资源清查结果,2014 年 2 月 25 日。

作用放在首要位置,而将提供林产品的作用放在次要位置。经历1998年和2009年修订后的《森林法》则在内容上特别强调了森林的生态效益保护。

我国《森林法》的主要内容涉及森林经营管理、森林保护、植树造林、森林采伐等方面,以下本书将着重对该法有关森林保护的规定予以介绍。

(二) 关于森林保护规定

1. 确立林权制度

森林保护是围绕林权展开的。林权是指森林法律关系的主体对森林、林木或者林地的占有、使用、收益和处分的权利。我国《森林法》规定,森林资源属于国家所有,属于集体所有的除外(第3条第1款)。此外,对于全民所有制单位营造的林木,由营造单位经营并按照国家规定支配林木收益。集体所有制单位营造的林木,归该单位所有。农村居民在房屋前后、自留地、自留山种植的林木,归个人所有(第27条)。法律还规定,森林、林木、林地的所有者和使用者的合法权益,受法律保护,任何单位和个人不得侵犯(第3条第3款)。同时,依据2016年发布的《国务院办公厅关于完善集体林权制度的意见》,在我国集体林权制度改革过程中,强调了稳定集体林地承包关系、放活生产经营自主权、引导集体林适度规模经营。依据2016年发布的《国务院关于全民所有自然资源资产有偿使用制度改革的指导意见》,我国将积极探索建立国有森林资源有偿使用制度。

对部分森林、林木、林地的使用权可以依法转让,也可以依法作价入股或者作为合资、合作造林、经营林木的出资、合作条件。转让的限制条件之一,就是不得将林地改为非林地(第15条第1款)。

我国法律对林权保护的其他措施,还包括确认权属、返还非法占有林地或林木、排除妨碍、赔偿损失等。

2. 明确林业建设方针

我国《森林法》确立的林业建设方针是:以营林为基础,普遍护林,大力造林,采育结合,永续利用(第5条)。

3. 对森林实行分类保护

我国《森林法》将森林分为防护林(以防护为主要目的的森林、林木和灌木丛,包括水源涵养林、水土保持林、防风固沙林、农田、牧场防护林、护岸林、护路林)、用材林(以生产木材为主要目的的森林和林木,包括以生产竹材为主要目的的竹林)、经济林(以生产果品、食用油料、饮料、调料、工业原料和药材等为主要目的的林木)、薪炭林(以生产燃料为主要目的的林木)和特种用途林(以国防、环境保护、科学实验等为主要目的的森林和林木,包括国防林、实验林、母树林、环境保护林、风景林,名胜古迹和革命纪念地的林木,自然保护区的森林)等五大类(第4条)。

对于上述五类森林,按照它们对人类社会、经济和环境需求性质的不同,实行强度不同的分类保护。例如,防护林和特种用途林是以公益为目的确立的,也称公益林,必须严格保护。而其他类林木则属于经济用途的商品林,实行采伐许可制等制度。

4. 对森林实行全方位保护

在对林地经营管理活动的管理方面,我国《森林法》除了对林地登记发证、流转等作了规定外,还确定了禁止将林地开垦为耕地并实行退耕还林的措施,以及禁止毁林开垦和毁林采石、采土以及其他毁林行为的规范(第23条),否则将依法承担法律责任(第44条)。

在对林木的保护管理方面,《森林法》规定的主要措施包括:设立护林组织,防止森林资源的破坏;在林区设立的森林公安机关,负责维护辖区社会治安秩序,保护辖区内的森林资源;防止森林火灾和病虫害;防止森林资源的破坏;划定自然保护区;保护林区内的野生动物(第三章)。

我国《森林法》还规定,由林业部门规定林木种苗的检疫对象,划定疫区和保护区,对林木种苗进行检疫(第22条第2款)。

5. 组织和鼓励植树造林

植树造林和绿化是增加森林面积、提高森林覆盖率的主要途径,为此《森林法》规定了植树造林和封山育林制度,主要措施包括制定植树造林规划,鼓励对宜林荒山荒地、铁路公路两旁、江河两侧、湖泊水库周围等地组织造林,对新造幼林地和其他必须封山育林的地方,实行封山育林(第四章)。

此外,经全国人大决定,我国还专门实行了全民义务植树活动,将每年3月12日定为植树节,规定具备条件的地方的年满11岁的公民(除老弱病残者外)每人每年义务植树3—5棵,或者完成相应劳动量的育苗、管护和其他绿化工作。国务院建立全国绿化委员会负责组织各部门、单位的绿化和造林工作。

6. 对森林实行保护性开采

在林业管理方面,实行林业长远规划制度,由各级人民政府制定林业长远规划。对勘查、开采矿藏和各项建设工程规定了保护森林的措施,包括缴纳森林植被恢复费等。

其他保护性开采措施还包括:对森林实行限额采伐;对集体和个人造林、育林给予经济扶持或者长期贷款;提倡木材综合利用和节约使用木材,鼓励开发、利用木材代用品;征收育林费,专门用于造林育林;煤炭、造纸等部门,按照煤炭和木浆纸张等产品的产量提取一定数额的资金,专门用于营造坑木、造纸等用材林。设立林业基金(国家为发展林业而设立的专项资金),主要用于林区采伐地更新和林地空间、荒山、荒地造林和育林、护林等的费用支出。

此外,国家还设立了专门的森林生态效益补偿基金,用于提供生态效益的防护林和特种用途林的森林资源、林木的营造、抚育、保护和管理。

7. 森林采伐实行采伐许可制

我国《森林法》在森林采伐措施方面还规定实行采伐许可制制度(第32条),并按照消耗量低于生长量的原则,严格控制森林年采伐量(第29条);按照国家制定统一的年度木材生产计划实行采伐,年度木材生产计划不得超过批准的年采伐限额(第30条)。

我国《森林法》规定,采伐森林和林木必须遵守下列规定:第一,成熟的用材林应当根据不同情况,分别采取择伐、皆伐和渐伐方式,皆伐应当严格控制,并在采伐的当年或者次年内完成更新造林;第二,防护林和特种用途林中的国防林、母树林、环境保护林、风景林,只准进行抚育和更新性质的采伐;第三,特种用途林中的名胜古迹和革命纪念地的林木、自然保护区的森林,严禁采伐(第31条)。

对国家禁止、限制出口珍贵树木及其制品、衍生物。禁止、限制出口的珍贵树木及其制品、衍生物的名录和年度限制出口总量,规定由国务院林业部门会同国务院有关部门制定,报国务院批准(第38条第1款)。

三、草原资源合理开发利用制度中的保护措施

(一) 概述

草原是在温带半干旱气候条件下以旱生多年生草本植物为主形成的植物群落。草原很少有林,具有干旱缺水、寒暑巨变、风大沙多、土壤钙化和盐渍化作用强烈的特点。草原对环境的适应性强、覆盖面积大、更新速度快,具有维持生态系统平衡、保持水土、防风固沙等环境效益和生产饲料、燃料、工业原料等多种经济效能,与牧区人民的生活休戚相关。

一般而言,草原资源是指由生长在干旱与半干旱地区的草本植物所组成的对人类具有经济价值的自然综合体。在干旱、半干旱地区,草原与荒漠①一道是能够将太阳能转化为生物能的巨大绿色能源库,也是丰富宝贵的生物基因库。

我国是一个草原大国,拥有各类天然草地3.9亿公顷,约占国土面积的41.7%,居世界第二位。但是人均占有草地仅0.33公顷,约为世界人均草地面积的1/2。近二十年来,由于超强度开发,包括过度开发天然草场和长期超载过牧,引起了草地的退化、沙化和荒漠化。

为了加强草原的保护、管理、建设和合理利用,保护和改善生态环境,发展现代化畜牧业,促进民族自治地方经济的繁荣,适应社会主义建设和人民生活的需要,1985年6月中国制定了《草原法》。

1993年,为防止草原火灾,国务院还制定了《草原防火条例》。2008年11月,国务院对《草原防火条例》进行了修订,自2009年1月1日起施行。

(二) 草原保护措施

《草原法》所称草原,是指天然草原和人工草地(第2条第2款)。《草原法》规定,除由法律规定属于集体所有的草原外,草原属于国家(全民)所有(第9条)。全民所

---

① 荒漠是超旱生的木本或木质化种类(灌木、半灌木、小半灌木等)占优势的不郁闭群落。

有的草原,可以固定给集体长期使用(第 10 条)。全民所有的草原、集体所有的草原和集体长期固定使用的全民所有的草原,可以由集体或者个人承包从事畜牧业生产(第 13 条)。同时,依据 2016 年发布的《国务院关于全民所有自然资源资产有偿使用制度改革的指导意见》,我国将积极探索建立国有草原资源有偿使用制度。

第一,确立了国家对草原实行科学规划、全面保护、重点建设、合理利用的方针,促进草原的可持续利用和生态、经济、社会的协调发展(第 3 条)。

第二,国家对草原保护、建设、利用实行统一规划制度(第 17 条第 1 款)。草原保护、建设、利用规划应当包括:草原保护、建设、利用的目标和措施,草原功能分区和各项建设的总体部署,各项专业规划等(第 19 条)。

第三,国家建立草原调查制度;建立草原统计制度;建立草原生产、生态监测预警系统。由政府草原部门根据草原调查结果、草原的质量,依据草原等级评定标准,对草原进行评等定级(第 22—25 条)。

第四,在草原建设方面,为稳定和提高草原生产能力,法律规定国家鼓励与支持人工草地建设、天然草原改良和饲草饲料基地建设。新草品种必须经全国草品种审定委员会审定,由国务院草原部门公告后方可推广。从境外引进草种必须依法进行审批。对退化、沙化、盐碱化、石漠化和水土流失的草原,地方各级人民政府应当按照草原保护、建设、利用规划,划定治理区,组织专项治理(第 26—32 条)。

第五,在草原利用方面,要求合理利用草原,不得超过草原部门核定的载畜量。草原承包经营者应当采取种植和储备饲草饲料、增加饲草饲料供应量、调剂处理牲畜、优化畜群结构、提高出栏率等措施,保持草畜平衡;实行划区轮牧,合理配置畜群,均衡利用草原;在农区、半农半牧区和有条件的牧区实行牲畜圈养;对割草场和野生草种基地应当规定合理的割草期、采种期以及留茬高度和采割强度,实行轮割轮采;进行矿藏开采和工程建设,应当不占或者少占草原。因建设征用或者使用草原的,应当交纳草原植被恢复费(第 33—41 条)。

第六,草原保护措施。实行基本草原保护制度,对重要放牧场,割草地,用于畜牧业生产的人工草地、退耕还草地以及改良草地、草种基地,对调节气候、涵养水源、保持水土、防风固沙具有特殊作用的草原,作为国家重点保护野生动植物生存环境的草原,草原科研、教学试验基地以及国务院规定应当划为基本草原的其他草原,划为基本草原。对具有代表性的草原类型、珍稀濒危野生动植物分布区和具有重要生态功能和经济科研价值的草原地区建立草原自然保护区,并加强对草原珍稀濒危野生植物和种质资源的保护、管理。对草原实行以草定畜、草畜平衡制度(第 42—45 条)。

第七,禁止开垦草原。对水土流失严重、有沙化趋势、需要改善生态环境的已垦草原,应当有计划、有步骤地退耕还草;已造成沙化、盐碱化、石漠化的,应当限期治理。对严重退化、沙化、盐碱化、石漠化的草原和生态脆弱区的草原,实行禁牧、休牧制度。禁止在荒漠、半荒漠和严重退化、沙化、盐碱化、石漠化、水土流失的草原以及生态脆弱区的草原上采挖植物和从事破坏草原植被的其他活动。在草原上种植牧草或者饲料作物,应当符合草原保护、建设、利用规划;县级以上地方人民政府草原部门应当加强监督管理,防止草原沙化和水土流失。做好草原防火以及草原鼠害、病虫害和毒害草防治的组织管理工作(第46—54条)。

四、水资源合理开发利用制度中的保护措施

(一) 概述

广义上的水资源,是指地球上所有的可以被人类利用的水。由于水的范围太广,所以在立法时不可能将所有地球上的水都作为水资源立法的对象。有鉴于此,中国在关于水资源的立法即《水法》的规定中,将水资源的概念定义为地表水(主要指江河、湖泊、冰川等)和地下水。而有关海水的开发、利用、保护、管理,则不适用《水法》的规定。

除海水外,就水资源立法所谓"水"的自然属性和对人类的影响等方面看,它具有流动范围大、总量有限、可更新但不可替代、地域分布不均以及与人类活动休戚相关等特点,为此世界各国非常重视对水资源的立法保护与管理,以预防和合理处理与水有关的自然灾害、防止人为活动导致水对人类的不利影响,使水资源得以造福人类。

与《水污染防治法》相比,《水法》与《水污染防治法》对水的定义在外在表现形式上是非常一致的(参见第七章第二节)。例如,《水污染防治法》将水污染行政控制的对象范围确定为"水体",《水法》将水行政控制的范围确定为"水资源"。其中,水体是从水的空间范围上对水及其周围环境的整体性描述,而水资源则是从水的实体范围上对水及其周围环境的整体性描述。无论是空间或是实体,水都不可能孤立的存在,它必须结合周围的环境条件才能够形成。

因此,对《水法》与《水污染防治法》的区别主要应当从立法目的与行为控制的角度进行分析。《水法》的目的主要在于调整开发、利用、保护和管理水资源的人类行为,使其得以为人类永续利用(水量保护)。而《水污染防治法》的目的则是通过对人为活动产生的水污染物进行控制,并且对已经受到污染的水体予以治理,使其符合生态平衡以及人类生存的需要(水质保护)。因此,它们二者的终极目的是一致的,即都是为了保护水资源。

然而,从现实国家的立法来看,中国水资源立法的调整范围显然比水污染防治立法还要大,因为水污染防治只属于水资源保护的范畴,它虽然涉及对水资源进行开发利用的全过程,但是它所要调整的对象仅限于在对水资源的开发利用过程中为防治水污染而产生的社会关系。

从20世纪80年代开始,中国逐步加强了水资源管理的法制建设。1984年,中国《水污染防治法》就水资源的保护作出了一般性规定。同年,国务院颁布了《关于大力开展城市节约用水的通知》。1985年国家还发布了《生活饮用水卫生标准》(GB5749-

85，后修改为 GB5749-2006）。为合理开发利用和保护水资源，防治水害，充分发挥水资源的综合效应，适应国民经济发展和人民生活的需要，1988年中国制定颁布了《水法》，后三次修订。

《水法》规定，开发、利用、节约、保护水资源和防治水害，应当全面规划、统筹兼顾、标本兼治、综合利用、讲求效益，发挥水资源的多种功能，协调好生活、生产经营和生态环境用水（第4条）。

（二）水保护的规定

我国《水法》除了从水质到水量两方面对水资源的开发利用、用水管理、防汛与抗洪等作出规定外，还对水资源的保护管理作出了许多规定。

第一，确立了水资源开发利用的基本原则。包括：兴利与除害相结合、开发利用与保护管理相结合；生活用水优先；发展农业水利；鼓励多目标梯级开发水能资源；计划用水和节约用水。同时，依据2016年发布的《国务院关于全民所有自然资源资产有偿使用制度改革的指导意见》，我国将积极探索完善水资源有偿使用制度。

第二，对供水实行供求计划制度。在调蓄径流和分配水量方面，应当兼顾上下游和左右岸用水、航运、竹木流放、渔业和保护生态环境的需要。

第三，对直接从地下或者江河、湖泊取水的，实行取水许可制度。为家庭生活、畜禽饮用取水和其他少量取水的，不需要申请取水许可（第48条第1款）。使用供水工程供应的水，应当按照规定向供水单位缴纳水费（第55条）。

第四，国家保护和鼓励开发水运资源。要求在通航或者竹木流放的河流上修建永久性拦河闸坝，建设单位必须同时修建过船、过木设施，或者经国务院授权的部门批准采取其他补救措施，并妥善安排施工和蓄水期间的航运和竹木流放（第27条第1款）。

第五，对于兴建跨流域引水工程的，规定必须进行全面规划和科学论证，统筹兼顾引出和引入流域的用水需求，防止对生态环境的不利影响（第22条）。

第六，在防治水质破坏方面，除了要执行国家《水污染防治法》防治水污染的规定外，我国《水法》还规定，在容易发生盐碱化和渍害的地区，应当采取措施，控制和降低地下水的水位，保护地下水资源（第25条第1款）。在鱼、虾、蟹洄游通道修建拦河闸坝，对渔业资源有严重影响的，建设单位应当修建过鱼设施或者采取其他补救[①]措施（第27条第1款）。

此外，我国《水法》还规定，禁止围湖造田。禁止围垦河流，确需围垦的，必须经过

[①] 我国《水法》主要对水工程建设规定了补救的措施。补救与一般法律规定的"补偿"在概念和性质上是不同的。所谓"补救"，是法律基于因资源损害可能导致公共利益受到损失，而对致资源损害当事人设立的一种特定的义务，补救的请求权应当是由国家资源行政主管机关来行使。它所针对的法律事实是资源受到损害从而影响或可能影响公共利益。所以补救义务的内容是补救资源的损害，并且补救的方法应当是实际履行且不能直接用金钱来衡量，因为因资源损害所造成公共利益的损失是永远的、不可逆的。本解释曾参见肖乾刚主编：《自然资源法》，法律出版社1992年版，第105—106页。

科学论证,并经省级以上人民政府批准(第40条)。

第七,对开采地下水,规定必须在水资源调查评价的基础上,实行统一规划,加强监督管理。在地下水已经超采的地区,应当严格控制开采,并采取措施,保护地下水资源,防止地面沉降(第36条)。对于开采矿藏或者兴建地下工程,因疏干排水导致地下水水位下降、枯竭或者地面塌陷,对其他单位或者个人的生活和生产造成损失的,采矿单位或者建设单位应当采取补救措施,赔偿损失(第31条第2款)。

对城市中直接从地下取水的单位,征收水资源费。而对于其他直接从地下或者江河、湖泊取水的,可以由省、自治区、直辖市人民政府决定征收水资源费。

(三)水事纠纷的处理机制

我国《水法》规定,单位之间、个人之间、单位与个人之间发生的水事纠纷,应当协商解决;当事人不愿协商或者协商不成的,可以申请县级以上地方人民政府或者其授权的部门调解,也可以直接向人民法院提起民事诉讼。县级以上地方人民政府或者其授权的部门调解不成的,当事人可以向人民法院提起民事诉讼。在水事纠纷解决前,当事人不得单方面改变现状(第57条)。

第四编　环境责任法

第十三章 环境损害救济法

第十三章 导教导学

第一节 概 述

一、环境损害的概念

环境损害有广义和狭义之分。广义的环境损害指任何原因导致环境质量下降、物种减少或灭绝以及生态系统功能损坏,以及由此造成他人民事权益和社会公共利益受到侵害的现象。狭义的环境损害指向环境排放污染物的行为造成环境污染、生态破坏以及由此造成他人民事权益和社会公共利益受到侵害的现象。本书除对环境损害作特别说明外,一般指狭义上的概念。在各国环境立法以及国际组织的环境保护文件中,环境损害的概念也采用狭义的概念,它与各种法律文件所表述的环境污染损害和自然资源损害、生态损害等的含义基本相似。

开发利用自然资源行为造成自然资源破坏现象则与环境损害有所不同,因为开发利用自然资源属于人的可以预见破坏后果的积极作为,而且这种行为会事先作出计划合理安排并受资源管理人的行政规制。如果开发利用行为人无视计划或者资源破坏的后果实施乱砍滥伐等行为的话,开发利用行为人就应当就其违法行为承担各种法律责任。20世纪80年代以后,在借鉴海洋油污损害责任公约中有关"纯粹经济损失"也应当赔偿的规则的基础上,美国也通过环境立法实施了自然资源损害的赔偿责任,这里的自然资源损害并非一般经济价值的损失,而是以自然资源非使用价值损失、过渡期损失、评估费用等替代成本为依据计算损失费用。到20世纪末欧盟实施了《环境责任指令》,开始对从生物多样性保护观点看非常重要的自然资源损害实施损害赔偿制度,以让实施造成损害风险行为的责任人承担环境污染清理和被损害环境恢复等费用。

人类的环境利用行为无论是出于生存本能,还是出于谋取经济利益,都可能会造成环境损害。法律之所以要将环境损害的概念限定为向环境排放污染物的行为所致,是因为与本能利用环境行为相比,这种行为主观上是行为人为谋求经济利益最大化而非人类生存的基本需要,客观上是行为人排他地占用并减少环境容量和自然环境要素。所以只要排污行为造成环境损害就应当承担相应的恢复原状或者赔偿损失的责任。为此,我国《环境保护法》第5条确立的环境保护基本原则中特别明确了"损害担责原则"。如果排污行为人主观有过错的话,还应当依法受到行政或者刑事处罚。

鉴于环境容量利用行为和自然资源利用行为并非以环境损害为目的，它们在提高人类福祉和满足人们物质和精神文化需要方面作出了重要贡献，所以在人类社会的发展历程中对其一般持认同态度。只要这些行为符合法律、法规和标准的规定并在现有科技水平所认知的限度内作为，或者行为人与利害关系人就一定限度的环境损害达成合意，那么即使这些行为对他人造成一定程度的干扰，人们也有义务在忍受限度(limits of tolerance)或者约定的范围内予以忍受。此外，出于对环境公益(表现为环境质量和生态效益)和国家财产保护的目的，政府会通过行政管制措施许可行为人在一定限度内从事开发利用环境行为，通过实行环境费和环境税措施以及实施生态补偿方法要求行为人就合法环境损害给所有权人、使用权人或环境利益受损人以合理补偿(参见第四章第二节、第五章第五节)。

二、环境损害的特征

综上所述，环境损害现象的出现具有复杂的社会、经济、政策、法律和行政等背景，从而导致环境损害具有与一般侵权行为致害所不同的特征。

（一）加害主体的多元性与被害主体的不确定性

加害主体的复杂性是指人们无法从行为与结果的一般关系上判定环境损害的具体加害人是谁。被害主体的不确定性则是指环境损害范围内被害主体及其被害程度不易认定。

以环境污染侵害为例，可以将其分为特定的污染侵害与不特定的污染侵害两种。所谓特定的污染侵害，是指某种侵害只能由某种特定的原因物质引发，如人类血铅含量增高只能由摄入含铅类物质较多所致。所谓不特定的污染侵害，则可能由多种物质与因素引发，如多个企业排放同类物质与多个企业排放的污染物在环境中转变成为二次污染物或者复合污染物等可以促使加害主体多元化，难以分清谁是真正的加害人及其责任分担。

此外，环境损害既可能是受害人自身原因引起，也可能是第三人原因或者不可抗力因素导致。如果侵害结果的确定还可以归咎于受害人其他自身因素(如疾病或者不良生活习惯)的话，则更难确定谁是适格的被害主体。实践中特定的污染侵害较好认定，不特定的污染侵害则较难认定。但不论如何，环境损害会导致全社会环境公益受到侵害这一点是肯定的，这是法律确立环境公益诉讼制度的基础。

（二）侵害行为的行政合法性与追究民事责任的主观无过失性

除违法排污或开发行为以及突发性环境事件等原因导致的环境损害外，会造成污染物累积致害的环境利用行为都需经行政许可才能进行。当此类行为造成环境损害并发生纠纷时，加害人均会以造成环境损害的行为已经政府许可因而具有行政上的合法性以及业已依法缴纳了相关费用等为由推卸责任。理由是企业合法向环境排放污染物属于生产经营行为的一部分，非有法律规定就应当以行为的行政合法性阻却致害的违法性。因此，《环境保护税法》规定，直接向环境排放应税污染物的开发利用行为人,除依照本法规定缴纳环境保护税外,应当对所造成的损害依法承担责任(第 26 条)。

实际上政府对环境利用行为可能造成的渐进性环境损害已事前认知,我国环境保护法律有关缴纳环境费或环境税、自然保护费等的规定以及生态补偿制度,就是事前要求开发利用环境的企业对其可能造成的渐进性环境损害给予对价补偿,由政府统筹用于环境治理与资源恢复。因此,如果环境和生态继续恶化,在法律没有特别规定的情况下就不应当再追究合法利用环境企业的民事责任(参见第三章第三节)。正因为如此,《民法总则》第 9 条特别规定了"民事主体从事民事活动,应当有利于节约资源、保护生态环境"的绿色原则。最高人民法院在 2015 年 2 月颁布的《关于审理环境侵权责任纠纷案件适用法律若干问题的解释》中也规定,污染者以排污符合国家或者地方污染物排放标准为由主张不承担责任的,人民法院不予支持(第 2 条)。

(三) 侵害行为的单一性与构成侵害因果关系的复杂性

就环境利用行为人个体而言,造成环境损害后果的行为实践中主要表现为排污行为、项目建设行为、资源开发行为以及引入外来物种等方面。因其原物质或能量的种类、数量和浓度的不同、开发利用资源的强度不同、物种在生态系统中的生存条件不同以及致害对象的不同,侵害结果的表现也各不相同。

因此,尽管侵害行为的外在表现比较简单,但若从构成侵害结果的因果关系上分析则相当复杂。在原因行为与损害结果之间,既有一因一果关系,也有多因一果关系。在对环境损害的因果关系的证明方面,由于涉及众多非常复杂的多学科的方法以及各种技术分析手段,因此往往对大多数不具备专业知识的受害人产生不利影响。

(四) 侵害结果的广泛性与保护法益的局限性

从环境损害争议纠纷看,环境损害的结果主要表现在如下两个方面:一是对传统法律保护的私益的侵害,包括因环境污染或生态破坏造成的他人人身和财产损害等,在中国还包括对全民所有的环境与资源的损害与破坏(生态环境损害);二是对社会环境公益(公众环境权益)的侵害,或者对无法通过所有权方法界定的人类共有生态系统功能的破坏,主要包括对公众本能环境利用行为的妨害或者环境污染与生态破坏对公众有关眺望、观瞻、静稳、清洁等亲近自然、适应自然和利用自然等基本权利的妨害(参见第三章第二、三节)。

环境损害结果的广泛性特征还表现在环境损害与生态破坏损害两个方面。环境污染物质可以长期蓄积于环境或各种生物体内,即使对污染源进行了治理,但停滞于环境中的污染物依然会不断通过释放、生物积累(bioaccumulation)[①]或者生物放大等作用对环境和生物体等持续不断地造成侵害。除污染损害外,生态破坏损害的领域

---

① 生物累积指的是生物体从周围环境中吸收某种元素或稳定不易分解的化合物,在体内积累,使生物体内该元素(或化合物)的浓度超过环境中浓度的作用。

与范围更加广泛,原因也更加复杂。

环境损害的上述特征决定了它与一般侵权行为在处理对策上应当有所不同。为此,从保护受害人权益、实现社会公平的观念出发,就必须在环境损害纠纷案件的法律适用上突破传统侵权行为法在环境损害纠纷案件处理方面的不合理之处,通过特别法规范对传统侵权行为理论与实践予以修正。同时,对于环境损害的排除,还需要借助物权以及人格权法律的理论与实践。

三、对环境损害实行无过失责任

由于多数环境损害表现为排污者向环境排污继而造成他人合法权益侵害,因此环境损害是特定的加害人与特定的受害人之间因环境损害而发生相互关系的结果。从填补损失的立场出发,各国法律一般将环境损害作为债的发生依据之一纳入侵权行为的范畴,即受害人可以依法请求加害人就其行为造成的损害承担赔偿责任。

此外,环境污染和自然破坏还可以导致他人物权的侵害,所以也有一部分环境损害是基于民法物权规范而产生排除妨害等请求权的。

(一) 对环境损害实行无过失责任的缘由

侵权行为在原则上以故意或过失为成立要件,但在具体认定侵权行为及其责任承担的构成要件方面各个时期也有所不同。总体上侵权行为实行过失责任,理由主要在于可以维护道德观念、社会价值以及人性的尊严,具有填补损害的需求、预防损害的发生之效果。[①]

19世纪以后,随着科学技术的日益进步、生产规模的不断扩大和机械工具的广泛应用,大量意外伤害、工业灾害、环境污染等灾害频频发生。鉴于意外灾害的扩散性、严重性与填补损害的必要性的关系,各国开始将无过失责任主义适用于可能存在高度危险的科技运用领域之中,通过判例或者行政管制立法中确立民事特别法的无过失责任规范的方式来弥补过失责任原则的不足。

在大陆法系国家中,德国《民法典》第906条将环境损害称为"不可量物侵害"(emissionen),适用物权请求权规定。所谓不可量物侵害是指烟雾、音响、振动以及声、光、电、热、辐射等不可称量的物质侵入邻地所造成的干扰性妨害和损害。1990年德国颁布了《环境责任法》,规定由于设备对环境造成影响而导致的任何人身伤亡、健康受损或财产损失,设备所有人应对受害人因之而生的损害负赔偿责任。

法国法则将环境损害称为"近邻妨害",适用不动产相邻关系的规定。20世纪初中叶,法国曾发生了多起因公害损害所导致的损害赔偿纠纷案件。对于这些案件的审理,大体形成了两类司法判例形态,一类是以过失为依据,以加害人的责任为基础;另一类是不强调或不完全强调加害人的过失。就第一类的"过失"而言,判例理由对

---

① 参见史尚宽:《债法总论》,台湾荣泰印书馆股份有限公司1954年版,第104页;陈慈阳:《环境法总论》,台湾元照出版有限公司2000年版,第156—157页。

民法的解释是加害人疏忽或者懈怠了回避损害结果的义务,以及由于加害人未予足够的注意导致受害人蒙受的损害超过了通常的相邻义务范围。

日本法则以公害来概括环境损害,对于污染环境造成人身损害的,适用污染防治立法有关无过失责任的特别规定。而污染致财产损害则适用民法典的规定。

英美法系国家沿袭侵权法上的"妨害行为"(nuisance)对环境污染侵害通过判决予以约束。妨害行为又分公益妨害和私益妨害。其中公益妨害是指因不法行为或不履行法律规定的行为,致使社会上一般人的生命健康、财产、安乐、自由、利益、便利等遭受危害,或对公共权利的行使和供给产生的妨害;私益妨害则是指因不法行为或不履行法律规定的行为,导致私人的利益遭受损害。环境污染侵害主要归属于私益妨害,包括对土地物理性的侵害,如任树木根枝侵入邻地,或排放有毒气体使农作物受害;对他人权益的干扰,如噪声、恶臭、煤烟、振动等使人不适或不便或妨害相邻生活安宁。

此外,英美法系还采用了严格责任(strictliability)、危险责任(dangerousliability)的概念。前者与过失责任相对但又不同于无过失责任(non-faultliability),只相当于过错推定,当行为人的行为与损害之间存在因果关系,且行为人不能就损害提出特定的抗辩或免责事由的,责任就可以构成;后者则属于无过失责任的范畴。

我国1986年制定的《民法通则》也在过错责任原则之外确立了无过错责任制度,该法第106条第3款规定:"没有过错,但法律规定应当承担责任的,应当承担民事责任。"第124条规定:"违反国家保护环境防止污染的规定,污染环境造成他人损害的,应当依法承担民事责任。"但是,与之规定不同的是,1989年《环境保护法》第41条第1款规定"造成环境污染危害的,有责任排除危害,并对直接受到损害的单位或者个人赔偿损失",不仅如此,在各单项污染防治法律中也作出了同样的规定。这一规定与《民法通则》的最大不同,在于不论造成环境污染危害的主体是否存在主观过错、行为是否违法,只要危害出现就应当承担责任。但是,实践中我国司法机关却认为这一规定与《民法通则》的规定不同而未予适用,致使大量环境损害案件未得到公正处理。为此,在2009年我国颁布的《侵权责任法》第八章"环境污染责任"中明确规定并重申了"污染环境造成损害的,污染者应当承担侵权责任"的原则(第65条)。

2014年《环境保护法》第64条采用准用性规范的方式规定,因污染环境和破坏生态造成损害的,应当依照侵权责任法的有关规定承担侵权责任。

(二)环境污染侵害属于特殊侵权行为致害

尽管无过失责任已为各国环境立法以民事特别法规范的形式所确立,但由于各国民法学者和立法、司法机关在无过失责任的规定、适用及其解释上还存在着不同的认识,因此,在环境损害的场合如何理解并适用无过失责任在理论和实践层面都有许多不同的见解。以下本书将围绕环境损害的特征、结合各国有关判例和学说对无过失责任的构成要件展开说明。

如上所述,无过失责任是在一般侵权行为实行过失责任的基础上发展起来的。

从以上有关环境损害的特征看,如果严格恪守一般侵权行为的过失责任,就不可能使损害得以填补和实现社会的公平。为此,各国民事立法或环境立法均将环境损害作为特殊侵权行为结果之一对待。

所谓特殊侵权行为,是指形式上欠缺一般侵权行为要件但依法应当承担赔偿责任的侵权行为。从环境损害的特征分析,它与一般侵权行为在过失、违法性、因果关系等要件方面存在着许多不同,即使在损害结果的确立及其范围的认定上也有一些不同。

第二节　环境损害责任的构成

2014年《环境保护法》第64条规定:"因污染环境和破坏生态造成损害的,应当依照《中华人民共和国侵权责任法》的有关规定承担侵权责任。"

然而,此前的《侵权责任法》只设专章规定了"环境污染责任"(第八章),未规定破坏生态责任。人们在开发利用环境与资源过程中,因采用不合理的方法和手段乱捕滥猎野生动物、过度采挖珍稀植物、乱砍滥伐林木、毁坏林(草)或围湖造田以及不合理地引进外来物种等,都会破坏生态造成环境损害。那么,应当如何理解《环境保护法》这一规定的立法意图呢?

在《环境保护法》修订过程中,立法者认为污染环境和破坏生态是既有重合又有区别的两个概念,二者合起来就是对环境的损害。基于污染环境和破坏生态都是对环境的损害,因此,修订后的《环境保护法》规定破坏生态行为给他人造成损害的,也应当按照《侵权责任法》第八章的规定承担无过失责任。[①]《环境保护法》的这一规定实际上是以准用性规范和特别立法的方式扩大了《侵权责任法》的适用范围。

民法侵权行为法对一般侵权行为的构成确立了加害人必须主观上存在过失、行为具有违法性、加害行为与损害结果之间存在因果关系以及有损害后果发生等四个要件。但是,污染环境与破坏生态侵权实行的无过失责任则不包含过失要件,并且其他要件在法律适用上也有相应的调整。

一、责任构成无需过失要件

《侵权责任法》第65条规定:"因污染环境造成损害的,污染者应当承担侵权责任。"这一规定表明,不论有无过错,只要污染环境造成损害,致害人都应当承担侵权责任。

无过失责任理论的演变主要有原因说、公平说、中间责任说(过错推定、利益责

[①] 参见信春鹰主编:《〈中华人民共和国环境保护法〉学习读本》,中国民主法制出版社2014年版,第258页。

任、危险责任)等各说。① 尽管各种学说有所不同,但它们都认为无过失责任的真谛是有无过失存在对追究责任已无关紧要。

无过失责任的解释在日本有两种不同的观点:第一种是"过失存在不要论",即没有过失存在也能构成赔偿责任,其典型特征就是否定过失;第二种是"过失立证不要论",即无过失的含义并非排斥过失要件,只不过受害人在证明责任上无需过失立证,只要加害人不能举证否定损害与之无关时就推定过失的存在。这种解释与过错推定理论相同。值得一提的是,日本民法与行政法判断过失的标准是不一致的。因为行政法的过失是基于行政控制的手段,而这种手段是人为的、可以变更的。如对排放标准的遵守只能说明行为人履行了行政法上的义务,但不能由此认为行为人也履行了民法上的义务。这样,行政合法行为造成他人损害同样也需承担民事责任。

二、违法性的判断以实际损害为准

19世纪以前,诸如污染物的排放行为一般被视为行使权利的行为,只有当滥用权利造成他人权利损害的场合该行为才可以视为"权利滥用"而被认定为侵权行为。20世纪中叶以后,排放行为逐渐受到公权力的管制,这使得加害与被害间的关系比一般侵权行为更为复杂。

之所以公权力渗入之后使得加害与被害间的关系复杂化,是因为环境损害中被害的程度、加害行为的公共性、污染防治设施的设置状况、加害人与受害人对土地利用的先后关系以及周边环境状况(地域性)等因素均与权利侵害直接相关。② 因此,在审理环境损害纠纷时法院必须对上述各种关系均加以合理的考量。

按照我国《侵权责任法》的规定,只要污染环境行为造成损害事实发生,且没有法定抗辩事由存在,该行为的违法性即告成立(第66条)。

违法是一个狭义的概念,特指行为在形式上违反了法律规定的禁止性规范,包括法规、地方性法规和命令。违法性则是一个广义的概念,既包括形式的违法侵害(不法),也包括实质的违法侵害(不当)。在大陆法系,行为具有违法性而非单一违法行为是构成侵权行为(含特殊侵权行为)的必要条件之一。日本民法将违法性表述为权利侵害,德国民法将其表述为生活利益或权利之侵害、保护法规之侵害以及故意违背良俗之加害,瑞士债法总则将其表述为违法之加害及故意违背良俗之加害。③

以公害赔偿责任立法较为先进的日本为例,"违法性"与"权利侵害"在日本是两个内涵相同但表述不一的概念。日本民法规定权利侵害为违法性的主要特征,其概念不单单指行为在形式上违反法规,而且还包含具有违反社会共同生活理想的超法规价值的意味。

---

① 参见廉芳芝:《由无过失责任立法论损害赔偿责任》,载台湾朝阳大学《法学评论》1987年第2期。
② 参见〔日〕大塚直:《环境法》(日文),日本有斐阁2002年版,第504页。
③ 同上书,第107页。

在环境损害赔偿案件多发的日本,民法学者对造成公害的行为具有违法性这一点在认识上是肯定的。不过在具体的判断标准上有一定的分歧。一般情况下违法性的判断标准有二,一是被侵害利益的性质、程度;二是侵害行为的实态。前者为客观结果之判断,后者为客观行为之判断。当被侵害利益属于像生命、身体以及所有权这种强固的权利的话,即使侵害行为的不法性较小但加害行为依然具有违法性;而当被侵害利益属于营业上的利益等像债权这种权利性较弱的利益的话,这种侵害行为的不法性不大因而加害行为的违法性就较小。① 在环境损害赔偿案件中,对违法性的判断主要是按照被侵害利益的种类进行的。

1968年,日本学者在"四大公害"诉讼中提出了以忍受限度作为判断违法性标准的理论。这种观点认为,在公害的场合,当对被侵害利益的性质、程度与侵害行为的实态(包含公共性、回避的可能性等)的衡量结果超过了社会生活上可以忍受的限度的话,那么行为即为违法。构成忍受限度的具体要素包括被侵害利益的性质与程度、地域性、受害者预先有无知识、土地利用先后关系、最妥的实际方法或相当的防止措施、事业活动的社会价值与必要性、受害者方面的特殊情况、政府许可、标准的遵守等,需要根据实际对它们综合判断。而忍受限度与违法性的关联性主要有三:一是忍受限度外→权利滥用→违法性;二是忍受限度内→违法性阻却;三是忍受限度外→违法性。其中第一、三项应当由原告举证,第二项应当由被告举证。②

与忍受限度理论相对,20世纪80年代日本学者开始倡导环境权。环境权论者认为,只要权利(利益)受到侵害就应当在原则上认定加害行为的违法性。与忍受限度理论相比,环境权论认可各种环境损害或干扰妨害现象为不法的可能性要大得多。③ 鉴于环境权并未成为日本法律上的权利,因此日本的公害判例接受了忍受限度理论。该理论也被欧美国家推行(参见第三章第二节)。

三、环境损害的范围从人身、财产损害扩大到生态环境损害

损害即为保护法益所受的不利益,在传统民法上特指原则上可以用金钱来评价的有形损害。其他无形损害诸如非财产上的损害、精神痛苦及其他财产以外的损害则当有法律规定时才可以赔偿。

我国《侵权责任法》规定,侵害民事权益,应当依照本法承担侵权责任(第2条)。

环境损害一般表现为污染环境与破坏生态所造成的民事权益(人身权和财产权)侵害。④ 20世纪80年代以后,各国环境司法实践将环境损害的范围扩大到污染致有

---

① 参见〔日〕西原道雄、木村保男编:《公害法的基础(实用编)》(日文),日本青林书院新社1976年版,第164页。
② 参见〔日〕加藤一郎编:《公害法的生成和展开》(日文),日本岩波书店1968年版,第396页。
③ 参见〔日〕西原道雄、木村保男编:《公害法的基础(实用编)》(日文),日本青林书院新社1976年版,第165页。
④ 需要指出,日本污染防治法律规定实行无过失责任的环境污染损害仅指人体健康损害,不包括财产损害。

形环境要素(自然资源和动植物)的损失,由于直接计算生态损失较为困难,所以各国环境法律实践均将生态破坏的损失以可以量化为恢复环境质量至污染破坏前状态的治理恢复成本或者相关投入作为损失计算。

在我国,1998年《海洋环境保护法》第90条第2款规定,对破坏海洋生态、海洋水产资源、海洋保护区,给国家造成重大损失的,由依照本法规定行使海洋环境监督管理权的部门代表国家对责任者提出损害赔偿要求。《民事诉讼法》和《环境保护法》也将污染环境致环境质量下降和生态效益减低纳入环境公益侵害及公益诉讼的范畴。《生态环境损害赔偿制度改革方案》(中共中央办公厅、国务院办公厅,2017年12月)还将治理污染的成本和修复环境的投入纳入政府生态环境损害索赔的对象(参见第四章第二节)。

四、因果关系的确定实行推定制

(一)因果关系推定的概念

侵权行为中的因果关系,是指加害行为与损害事实之间存在的原因与结果的客观联系。因果关系属于哲学的范畴,传统民法对行为与结果间因果关系的学说众说纷纭。大陆法系国家对因果关系的确定一般采"相当因果关系说",即当同一条件可能发生同种结果的,其条件与其结果之间存在因果关系。[①] 在民事诉讼中,因果关系的适用规则是"谁主张,谁举证",即当事人对自己提出的主张有义务提供证据加以证明。

但在环境损害诉讼中,因果关系除了涉及加害行为与损害之间事实上的因果关系外,还涉及因加害人所致损害而应当予以赔偿的损害对象的范围,以及如何对损害进行金钱评价的问题等。因此,用证据证明加害行为与损害之间的因果关系非常复杂。

20世纪70年代,日本曾发生过举世瞩目的"四大公害判决案",诉讼判决为环境损害确立因果关系推定规则及其证明责任在理论和实践上作出了有益的尝试。所谓因果关系推定,是指被害人在无法提供直接证据证明排污行为与环境损害之间存在因果关系的情况下,被害人可以提供证明因果关系成立的表面证据(或称初步证据),对此加害人不能举证否定的,就推定因果关系存在的证明方法。

我国《侵权责任法》第66条规定:"因污染环境发生纠纷,污染者应当就法律规定的不承担责任或者减轻责任的情形及其行为与损害之间不存在因果关系承担举证责任。"

在我国,实行举证责任倒置并非意味着加害人不承担任何举证责任。依照《关于审理环境侵权责任纠纷案件适用法律若干问题的解释》(最高人民法院,2015年2月)规定,被侵权人根据《侵权责任法》第65条规定请求赔偿的,应当提供证明以下事实

---

① 参见史尚宽:《债法总论》,台湾荣泰印书馆股份有限公司1954年版,第161页。

的证据材料:(一)污染者排放了污染物;(二)被侵权人的损害;(三)污染者排放的污染物或者其次生污染物与损害之间具有关联性(第6条)。

如果污染者能举证证明下列情形之一的,人民法院应当认定其污染行为与损害之间不存在因果关系:(一)排放的污染物没有造成该损害可能的;(二)排放的可造成该损害的污染物未到达该损害发生地的;(三)该损害于排放污染物之前已发生的;(四)其他可以认定污染行为与损害之间不存在因果关系的情形(第7条)。

第三节　环境损害责任的承担

一、承担方式

依照我国法律规定,环境损害的民事责任可以分为具有预防性质的排除危害责任和具有事后补偿性质的赔偿损失与恢复原状责任等两大类。

(一)排除危害的民事责任

排除危害是指由受害人基于人格权或者物权向加害人提出的消除危险、排除妨害和停止侵害等要求的民事救济方式的统称。

在环境损害赔偿案件中,即使适用特殊侵权行为的无过失责任制度,也必须要求受害人有实际的损害发生。虽然这种方法可以在一定程度上弥补受害人的损失,但损害赔偿毕竟属于事后的救济,它并不能弥补或者从根本上修复已造成的人体健康、生命或财产等损失。因而,从预防的观点考察,损害赔偿是一种事后迫不得已的和得不偿失的方法,防范环境污染和生态破坏导致的环境损害较之于损害赔偿更具有积极的事前预防的意味。

因此,从积极预防的角度出发,受到环境污染和生态破坏的干扰或者妨害的人也可以基于人格权或物权等民事权利的规定,向加害人提出排除危害的请求。

在环境污染纠纷中,常常会有对人格权、物权造成或者可能造成侵害的环境危险或妨害的现象。如长期居住于大气污染下风向的居民,经常在有污染物排放的水域(海域)游玩或者饮用受污染的水,长期受到噪声、振动或放射性、电磁辐射以及光照干扰妨害等等,若不排除危害将可能继而直接造成环境损害的实际发生。

1. 基于人格权侵害的排除请求权

环境污染导致的人格权益侵害,主要包括人身权利和利益的损害。对此,受害人可以依照法律的规定请求加害人消除危险、排除妨害除去侵害,或者采取措施防止潜在、可能的侵害实际发生。

由于各国的环境污染防治立法均容忍一定的环境污染和其他公害,为此企业在政府许可的范围内向环境排放污染物属于合法生产经营活动的一部分。对此,公民也有义务予以忍受(参见第三章第二节)。

然而,环境污染对人体健康的侵害是渐进性的,特别是长时期暴露于较低浓度的污染物或者能量之下的人就可能存在健康损害的风险。这种健康损害既可能是改变人体基因、细胞结构或者免疫系统而致畸、致癌和致突变,也可能是直接导致某种疾病、加重某种疾病或者诱发某种疾病。因此,即使侵权行为上的实际损害尚未发生,但只要科学知识认为加害行为存在着某种环境风险的可能性,而加害人又不能通过确定的事实否定这种可能性的,不论加害人是否存有过失、不论污染物的排放是否达标,受害人都有权请求排除危害。

此外,在已经发生环境损害的场合,为避免日后以同样的原因再次发生环境损害的现象,受害人以及尚未遭受具体环境损害的其他人也可以提出排除危害的请求。

2. 基于物权侵害的请求权与不作为请求权及其排除

需要指出,最高人民法院2015年2月在《关于审理环境侵权责任纠纷案件适用法律若干问题的解释》第18条特别规定"相邻污染侵害纠纷……不适用本解释"。在许多情况下,环境损害是由于企业排放污染物造成对他人物的侵害,或者是基于不动产的相邻关系产生的。因此,受害人也可以基于物权侵害的请求权与不作为请求权请求排除危害。

物权法上的物上请求权,是指物权人在其权利遭受侵害,或者有被侵害之虞时,基于物权而请求特定侵害人恢复其物权的原始状态或侵害危险产生之前状态的权利。

我国《物权法》第七章确立了相邻关系的基本准则,对不动产权利人与相邻各权利人有关用水、排水和自然流水利用、相邻土地以及建筑物的利用、建造建筑物不得妨碍相邻建筑物的通风、采光和日照等作出了明确规定。第90条还专门规定:"不动产权利人不得违反国家规定弃置固体废物,排放大气污染物、水污染物、噪声、光、电磁波辐射等有害物质。"

在与不动产使用相关的相邻环境妨害问题方面,当不动产上设施设备的使用权人行使权利构成对相邻人的实质性干扰或者妨害时,相邻人有权向使用权人提出不作为请求以排除妨害。

最近十年,景色观瞻权作为相邻权之一为人们所主张。景色观瞻权的权利基础在于随社会经济的发展,相邻关系的内涵在不断扩张,土地的立体化利用导致不动产建筑物向高空发展,与此相适应,新的相邻权种类不断出现,而且向立体化趋势发展。相邻权不仅涉及地上权,而且涉及空中权、景色观瞻权等新的所有权人的利用权益。另外,景色观瞻权属于空间地役权的范畴,现代人类不断开发利用空间,使空间权具有独立价值,成为一项独立的民事权利。按照物权法原理,凡是具有独立价值并能够排他性支配的物,均可成为物权客体。因此,将景色观瞻权作为空间地役权的一种,其产生与确立乃是社会发展的客观要求使然(参见第三章第二节)。

(二)赔偿损失与恢复原状的民事责任

一般情况下,环境污染损害承担民事责任的适用赔偿损失的方式较多,而自然生态破坏承担民事责任的方式除赔偿损失外,适用恢复原状方式的场合更多。

1. 赔偿损失

赔偿损失,是指在环境损害发生之后,由受害人基于损害赔偿请求权向加害人提出赔偿损失要求的民事救济方法。

(1) 污染环境的赔偿责任

本书所谓污染环境损害,是指由法律规定的环境污染危害、污染环境造成他人损害以及对周围环境有高度危险的作业造成他人损害等致人损害的环境损害。实践中主要表现为大气、水、海洋、固体废物、土壤和化学物质使用管理不当等造成的环境污染危害,以及噪声或振动、放射性物质、电磁辐射、光照等造成环境损害的现象。

污染环境导致受害人人身、财产损失的,受害人可以通过民事诉讼程序向人民法院起诉,请求加害人赔偿损失。需要注意的是,在举证责任方面,受害人应当向法庭提交加害人向环境排放了污染物、该污染物与受害人的某种环境损害存在一定的因果关系以及受害人实际所受损害的事实等证据。而被告(加害人)否认的,应当就法律规定的免责事由及其行为与损害结果之间不存在因果关系提供证据。需要指出的是,达标排放污染物不能成为加害人造成环境污染危害的免责事由。

(2) 复合污染与连带责任

复合污染(combined pollution),是指数个企业排放相同的污染物造成环境污染,或者数个企业排放的不同污染物在环境中结合并发生性状改变成为二次污染物并造成环境污染的现象。在许多场合,环境污染侵害并非单一企业排污所致。如河流的上游有数家排污企业,当污染物造成下游渔业损害时,其原因可能是上游数家企业排污共同所为。

从民法原理分析,当数人共同不法行为致他人损害时,应当认定共同因果关系存在而由各人对全部损害承担连带赔偿责任,即为共同侵权责任。

在大陆法系国家,有共同危险行为之说,即在数人均存在侵权行为但不知谁为加害人时,将其视为行为人之间存在着共同的关联性,而作为共同危险行为适用共同侵权行为的规定。例如,当 A、B、C 三家工厂之间存在着共同的关联性时,即使 A 排放的污染物与损害之间存在个别的因果关系不能被证明,而三家工厂共同行为与损害之间的因果关系可以被证明的话,那么 A 依然应当就共同行为承担损害赔偿责任。

依照我国《侵权责任法》的规定,二人以上实施危及他人人身、财产安全的行为,其中一人或者数人的行为造成他人损害,能够确定具体侵权人的,由侵权人承担责任;不能确定具体侵权人的,行为人承担连带责任(第 10 条)。二人以上分别实施侵权行为造成同一损害,每个人的侵权行为都足以造成全部损害的,行为人承担连带责任(第 11 条)。最高人民法院 2015 年 2 月在《关于审理环境侵权责任纠纷案件适用法律若干问题的解释》中规定,下列请求人民法院应予支持:第一,两个以上污染者分别实施污染行为造成同一损害,每一个污染者的污染行为都足以造成全部损害,被侵权人请求污染者承担连带责任的;第二,两个以上污染者分别实施污染行为造成同一损害,每一个污染者的污染行为都不足以造成全部损害,被侵权人请求污染者承担责任的;第三,两个以上污染者分别实施污染行为造成同一损害,部分污染者的污染行为足以造成全部损害,部分污染者的污染行为只造成部分损害,被侵权人请求足以造成全部损害的污染者与其他污染者就共同造成的损害部分承担连带责任,并对全部损害承担责任的(第3条)。

(3) 复合污染与分割责任

在复合污染出现的场合,还存在着分割责任的问题。即在发生复合污染损害时,当无论原因大小所有加害人都应当承担连带赔偿责任时,就存在着对在损害的原因中占比例较小的企业的不公平问题。因此,若能明确每个共同加害行为人所占的比例,就可以减轻行为人因赔偿请求所应负担的金额(比例)。受害人在主张共同侵权行为时,若被告方面的某个企业可以证明自己行为所致损害的范围就应当在其限度内承担责任。

依照我国《侵权责任法》的规定,二人以上分别实施侵权行为造成同一损害,能够确定责任大小的,各自承担相应的责任;难以确定责任大小的,平均承担赔偿责任(第12条)。此外,第67条还特别规定:"两个以上污染者污染环境,污染者承担责任的大小,根据污染物的种类、排放量等因素确定。"依照最高人民法院2015年2月《关于审理环境侵权责任纠纷案件适用法律若干问题的解释》的规定,两个以上污染者污染环境,对污染者承担责任的大小,人民法院应当根据污染物的种类、排放量、危害性以及有无排污许可证、是否超过污染物排放标准、是否超过重点污染物排放总量控制指标等因素确定(第4条)。

(4) 民用核设施污染事故责任

我国《侵权责任法》第70条规定:"民用核设施发生核事故造成他人损害的,民用核设施的经营者应当承担侵权责任,但能够证明损害是因战争等情形或者受害人故意造成的,不承担责任。"这里所谓的"战争等情形"应当指不可抗力因素。

2017年《核安全法》继而规定,因核事故造成他人人身伤亡、财产损失或者环境损害的,核设施营运单位应当按照国家核损害责任制度承担赔偿责任,但能够证明损害是因战争、武装冲突、暴乱等情形造成的除外。核设施营运单位应当通过投保责任保险、参加互助机制等方式,作出适当的财务保证安排,确保能够及时、有效履行核损害赔偿责任(第90条)。其中,为核设施营运单位提供设备、工程以及服务等的单位不承担核损害赔偿责任;核设施营运单位与其有约定的,在承担赔偿责任后,可以按照约定追偿。

2. 恢复原状

恢复原状,是承担民事责任的主要方式之一,一般指恢复权利被侵害前的原有状态。

环境法上的恢复原状,往往与物权法上作为物权请求权使权利人恢复对物的原有的支配状态,或者合同法上通过恢复原状使当事人的权利义务状态达到合同订立前的状态以及侵权法上通过修理、重作、更换等方式使权利人的损失得以补偿等的恢复原状不同,其要恢复的范围不仅仅是将环境、资源恢复到权利被侵害前的原有状态,而且还包括对因环境资源损害所导致的生态系统服务价值与功能丧失的恢复。因此,在国内外环境损害承担恢复原状责任的实践中,当原地恢复原状已经不可能时,还可以责令加害人在异地采取以同等程度修复环境的方式承担恢复原状的责任。

二、免责事由

(一)阻却违法性事由与无过失责任的免责条件

在环境损害的民事诉讼中,通常只需原告提供证据证明权利侵害事实的存在,而当被告没有任何证据证明其行为阻却违法事由存在时,就不能免除责任的承担。

阻却违法性事由,在我国也称民事责任的免责事由,是指在符合侵权行为构成要件的条件下,可以免除或者减轻行为人赔偿责任的正当事由。从民法原理考察,对他人权利侵害的行为即具有违法性,理所当然就应当由行为人对此承担相应的民事责任。然而,即使是在实行过错责任原则的条件下,也存在着一些因行为阻却违法性而应当免责的事由。由于无过失责任无须对加害人过失予以立证,所以在适用上有对加害人责任加重的趋势。如果不规定免责事由就可能造成无过失责任制度的滥用。因此,在实行无过失责任制度时必须对可能加重加害人责任的情形予以限制。

在各国环境立法中,有关阻却违法性事由主要列举了第三人责任、受害人自身责任以及不可抗力为免责事由。

1. 第三人责任

第三人是指除加害人、受害人以外的其他人。《侵权责任法》第 28 条规定:"损害是因第三人造成的,第三人应当承担侵权责任。"第 68 条规定:"因第三人的过错污染环境造成损害的,被侵权人可以向污染者请求赔偿,也可以向第三人请求赔偿。污染者赔偿后,有权向第三人追偿。"

鉴于第三人造成环境污染侵害的确认通常需要较长时间,而对被害人的民事救济又属当务之急,所以我国《水污染防治法》也规定,水污染损害是由第三人造成的,排污方承担赔偿责任后,有权向第三人追偿(第 96 条第 4 款)。这一规定实际上也表明,即使第三人无法认定,排污方也有义务先行承担赔偿责任。最高人民法院 2015 年 2 月在《关于审理环境侵权责任纠纷案件适用法律若干问题的解释》中规定,被侵权人请求第三人承担赔偿责任的,人民法院应当根据第三人的过错程度确定其相应赔偿责任(第 5 条)。

另外《海洋环境保护法》第 91 条还规定,负责灯塔或者其他助航设备的主管部门,在执行职责时的疏忽,或者其他过失行为对海洋环境造成的污染损害,虽经及时采取合理措施仍然不能避免的,造成污染损害的有关责任者免予承担责任。

2. 受害人责任

在我国,由受害人自身原因造成的环境污染侵害时有发生。是否由受害人承担责任要根据受害人的主观过错程度进行判断。我国《水污染防治法》第 96 条第 3 款规定:"水污染损害是由受害人故意造成的,排污方不承担赔偿责任。水污染损害是由受害人重大过失造成的,可以减轻排污方的赔偿责任。"也就是说,如果水污染损害是由受害人一般过失造成的,排污方应当承担全部赔偿责任。这里的立法意图很明显,就是排污方对排污行为可能造成的水污染损害负有严格的注意义务,即使损害发生与受害人的一般过失有关也不能完全适用过失相抵的原则。

3. 不可抗力

不可抗力指不能预见、不能避免并不能克服的客观情况,包括某些自然现象,如地震、台风等;也包括某些社会现象,如战争等。因不可抗力造成他人权利侵害的,一般不承担民事责任。在日本,环境污染防治立法规定,当损害是由于天灾或其他不可抗力[1]竞合所致的,并不全部免除污染者的责任,但法院可以在确定责任程度和赔偿数额时将此项竞合作为酌定情节考虑。

我国《侵权责任法》第 29 条规定:"不可抗力造成他人损害的,不承担责任。法律另有规定的,依照其规定。"《海洋环境保护法》第 91 条规定,完全属于战争、不可抗拒的自然灾害对海洋环境造成污染损害,"经过及时采取合理措施,仍然不能避免对海洋环境造成污染损害的,造成污染损害的有关责任者免予承担责任。"

《水污染防治法》第 85 条第 2 款也规定:"由于不可抗力造成水污染损害的,排污方不承担赔偿责任;法律另有规定的除外。"2007 年《国务院关于核事故损害赔偿责任问题的批复》第 6 条也规定:"对直接由于武装冲突、敌对行动、战争或者暴乱所引起的核事故损害,营运者不承担责任。"

最后需要说明的是,无过失责任不适用于企事业单位的从业人员。因为从业人员与企事业单位之间属于契约关系,他们同为企事业活动(排污行为)的施行者,其所受损害也应当由劳动法规定。因此,不能将从业人员与第三人或者受害者同等地对待。但是,当从业人员是以第三人的身份出现而遭损害时,仍可以适用无过失责任的规定。

(二) 关于环境损害过程中的自卫行为

1. 自卫行为的性质

自卫行为也称自助行为、自力救济,是指权利人为保护合法权益,在情事紧迫而又不能及时请求国家机关予以救助的情况下对他人财产或者自由采取的扣押、拘束或其他措施而为法律或公共道德所许可的行为。

通常情况下,自卫行为是对正当防卫、紧急避险、自助行为等介于适法与违法行为之间行为的总称。当法律对自卫行为有明确免责规定时,行为人不负损害的赔偿责任。由于正当防卫和紧急避险已为我国法律所认可,因此不再赘述。本书在此只

---

[1] 依日本的学理解释,"天灾"或"不可抗力"包括战争、社会动乱两大类型。而第三人的行为可视为"例外的不可抗力"。参见〔日〕金泽良雄监修:《注释公害法大系(三)》(日文),日本中央法规出版株式会社 1984 年版,第 195 页。

对环境损害过程中的自卫行为进行一些必要的讨论。

与正当防卫和紧急避险相比,自卫行为保护的是自己的权利,而不包括保护他人的权利;自卫行为在实施前,加害人与自卫行为人之间已经形成了侵权行为关系。

在民法中,构成自卫行为须同时具备五个条件:一是须为保护自己的合法权益;二是须情事紧迫而又不能及时请求国家机关予以救助;三是自助方法须为保障请求权所必须;四是须为法律或公共道德所许可;五是不得超过必要的限度。①

2. 环境损害过程中自卫行为的行使

结合环境损害的不同加害状况分析,本书认为,应当按照物权法原理以受害人不得实施自力救济为原则,自卫行为为例外。这是因为,合法行为下的环境损害一般经历的时间较为漫长,而且排污企业经常处于环境主管部门的监管之下,因此有可能导致自卫行为产生的情事紧急状态一般只会发生于突发性环境事件场合。此时,可能造成突发性环境污染侵害的单位或个人首先应当依法启动应急处理预案的程序。

我国《环境保护法》第 57 条规定:"公民、法人和其他组织发现任何单位和个人有污染环境和破坏生态行为的,有权向环境保护主管部门或者其他负有环境保护监督管理职责的部门举报。""公民、法人和其他组织发现地方各级人民政府、县级以上人民政府环境保护主管部门和其他负有环境保护监督管理职责的部门不依法履行职责,有权向其上级机关或者监察机关举报。"本书认为,只有当公民依法履行了举报义务且污染环境和破坏生态行为未被及时查处时,才可以在上述五个条件的限度范围内,以阻止有害危险物品或高浓度污染物向身边环境的排放为限实施自力救济。

当然,应当特别指出的是,认定环境领域中的"自力救济"权并不等于支持过激行为。因政府环境执法不力,造成污染危害长期存在的现象,主要应当通过加强环境保护督察以及司法机关的积极介入加以解决。而制度的缺陷则应当通过法治建设来逐步完善,并不当然赋予公众实施过激行为的权利。

从环境权益侵害的角度分析,由于环境污染属于政府公权力控制的范畴,而且污染物的排放也绝非一时可行或一时可止。因此,在环境污染场合实施自助行为可能侵害他人的合法权利,为此,应当注意结合环境损害的紧迫性以及自身合法权益的重要性来权衡利弊,谨慎地实施自助行为。

三、诉讼时效与赔偿责任社会化

(一)环境损害赔偿诉讼的时效

由于环境污染侵害具有污染途径广泛、侵害时间漫长以及致害反应不特定等特征,并且原因行为实行后要经过成年累月的时间才会出现损害,因此若将此与普通侵

---

① 参见杨立新:《侵权法论》,人民法院出版社 2004 年版,第 216 页。

权行为在时效上作同样的处理是不合理的。因此各国对于环境损害诉讼的时效规定都比一般规定要长。规定时效的一个重要意义在于减轻诉讼的难度。所以一般情况下民法对时效的规定较为严格,时间较短,一般时效的规定为2年。

我国《环境保护法》第66条规定:"提起环境损害赔偿诉讼的时效期间为3年,从当事人知道或者应当知道其受到损害时起计算。"

(二)污染环境与破坏生态侵权责任与其他侵权责任竞合的法律适用

1. 产品责任

产品责任是一种特殊侵权责任。我国《侵权责任法》第41条规定:"因产品存在缺陷造成他人损害的,生产者应当承担侵权责任。"

现实中有许多环境损害虽由排污者所致,但因其使用的防治污染设施在产品质量上本身就有缺陷而不能达到产品的质量标准和排放标准的要求,这时可能会因责任的竞合而致排污者将责任推向产品的制造、销售者的现象。因此在法律适用上,应当先由排污者承担赔偿责任,然后再行确认产品责任。

2. 高度危险责任

许多环境污染侵害的发生是由于对危险物质的保管不善或者直接从事危险行为所致。对此我国《侵权责任法》也规定了相应的民事责任。

例如,占有或者使用易燃、易爆、剧毒、放射性等高度危险物造成他人损害的,占有人或者使用人应当承担侵权责任,但能够证明损害是因受害人故意或者不可抗力造成的,不承担责任(第72条)。遗失、抛弃高度危险物造成他人损害的,由所有人承担侵权责任。所有人将高度危险物交由他人管理的,由管理人承担侵权责任;所有人有过错的,与管理人承担连带责任(第74条)。非法占有高度危险物造成他人损害的,由非法占有人承担侵权责任。所有人、管理人不能证明对防止他人非法占有尽到高度注意义务的,与非法占有人承担连带责任(第75条)。

3. 动物饲养人责任规定

饲养动物造成的环境污染损害主要来源于恶臭、噪声等对周边居民的干扰和妨害。

我国《侵权责任法》规定,饲养动物应当遵守法律,尊重社会公德,不得妨害他人生活(第84条)。饲养的动物造成他人损害的,动物饲养人或者管理人应当承担侵权责任,但能够证明损害是因被侵权人故意或者重大过失造成的,可以不承担或者减轻责任(第78条)。

(三)赔偿责任的保险与国家对环境污染侵害的兜底责任

1. 环境污染赔偿责任的保险制度

环境污染赔偿责任保险,是指以被保险人因污染环境造成第三人损害依法应当承担赔偿责任为保险标的的保险。该种责任保险目前主要在欧美国家实行,主要有一般赔偿责任保险(general liability insurance)、环境污染赔偿责任保险以及法定污染赔偿责任保险三种形式。

一般情况下，欧美各国的一般赔偿责任保险只承保被保险人因偶然或突发的环境污染所造成污染损害的赔偿责任。至于被保险人因日常排放污染物渐进地污染环境而导致污染损害的赔偿责任则不包含在内。例如，美国保险实务采用的公众责任保险单以及欧洲普遍使用的第三人责任保险单，均将因为废液、废气、废渣等废物的排放或者处理，以及大气、水、土壤等的污染所引起的人身或财产损害等排除于保险范围之外。

20世纪80年代以后，鉴于工业企业的强烈需求，在欧洲国家出现了一种新的保险——环境污染责任保险。该类保险专门将因环境污染产生的赔偿责任作为一种特别的保险形式，起到了弥补一般赔偿责任保险不足的作用。由于各国保险法和环境法有关的规定不同，所以各国对企业保险的要求也不一样。在法国、意大利和荷兰，环境污染赔偿责任保险主要是以再保险（为了分担风险而由保险公司联盟成员集体分担保险）的方式出现的。在德国，1991年颁布实施了《环境损害赔偿责任法》，对拥有高度污染危险设施的企业实行了环境赔偿责任保险制度。

在环境污染责任保险方面，我国曾于20世纪80年代在部分城市（如大连市）试行过环境赔偿责任保险制度。但是，由于中国的政治和经济体制不能实质保障企业真正履行污染控制法律所确立的预防和治理污染的义务，因此环境污染损害的保险制度也未在中国试行成功。

我国法律规定的污染责任保险制度主要有依照《海洋环境保护法》建立的船舶油污保险与油污损害赔偿基金制度。另外，国务院分别于1983年通过的《海洋石油勘探开发环境保护管理条例》、2002年通过的《危险化学品安全管理条例》、2006年通过的《防治海洋工程建设项目污染损害海洋环境管理条例》以及2009年通过的《防治船舶污染海洋环境管理条例》对海洋和内河运输危险化学品船舶领域的环境污染强制责任保险作出了规定。2010年交通运输部还颁布了《船舶油污损害民事责任保险实施办法》。此外，在若干对社会具有高度危险的行业如核能行业等，也参照有关国际条约的规定实施赔偿责任保险。

2007年，按照国务院关于保险业改革的建议，原国家环境保护总局和中国保监会联合发布了《关于环境污染责任保险工作的指导意见》，在全国范围内试点开展了环境污染责任保险工作。2011年国务院在《关于加强环境保护重点工作的意见》中进一步提出"健全环境污染责任保险制度，开展环境污染强制责任保险试点。"为此，2013年原环境保护部和中国保监会联合发布了《关于开展环境污染强制责任保险试点工作的指导意见》，将"涉重金属企业"和"高环境风险企业"纳入强制责任保险的企业试点。2014年《环境保护法》第52条规定："国家鼓励投保环境污染责任保险。"

从国外实施环境污染责任保险的立法和经验看，一般对具有高度环境污染危险的企业实行强制责任保险，而对具有一般污染风险的企业则采取提供担保的方式证明其对环境损害具有相应的补偿能力。目前，我国有关法规对相关环境污染责任保险的规定采用的是"责任保险"与"提供担保"二者选其一的模式。未来在企业开展的环境污染责任保险也将采用强制保险与提供担保相结合的制度。

为贯彻落实《生态文明体制改革总体方案》关于"在环境高风险领域建立环境污染强制责任保险制度"的工作部署,2018年5月生态环境部审议并原则通过的《环境污染强制责任保险管理办法(草案)》,该办法所称环境污染强制责任保险,是指以从事环境高风险生产经营活动的开发利用行为人,因其污染环境导致损害,应当承担的赔偿责任为标的的强制性保险。尽管实施环境污染强制责任保险于法无据,但是对于各地试行环境污染强制责任保险而言还是有章可循的。

2. 国家对环境损害的共同责任与兜底责任

高新科学技术的发展使得社会生产力得以大大提高,与此同时高新技术的推广使用也使严重危害人类和生态安全的环境风险及其发生程度迅速提高。例如,核电虽为最清洁的能源,但一旦发生事故其危害不仅范围广泛、危害深刻,而且环境因此受到的污染也难以在短期内恢复;新化学物质的合成、生产和使用,可能会因其有机性或持续性而对人类生活带来难以消除和高度致害的危险;外来物种的有意引入与转基因制品、克隆制品的不断增多,对地球生态系统的安全也构成了前所未有的巨大威胁。

虽然上述危害环境安全的行为具有潜在的高度致害性,但因其对促进人类社会和经济发展的重大效益、对提高人类发展水平及其质量方面的重大作用,各国依然在安全第一和严格控制的原则下进行研究与开发。

与一般环境污染侵害相比,一旦危害环境安全的结果成为现实,其巨大的社会、经济效益将在短期内迅速被其造成的深刻环境损害全部抵消,而且不投入更多的人力、物力就不可能遏制或者减少继而造成的其他侵害。问题在于,当企业或者利用人不能以其财产或者责任保险承担全部已经发生或者潜在的损失时,应当由谁、通过何种途径承担如此巨大的责任呢?

这一点,美国1980年制定的《超级基金法》作出了有益的尝试。该法为了清除污染和恢复原状设立了"危险物质信托基金"(即超级基金)。在该法施行后美国确立了总数为16亿美元的初始基金,其中联邦财政拨款2.2亿美元,其他由企业交纳的专门税补充。1988年在《超级基金修正与再授权法》(Superfund Amendment and Reauthorization Act)中将基金的数额增加到85亿美元。

站在立法者的角度看,以提高人民福祉的公益为由批准实行危害环境安全行为的公权力主体和在合法条件下从事危害环境安全行为的主体,均是危害环境安全行为的制造者。对此,德国学者指出,没有任何理由使国家在环境法中有被赦免的特权,这也符合秩序法原则中的高权行使者之实体法上责任。[①]

我国《宪法》明文规定环境保护是国家的基本责任,政府也将环境保护纳入基本

---

① 参见陈慈阳:《环境法总论》,台湾元照出版有限公司2000年版,第254页。

国策的范畴。所以,在实行全民所有制的中国,更应当明确在企业或者利用人不能承担全部已经发生或潜在的损失时,由国家承担清除环境危害和救助被害的兜底责任。

第四节 环境纠纷的行政处理

一、环境纠纷行政处理的意义

环境纠纷,是指从事排污行为和开发资源行为造成环境和生态系统的不良影响或不利改变,影响或危害他人合法权益从而在当事人之间产生的侵权纷争。如前所述,现代社会所有环境利用行为都依法受环境或资源主管部门的管制,而且环境纠纷的发生既有违法行为,也有合法行为,因此并非所有环境纠纷都必须通过繁杂的司法程序予以解决。

以行政公权力介入方式或依法以第三方身份参与处理或者调停当事人之间的环境纠纷,是各国解决环境纠纷问题的重要方式之一。与司法程序相比,环境纠纷的行政处理具有如下优点。

首先,环境管理主要是由国家行政机关通过公权力实施的。对于危害环境的行为,无论是环境容量利用行为还是自然资源开发行为,它们都被依法置于公权力管制之下,必须事前向行政机关申请并获得许可才能进行。此外,在环境与资源管理的法律制度中还分别对环境利用行为规定了规划、评价、许可、监督检查以及行政处罚等措施。因此环境损害虽发生于加害人与受害人之间,但它与环境主管部门实施的管理活动有着非常密切的关系。

其次,从国家权力分立的角度看,法律一般将国家专门、具体事务的权力授权行政机关行使。因此,对于法院法官而言,他们不可能对各种基于科学技术发展而出现的新事物、新问题一一了如指掌。即使将环境损害提交司法机关处理,也会因环境损害因果关系的专业性而需要向政府主管部门与专业人士咨询。与此相反的是,环境或资源主管部门不仅拥有具备专门知识的管理人员和科学家,而且它们还建立有一系列的规章制度,通过监督监测的方法掌握管辖范围环境质量状况、资源利用情况以及企事业单位的开发利用资源情况和生产经营与排污情况等,并且对治理污染的技术方法也比较了解。

最后,行政处理的方法在程序上比在司法机关进行诉讼处理的方法简单易行。因此从当事人的角度看,通过行政手段来处理解决环境纠纷也是当事人乐于接受的简易、方便的方式。所以当发生环境纠纷时,环境或资源主管部门比未掌握专门科学技术知识的司法机关更能迅速、准确地处理和解决纠纷,减少当事人的讼累(参见第四章第二节)。

二、环境纠纷与自然资源纠纷的区别

在中国的自然资源立法中,还存在着与环境纠纷相类似的自然资源纠纷,有关自然资源法律法规也规定可以由资源主管部门予以处理。

第一,在纠纷的形式上,环境纠纷主要是由于企事业单位或个人在生产经营活动中排放污染物造成他人人身、财产受到损害或者受到侵害危险,而产生的有关消除危险、排除妨害、赔偿损失等的纠纷等。而自然资源纠纷是指在开发、利用、保护、营造自然资源的社会、经济活动中所发生的纠纷。[①]

第二,在纠纷的性质上,环境纠纷包括因特殊侵权行为引发的赔偿责任纠纷、或者是基于土地所有权、人格权而产生的邻里间消除危险或排除妨害的纠纷。而自然资源纠纷主要有自然资源的权属争议纠纷(即有关自然资源所有权或使用权归属的纠纷)以及利用自然资源的民事纠纷(即有关权属主体之间因利用自然资源产生的纠纷)。

第三,在纠纷的主体上,环境纠纷主要涉及当事人之间的权益争议,尤其是涉及受害人一方基本权利(如生命健康权)问题的纠纷。而在自然资源纠纷中,由于我国的自然资源属于全民所有,因此纠纷主要局限于行政机关依法赋予自然资源利用行为人的占有权、使用权等内容,还有一部分自然资源的纠纷是源于当事人之间对自然资源所采取的补救方式的意见不同而产生,有些补救措施还与自然资源立法规定的行政处罚措施相结合。

第四,在纠纷的处理程序和效力上,环境纠纷的行政处理程序是可供当事人选择的程序,而不是法定的必经程序,环境损害的行政处理结果并不直接产生法律效力。而自然资源纠纷的行政处理则是自然资源立法规定的前置程序并适用"处理决定先行执行"的原则。

三、环境纠纷的行政处理方式

(一)环境纠纷行政调解处理的对象、程序与方法

在国外,许多国家都可以通过行政的方法解决环境纠纷,如企业与地方政府事前签订环境协议就是一种非常普及的预防和处理可能的环境纠纷的方式(参见第三章第三节),以及通过立法规定环境损害的行政处理或仲裁处理方式。

在我国,环境立法尚未就进行中的环境纠纷处理作出程序性规定,只是对已经发生的环境污染损害规定了行政调解的条款。例如,《大气污染防治法》《固体废物污染环境防治法》《环境噪声污染防治法》以及《水污染防治法》都规定,赔偿责任和赔偿金额的纠纷可以根据当事人的请求,由环境主管部门调解处理;调解不成的,当事人可

---

① 参见肖乾刚主编:《自然资源法》,法律出版社1992年版,第247页。

以向人民法院起诉。当事人也可以直接向人民法院起诉（参见第四章第二节）。①

现就上述规定的主要内涵结合其他法律的相关规定及其适用上的问题分述如下。

第一，行政调解处理的对象仅限于环境污染危害中赔偿责任和赔偿金额的纠纷。在我国，并非任何环境纠纷都可以申请行政调解处理。因为赔偿责任和赔偿金额的纠纷只适用于环境污染危害的直接受害人，所以当环境污染危害未造成他人实际损害发生时就不能适用这一规定。

第二，须当事人向环境主管部门或其他环境行政机关申请。依照单项污染防治法律的规定，当事人向环境行政机关申请，并不限于加害人和受害人需要达成请求处理的合意。

第三，行政调解处理的方式是以第三人的身份居中调解，依调解达成的一致并非行政决定行为。所以调解不成，或者一方当事人未按照调解协议履行的，当事人应当向人民法院提起民事诉讼。

第四，行政调解处理并非诉讼前的必经程序。从本质上说，环境污染损害赔偿纠纷属于当事人之间的民事纠纷，应当依照民事诉讼程序谋求司法途径解决。正是由于环境主管部门对环境污染危害损害赔偿纠纷的行政调解处理具有许多优点，因此我国单行污染控制法律才对环境污染纠纷当事人规定了两种处理程序：一是当事人可以申请环境主管部门调解处理，对处理决定不服的，应当另行向人民法院提起民事诉讼；二是当事人也可以直接向人民法院提起民事诉讼。

鉴于我国现行环境立法对环境纠纷行政调解处理的对象规定仅限于赔偿责任和赔偿金额的纠纷，因此对于广泛发生的其他环境纠纷，特别是环境妨害纠纷，受害人也可以依照国务院2005年通过的《信访条例》通过信访的方式解决纠纷，也可以直接向环境主管部门投诉。

（二）环境纠纷行政调解处理的主管部门及其管辖范围

依照我国单项污染防治法律的规定，环境纠纷既可以由环境主管部门处理，也可以由其他依法行使环境监督管理权的部门处理。

一般情况下，大气污染、水污染、环境噪声污染、土壤污染以及固体废物污染等环境纠纷，依照相关污染防治法律规定由环境主管部门处理。目前环境主管部门主要是运用调解手段处理环境纠纷，所以当事人不服环境主管部门的调解结果的，可以另

---

① 环境污染防治单行法律的这一规定源于1989年《环境保护法》第41条第2款的规定："赔偿责任和赔偿金额的纠纷，可以根据当事人的请求，由环境保护行政主管部门或者其他依照本法律规定行使环境监督管理权的部门处理；当事人对处理决定不服的，可以向人民法院起诉。当事人也可以直接向人民法院起诉。"由于实践中对"处理"二字的性质有"裁决说"和"调解说"之分，为此原国家环境保护局于1991年11月曾向全国人大法律工作委员会请示，认为"处理"在性质上属于行政机关居间对当事人之间的民事争议的调解处理。1992年1月全国人大法律工作委员会办公厅作出答复称同意国家环境保护局的意见。1989年以后，全国人大常委会制定的单行污染防治法律中均就当事人可以就赔偿责任和赔偿金额的纠纷请求环境主管部门等作出"调解处理"的定性规定并适用。有鉴于此，2014年修订的《环境保护法》未再就调解处理作出规定。

一方当事人为被告向人民法院提起民事诉讼。

按照我国《水污染防治法》和《海洋环境保护法》的规定,渔业污染事故或者渔业船舶造成水污染、海洋污染给渔业造成损害的,由事故发生地的渔业主管部门负责处理。其他船舶造成水污染事故的,由事故发生地的海事管理机构调查处理;给渔业造成损害的,海事管理机构应当通知渔业主管部门参与调查处理。

渔业主管部门负责保护渔业水域生态环境工作,并调查处理前款规定的污染事故以外的渔业污染事故。

对于跨行政区域的环境污染和生态破坏纠纷,《环境保护法》和污染防治法律规定由有关地方人民政府协商解决,或者由上级人民政府协调解决。

第十四章 导教导学

第十四章 环境公益诉讼

第一节 概 述

一、环境公益诉讼的概念

环境公益诉讼(environmental public interest litigation),是一种允许与争议案件无直接利害关系的原告出于保护环境公益的目的、以行政机关或者环境利用行为人为被告向法院起诉的行政诉讼或者民事诉讼。由于环境公益诉讼多数是由公众或者非政府环保组织为了环境公益作为原告提起的,因此也称公民诉讼(citizen suits)。

环境公益诉讼制度产生于20世纪70年代。该制度的产生与现代国家公权力的扩张和人民对政府为谋求经济利益而牺牲环境利益的不信任情绪密切相关。由于环境保护关系到广大公众的健康及其享受优美、舒适环境的利益,因此环境公益诉讼制度在各国环境保护领域的适用范围非常广泛。诸如针对政府不当审批行为、进行中的企业危害环境行为等。

在美国,联邦环境法律均规定有"公民诉讼"条款。例如《清洁空气法》第4条规定"任何人均可以自己的名义,就该法规定的事项,对包括美国政府、政府机关、公司和个人等在内的任何人提起诉讼。"这里的"任何人",既包括公民个人又包括代表其成员利益的组织以及州政府等。

美国环境立法设立"公民诉讼"条文的目的在于保证联邦和各州的行政机关积极履行其职责并补充其资源的不足。[1] 而在法国,环保团体针对国家环境行政机关不法造成环境破坏的行为提起诉讼是遏制由于行政因素造成环境破坏的一种非常重要的形式;在德国,通过对公民可寻求行政诉讼救济的利益范围由"法定权利"向事实上的利益延伸,以撤销之诉和课以义务之诉等行政诉讼实现公益诉讼,当原告值得保护的个人利益被任意忽略或被认为属于基本权的权利受到严重侵害而不能忍受时,关系人即可提起行政诉讼[2];在日本,公民为维护自己的环境权益也可以依照行政诉讼程序对政府机关提起"民众诉讼",或者以纳税人身份就政府在环境保护领域有侵害个人或者公益等行为提起行政诉讼。

---

[1] Harold Feld, "Saving the Citizen Suit: the Effect of Lujan v. Defenders of Wildlife and the Role of Citizen Suits in Environmental Enforcement", 19 *Colum. J. Envtl. L.* 141 (1994).

[2] 王明远:《环境侵权法律救济制度》,中国法制出版社2001年,第110页。

比较各国实行的环境公益诉讼,它们具有如下三方面的共同特征:

第一,环境公益诉讼的原告不是以个人权益受到侵害提出主张。与传统私益诉讼中"无利益则无诉权"不同,在环境公益诉讼的场合,原告提出诉讼并非基于个人利益受到侵害,而是希望保护因政府机关不当决策或开发利用环境行为可能带来环境公共利益的侵害。

第二,环境公益诉讼具有显著的预防作用。与私益诉讼相比,环境公益诉讼的诉因未必一定要有损害事实发生,只要合理判断某种行为有危害环境利益的可能即可由潜在的受害人(公众及其团体)提起诉讼。

第三,环境公益诉讼并非独立的诉讼领域,而只是一种与原告资格认定相关的诉讼方式和手段。环境公益诉讼既可以采用行政诉讼方式,也可采用民事诉讼方式进行。但从世界各国法律实践分析,行政诉讼的方式在环境公益诉讼中较为多见。

二、环境公益诉讼兴起的缘由

从预防环境损害发生的角度分析,鉴于人类环境利用行为具有社会有用性、价值正当性、行为合法性和损害的不可避免性,公众不可能等待正在来临的环境损害成为现实后再行使私权利谋求事后的救济,因而事前采取措施遏制污染和破坏行为导致公共环境的侵害就成为一个现实性的问题。于是,环境损害救济的实践开始表现为从个人主义法理向社会本位法理过渡,出现了环境权利社会化的趋向。这种趋向以公众享有实体和程序的环境权为理论,进而发展成为一种公众参与环境决策的权利以及针对公共环境权益危害而可以提起诉讼的权利。实践证明,环境公益诉讼是一种源于公众的、事前遏制环境损害发生的有效手段。

环境公益诉讼是对传统"诉的利益"观念的突破。传统诉讼法理论认为,"诉的利益"是构成诉权的必要要件。而从环境损害的一般因果关系论之,环境污染和破坏并非必定造成他人私权利的侵害,而环境损害的发生又必然要以环境污染或破坏造成公共环境质量与功能的下降为前提。因此在渐进性环境损害的场合,公益与私益的界限不可能严格、绝对地予以区分并分别主张,许多权利义务的内容及权利主体的外延界限也显得非常模糊。当公民个人以公共环境权益遭受侵害为由提起诉讼时,若以传统的诉的利益的观念进行审查,就可能会不承认其具有诉的利益。因此对于诉的利益的衡量,不仅应从其消极的功能角度考量,也应从其积极的功能的角度来进行。为此,有必要突破只有诉的利益的主体才能成为具体案件当事人的旧有思维模式,在针对侵害社会公共利益的诉讼中,将利益归属主体与利益代表主体区分开来,承认诉讼当事人不是直接利害关系人,而是利益的代表主体。

德国学者认为,所有的国家权力都必须尊重和保护人性尊严以及公民的基本权利,为此可以导出国家对公民基本权利的保护义务。对此,应当通过立法以便公民行使权利阻止基本权利被侵害的危险出现。以宪法基本权防卫环境污染,是因为国家作为污染者为污染行为之许可及监督机关,在许可及监督下可能因此危害第三人。

基本上,造成第三人侵害的污染许可的发放都涉及公法上的相邻诉讼。① 具体而言,需要通过专门环境立法对"排污者—受害人—行政机关"这种三角形的法律关系进行全面调整,也即承认任何与环境有利益关系的公众或团体均享有诉讼权利,他们可以分别选择民事诉讼或者行政诉讼程序保障合法环境权益的实现(参见第三章第二节)。

鉴于我国经济发展过程中环境污染与生态破坏现象愈演愈烈,我国《民事诉讼法》第 55 条规定确立了民事公益诉讼制度,规定"法律规定的机关和有关组织"可以提起诉讼。2014 年修改的《环境保护法》第 58 条又具体规定:"对污染环境、破坏生态,损害社会公共利益的行为,符合下列条件的社会组织可以向人民法院提起诉讼:(一)依法在设区的市级以上人民政府民政部门登记;(二)专门从事环境保护公益活动连续 5 年以上且无违法记录。"第 58 条第 3 款还特别规定:"符合前款规定的社会组织向人民法院提起诉讼,人民法院应当依法受理。"

2017 年全国人大常委会修改《民事诉讼法》和《行政诉讼法》,赋予检察机关提起民事公益诉讼和行政公益诉讼的主体资格。

三、环境公益诉讼的特点

(一)原告资格放宽

环境公益诉讼制度的创新之处,在于以法律明文规定的方式允许"任何人"针对违反环境法律的行为提起诉讼。其结果破除了传统诉讼中只有与诉讼标的有直接利害关系的人方可作为原告提起诉讼的限制,将公益引入诉讼从而淡化了利害关系的因素。所以原告资格的确立是环境公益诉讼的最关键问题(参见第三章第二节)。

在美国,环境公益诉讼的判例表明,对原告资格的确认是以原告与被侵害的环境要素之间存在某种具体的"合理的关联"为条件的。美国的公众和环保团体还可以与濒危物种一道成为诉讼的共同原告。在法国,团体环境诉讼的诉讼利益,是指特定团体的整体或团体中部分成员的整体利益,它既不同于个别成员的利益、也不同于社会整体的利益。因此具有团体诉讼资格的"团体"必须事先经行政许可设立才能确认团体资格以参与环境行政或环境民事诉讼。在日本,公众若以撤销行政机关的决定为由提起取消诉讼的话,原告必须是在请求取消处分上享有"法律上的利益"的人。作为原告资格的标准有二:一是具有因环境破坏遭受实质性损害的盖然性;二是该利益已经受到法律的保护。

在我国,《民事诉讼法》对环境民事公益诉讼的主体资格也放宽为"法律规定的机关和有关组织"即包括"法律规定的机关"和"有关组织"两大类,前者如《海洋环境保护法》第 90 条第 2 款规定的"依照本法规定行使海洋环境监督管理权的部门"。

2014 年修改的《环境保护法》并没有作出赋予行政机关原告资格的规定。这是

---

① 参见陈慈阳:《环境法总论》,台湾元照出版有限公司 2000 年版,第 256 页。

因为,我国行政强制法对环境污染规定了代履行制度。环境主管部门可以责令污染者治理污染、恢复原状。当污染者不履行或者不能履行时,环境主管部门可以代履行或者委托他人履行,其费用由污染者负担。为此,环境主管部门无需通过环境民事公益诉讼的方式对污染者起诉。另有意见认为,环境主管部门是国家利益的代表,其为国家利益提起的损害赔偿之诉属于普通的民事诉讼,而不是公益诉讼。为此,行政机关提起涉及环境案件的诉讼应当依照有关法律的规定执行。①

不过,在环境民事公益诉讼以外,2015年12月由中办、国办印发的《生态环境损害赔偿制度改革试点方案》中,将国务院授权的地方省级政府作为本行政区域内生态环境损害赔偿权利人,将违法造成生态环境损害者作为赔偿义务人,在部分地方试点实行了生态环境损害赔偿责任制度。2018年生态环境损害赔偿制度改革开始在全国全面试行。按照2017年《生态环境损害赔偿制度改革方案》的要求,下一步修改法律时,"法律规定的机关"将会扩大到"国务院授权省级、市地级政府(包括直辖市所辖的区县级政府)"和"国务院直接行使全民所有自然资源资产所有权的部门"(参见第四章第二节)。

(二)行政与民事环境公益诉讼并举

从各国环境公益诉讼的类型上看,环境公益诉讼可分为两大类,第一类是以环境行政机关为被告,主张其违反法定义务或者疏于管理义务而请求撤销环境行政机关的决定;第二类是以企业为被告通过民事诉讼请求加害人停止侵害。

在美国,由于不存在民事诉讼和行政诉讼的区别,只要公民及其环保团体以及政府司法部门等认为政府决策或者企业开发行为可能侵害环境公益,就可以自己的名义向有管辖权的法院提起环境公益诉讼。

在日本,由受害人公众提起的坏境行政诉讼主要是取消诉讼类型。因这种诉讼是以给予第三人许可认可等为对象的诉讼,所以也称为第三人诉讼。此外,日本还有居民对区域用途的指定及其变更等行政机关决定的土地利用计划提出不服,请求取消该计划的诉讼。此外,在事前预防环境和生态破坏的场合,地域居民较多运用居民诉讼来实现。居民诉讼则以地方政府违法财务会计行为为对象,适用于地方政府为治理污染而支出了不必要费用的场合,以及居民通过居民诉讼的程序代替地方政府追究工厂的侵权行为责任的场合。与民事诉讼相比,居民诉讼不以个人的生命、健康等发生被害为要件。

在我国,根据《行政诉讼法》和《民事诉讼法》的规定,环境公益诉讼的类型既有行政诉讼,也有民事诉讼。

四、环境公益诉讼的救济手段

环境公益诉讼的救济类型在很大程度上决定了诉讼对被诉对象和行为的威慑

---

① 信春鹰主编:《〈中华人民共和国环境保护法〉学习读本》,中国民主法制出版社2014年版,第234页。

力。一般认为,虽然罚款是政府执法的重要手段,政府也可以责令违法环境利用行为人采取恢复和补救措施,还可以代表国家提起索赔诉讼。但是,对于环境公益诉讼而言,原告一般无权请求给予金钱上的损害赔偿。

目前,环境公益诉讼常见的救济手段有以下几种。

一为申请取消行政机关的决定,使开发利用环境行为失去合法作为的依据。在日本,环境行政诉讼的目的在于请求法院判决取消行政机关给予第三人的许可或认可。在我国,目前大部分环境公益诉讼的原告在诉前都曾有申请环境行政复议的程序,在环境行政机关维持原行政决定后他们才提起环境行政公益诉讼。

二为申请法院发布停止侵害的命令(禁止令,injunction)。在美国,几乎所有环境法规都允许公民诉讼的原告请求法院发布禁止令,包括停止污染行为或要求行政机关采取具体措施以贯彻法律要求。在我国,昆明市中级人民法院、昆明市人民检察院联合发布的《关于办理环境民事公益诉讼案件若干问题的意见(试行)》(玉溪市中级人民法院、玉溪市人民检察院,2011年2月)中规定,当出现紧急情况,如果不及时制止被告的行为,将严重危及环境安全、可能造成环境难以恢复、加重对环境破坏的,公益诉讼人可以向法院申请"禁止令"。法院经审查认为确有必要的,可以发出"禁止令",责令被告立即停止相应行为,并由公安机关协助执行。

三为民事处罚。在美国,民事处罚(civil penalties)是由行政机关或公民诉讼的原告提出请求,由法院判罚被告向国库而非原告支付一定数量的金钱。这种制度类似于我国由法院依法科处的民事罚款。美国联邦环保局(EPA)有关民事处罚政策规定,请求科处罚款依据违法者从其违法行为中获取的经济利益以及对环境造成的危害程度来判断。在科处时还应当依据有关违法者故意或疏忽的程度、其守法状况以及偿付能力等因素综合考虑。[1]

四为和解。和解也是美国公民诉讼中一个具有特色的方式,即公民诉讼的提出人在发出起诉通知后没有最终将违法人诉讼至法院而在诉外与违法者达成和解、采取"私了"的方式。其背景在于,公民诉讼一般包括四项内容:第一,违法者向国库支付一定数额的罚款;第二,违法者承担使其污染物排放达到法定标准的义务;第三,向原告团体支付费用;第四,"缓和"或"信任"计划,由污染者在前述第一项支付的罚款之外或代替罚款的支付向原告团体支付一笔金钱。这种和解协议往往最终带来向原告团体的转移支付。[2] 由于美国法律规定所有的罚款都应当上缴国库,而不应由起诉人获得,因此诉外和解也就应运而生。

在我国,社会组织依法提起环境公益诉讼的诉讼范围,一般是指《侵权责任法》第15条规定的侵权责任承担方式的范围。根据环境损害的特点,提起环境公益诉讼的

---

[1] Jeannette L. Austin, Comment: The Rise of Citizen-Suit Enforce4ment in Environmental Law: Reconciling Private and Public Attorneys General, 81 *Nw. U. L. Rev.* 220 (1987).

[2] Michael S. Greve, the Private Enforcement of Environmental Law, 65 *Tul. L. Rev.* 339 (1990).

请求主要有:停止侵害,即要求被告停止侵权行为;排除妨害,主要包括要求被告移除、清除构成环境妨害的物件等;消除危险,包括向法院申请禁止从事某种危害环境行为的禁止令;恢复原状,即要求被告承担治理污染和修复生态的责任。至于赔偿损失的请求,社会组织在没有授权的情况下不能代理公民、法人或者其他组织等不特定的受害人提出诉讼请求。①

限于环境公益诉讼维护社会公益的目的,《环境保护法》第58条第3款规定:"提起诉讼的社会组织不得通过诉讼牟取经济利益。"这一规定是指作为原告的社会组织不得以赔偿损失为由请求被告将环境公益损害的损失赔偿给自己,或者通过诉讼直接获得经济上的其他利益。如果社会组织因参与清污等防治污染活动有经济投入或者委托他人治理污染损害而支付费用,为此请求被告支付治理等费用的话,应当属于恢复原状的诉讼请求,而不属于赔偿损失的请求。

如果社会组织要求加害人支付环境治理或者生态恢复费用的诉讼请求得到人民法院的支持,那么这笔费用也应当由人民法院判决给依法设立的环境保护资金或基金账户,专项用于污染治理和生态恢复,而不应当判决给社会组织由其自行分配。

第二节 环境公益诉讼的实现方式

一、环境民事公益诉讼

依照《民事诉讼法》的规定,对污染环境、侵害众多消费者合法权益等损害社会公共利益的行为,法律规定的机关和有关组织可以向人民法院提起诉讼。人民检察院在履行职责中发现破坏生态环境和资源保护、食品药品安全领域侵害众多消费者合法权益等损害社会公共利益的行为,在没有前款规定的机关和组织或者前款规定的机关和组织不提起诉讼的情况下,可以向人民法院提起诉讼。前款规定的机关或者组织提起诉讼的,人民检察院可以支持起诉(第55条)。

由此,中国境内的有关组织、有关机关和检察机关都有权提起环境民事公益诉讼。

为正确审理环境民事公益诉讼案件,2014年12月最高人民法院通过了《关于审理环境民事公益诉讼案件适用法律若干问题的解释》,明确了法院受理社会组织提起的环境民事公益诉讼案件适用法律的一般规则。以下结合法律规定分述之。

(一)有关组织提起的环境民事公益诉讼

1. 有关组织的适格条件

《环境保护法》第58条规定,对污染环境、破坏生态,损害社会公共利益的行为,

---

① 参见信春鹰主编:《〈中华人民共和国环境保护法〉学习读本》,中国民主法制出版社2014年版,第238—239页。

符合下列条件的社会组织可以向人民法院提起诉讼。(一)依法在设区的市级①以上人民政府民政部门②登记;(二)专门从事环境保护公益活动连续5年以上且无违法记录。其中,"专门从事环境保护公益活动"的认定标准是社会组织章程确定的宗旨和主要业务范围是维护社会公共利益,且从事环境保护公益活动的。与此同时,社会组织提起的诉讼所涉及的社会公共利益,应与其宗旨和业务范围具有关联性。"无违法记录"仅指社会组织在提起诉讼前5年内未因从事业务活动违反法律、法规的规定受过行政、刑事处罚的。③

社会组织有通过诉讼违法收受财物等牟取经济利益行为的,人民法院可以根据情节轻重依法收缴其非法所得、予以罚款;涉嫌犯罪的,依法移送有关机关处理。

为了让环境监管部门知晓环境民事公益诉讼的状况,人民法院受理环境民事公益诉讼后,应当在10日内告知对被告行为负有环境监管职责的部门。负有环境监管职责的部门依法履行监管职责而使原告诉讼请求全部实现,原告申请撤诉的,人民法院应予准许。

在支持诉讼方面,检察机关、负有环境监管职责的部门及其他机关、社会组织、企业事业单位可以依法通过提供法律咨询、提交书面意见、协助调查取证等方式支持社会组织依法提起环境民事公益诉讼。

环境民事公益诉讼案件审理过程中,被告以反诉方式提出诉讼请求的,人民法院不予受理。

2. 诉讼管辖

最高人民法院《关于审理环境民事公益诉讼案件适用法律若干问题的解释》作了如下规定:

(1) 第一审环境民事公益诉讼案件由污染环境、破坏生态行为发生地、损害结果地或者被告住所地的中级以上人民法院管辖。中级人民法院认为确有必要的,可以在报请高级人民法院批准后,裁定将本院管辖的第一审环境民事公益诉讼案件交由基层人民法院审理(第6条)。

(2) 同一原告或者不同原告对同一污染环境、破坏生态行为分别向两个以上有管辖权的人民法院提起环境民事公益诉讼的,由最先立案的人民法院管辖,必要时由共同上级人民法院指定管辖(第6条)。

(3) 经最高人民法院批准,高级人民法院可以根据本辖区环境和生态保护的实际

---

① 2014年12月最高人民法院通过的《关于审理环境民事公益诉讼案件适用法律若干问题的解释》规定,依照法律、法规的规定,在设区的市级以上人民政府民政部门登记的社会团体、民办非企业单位以及基金会等,可以认定为《环境保护法》第58条规定的"社会组织"。

② 2014年12月最高人民法院通过的《关于审理环境民事公益诉讼案件适用法律若干问题的解释》规定,设区的市,自治州、盟、地区,不设区的地级市,直辖市的区以上人民政府民政部门,可以认定为《环境保护法》第58条规定的"设区的市级以上人民政府民政部门"。

③ 参见2014年12月最高人民法院通过的《关于审理环境民事公益诉讼案件适用法律若干问题的解释》第3—5条。

情况,在辖区内确定部分中级人民法院受理第一审环境民事公益诉讼案件(第7条)。

(4)中级人民法院管辖环境民事公益诉讼案件的区域由高级人民法院确定(第7条)。

在原告提交的诉讼材料方面,除符合民事诉讼法规定的起诉状及其副本要求外,原告还需提交被告的行为已经损害社会公共利益或者具有损害社会公共利益重大风险的初步证明材料,社会组织提起诉讼的,应当提交社会组织登记证书、章程、起诉前连续五年的年度工作报告书或者年检报告书,以及由其法定代表人或者负责人签字并加盖公章的无违法记录的声明(第8条)。

当人民法院认为原告提出的诉讼请求不足以保护社会公共利益的,可以向其释明变更或者增加停止侵害、恢复原状等诉讼请求(第9条)。

3. 因果关系推定

在因果关系的推定规则方面,原告请求被告提供其排放的主要污染物名称、排放方式、排放浓度和总量、超标排放情况以及防治污染设施的建设和运行情况等环境信息,法律、法规、规章规定被告应当持有或者有证据证明被告持有而拒不提供,如果原告主张相关事实不利于被告的,人民法院可以推定该主张成立。

对法院而言,对于审理环境民事公益诉讼案件需要的证据,人民法院认为必要的,应当调查收集。对于应当由原告承担举证责任且为维护社会公共利益所必要的专门性问题,人民法院可以委托具备资格的鉴定人进行鉴定。

当事人申请通知有专门知识的人出庭,就鉴定人作出的鉴定意见或者就因果关系、生态环境修复方式、生态环境修复费用以及生态环境受到损害至恢复原状期间服务功能的损失等专门性问题提出意见的,人民法院可以准许。前款规定的专家意见经质证,可以作为认定事实的根据。

原告在诉讼过程中承认的对己方不利的事实和认可的证据,人民法院认为损害社会公共利益的,应当不予确认。

4. 责任方式

对污染环境、破坏生态,已经损害社会公共利益或者具有损害社会公共利益重大风险的行为,原告可以请求被告承担停止侵害、排除妨碍、消除危险、恢复原状、赔偿损失、赔礼道歉等民事责任。

其中,人民法院可以依法予以支持的请求包括:

(1)原告为防止生态环境损害的发生和扩大,请求被告停止侵害、排除妨碍、消除危险的;

(2)原告为停止侵害、排除妨碍、消除危险采取合理预防、处置措施而发生的费用,请求被告承担的;

(3)原告请求被告赔偿生态环境受到损害至恢复原状期间服务功能损失的;

(4)原告请求被告承担检验、鉴定费用,合理的律师费以及为诉讼支出的其他合理费用的(第18条)。

原告请求恢复原状的,人民法院可以依法判决被告将生态环境修复到损害发生之前的状态和功能。无法完全修复的,可以准许采用替代性修复方式。人民法院可以在判决被告修复生态环境的同时,确定被告不履行修复义务时应承担的生态环境修复费用(包括制定、实施修复方案的费用和监测、监管等费用);也可以直接判决被告承担生态环境修复费用(第20条)。

生态环境修复费用难以确定或者确定具体数额所需鉴定费用明显过高的,人民法院可以结合污染环境、破坏生态的范围和程度、生态环境的稀缺性、生态环境恢复的难易程度、防治污染设备的运行成本、被告因侵害行为所获得的利益以及过错程度等因素,并可以参考负有环境保护监督管理职责的部门的意见、专家意见等,予以合理确定(第23条)。

5. 款项的使用

人民法院判决被告承担的生态环境修复费用、生态环境受到损害至恢复原状期间服务功能损失等款项,应当用于修复被损害的生态环境。其他环境民事公益诉讼中败诉原告所需承担的调查取证、专家咨询、检验、鉴定等必要费用,可以酌情从上述款项中支付(第24条)。

6. 调解和和解

环境民事公益诉讼当事人达成调解协议或者自行达成和解协议后,人民法院应当将协议内容公告,公告期间不少于30日。公告期满后,人民法院审查认为调解协议或者和解协议的内容不损害社会公共利益的,应当出具调解书。当事人以达成和解协议为由申请撤诉的,不予准许。

调解书应当写明诉讼请求、案件的基本事实和协议内容,并应当公开(第25条)。

7. 与其他相关诉讼的关系

环境民事公益诉讼案件的裁判生效后,有证据证明存在前案审理时未发现的损害,有权提起诉讼的机关和社会组织另行起诉的,人民法院应予受理。

法律规定的机关和社会组织提起环境民事公益诉讼的,不影响因同一污染环境、破坏生态行为受到人身、财产损害的公民、法人和其他组织依据《民事诉讼法》第119条(起诉条件的规定)提起诉讼。

已为环境民事公益诉讼生效裁判认定的事实,因同一污染环境、破坏生态行为依据《民事诉讼法》第119条规定提起诉讼的原告、被告均无需举证证明,但原告对该事实有异议并有相反证据足以推翻的除外。

对于环境民事公益诉讼生效裁判就被告是否存在法律规定的不承担责任或者减轻责任的情形、行为与损害之间是否存在因果关系、被告承担责任的大小等所作的认定,因同一污染环境、破坏生态行为依据《民事诉讼法》第119条规定提起诉讼的原告主张适用的,人民法院应予支持,但被告有相反证据足以推翻的除外。被告主张直接适用对其有利的认定的,人民法院不予支持,被告仍应举证证明。

(二) 政府与赔偿义务人之间的生态环境损害磋商与民事诉讼

依照《海洋环境保护法》和《民事诉讼法》的规定,法律规定的有关机关也可以提起环境民事公益诉讼。但是,目前的法律规定和司法实践中只有因生态破坏造成国家财产损失而由有关行政机关对加害人(赔偿义务人)提起生态环境损害赔偿的诉讼。

1. 《海洋环境保护法》规定的海洋生态环境损害赔偿诉讼

《海洋环境保护法》第 89 条第 2 款规定,对破坏海洋生态、海洋水产资源、海洋保护区,给国家造成重大损失的,由依照本法规定行使海洋环境监督管理权的部门代表国家对责任者提出损害赔偿要求。

司法实践中,适格的代表国家对责任者提出损害赔偿要求的诉讼主体,主要包括国家海洋环境主管部门或海洋渔业部门、受国家海洋环境主管部门等委托的地方海洋环保或渔业部门以及沿海地方人民政府。

2. 依照《生态环境损害赔偿制度改革方案》(中共中央办公厅、国务院办公厅,2017 年 12 月)试行中的生态环境损害赔偿

依照 2017 年中办国办印发的《生态环境损害赔偿制度改革方案》(以下简称《方案》),国务院授权省级、市地级政府作为本行政区域内生态环境损害赔偿权利人;省级、市地级政府可指定相关部门或机构负责生态环境损害赔偿具体工作。

该《方案》还规定,最高人民检察院负责指导有关生态环境损害赔偿的检察工作,主要是监督行政机关依法履行监管职责,督促赔偿权利人开展生态环境损害赔偿工作。如果监管职责履行到位,可以督促《方案》规定的赔偿权利人开展生态环境损害赔偿的磋商和提起诉讼工作,符合检察机关提起公益诉讼条件的,可以提起公益诉讼。

3. 生态环境损害赔偿诉讼与环境民事公益诉讼的关系

(1) 生态环境损害赔偿诉讼的性质

中国实行自然资源国家所有。依照 2015 年和 2017 年有关生态环境损害赔偿制度改革方案的要求,地方人民政府作为本行政区域内生态环境损害赔偿权利人的权利是由国务院授权赋予的,其前提是国务院代表国家行使并享有自然资源和生态环境所有权及其利益。然而,由法律规定属于集体所有的自然资源及其利益并不能由国务院或者地方人民政府代表行使。生态环境损害主要表现为自然资源、环境要素及其生物要素的不利改变以及上述要素构成的生态系统功能退化,因此,虽然生态环境的权利来源不同,但其产生的利益却具有共益性(公益性)的特征。

本书认为,生态环境损害赔偿诉讼与环境民事公益诉讼是两类不同性质的民事诉讼。前者是赔偿权利人(而非自然资源集体所有权益的主体)基于生态环境和自然资源国家所有权提起的财产损害赔偿诉讼,以修复和填补污染环境造成的生态环境损害为目的;后者则是法律规定的机关和有关组织基于环境公益侵害而提起的民事诉讼。

首先,从环境公益诉讼审判实践看,绝大多数原告胜诉的判决案都是以被告承担修复国家所有的生态环境损害和恢复国家所有自然环境原状为结果,与形式上的环

境公益并无直接关系。其次,生态环境损害赔偿制度改革方案突出了国家自然资源资产管理体制条件下受委托的省级政府或者部门所担负的生态环境损害赔偿具体工作和作为赔偿权利人的职责。

所有这些从形式到实质都可以说明,由赔偿权利人向赔偿义务人提起的生态环境损害赔偿诉讼其本质属于民事私益诉讼。

从生态环境损害的赔偿范围看,清除污染费用、生态环境修复费用、生态环境修复期间服务功能的损失、生态环境功能永久性损害造成的损失以及生态环境损害赔偿调查、鉴定评估等费用并非只是国家或者政府的损失,与之相关的环境健康损害则更是发生在具体的个人身上。因此,无论赔偿权利人与赔偿义务人如何磋商或者诉讼,并不排斥自然资源集体所有权益的主体、环境健康损害被害人以及其他环境公益权(共益权)主体提起私益或者公益的民事诉讼。

(2) 环境民事公益诉讼与生态环境索赔诉讼的顺位关系

生态环境损害赔偿制度改革方案要求,生态环境损害发生后赔偿权利人应当主动与赔偿义务人磋商,当磋商未达成一致时可依法提起诉讼。但是,依照《民事诉讼法》和《环境保护法》的规定,适格的环保组织可以直接向人民法院提起环境民事公益诉讼。因此就会出现当赔偿权利人与赔偿义务人就索赔事项进行磋商时,环保组织以赔偿义务人为被告向人民法院提起民事公益诉讼的情况。试点期间司法实践的结果表明,赔偿权利人只能作为共同原告或者被并案审理参加到环境民事公益诉讼中来。

在人民政府代表国家作为赔偿权利人与赔偿义务人进行生态环境损害索赔磋商或者提起赔偿诉讼的背景下,除非有法律规定或者证据证明,由环保组织提起环境民事公益诉讼并无实体权利作为基础。这是因为,环境公益只是建立在国家或者集体所有的自然资源和生态环境等财产权益之上的反射利益,除了对国家或者集体所有的自然资源和生态环境的损害进行修复外,公众不可能凭空通过司法程序获得实质性的环境公益补偿。因此,当生态环境损害赔偿磋商或者诉讼成为常态时,由环保组织提起环境民事公益诉讼便会大大减少。

在这种场合下,本书认为环保组织的作用应当是督促赔偿权利人及时就生态环境损害进行磋商和索赔,以及提请自然资源集体所有权人及其经营者提起相应的生态环境损害民事诉讼。只有在赔偿权利人或者自然资源集体所有权人及其经营者不作为时,环保组织才可以提起环境民事公益诉讼,不过修复生态环境损害的直接受益者依然是赔偿权利人或者自然资源集体所有权人及其经营者。

在赔偿权利人与赔偿义务人进行生态环境损害索赔磋商或者提起诉讼的情况下,如果环保组织提起的环境民事公益诉讼依然以请求被告承担修复生态环境损害和恢复原状责任为目的的话,人民法院可以经赔偿权利人申请裁定不予受理或者驳回起诉。同理,即使检察机关将来提起环境民事公益诉讼也应当遵循这个原则。

当然,为了让法律规定的机关和有关组织知晓赔偿权利人起诉前与赔偿义务人之间进行磋商的情况,还应当建立赔偿权利人与赔偿义务人磋商公告制度,以使法律规定的机关和有关组织及时了解赔偿权利人在生态环境损害索赔方面的动态。

(三)检察机关提起的环境民事公益诉讼

1. 检察机关提起环境公益诉讼的一般要求

2018年3月最高人民法院、最高人民检察院发布了《关于检察公益诉讼案件适用法律若干问题的解释》,对检察院提起环境公益诉讼和法院适用人民陪审制的一般要求作出了如下规定。

第一,市(分、州)检察机关提起的第一审民事公益诉讼案件,由侵权行为地或者被告住所地中级人民法院管辖。基层检察机关提起的第一审行政公益诉讼案件,由被诉行政机关所在地基层人民法院管辖(第5条)。

第二,检察机关办理公益诉讼案件,可以向有关行政机关以及其他组织、公民调查收集证据材料;有关行政机关以及其他组织、公民应当配合;需要采取证据保全措施的,依照民事诉讼法、行政诉讼法相关规定办理(第6条)。

第三,检察机关应当派员出庭庭审,并应当自收到人民法院出庭通知书之日起3日内向人民法院提交派员出庭通知书。出庭检察人员履行以下职责:(1)宣读公益诉讼起诉书;(2)对检察机关调查收集的证据予以出示和说明,对相关证据进行质证;(3)参加法庭调查,进行辩论并发表意见;(4)依法从事其他诉讼活动。(第9条)

第四,人民法院审理检察机关提起的第一审公益诉讼案件,可以适用人民陪审制(第7条)。

2. 检察院提起环境民事公益诉讼的规定

2018年3月最高人民法院、最高人民检察院发布了《关于检察公益诉讼案件适用法律若干问题的解释》,对检察院提起坏境民事公益诉讼作出了如下规定。

(1)起诉前的公告

检察机关在履行职责中发现破坏生态环境和资源保护等领域损害社会公共利益的行为,拟提起公益诉讼的,应当依法公告,公告期间为30日。

公告期满,法律规定的机关和有关组织不提起诉讼的,检察机关可以向人民法院提起诉讼。检察机关提起的民事公益诉讼案件中,被告以反诉方式提出诉讼请求的,人民法院不予受理。

检察机关已履行诉前公告程序的,人民法院立案后不再进行公告。

民事公益诉讼案件审理过程中,检察机关诉讼请求全部实现而撤回起诉的,人民法院应予准许(第13条、第17条)。

(2)提交材料受理

检察机关提起民事公益诉讼应当提交下列材料:民事公益诉讼起诉书及其副本;被告的行为已经损害社会公共利益的初步证明材料;检察机关已经履行公告程序的证明材料。

人民法院认为检察机关提出的诉讼请求不足以保护社会公共利益的,可以向其释明变更或者增加停止侵害、恢复原状等诉讼请求(第14条、18条)。

(3) 刑事诉讼附带民事公益诉讼

检察机关对破坏生态环境和资源保护、食品药品安全领域侵害众多消费者合法权益等损害社会公共利益的犯罪行为提起刑事公诉时,可以向人民法院一并提起附带民事公益诉讼,由人民法院同一审判组织审理。

检察机关提起的刑事附带民事公益诉讼案件由审理刑事案件的人民法院管辖(第20条)。

二、环境行政公益诉讼

依照《行政诉讼法》规定,检察机关在履行职责中发现生态环境和资源保护、食品药品安全、国有财产保护、国有土地使用权出让等领域负有监督管理职责的行政机关违法行使职权或者不作为,致使国家利益或者社会公共利益受到侵害的,应当向行政机关提出检察建议,督促其依法履行职责。行政机关不依法履行职责的,检察机关依法向人民法院提起诉讼(第25条第4款)。

2018年3月,最高人民法院、最高人民检察院联合发布了《关于检察公益诉讼案件适用法律若干问题的解释》。除依照现行行政诉讼法律规定外,还应当按照下列规定执行。

第一,检察机关在履行职责中发现生态环境和资源保护、食品药品安全、国有财产保护、国有土地使用权出让等领域负有监督管理职责的行政机关违法行使职权或者不作为,致使国家利益或者社会公共利益受到侵害的,应当向行政机关提出检察建议,督促其依法履行职责。

行政机关应当在收到检察建议书之日起两个月内依法履行职责,并书面回复检察机关。出现国家利益或者社会公共利益损害继续扩大等紧急情形的,行政机关应当在15日内书面回复。

当行政机关不依法履行职责时检察机关才能依法向人民法院提起诉讼(第21条)。

第二,检察机关提起行政公益诉讼应当提交下列材料:(1) 行政公益诉讼起诉书及其副本;(2) 被告违法行使职权或者不作为,致使国家利益或者社会公共利益受到侵害的证明材料;(3) 检察机关已经履行诉前程序,行政机关仍不依法履行职责或者纠正违法行为的证明材料(第22条)。

第三,在行政公益诉讼案件审理过程中,被告纠正违法行为或者依法履行职责而使检察机关的诉讼请求全部实现,检察机关撤回起诉的,人民法院应当裁定准许;检察机关变更诉讼请求,请求确认原行政行为违法的,人民法院应当判决确认违法(第24条)。

第四,人民法院区分下列情形作出行政公益诉讼判决:(1) 被诉行政行为具有

《行政诉讼法》第74、75条规定情形①之一的,判决确认违法或者确认无效,并可以同时判决责令行政机关采取补救措施;(2)被诉行政行为具有《行政诉讼法》第70条规定情形②之一的,判决撤销或者部分撤销,并可以判决被诉行政机关重新作出行政行为;(3)被诉行政机关不履行法定职责的,判决在一定期限内履行;(4)被诉行政机关作出的行政处罚明显不当,或者其他行政行为涉及对款额的确定、认定确有错误的,判决予以变更;(5)被诉行政行为证据确凿,适用法律、法规正确,符合法定程序,未超越职权,未滥用职权,无明显不当,或者检察机关诉请被诉行政机关履行法定职责理由不成立的,判决驳回诉讼请求(第25条)。

第五,人民法院可以将判决结果告知被诉行政机关所属的人民政府或者其他相关的职能部门(第25条)。

---

① 《行政诉讼法》第74条规定:行政行为有下列情形之一的,人民法院判决确认违法,但不撤销行政行为:(一)行政行为依法应当撤销,但撤销会给国家利益、社会公共利益造成重大损害的;(二)行政行为程序轻微违法,但对原告权利不产生实际影响的。

行政行为有下列情形之一,不需要撤销或者判决履行的,人民法院判决确认违法:(一)行政行为违法,但不具有可撤销内容的;(二)被告改变原违法行政行为,原告仍要求确认原行政行为违法的;(三)被告不履行或者拖延履行法定职责,判决履行没有意义的。

《行政诉讼法》第75条规定:行政行为有实施主体不具有行政主体资格或者没有依据等重大且明显违法情形,原告申请确认行政行为无效的,人民法院判决确认无效。

② 《行政诉讼法》第70条规定:政行为有下列情形之一的,人民法院判决撤销或者部分撤销,并可以判决被告重新作出行政行为:(一)主要证据不足的;(二)适用法律、法规错误的;(三)违反法定程序的;(四)超越职权的;(五)滥用职权的;(六)明显不当的。

第十五章　危害环境犯罪制裁法

第十五章　导教导学

第一节　危害环境犯罪概述

在世界各国,危害环境犯罪都是一个狭义的概念,特指向环境排放污染物造成人民生命、健康以及财产安全等危险或者危害而应当受到刑事处罚的行为。

在传统法中,与环境保护利益相关的公共卫生、饮用水的安全及其利益一直作为刑法的保护法益而受到保护。但是在环境污染危害出现以后,与公共卫生、饮用水的安全相当的大气污染、水污染以及有毒有害物质使用造成的环境危害却没有被纳入刑法保护的范畴。因此,在20世纪70年代环境污染日益加剧的西方国家,开始通过刑事立法将危害环境行为作为犯罪对待。

确立危害环境犯罪的意义在于:将导致或者可能导致严重污染和破坏环境或者危害人体生命健康、公共财产安全的行为作为犯罪对待,以警告那些只顾自己的经济利益而不管环境利益者应当纠正自己的行为,达到保护人类生存环境的目的。

按照刑罚的统一性原理,我国有关危害环境犯罪的规定由《刑法》在其第六章"妨害社会管理秩序罪"第六节破坏环境资源保护罪中作出规定。这一罪名既包括污染环境的犯罪,也包括破坏自然资源的犯罪。由此可以看出我国刑法将危害环境的犯罪纳入"破坏环境资源保护罪"这一广义的环境犯罪概念之中。

一、危害环境犯罪立法的理论与实践

（一）危害环境行为的行政与刑事违法属性

国家通过公权力对违法行为人实施的制裁,按照实施制裁的主体不同、行政不法和刑事不法的不同可以分为行政制裁和刑事制裁两大类。法理上也对应有行政不法和刑事不法的区分。

依大陆法系理论,违法行为对保护法益的侵害存在着质与量的程度不同,因此,可以以此为标准区分行政不法与刑事不法,因而有量的区别说、质的区别说以及质与量的综合说三种学说。我国刑法采用综合说理论,将行为的社会危害性、刑事违法性

和应受惩罚性作为应当受到刑法制裁的犯罪①行为的基本特征。

国家运用公权力手段对违法行为实施制裁的目的,在于维护社会秩序的稳定、保护公民基本权利以及不断增进社会公益和福祉。在环境问题尚未出现之前,人类对社会生活的追求仅仅表现为满足自身生存的需要,而不太关注生活质量的提升。当自身生存问题得以基本解决之后,人类便开始追求更高的生活质量,这时大量的环境污染便会危害人类所追求的环境质量和功能,成为今天人类社会关注的社会焦点问题。

世界各国在20世纪60年代以来通过制定污染控制法律对企业排污行为实行管制的实践,也充分地说明环境权益已经上升成为法律所要保护的人类权益。在这一进程中,人类所期待法律保护的权利和利益也在悄然发生改变,环境权利和环境利益逐渐成为人类生活的基本要素,而造成环境污染的行为也被视为应当受到惩罚的、具有社会危害性的行为。

因此,无论是在质,还是在量的方面,人类对环境权益的需求程度都在不断提高,因此造成环境严重污染危害的行为也被视为一种刑事不法行为。

(二) 危害环境行为的行政罚与刑罚

行政罚或刑罚是分别对应行政不法或刑事不法行为的处罚方式。一般情况下,对刑事不法行为的刑罚措施由刑法规定,由司法机关依法实施,对行政不法行为的行政罚措施由各单项行政法规规定,由行政机关依法实施。

在行政罚方面,无论是大陆法系还是英美法系国家均以金钱处罚为原则。但是到20世纪初叶,原本作为刑法的处罚措施如人身自由限制、行为能力限制以及罚金等也开始渗入行政罚之中,即将行政法的领域扩张至刑法的范围。这种将刑法处罚手段运用于行政法领域的做法后被称为"行政刑法"。实际上,在各国刑法有关危害环境犯罪的专门规定之外,环境立法中均规定有行政刑法的处罚措施。如日本在大气污染和水污染防治法律中,除对违法行为规定了行政罚措施外,还规定了罚金、拘役等刑罚措施。

二、危害环境犯罪立法的意义

危害环境犯罪的确立,与各国单项环境污染防治立法有关行政责任条款规定对污染环境行为的行政刑罚措施不断增加、制裁手段也不断加重有着密切的联系。

从各国有关危害环境犯罪立法的实践看,危害环境犯罪立法的作用和意义表现在如下三个方面:

第一,补强行政实现。按照对行政的依存程度,危害环境犯罪立法可以分为四种

---

① 我国《刑法》第13条规定:"一切危害国家主权、领土完整和安全,分裂国家,颠覆人民民主专政的政权和推翻社会主义制度,破坏社会秩序和经济秩序,侵犯国有财产或者劳动群众集体所有的财产,侵犯公民私人所有的财产,侵犯公民的人身权利、民主权利和其他权利,以及其他危害社会的行为,依照法律应当受刑罚处罚的,都是犯罪,但是情节显著轻微危害不大的,不认为是犯罪。"

类型。一是绝对独立于行政的刑法,即对侵害有关环境法益的行为完全可以制定独立于行政法的刑法给予处罚。二是绝对从属于行政的刑法,即刑罚的构成要件中应当包含对行政法与行政命令违反的条件。三是相对从属于行政的刑法,即为补强行政执行与行政官员的控制而适用刑罚规范。四是从属于行政形式犯的刑法,即以达成行政目的为法益保护的直接目的的处罚方式。这四种类型的危害环境犯罪立法形态在世界各国都有表现。

例如,日本特别刑法《关于处罚危害人体健康的公害犯罪的法律》、德国1980年《刑法》第28章有关"危害环境罪"的规定以及多数国家在刑法"公共危险罪"下设危害环境罪的规定都属于第一类;我国《刑法》有关"破坏环境资源保护罪"的规定属于第二类;日本大气污染防止和水污染防止立法罚则中的有关刑罚措施的直罚规定属于第三类;日本《废弃物清扫法》确立的禁止投弃违反罪属于第四类。①

第二,预防环境损害的危险。违反行政法规本身并不会对人的生命、身体健康产生直接侵害,但在行政法规之中规定刑罚措施,可以在环境污染阶段预防公民健康与生活环境的危险(抽象的危险)。在日本,《废弃物清扫法》有关将生活环境保全作为保护法益而确立的禁止投弃违反罪就是抽象的危险犯的规定;《大气污染防治法》有关煤烟排放标准将被害发生的可能性(抽象的危险)以排放标准的形式确立、对其违反可以直接处以刑罚的规定亦同。这种规定在英美法系国家的环境立法中也较为多见。

第三,间接援助行政。例如,危害环境犯罪立法将违反申报义务的行为作为形式犯科以处罚的规定,可以从侧面达到援助环境行政的目的。

第二节 我国刑法有关破坏环境与资源保护罪的规定

《环境保护法》(2014年修订)第69条规定:"违反本法规定,构成犯罪的,依法追究刑事责任。"我国《刑法》对有关违反环境资源保护法律构成的犯罪主要包括破坏环境与资源保护罪中的污染环境的犯罪、破坏自然资源保护的犯罪以及与危害环境行为相关的犯罪等三大类。

一、破坏环境与资源保护罪立法概述

(一)我国刑法有关破坏环境与资源保护罪规定的发展

我国有关危害环境犯罪立法的规定,最早可以追溯到1979年制定的《环境保护法(试行)》第32条第2款的规定,即"对严重污染和破坏环境,引起人员伤亡或者造成农、林、牧、副、渔业重大损失的单位的领导人员、直接责任人员或者其他公民,要追究行政责任、经济责任,直至依法追究刑事责任"。此前,于同年3月由全国人大制定

---

① 参见〔日〕山中敬一:《环境刑法的现代课题》,载《环境问题的方向》,日本有斐阁1999年版,第85页。

的《刑法》中则没有专门对严重污染和破坏环境行为追究刑事责任的条款。

对此我国学者一般认为，《环境保护法（试行）》中"依法追究刑事责任"在适用上是指类推适用①《刑法》分则有关最相类似的犯罪规定，如当时《刑法》规定的破坏自然资源罪、危害公共安全罪以及玩忽职守罪等。

为解决类推适用需要经最高人民法院核准程序的繁琐问题，在1984年的《水污染防治法》、1987年的《大气污染防治法》以及有关自然资源立法以及1989年修改的《环境保护法》中，分别采用了"立法类推"的方式在环境立法中直接规定适用《刑法》的具体刑事责任条款。

有鉴于此，我国在1997年修改《刑法》时考虑我国刑事立法的统一以及刑法法典化等因素，结合各国纷纷修改刑法或制定刑事特别法以确立危害环境犯罪的进展，在《刑法》第六章"妨害社会管理秩序罪"中以一节的内容专门规定了"破坏环境资源保护罪"。这一规定实际上是将散见于各单项环境、资源与能源法律中的刑事责任条款统一起来。

（二）破坏环境与资源保护罪的属性

我国《刑法》并未采用"危害环境犯罪"的概念，也未将此等犯罪纳入"危害公共安全罪"之中，而是将其纳入《刑法》第六章"妨害社会管理秩序罪"之中以"破坏环境资源保护罪"的罪名规定。破坏环境与资源保护罪不是一个法定的罪名，而是与环境与资源保护相关的各种犯罪形态的总和。《刑法》第六章第六节关于"破坏环境资源保护罪"规定的犯罪由危害环境的犯罪和破坏自然资源的犯罪两类犯罪构成。

危害公共安全罪是刑法分则的一类罪名，学理上是指故意或者过失地实施危害不特定多人的生命、健康和重大公私财产安全的行为。② 之所以我国刑法未将"破坏环境资源保护罪"纳入危害公共安全罪，是因为我国尚未将环境的利益纳入刑法的保护法益（客体）之中，因此我国刑法并不认为污染环境的行为是对社会的公共安全即多数人的人身、财产权益的侵害。

妨害社会管理秩序罪也是刑法分则中的一类罪名，学理上是指故意或者过失地妨害国家对社会的管理活动，破坏社会秩序，情节严重的行为。③ 鉴于我国在环境与资源保护管理方面已制定有大量法律，并且政府还设有专门的行政机关实施环境与资源的保护管理工作。为此，我国刑法遂将"破坏环境资源保护罪"纳入妨害社会管理秩序罪之中。这里刑法保护的客体是国家对环境的管理活动。

综上所述，我国现行刑法关于污染环境的犯罪与大陆法系国家有关危害环境犯罪的性质是不一样的。

---

① 所谓类推适用，在刑法理论中是指对于刑法中没有明文规定的危害社会的犯罪行为，比照刑法分则中最相类似的条文定罪判刑的制度。我国1979年《刑法》第79条规定："本法分则没有明文规定的犯罪，可以比照本法分则最相类似的条文定罪判刑，但是应当报请最高人民法院核准。"

② 参见高铭暄、马克昌主编：《刑法学》，北京大学出版社、高等教育出版社2011年版，第252页。

③ 同上书，第338页。

有关破坏环境与资源保护犯罪的具体刑罚措施,主要有自由刑和财产刑两大类。前者有期徒刑、拘役、管制;后者有罚金、没收财产。其中,除财产刑为《刑法》的附加刑外,其他都是《刑法》上的主刑。对于法人犯破坏环境与资源保护犯罪者,仅适用财产刑中的罚金刑。

在《刑法》其他章节中,也有一些规定可以适用于危害环境的犯罪。例如,《刑法》第三章"破坏社会主义市场经济秩序罪"第二节"走私罪"以及第九章"渎职罪"也规定有与危害环境犯罪相关的罪名及其刑罚措施。[①]

二、环境污染的犯罪

(一) 污染环境罪

污染环境罪沿革于1997年修订的《刑法》第338条确立的重大环境污染事故罪。[②] 重大环境污染事故罪要求犯罪行为至少造成"重大环境污染事故,致使公私财产遭受重大损失或者人身伤亡的严重后果",属于典型的结果犯。也就是说,即使恶意向环境排放污染物,只要未造成重大环境污染事故的结果发生也不构成犯罪。

因此,刑罚有关预防和威慑犯罪的功能不能在环境保护领域得以体现,以至于一些企业故意不法向环境排放污染物,致使环境污染和生态破坏现象越演越烈。

为加强刑法对广大人民群众生命健康的保护,降低严重危害环境行为的入罪门槛,全国人大常委会于2011年2月通过《刑法修正案(八)》将第338条重大环境污染事故罪修改为污染环境罪,即:"违反国家规定,排放、倾倒或者处置有放射性的废物、含传染病病原体的废物、有毒物质或者其他有害物质,严重污染环境的,处3年以下有期徒刑或者拘役,并处或者单处罚金;后果特别严重的,处3年以上7年以下有期徒刑,并处罚金。"与原来的"重大环境污染事故罪"相比,这一规定将"造成重大环境污染事故,致使公私财产遭受重大损失或者人身伤亡的严重后果"修改为"严重污染环境"。

(二) 非法处置进口固体废物罪、擅自进口固体废物罪与走私固体废物罪

《刑法》第339条第1款规定,违反国家规定,将境外的固体废物进境倾倒、堆放、

[①] 本书以下部分所引用罪名,均参照了1997年《刑法》修订之后,直至2017年11月4日以前全国人大常委会有关《刑法》的(一)至(十)修正案的规定,以及2015年10月19日最高人民法院、最高人民检察院《关于执行〈中华人民共和国刑法〉确定罪名的补充规定(六)》、2011年4月28日最高人民法院、最高人民检察院《关于执行〈中华人民共和国刑法〉确定罪名的补充规定(五)》、2003年8月15日最高人民法院、最高人民检察院《关于执行〈中华人民共和国刑法〉确定罪名的补充规定(二)》和1997年12月11日最高人民法院《关于执行〈中华人民共和国刑法〉确定罪名的补充规定》。

[②] 1997年《刑法》这一规定为:"违反国家规定,向土地、水体、大气排放、倾倒或者处置有放射性的废物、含传染病病原体的废物、有毒物质或者其他危险废物,造成重大环境污染事故,致使公私财产遭受重大损失或者人身伤亡的严重后果的,处3年以下有期徒刑或者拘役,并处或者单处罚金;后果特别严重的,处3年以上7年以下有期徒刑,并处罚金。"

处置的,处 5 年以下有期徒刑或者拘役,并处罚金;造成重大环境污染事故,致使公私财产遭受重大损失或者严重危害人体健康的,处 5 年以上 10 年以下有期徒刑,并处罚金;后果特别严重的,处 10 年以上有期徒刑,并处罚金。

《刑法》第 339 条第 2 款规定,未经国务院有关主管部门许可,擅自进口固体废物用作原料,造成重大环境污染事故,致使公私财产遭受重大损失或者严重危害人体健康的,处 5 年以下有期徒刑或者拘役,并处罚金;后果特别严重的,处 5 年以上 10 年以下有期徒刑,并处罚金。

《刑法》第 339 条第 3 款还规定,以原料利用为名,进口不能用作原料的固体废物的,依照本法第 152 条第 2 款第 3 款的规定定罪处罚。①

(三) 关于办理环境污染刑事案件的法律适用

为依法惩治有关环境污染犯罪,根据《刑法》和《刑事诉讼法》的有关规定,最高人民法院、最高人民检察院于 2016 年 12 月通过了《关于办理环境污染刑事案件适用法律若干问题的解释》规定,同时废止了 2013 年 6 月的《关于办理环境污染刑事案件适用法律若干问题的解释》规定,就涉及《刑法》第 338 条、第 339 条、第 408 条等有关环境污染刑事案件的法律适用作出了如下解释。

1. 对《刑法》规定的"严重污染环境"等主观行为、危害后果等情形的具体认定:

第一,对实施《刑法》第 338 条规定的行为,具有下列情形之一的,应当认定为"严重污染环境":(一) 在饮用水水源一级保护区、自然保护区核心区排放、倾倒、处置有放射性的废物、含传染病病原体的废物、有毒物质的;(二) 非法排放、倾倒、处置危险废物 3 吨以上的;(三) 排放、倾倒、处置含铅、汞、镉、铬、砷、铊、锑的污染物,超过国家或者地方污染物排放标准 3 倍以上的;(四) 排放、倾倒、处置含镍、铜、锌、银、钒、锰、钴的污染物,超过国家或者地方污染物排放标准 10 倍以上的;(五) 通过暗管、渗井、渗坑、裂隙、溶洞、灌注等逃避监管的方式排放、倾倒、处置有放射性的废物、含传染病病原体的废物、有毒物质的;(六) 两年内②曾因违反国家规定,排放、倾倒、处置有放射性的废物、含传染病病原体的废物、有毒物质受过 2 次以上行政处罚,又实施前列行为的;(七) 重点排污单位③篡改、伪造自动监测数据或者干扰自动监测设施,排放化学需氧量、氨氮、二氧化硫、氮氧化物等污染物的;(八) 违法减少防治污染设施运

---

① 我国《刑法》第 152 条第 2 款第 3 款的规定是:"逃避海关监管将境外固体废物、液态废物和气态废物运输进境,情节严重的,处五年以下有期徒刑,并处或者单处罚金;情节特别严重的,处 5 年以上有期徒刑,并处罚金。单位犯前两款罪的,对单位判处罚金,并对其直接负责的主管人员和其他直接责任人员,依照前两款的规定处罚。"

② 依照《关于办理环境污染刑事案件适用法律若干问题的解释》第 17 条第 1 款的规定,本解释所称"2 年内",以第一次违法行为受到行政处罚的生效之日与又实施相应行为之日的时间间隔计算确定。

③ 依照《关于办理环境污染刑事案件适用法律若干问题的解释》第 17 条第 2 款的规定,本解释所称"重点排污单位",是指设区的市级以上人民政府环境保护主管部门依法确定的应当安装、使用污染物排放自动监测设备的重点监控企业及其他单位。

行支出 100 万元以上的;(九)违法所得①或者致使公私财产损失②30 万元以上的;(十)造成生态环境严重损害的;(十一)致使乡镇以上集中式饮用水水源取水中断 12 小时以上的;(十二)致使基本农田、防护林地、特种用途林地 5 亩以上,其他农用地 10 亩以上,其他土地 20 亩以上基本功能丧失或者遭受永久性破坏的;(十三)致使森林或者其他林木死亡 50 立方米以上,或者幼树死亡 2,500 株以上的;(十四)致使疏散、转移群众 5,000 人以上的;(十五)致使 30 人以上中毒的;(十六)致使 3 人以上轻伤、轻度残疾或者器官组织损伤导致一般功能障碍的;(十七)致使 1 人以上重伤、中度残疾或者器官组织损伤导致严重功能障碍的;(十八)其他严重污染环境的情形。

第二,对实施《刑法》第 339 条、第 408 条规定的行为,具有上述"严重污染环境"第(一)至(十七)项规定情形之一的,应当认定为"致使公私财产遭受重大损失或者严重危害人体健康"或者"致使公私财产遭受重大损失或者造成人身伤亡的严重后果"。

第三,对实施《刑法》第 338 条、第 339 条规定的行为,具有下列情形之一的,应当认定为"后果特别严重":(一)致使县级以上城区集中式饮用水水源取水中断 12 小时以上的;(二)非法排放、倾倒、处置危险废物 100 吨以上的;(三)致使基本农田、防护林地、特种用途林地 15 亩以上,其他农用地 20 亩以上,其他土地 60 亩以上基本功能丧失或者遭受永久性破坏的;(四)致使森林或者其他林木死亡 150 立方米以上,或者幼树死亡 7500 株以上的;(五)致使公私财产损失 100 万元以上的;(六)造成生态环境特别严重损害的;(七)致使疏散、转移群众 15,000 人以上的;(八)致使 100 人以上中毒的;(九)致使 10 人以上轻伤、轻度残疾或者器官组织损伤导致一般功能障碍的;(十)致使 3 人以上重伤、中度残疾或者器官组织损伤导致严重功能障碍的;(十一)致使 1 人以上重伤、中度残疾或者器官组织损伤导致严重功能障碍,并致使 5 人以上轻伤、轻度残疾或者器官组织损伤导致一般功能障碍的;(十二)致使 1 人以上死亡或者重度残疾的;(十三)其他后果特别严重的情形。

2. 对"有毒物质"的认定

下列物质应当认定为"有毒物质":(一)危险废物,是指列入国家危险废物名录,或者根据国家规定的危险废物鉴别标准和鉴别方法认定的,具有危险特性的废物;(二)《关于持久性有机污染物的斯德哥尔摩公约》(Stockholm Convention on Persistent Organic Pollutants)附件所列物质;(三)含重金属的污染物;(四)其他具有毒性,可能污染环境的物质。

3. 关于酌情量刑与数罪并罚的情节

对实施《刑法》第 338 条、第 339 条规定的犯罪行为,具有下列情形之一的,应当

---

① 依照《关于办理环境污染刑事案件适用法律若干问题的解释》第 17 条第 3 款的规定,本解释所称"违法所得",是指实施刑法第 338 条、第 339 条规定的行为所得和可得的全部违法收入。

② 依照《关于办理环境污染刑事案件适用法律若干问题的解释》第 9 条的规定,"公私财产损失"包括污染环境行为直接造成财产损毁、减少的实际价值,以及为防止污染扩大、消除污染而采取必要合理措施所产生的费用。

酌情从重处罚:(一)阻挠环境监督检查或者突发环境事件调查,尚不构成妨害公务等犯罪的;(二)在医院、学校、居民区等人口集中地区及其附近,违反国家规定排放、倾倒、处置有放射性的废物、含传染病病原体的废物、有毒物质或者其他有害物质的;(三)在重污染天气预警期间、突发环境事件处置期间或者被责令限期整改期间,违反国家规定排放、倾倒、处置有放射性的废物、含传染病病原体的废物、有毒物质或者其他有害物质的;(四)具有危险废物经营许可证的企业违反国家规定排放、倾倒、处置有放射性的废物、含传染病病原体的废物、有毒物质或者其他有害物质的。

对实施《刑法》第338条、第339条规定的犯罪行为,刚达到应当追究刑事责任的标准,但行为人及时采取措施,防止损失扩大、消除污染,全部赔偿损失,积极修复生态环境,且系初犯,确有悔罪表现的,可以认定为情节轻微,不起诉或者免予刑事处罚;确有必要判处刑罚的,应当从宽处罚。

对违反国家规定,排放、倾倒、处置含有毒害性、放射性、传染病病原体等物质的污染物,同时构成污染环境罪、非法处置进口的固体废物罪、投放危险物质罪等犯罪的,依照处罚较重的犯罪定罪处罚。

重点排污单位篡改、伪造自动监测数据或者干扰自动监测设施,排放化学需氧量、氨氮、二氧化硫、氮氧化物等污染物,同时构成污染环境罪和破坏计算机信息系统罪的,依照处罚较重的规定定罪处罚。

从事环境监测设施维护、运营的人员实施或者参与实施篡改、伪造自动监测数据、干扰自动监测设施、破坏环境质量监测系统等行为的,应当从重处罚。

4. 关于单位犯罪、共同犯罪以及对构成其他犯罪行为的定罪

对单位犯《刑法》第338条、第339条规定之罪的,依照本解释规定的相应个人犯罪的定罪量刑标准,对直接负责的主管人员和其他直接责任人员定罪处罚,并对单位判处罚金。

对行为人明知他人无经营许可证或者超出经营许可范围,向其提供或者委托其收集、贮存、利用、处置危险废物,严重污染环境的,以污染环境罪的共同犯罪论处。

环境影响评价机构或其人员,故意提供虚假环境影响评价文件,情节严重的,或者严重不负责任,出具的环境影响评价文件存在重大失实,造成严重后果的,应当依照《刑法》第229条[①]、第231条[②]的规定,以提供虚假证明文件罪或者出具证明文件重大失实罪定罪处罚。

违反国家规定,针对环境质量监测系统实施下列行为,或者强令、指使、授意他人

[①] 《刑法》第229条规定:"承担资产评估、验资、验证、会计、审计、法律服务等职责的中介组织的人员故意提供虚假证明文件,情节严重的,处5年以下有期徒刑或者拘役,并处罚金。前款规定的人员,索取他人财物或者非法收受他人财物,犯前款罪的,处5年以上10年以下有期徒刑,并处罚金。第1款规定的人员,严重不负责任,出具的证明文件有重大失实,造成严重后果的,处3年以下有期徒刑或者拘役,并处或者单处罚金。"

[②] 《刑法》第231条规定:"单位犯本节第221条至第230条规定之罪的,对单位判处罚金,并对其直接负责的主管人员和其他直接责任人员,依照本节各该条的规定处罚。"

实施下列行为的,应当依照《刑法》第286[①]条的规定,以破坏计算机信息系统罪论处:(一)修改参数或者监测数据的;(二)干扰采样,致使监测数据严重失真的;(三)其他破坏环境质量监测系统的行为。

无危险废物经营许可证[②],以营利为目的,从危险废物中提取物质作为原材料或者燃料,并具有超标排放污染物、非法倾倒污染物或者其他违法造成环境污染的情形的行为,应当认定为"非法处置危险废物"。

无危险废物经营许可证从事收集、贮存、利用、处置危险废物经营活动,不具有超标排放污染物、非法倾倒污染物或者其他违法造成环境污染的情形的,但构成生产、销售伪劣产品等其他犯罪的,以其他犯罪论处。

5. 关于将监测数据作为证据使用的效力

环境保护主管部门及其所属监测机构在行政执法过程中收集的监测数据,在刑事诉讼中可以作为证据使用。公安机关单独或者会同环境保护主管部门,提取污染物样品进行检测获取的数据,在刑事诉讼中可以作为证据使用。

对案件所涉及的环境污染专门性问题难以确定的,依据司法鉴定机构出具的鉴定意见,或者国务院环境保护主管部门、公安部门指定的机构出具的报告,结合其他证据作出认定。

6. 关于危险废物的认定问题

对国家危险废物名录所列的废物,可以依据涉案物质的来源、产生过程、被告人供述、证人证言以及经批准或者备案的环境影响评价文件等证据,结合环境保护主管部门、公安机关等出具的书面意见作出认定。对于危险废物的数量,可以综合被告人供述,涉案企业的生产工艺、物耗、能耗情况,以及经批准或者备案的环境影响评价文件等证据作出认定。

三、破坏自然资源保护的犯罪

破坏自然资源保护的犯罪,是指违反自然保护法和自然资源法的规定,造成土地、森林、矿产、渔业、野生动植物等资源的破坏,情节严重或者数量较大的行为。

在犯罪主观方面,破坏自然资源保护罪的各类犯罪既有故意、又有过失。在犯罪结果方面,一般无需有破坏结果的发生,破坏结果是加重刑罚处罚的量刑情节;在犯罪主体方面,是一般主体,既可以是单位,也可以是自然人。在犯罪客体方面,是对国家资源保护管理秩序的侵犯。在犯罪的客观方面,是违反国家规定,实施了破坏自然

[①] 《刑法》第286条的规定是:"违反国家规定,对计算机信息系统功能进行删除、修改、增加、干扰,造成计算机信息系统不能正常运行,后果严重的,处5年以下有期徒刑或者拘役;后果特别严重的,处5年以上有期徒刑。违反国家规定,对计算机信息系统中存储、处理或者传输的数据和应用程序进行删除、修改、增加的操作,后果严重的,依照前款的规定处罚。故意制作、传播计算机病毒等破坏性程序,影响计算机系统正常运行,后果严重的,依照第一款的规定处罚。"

[②] 依照《关于办理环境污染刑事案件适用法律若干问题的解释》第17条第六款的规定,本解释所称"无危险废物经营许可证",是指未取得危险废物经营许可证,或者超出危险废物经营许可证的经营范围。

资源的行为。

破坏自然资源保护犯罪的具体犯罪形态及其构成要件如下。

(一) 与破坏野生动物保护有关的犯罪

1. 非法捕捞水产品罪

我国《刑法》第 340 条规定,违反保护水产资源法规,在禁渔区、禁渔期或者使用禁用的工具、方法捕捞水产品,情节严重的,处 3 年以下有期徒刑、拘役、管制或者罚金。

2. 非法猎捕、杀害珍贵、濒危野生动物罪;非法收购、运输、出售珍贵濒危野生动物、珍贵、濒危野生动物制品罪

我国《刑法》第 341 条第 1 款规定,非法猎捕、杀害国家重点保护的珍贵、濒危野生动物的,或者非法收购、运输、出售国家重点保护的珍贵、濒危野生动物及其制品的,处 5 年以下有期徒刑或者拘役,并处罚金;情节严重的,处 5 年以上 10 年以下有期徒刑,并处罚金;情节特别严重的,处 10 年以上有期徒刑,并处罚金或者没收财产。

该罪名为选择罪名,即不但非法猎捕、杀害国家重点保护的珍贵、濒危野生动物的行为构成犯罪,而且非法收购、运输、出售国家重点保护的珍贵、濒危野生动物及其制品的也构成犯罪。

3. 非法狩猎罪

我国《刑法》第 341 条第二款规定,违反狩猎法规,在禁猎区、禁猎期或者使用禁用的工具、方法进行狩猎,破坏野生动物资源,情节严重的,处 3 年以下有期徒刑、拘役、管制或者罚金。

2001 年 5 月,国家林业局、公安部联合颁发了《关于森林和陆生野生动物刑事案件管辖及立案标准》,对于珍贵、濒危陆生野生动物制品的价值,依照国家野生动物部门的规定核定;核定价值低于实际交易价格的,以实际交易价格认定。

我国《刑法》与破坏野生动物保护有关的犯罪,只对非法捕杀非人类控制的野生动物保护规定了刑罚措施,但是对已为人类所实际控制(驯养、繁殖)的野生保护动物和其他动物等进行严重虐待的行为尚未制定刑罚措施。判例表明,鉴于《野生动物保护法》将野生动物作为一种自然资源并规定为国家所有,因此此类犯罪行为是依照刑法有关故意毁坏公私财物罪①的规定定罪量刑的。

(二) 非法占用农用地罪

我国《刑法》第 342 条规定,违反土地管理法规,非法占用耕地、林地等农用地,改变被占用土地用途,数量较大,造成耕地、林地等农用地大量毁坏的,处 5 年以下有期徒刑或者拘役,并处或者单处罚金。

---

① 我国《刑法》第五章"侵犯财产罪"第 275 条规定:"故意毁坏公私财物,数额较大或者有其他严重情节的,处 3 年以下有期徒刑、拘役或者罚金;数额巨大或者有其他特别严重情节的,处 3 年以上 7 年以下有期徒刑。"

2005年12月,最高人民法院还颁发了《关于审理破坏林地资源刑事案件具体应用法律若干问题的解释》,对构成破坏林地资源的定罪量刑标准作出了具体规定。

(三) 与破坏矿产资源保护有关的犯罪

1. 非法采矿罪

我国《刑法》第343条第1款规定,违反矿产资源法的规定,未取得采矿许可证擅自采矿的,擅自进入国家规划矿区、对国民经济具有重要价值的矿区和他人矿区范围采矿的,擅自开采国家规定实行保护性开采的特定矿种,经责令停止开采后拒不停止开采,造成矿产资源破坏的,处3年以下有期徒刑、拘役或者管制,并处或者单处罚金;造成矿产资源严重破坏的,处3年以上7年以下有期徒刑,并处罚金。

2. 破坏性采矿罪

我国《刑法》第343条第2款规定,违反矿产资源法的规定,采取破坏性的开采方法开采矿产资源,造成矿产资源严重破坏的,处5年以下有期徒刑或者拘役,并处罚金。

(四) 与破坏森林资源保护有关的犯罪

1. 非法采伐、毁坏国家重点保护植物罪

我国《刑法》第344条规定,违反国家规定,非法采伐、毁坏珍贵树木或者国家重点保护的其他植物的,或者非法收购、运输、加工、出售珍贵树木或者国家重点保护的其他植物及其制品的,处3年以下有期徒刑、拘役或者管制,并处罚金;情节严重的,处3年以上7年以下有期徒刑,并处罚金。

2. 盗伐林木罪

我国《刑法》第345条第1款规定,盗伐森林或者其他林木,数量较大的,处3年以下有期徒刑、拘役或者管制,并处或者单处罚金;数量巨大的,处3年以上7年以下有期徒刑,并处罚金;数量特别巨大的,处7年以上有期徒刑,并处罚金。

3. 滥伐林木罪

我国《刑法》第345条第2款规定,违反森林法的规定,滥伐森林或者其他林木,数量较大的,处3年以下有期徒刑、拘役或者管制,并处或者单处罚金;数量巨大的,处3年以上7年以下有期徒刑,并处罚金。

4. 非法收购、运输盗伐、滥伐的林木罪

我国《刑法》第345条第3款规定,非法收购、运输明知是盗伐、滥伐的林木,情节严重的,处3年以下有期徒刑、拘役或者管制,并处或者单处罚金;情节特别严重的,处3年以上7年以下有期徒刑,并处罚金。

我国《刑法》第345条第4款规定,盗伐、滥伐国家级自然保护区内的森林或者其他林木的,从重处罚。

2001年5月,国家林业局、公安部联合颁发了《关于森林和陆生野生动物刑事案件管辖及立案标准》,其中分别对盗伐林木案、滥伐林木案、非法收购盗伐、滥伐的林木案、非法采伐、毁坏珍贵树木案、走私珍稀植物、珍稀植物制品案以及放火案、失火案规定了重大案件、特别重大案件的立案标准。

四、与危害环境行为相关的犯罪

(一) 单位犯破坏环境资源保护罪的处罚

我国《刑法》第 346 条对单位破坏环境与资源保护犯罪也作了专门规定：对于单位犯第 338—345 条规定的破坏环境与资源保护罪的，对单位判处罚金，并对其直接负责的主管人员和其他直接责任人员，依照各该条的规定处罚。

(二) 走私废物罪

我国《刑法》在第三章"破坏社会主义市场经济秩序罪"第二节"走私罪"中还有"以走私罪论处"的行为。其中，第 152 条第 2 款就规定了走私废物罪："逃避海关监管将境外固体废物、液态废物和气态废物运输进境，情节严重的，处 5 年以下有期徒刑，并处或者单处罚金；情节特别严重的，处 5 年以上有期徒刑，并处罚金。"

(三) 走私珍贵动物罪、走私珍贵动物制品罪以及走私珍稀植物、珍稀植物制品罪

我国《刑法》第 151 条第 2 款规定：走私国家禁止出口的文物、黄金、白银和其他贵重金属或者国家禁止进出口的珍贵动物及其制品的，处 5 年以上 10 年以下有期徒刑，并处罚金；情节特别严重的，处 10 年以上有期徒刑或者无期徒刑，并处没收财产；情节较轻的，处 5 年以下有期徒刑，并处罚金。

我国《刑法》第 151 条第 3 款规定：走私珍稀植物及其制品等国家禁止进出口的其他货物、物品的，处 5 年以下有期徒刑或者拘役，并处或者单处罚金；情节严重的，处 5 年以上有期徒刑，并处罚金。

单位犯本条规定之罪的，对单位判处罚金，并对其直接负责的主管人员和其他直接责任人员，依照本条各款的规定处罚。

(四) 国家环境与资源管理工作人员渎职的犯罪

在我国《刑法》第九章"渎职罪"中第 408 条对有关环保工作人员渎职犯罪作了具体的规定："负有环境保护监督管理职责的国家机关工作人员严重不负责任，导致发生重大环境污染事故，致使公私财产遭受重大损失或者造成人身伤亡的严重后果的，处 3 年以下有期徒刑或者拘役。"

依照最高人民检察院 2001 年 7 月通过的《人民检察院直接受理立案侦查的渎职侵权重特大案件标准(试行)》的规定，环境监管失职罪是指负有环境保护监督管理职责的国家机关工作人员严重不负责任，不履行或不认真履行环境保护监管职责导致发生重大环境污染事故，致使公私财产遭受重大损失或者造成人身伤亡的严重后果的行为。[①] 涉嫌下列情形之一的，应予立案：(1) 造成直接经济损失 30 万元以上的；

[①] 在该司法解释的适用上，应当注意其与 2013 年 6 月两高《关于办理环境污染刑事案件适用法律若干问题的解释》(法释〔2013〕15 号)的不一致。在有关环境监管失职罪的认定标准方面应当适用后者。2017 年 1 月 1 日起，两高《关于办理环境污染刑事案件适用法律若干问题的解释》(法释〔2013〕15 号)被新的《关于办理环境污染刑事案件适用法律若干问题的解释》(法释〔2016〕29 号)废止，新的《关于办理环境污染刑事案件适用法律若干问题的解释》未对环境监管失职罪的认定标准进行规定。

(2)造成人员死亡1人以上,或者重伤3人以上,或者轻伤10人以上的;(3)使一定区域内的居民的身心健康受到严重危害的;(4)其他致使公私财产遭受重大损失或者造成人身伤亡严重后果的情形。

该标准还规定,有下列结果之一的构成重大案件:造成直接经济损失100万元以上的;致人死亡2人以上或者重伤5人以上的;致使一定区域生态环境受到严重危害的。有下列结果之一的构成特大案件:造成直接经济损失300万元以上的;致人死亡5人以上或者重伤10人以上的;致使一定区域生态环境受到严重破坏的。

此外,在我国《刑法》第407条还规定了林业主管人员渎职罪;第410条规定了国家工作人员非法批准征用土地、占用土地罪。

第五编 中国与国际环境法

第十六章 国际环境法的一般原理

第十六章 导教导学

在环境法学体系中,国际环境法是一个非常特殊的部分。由于生态系统和环境问题不分国界,所以一国的环境问题也是地域的、区域的、流域的或者全球性的问题。从国际环境法的发展看,许多国际环境法规范直接源于国家环境法律实践,同时又在国际法层面指导各国实施环境法律的实践。因此,环境保护的制度措施在国际法和国内法上非常密切,许多全球性的环境保护法律规则与各国国内环境法的规定也具有高度的一致性和趋同性。

第一节 概 述

一、国际环境法的概念

国际环境法(international environmental law),是指国家间制定的以区域或全球环境与生态保护为目的的国际法规范的总称。国际环境法主要以条约、协定与习惯法等规则的形式存在并得以适用和执行。

(一)国际环境法的主要渊源

国际环境法的主要渊源包括国际条约、习惯、软法等。

1. 国际环境条约

国际环境条约(international environmental treaty)是国际环境法的主要渊源,包括双边、多边的条约或协定。目前国际环境条约已经涵盖了大气、水、海洋、生物资源、极地、世界文化和自然遗产、有害废弃物处理以及有毒化学品和放射性污染等国际环境保护的各个领域,总数已达900多项。

20世纪80年代以来,国际环境条约有一个明显的发展倾向,就是不断朝着"框架公约"(framework convention)的方向演变。由于全球环境状况不断恶化,保护环境和实现社会、经济的可持续发展是世界各国所共同追求的目标,为此国际社会必须携手实施保护全球环境的对策。然而,许多国家出于自身的发展需要以及从国内的法律与政策调整、政治和经济利益等方面考虑,而不愿意承诺某些具体的环境义务,更不希望以牺牲本国的政治、经济利益为代价来参与环境保护国际合作和履行环境保护的国际义务。

在这种制定国际环境条约虽非常必要,但条约又不可能对其所要调整的各种国际关系全面、完整地予以表述的条件下,就出现了条约只对有关环境保护的目标原则作出规定,而具体的权利义务事项则留待于缔约方事后通过议定书或附件等形式来明确的环境保护"框架公约"。这种方式通常被称为"框架公约+议定书+附件"模式。例如,在国际合作保护臭氧层方面,1985年制定了《保护臭氧层维也纳公约》(Vienna Convention for Protection of the Ozone Layer),之后在1987年又签署了《关于消耗臭氧层物质的蒙特利尔议定书》(Montreal Protocol on Substances that Deplete the Ozone Layer)及其附件等。

2. 习惯

由于国际环境法的历史较短,因此目前形成通例的国际环境习惯法规则并不多见。但是,现行国际环境法的许多原则却是习惯的产物。例如,在各国通行的"污染者负担原则"(polluter pays principle)、"环境影响评价"(environmental impact assessment)等就已经为国际环境法所接受。再如,联合国《斯德哥尔摩宣言》(Stockholm Declaration)和《里约宣言》(Rio Declaration)所确立的诸多原则,如"不得损害其他国家或在国家管辖范围以外地区的环境的原则"等,就是在国际习惯的基础上形成的。

3. 软法

第二次世界大战以后,在国际关系中出现了许多新的领域,需要制定新的规则予以调整。由于一时难以制定出明确、具体的且为多数国家接受的规定,因而国际社会不得不制定一些灵活性较大、约束力不强但可以为各国共同接受的原则,这就是所谓的软法(soft law)。① 软法是国际法领域出现的一种新现象。

目前,国际环境软法主要有三种表现形式:一是国际组织有关环境保护的方针建议(recommendations)和决议,如OECD曾就资源、废弃物、化学产品、越境污染、海岸管理等制定了指导性文件;二是有关全球环境保护的原则宣言,如《斯德哥尔摩宣言》《里约宣言》等;三是有关环境保护的行动计划(programs of action),如《斯德哥尔摩人类行动计划》(The Stockholm Action Plan for Human)等。

实践证明,软法虽无条约法的拘束力,却有力地影响和推动了国际环境法的发展。软法文件提出了许多国际环境法的原则,这是对国际环境法理论和实践经验的总结。具有政治和道义影响力的软法文件为硬法的形成创造了有利的条件,它可以通过各国的实践和签订国际条约或协定的形式而逐步转变为"硬法"(hard law)。

进入21世纪以来,在国际环境法领域逐渐出现了软法的"硬法化"(hardening),一些国际环境法基本原则的影响力越来越大,通过国际条约或者各国政府自行立法的承认,软法的硬法化现象进一步扩大了软法的影响力。

此外,国际法渊源中的公法学家学说、一般法律原则和辅助性渊源等都可以成为国际环境法的渊源(参见第一章第一节)。

---

① 根据国际法律文件的效力,将具有法律约束力的文件,如国际条约或协定等称为"硬法"(hard law)。

(二)国际环境法的产生与发展

国际环境法的产生与发展主要可以分为20世纪初到20世纪中叶、20世纪中叶到1972年斯德哥尔摩会议时期、1972年斯德哥尔摩会议到1992年里约会议时期以及1992年里约会议至今等四个阶段(参见第一章第二节)。

1. 20世纪初到20世纪中叶

国际环境法的形成与西方国家环境法的发展是一致的。在国际社会,最先制定的多边环境保护条约是1900年的《保存非洲野生动物、候鸟和鱼类公约》(Convention on the Conservation of Wildlife, Migratory Birds and Fish in Africa)。在1902年,国际社会又制定了《保护农业益鸟公约》(Convention on the Protection of Agricultural Beneficial Birds)。在此之后约十年的时间里,在一些国家签署的有关边界河流的协定中还专门规定了防止水污染的条款。

越境污染纠纷是国家之间必须直接面对的实质性问题。国际环境法历史上第一起著名的越境环境污染责任案件,是发生在20世纪30年代的特雷尔冶炼厂事件。

这一时期的国际环境条约牵涉的国际环境议题比较分散,在内容上主要确立了一些应对性临时措施。然而,由于这一时期的国际环境司法实践为日后国际环境法的发展确立了一些可资遵循与借鉴的原则与方法,因此一般将这一时期称为国际环境法的萌芽时期。

2. 20世纪中叶到1972年斯德哥尔摩会议

从20世纪50年代起,随着国际经济和贸易的发展以及规模的扩大,各国的环境保护措施也由于人类活动范围的扩大而扩及领土以外的地区,诸如公海、外层空间和南极等地。而最突出的国际环境问题表现在由于海洋石油运输导致的海洋石油污染方面。为了防止海上油污,1954年,以西方主要发达国家为主,在伦敦签署了《国际防止海上油污公约》(International Convention for the Prevention of Pollution of the Seaby Oil)。该公约的签署被认为是国际环境法产生的一个重要标志。

20世纪60年代,环境污染使得发达国家一方面面临着强大的由国内民众反对污染呼声带来的压力,另一方面又面临着因不合理开发利用资源与能源所带来的危机与矛盾。同时,科学研究的结果也表明科技发达的副作用以及不合理的开发利用自然资源将导致人类生存空间的毁灭。1966年联合国大会以"人类环境问题"为论题就环境问题的发展及对环境污染的国际控制作了一般性讨论。大会一致认为,国际社会应当立即采取措施保护全球环境,以避免全球性的生态灾难。在此之后,区域性和国际环境立法开始蓬勃发展。例如,1968年制定了《欧洲控制大气污染原则宣言》(European Declaration on the Principles of Air Pollution Control)、1969年制定了《国际油污损害民事责任公约》(International Convention on Civil Liability for Oil Pollution Damage)和《国际干预公海油污事故公约》(Convention on International Intervention in the High Seas Oil Pollution Accident)、1971年制定了《关于特别是作为水禽栖息地的国际重要湿地公约》(Convention on Wetlands of International Importance, Especially as Water fowl Habitats)、1972年制定了《防止船舶和飞机倾倒废物污染海洋公约》(Convention on the Prevention of Marine Pollution by Ships and Aircraft Dumping Wastes)等。

鉴于对国际环境问题认识的深化,联合国于1972年6月5日在瑞典首都斯德哥尔摩举行了"人类环境会议"(United Nations Conference on Human Environment),共有113个国家和所有重要国际组织的代表及400多个非政府国际组织派出的观察员参加。会议通过了《联合国人类环境宣言》(以下简称《斯德哥尔摩宣言》)、《人类环境行动计划》等重要的国际环境文件。大会的刊行物《只有一个地球》被译为多种文字,其中的多数观点得到了世界各国的认可。此外,本次会议还建议联合国成立一个专门协调和处理环境事务的机构,因而促成了联合国环境规划署于1972年12月成立。

其中,《斯德哥尔摩宣言》虽然不具有法律拘束力,属于"软法"的范畴,但是由于它反映了国际社会的共同信念,因此对国际环境法发展产生了深远的影响。其中某些原则和规则后来成为国际环境条约中具有拘束力的原则和规则。

3. 从1972斯德哥尔摩会议到1992年里约会议

1972年斯德哥尔摩会议之后到1992年里约会议的二十年间,全球经济增量集中在发达国家,同时,地球人口增加了17亿,大量森林消失,沙漠化急速增加。传统的国际环境问题恶化尚未解决,又产生了新的国际环境问题,如臭氧层空洞和全球气候变化,这些问题均非单一国家之力能解决。

这一时期的国际环境立法具有如下三个特点[①]:

第一,国际环境条约和协定的数量迅速增加。受《斯德哥尔摩宣言》的影响,这个时期所制定条约的内容涉及世界文化和自然遗产的保护、防止倾倒废物致海洋污染、濒危野生动植物物种国际贸易、防止船舶污染海洋、防止陆源污染物污染海洋、养护野生动物与迁徙物种、控制长程越界空气污染以及外层空间等各个领域。

第二,将国家环境保护权利和义务的内容具体化。主要表现在国际机构经常在各种场合强调环境保护的一般原则,极大地推动了将环境保护的法律原则转化为条约和习惯法的进程。例如,OECD于1970年成立了环境委员会,并在该组织内采纳了环境指针原则、环境政策宣言、污染者负担原则、越境污染原则等。联合国环境规划署管理理事会则自成立以来不断组织法律专家就特定的环境问题进行专题研究并发表报告,并作出了一系列环境保护决定。尽管欧共体(EC)在成立之初的《欧共体设立条约》中没有就欧洲环境保护作出规定,但是在加盟国代表大会的宣言中专门确立了通过保护环境改善生活质量的要求。受该政治决定的影响,1973年EC制定了《环境行动定计划决议》(Environmental Action Plan Resolution),并通过了一系列环

---

① 参见日本地球环境法研究会编集:《地球环境条约集》,日本中央法规出版株式会社1999年版,第3页。

境政策、行动计划。

第三,萌发了20世纪80年代的主要国际环境法课题。可以说,这一时期国际环境法的发展主要是确立国际环境保护的法律原则与制度措施。然而在此基础上,新的环境与发展关系的问题还在逐步呈现。例如,以欧洲为中心发生的越境污染问题,以及如何对待发展中国家对发展的特殊要求(发展权)和发展中国家广泛参与国际环境保护等问题。这些问题出现后,成为20世纪80年代以后国际环境法研究和发展的新课题。

20世纪80年代中叶以后,国际政治局势发生了一系列变化。环境问题作为全球共同关心的问题越来越受到国际社会的重视。到1992年里约的联合国环境与发展大会(United Nations Conference on Environment and Development)之前,又有一系列的环境条约得以签订,国际环境保护组织迅速增加,国际司法实践也有了进一步的发展,国际环境法的框架基本形成。

4. 1992年里约会议以来的新发展

1992年,联合国在巴西里约热内卢召开了联合国环境与发展大会,中心议题是环境和可持续发展。这次会议共取得了三项成果:一是通过了《21世纪议程》(21 Century Agenda)——涉及环境与发展行动的各个环节;二是通过了《里约环境与发展宣言》(下称《里约宣言》)并确立了27项原则;三是签署了《气候变化框架公约》(Framework Convention on Climate Change)、《生物多样性公约》(Convention on Biological Diversity)以及《关于森林问题的原则声明》(Statement of Principles on Forest Issues)。

其中,《里约宣言》是确立国家间在环境与发展领域进行国际合作原则的重要文件,它具有如下特点:第一,重申了《斯德哥尔摩宣言》的各项重要原则,确认和发展了国际环境法的一些基本原则,如预防原则、污染者负担原则等;第二,对于执行国际环境标准的程序措施及公众参与的权利也作出了明确的规定。此外,该宣言在处理消除贫困、谋求发展与环境的关系,环境保护与自由贸易的关系以及有关环境损害赔偿方面都有较大的突破和发展。

虽然该宣言不具有严格的法律拘束力,但它对国际环境法的发展有着不容忽视的贡献。它的许多原则已被条约法所肯定,有些原则促进了国际习惯法的发展,并为国际法的未来发展提供了方向。

联合国环境与发展大会以后,世界各国都把实施可持续发展战略作为国家的一项根本任务并制定了环境与发展的政策或规划,许多国际组织也将环境保护纳入自己的领域。例如,世贸组织、国际法院等国际机构也设立了相应的机构以处理未来日益增多的环境事务,并且专门性环境保护国际组织也将重点放在国际环境法的实施上。此外,这次大会还推动了各国国内环境法的发展以及在国际环境"软法"指导下的趋同化。

进入20世纪90年代以后,国际环境法的重点主要转换到建立健全完善的国际监督、检查组织机制,以指导、协助缔约方履行国际环境条约。但是,由于人类社会近几百年发展所形成的传统消费观念和模式在发达国家还难以彻底转变,发展中国家经济增长与环境保护的对立问题还继续存在。另外,发达国家之间、发达国家与发展中国家之间以及发展中国家之间的各种政治、经济利益的交错,使得国际环境法难以在国家层面上全面展开执行。

21世纪以来,由于美国和欧盟等发达国家相继陷入金融和债务危机,为了发展经济摆脱危机,一些发达国家出现了牺牲环境保护换取经济发展和竞争优势的现象,国际环境法的发展为此也受到了不利的影响。例如,为了应对气候变化而进行节能减排的世界气候大会在发达国家减排问题上遭遇了一系列的挫折,迟迟难以达成有效的协议;再如对于跨国公司承担环境侵权责任的问题,也一直没有达成国际条约或者公约。

2012年,在具有里程碑意义的地球首脑会议20年后,世界各国领导人再次聚集在里约热内卢,参加联合国可持续发展大会。本次会议由三个目标和两个主题构成。第一个目标是重拾各国对可持续发展的承诺。第二个目标是找出目前在实现可持续发展过程中取得的成就与面临的不足。第三个目标是继续面对不断出现的各类挑战。大会集中讨论了两个主题:绿色经济在可持续发展和消除贫困方面作用,以及可持续发展的体制框架。大会最终通过了题为《我们憧憬的未来》的成果文件。最终文件重申了"共同但有区别的责任"(common but differentiated responsibilities)原则。大会取得的积极成果还包括,肯定绿色经济是实现可持续发展的重要手段之一,鼓励各国根据不同国情和发展阶段实施绿色经济政策;大会决定建立高级别政治论坛,取代联合国可持续发展委员会,加强联合国环境规划署的职能等。[①]

(三) 环境保护国际组织

目前的国际环境组织种类繁多,既有一般性的也有专门性的,既有全球性的也有区域性的。按照它们的来源,大体上可以将它们分为两大类,一类是政府间的国际环境组织;另一类是民间的国际环境组织,也称非政府环境组织(Non-Governmental Organizations,NGOs)。

1. 政府间环境组织

(1) 联合国与其专门机构

联合国大会、安全理事会、经济及社会理事会、托管理事会、国际法院和秘书处等六个主要机关都在不同程度上,以不同的方式参与国际环境保护合作。

联合国组织中的主要机构是UNEP,它是1972年12月成立的,其目的在于实施联合国环境会议所通过的各项行动计划以及促进环境保护的国际合作。它下设三个主要部门:理事会、环境秘书处和环境基金委员会。

[①] 参见《"里约+20"峰会顺利闭幕,通过题为〈我们憧憬的未来〉的成果文件》,载环境保护部网站,http://www.zhb.gov.cn/zhxx/hjyw/201206/t20120625_232119.htm,最后一次访问2014年3月15日。

另外,世界环境与发展委员会(World Commission on Environment and Development,WCED),又称"布伦特兰委员会",也是一个重要的国际环境组织。该委员会由1983年第38届联合国大会通过的一项决议设立,是一个独立的机构,其任务是向联合国大会提出关于环境对策方面的建议。委员会于1987年在东京召开的环境特别会议上,提出了一份名为《我们共同的未来》的报告,对世界环境保护产生了较大的影响。

其他与履行国际环境条约相关的组织机构还包括:国际海事组织(IMO),涉及海洋环境与资源的保护;联合国粮农组织(FAO),涉及土壤、水资源的保护管理;世界气象组织(WMO),涉及气候体系维护;联合国教科文组织(UNESCO),涉及人类与环境的相互作用与关系问题;国际原子能机构(IAEA),涉及和平利用原子能与核安全问题;世界卫生组织(WHO),涉及环境与人体健康关系、环境标准;国际劳工组织(ILO),涉及工人的工作条件与环境;世贸组织,涉及贸易和环境保护的关系;世界银行(IBRD),涉及项目资助与环境保护问题。

(2)区域性国际组织

主要包括:欧洲共同体(欧盟)、经济合作与发展组织、非洲统一组织、阿拉伯国家联盟、美洲国家组织、东南亚国家联盟和南亚区域合作联盟等。在这些组织所签订的条约、作出的决议、发布的宣言等文件中,许多内容是关于环境保护的。并且,有的国际组织还专门设有环境保护机构。

(3)专门性国际环境组织

这些国际组织的主要事务就是促进环境保护的国际合作,例如,亚马逊合作条约组织、东亚及太平洋地区议员环境与发展大会等。

(4)根据国际环境条约设立的国际组织

根据国际环境条约设立的国际组织的主要目的是为促进国际环境条约的实施。这一类的国际组织以条约的缔约方大会为主,主要包括:1985年《保护臭氧层维也纳公约》缔约方大会、1989年《巴塞尔公约》(Basel Convention)缔约方大会、1992年《气候变化框架公约》缔约方大会,以及1992年《生物多样性公约》缔约方大会、1997年《京都议定书》(Kyoto Protocol)缔约方大会等。

2. 非政府环境组织

与传统国际法相比,非政府组织在国际环境法上的参与更加活跃。例如,科学团体、法律团体、环境保护团体、企业团体和土著团体等(参见第三章第二节)。[①]

非政府环境组织尚未被广泛地承认及接受为国际环境法的主体,它们不能直接享有国际法权利并承担国际法义务,例如,它们不能与国家签订条约或加入条约。目前,非政府环境组织在国际环境保护事务中的作用越来越大。从国际环境法的实践

---

① 《21世纪议程》更将妇女、儿童与青年、土著居民、非政府组织、地方政府当局、工人与工会、商业与工业、科学与技术团体等,列举为非政府组织。参见王曦编著:《国际环境法》,法律出版社1998年版,第85页。

来看,它们主要表现在如下几个方面:第一,提出有关全球环境保护的重大事项并呼吁国际社会采取行动;第二,以观察员身份列席重要的国际环境会议以及参与国际环境条约的谈判;第三,从事国际环境法与政策的宣传教育工作;第四,监督国际环境条约的实施。

当前在国际环境领域影响力比较大的非政府组织主要有:一般性非政府环境组织,例如:国际标准化组织,它制定了许多与环境有关的标准,供各国参考使用,其中最有名的就是1995年颁布的ISO14000系列环境管理标准。还有专门性非政府环境组织,包括世界自然保护同盟、世界自然基金会、绿色和平组织、塞拉俱乐部、地球之友等。此外,还有诸如国际法学会以及国际法协会等学术组织。

另外,个人在一定的条件下,也可在国际环境法的实施中发挥作用。[①]

(四) 国际环境法的基本原则

作为国际法的分支学科,国际环境法当然必须适用国际法的基本原则。同时,由于国际环境法的对象是国际环境问题,它与传统国际法各领域的问题在性质上有所不同,需要确立一些新的原则来予以调整。这些新的原则已成为国际环境法基本准则体现在国际环境法的渊源之中。目前已被学术界广泛接受并在实践中被普遍适用的基本原则主要包括:资源开发的主权原则和不损害国家管辖范围外的环境原则、国际合作原则、可持续发展原则、预防原则以及共同但有区别的责任原则。

1. 资源开发主权与不损害国家管辖范围外的环境原则

《斯德哥尔摩宣言》原则21规定:"依照联合国宪章和国际法原则,各国具有按照其环境政策开发其资源的主权权利,同时亦负有责任,确保在它管辖或控制范围内的活动,不致对其他国家的环境或其本国管辖范围以外地区的环境引起损害。"这就是资源开发主权与不损害国家管辖范围外的环境原则(the Principle of Not Causing Damage to the Environment or Areas Beyond the Limits of National Jurisdiction)。

《里约宣言》原则2在上述原则的基础上进一步重申:"根据《联合国宪章》和国际法原则,各国拥有按照其本国的环境与发展政策开发本国自然资源的主权权利,并负有确保在其管辖范围内或在其控制下的活动不致损害其他国家或在各国管辖范围以外地区的环境的责任。"

在资源开发的主权原则和不损害国家管辖范围外的环境原则中,包含了两个相互联系的内容:一方面是国家的权利,即国家按照本国环境与发展政策开发本国自然资源的主权。这项权利来源于国家对其管辖范围内的自然资源的永久主权原则,也是国际法中的国家主权原则在国际环境法中的具体适用;另一方面是国家的义务,即各国负有确保在其管辖范围内或在其控制下的活动不致损害其他国家或在各国管辖范围以外地区的环境的责任。这是对国家环境和自然资源主权原则的一种限制,如

[①] 参见王曦编著:《国际环境法》,法律出版社2005年版,第86页。如《北美自由贸易协定》的《环境附属协定》就规定了个人参与的条件。

果一国因行使主权而对他国造成损害,则应承担相应的赔偿责任。

目前,资源开发的主权原则和不损害国家管辖范围外的环境原则已经得到许多国际环境条约的确认,例如《生物多样性公约》《气候变化框架公约》等都对此作出了明确的规定。此外,在确认国家环境资源开发的主权方面,典型的案例有1974年渔业管辖权案、1977年利比亚美国石油公司仲裁案、1982年科威特石油国有化仲裁案等;在不损害国家管辖范围外的环境原则方面,代表性的案例有特雷尔冶炼厂案、法国核试验案、托列峡谷号污染案和拉努湖仲裁案等。这些案例进一步确认了上述国际环境法基本原则,增强了其法律约束力。[①]

2. 国际合作原则

国际合作原则(the Principle of International Cooperation)是现代国际法的一项基本原则,最初由《联合国宪章》第74条所确认。在国际环境法中奉行这一原则有着特别重要的意义。在世界范围内实行环境保护的协同与合作,是随着环境问题的全球化过程以及全球经济一体化进程中出现的国际环境管理形式,并且这种合作显得越来越紧迫。

自人类环境会议以来,在关于环境保护的各种条约、决议、宣言中都反复强调了国际合作的重要性,《斯德哥尔摩宣言》原则24和《里约宣言》原则27确认了各国就国际环境保护必须进行合作的义务。《养护自然和自然资源非洲公约》(African Convention for the Conservation of Nature and Natural Resources)第16条,1982年《联合国海洋法公约》(United Nations Convention on the Law of the Sea)第197条,《保护臭氧层维也纳公约》第2条,《生物多样性公约》第5条等都写明了这一原则。

国际合作不仅是国际环境法的基石,而且表现为国际环境法的一些具体制度和措施,尤其是包括信息共享、参与决策、环境评价、环境标准的越境强制执行等在内的技术性措施。目前,国际环境合作在控制臭氧层耗损、气候变化、海洋资源保护、生物多样性保护、森林保护等全球环境问题方面都有重大进展。

当前,国际环境保护合作在发达国家之间尤其是在欧洲进行得较为顺利。1993年欧洲制定了一个关于环境影响评价方面的公约,它要求一国在着手一项可能影响其邻国的建设项目时,应当事前通知相邻国,并且相邻国公民有权就该项目的实施提出质疑。该公约为打破环境受国家疆界的限制、实行环境保护国际协商创造了一个先例,同时也向传统国际法有关"国家主权"的概念提出了挑战。

环境保护的国际合作还要求建立起一个组织严密的管理机构,实行环境情报公开和交换制度,在平等的原则下进行协商和对话。建立互通情报、互相监督的国际协作制度,特别是在污染事故条件下的迅速通知制度,对处理有公害性的活动和紧急状态、防治污染扩散具有重要意义。

---

① 林灿铃:《国际环境法》,人民出版社2004年版,第46—53页。

由于目前发达国家和发展中国家间存在着明显的经济差别,为了解决全球环境问题,发达国家和发展中国家必须通过平等对话、共同协商,建立基于公平的全球合作伙伴关系。发达国家向发展中国家在环境保护方面提供的财政和技术援助不只是一种帮助,而且是一种为实现国际合作应履行的义务。发达国家应当加强对发展中国家实行开发援助,这是国际环境合作的重要内容。唯有如此,才能真正实现对地球环境的共同维护(参见第二章第二节)。

3. 可持续发展原则

可持续发展的概念,最初是世界环境与发展委员会于1987年在其报告《我们共同的未来》中提出的。按照该报告所作的解释,可持续发展是指"既满足当代人的需要,又不对后代人满足其需要的能力构成危害的发展"。它包括两个重要的概念:一为需要(needs),"尤其是世界上贫困人民的基本需要,应放在特别优先的地位来考虑";二为限制(limitations),即"技术状况和社会组织对环境满足眼前和将来需要的能力上施加的限制"①。

《里约宣言》对可持续发展作出了进一步的阐述:"人类应享有与自然和谐的方式过健康而富有成果的生活的权利,并公平地满足今世后代在发展和环境方面的需要。"自1992年联合国环境与发展大会之后,可持续发展的思想逐步被国际社会普遍接受,并融入重要的国际环境法律文件之中。例如,在《生物多样性公约》《气候变化框架公约》中都规定,为了世代人类的利益,应当可持续地利用自然资源,促进经济社会的可持续发展。由于其在国际环境法领域具有普遍指导意义,体现了国际环境法的特点,可持续发展原则已成为对国际环境法有重要影响的基本原则。

可持续发展的含义非常丰富、涉及面很广,不同的国际文件有不同的理解。其内容主要包括以下几个方面:第一,可持续发展的前提是发展,其目的是为了增进人类的福利,改善人类的生活质量;第二,要实现发展以满足需要,但同时应当为维持生态系统的完整性而限制某些行为,不至于因为当代人类的发展而危害满足后代人类发展所需要的物质基础;第三,应当把经济发展与生态的可持续性有机地结合起来。对人类发展的基础——环境、资源与能源的开发和利用,应当以利用效率最大化和废弃物质最小化为前提,人类的发展和生活品质的改善,必须控制在地球生态系统的承载能力之内。

无论何种定义,可持续发展强调可持续性和发展特征,它要求所有行动和决策都须把环境和社会、经济因素综合起来考虑,还要求公平地满足今世后代在环境与发展方面的需要以及经济和社会发展行为考虑国家所承担的区别责任。1995年,著名国际环境法学者菲利浦·桑兹将可持续发展原则概括为代际公平、代内公平、可持续利用和环境与发展一体化这四个核心要素,较为全面地反映了这一原则的内容和要求。

---

① 世界环境与发展委员会编著:《我们共同的未来》,王之佳等译,吉林人民出版社1997年版。

与传统的"发展"观念相比较,可持续发展在对发展概念的理解上更为强调更新人类伦理道德和价值观,从而更新人类的生产、生活方式。因此,可持续发展将对人类今后的行为具有很大的影响力:首先,传统的发展观认为环境与发展之间的冲突是无法调和的和对立的,因此传统观念的认识或选择要么是强调发展,要么是限制增长。其次,传统的发展观只着眼于当前和当代部分人类的利益,而忽视或者漠视未来和后代人类的利益。而可持续发展观将环境与发展统一起来,既迎合了许多国家需要发展的意愿,同时也符合环境与资源保护这一全人类的长远利益(参见第二章第二节)。

4. 预防原则

预防原则(principle of prevention)是基于环境问题的特点而提出的一项颇具特色的环境法原则。它源于国内环境法的某些规定。在国际社会层面,1980年《世界自然保护大纲》(World Conservation Strategy)曾就"预期的环境政策"作出规定,1982年《联合国海洋法公约》中也提出了预防原则。与此同时,OECD环境委员会也提出建议:各国环境政策的核心,应当是以预防为主。

上述主张和建议,导致20世纪80年代后各国在环境政策的调整和转变过程中,预防原则越来越受到重视,该原则随后又在一系列国际性环境与资源条约中不断被确认。随着国际社会对环境问题的认识深化,预防原则已成为国际环境法的指导思想和基本原则。

所谓预防原则,是指国家在其管辖范围或控制下的重大的环境损害发生以前,采取政治、法律、经济和行政等各种手段或措施,防止此类环境损害的发生,即所谓"防患于未然"。预防原则要求"任何可能影响环境的决策和行动都应在其最早阶段充分考虑到有关的环境要求"。预防原则在国际环境法上具有重要的意义,它针对环境恶化结果发生的滞后性和不可逆转性的特点而被提出。

预防原则要求基于现实的科学知识去评价人类行为对环境所可能产生损害的风险,以避免行为对环境的损害。然而,在这一过程中,要充分地了解和掌握决策的结果及其行为是非常困难的,因此在经济和科学的不确定性面前,行为与环境保护的关系就变得非常有意义了。[①]

目前,国际环境法正在逐步认同并采用谨慎原则的概念。例如《里约宣言》原则15规定:"为了保护环境,各国应按照本国的能力,广泛采用谨慎预防措施。遇有严重或不可逆转损害的威胁时,不得以缺乏科学充分确定证据为理由,延迟采取成本效益的措施防止环境恶化。"(参见第二章第一节)

谨慎原则已被许多国家的环境立法和国际组织的活动采纳。与预防原则相比,谨慎原则要求在面对可能发生的严重或不可逆转环境损害和风险的威胁时,即使在科学不确定的条件下也必须采取一定的措施防止环境恶化。同时,谨慎原则也是国

---

① A. Kiss, etc, *Manual of European Environmental Law*, Cambridge University Press, 1994, p.37.

际环境法最具有特色的贡献之一,它与传统的法律理念差异很大,目前主要适用于生物物种保护、转基因生物以及气候变化等具有科学不确定性的领域。在法律实践中,已经出现了谨慎原则与传统国际法制度规则冲突的现象。例如美国对转基因产品采取实质等同的审查原则,而欧盟则采取了谨慎原则,围绕着转基因制品还包含一系列的技术竞争和市场竞争,最终导致美国与欧盟就转基因产品发生贸易争端并诉诸WTO,WTO根据国际贸易的相关规则于2006年作出欧盟败诉的裁决,表现出传统的国际贸易规则与新兴的国际环境法的谨慎原则之间的冲突。

5. 共同但有区别的责任原则

共同但有区别的责任是指由于地球的整体性和导致全球环境退化的各种因素,各国对保护全球环境负有共同的但又是有区别的责任。它是从国际法的衡平原则的适用中发展而来的,也是发达国家和发展中国家在处理全球环境问题时应遵循的基本原则。

共同但有区别的责任原则是在里约会议上确立的。《里约宣言》原则7宣示:"各国应当本着全球伙伴精神,为保存、保护和恢复地球生态系统的健康和完整进行合作。鉴于导致全球环境退化的各种不同因素,各国负有共同的但是又有区别的责任。发达国家承认,鉴于他们的社会给全球环境带来的压力,以及他们所掌握的技术和财力资源,他们在追求可持续发展的国际努力中负有责任。"

该原则包含两个基本要素。"共同的责任"是指各国对保护全球环境的责任和义务是共同的。人类共同生活在一个地球上,地球环境质量的恶化危及所有国家的利益,保护地球环境因而成为人类共同的责任。然而,导致全球环境持续恶化的主要历史与现实原因是生产与消费的不可持续方式,因此,造成这种损害的国家即发达国家必须承担控制、减少和消除全球环境损害的主要责任。而且,发达国家有着雄厚的经济实力和先进的环保技术,有力量为解决全球环境问题承担更多的义务。"有区别的责任"就是指在发达国家和发展中国家之间,这种共同责任是有区别的。有区别的责任是对共同责任的具体化和对共同责任的再分配,即发达国家对环境问题应当承担主要责任,而发展中国家则承担次要的责任。它是发展中国家经过艰苦斗争而取得的成果。当然,虽然发展中国家对全球环境保护承担次要的责任,但仍负有减少资源浪费、杜绝乱砍滥伐林木以及减少污染物排放量等义务。

在《气候变化框架公约》《生物多样性公约》等国际法律文件中都体现了这项原则,并为不同类型的国家规定了不同的法律责任,如发达国家率先削减排污量,向发展中国家提供新的、额外的资金,建立专门机构为发展中国家履约提供财政、技术和其他援助等。

二、国际环境法律实践存在的问题

尽管环境问题的全球化已经得到世界各国的公认,国际社会也已制定了联合行动计划和各项法律措施,但是由于世界各国在政治、经济等方面的既得利益以及各国对本国长远利益的考虑,使得各国在具体履行国际环境条约所确立的全球环境保护义务上还存在着许多意见分歧。这些分歧的背后具有深刻的政治、经济利益的背景。从众多全球环境条约谈判所反映的问题表明,如下因素是造成全球环境合作存在障碍的重要原因。

(一) 国家经济利益的差别与矛盾

在世界范围内,发展中国家与发达国家目前处于工业化的不同阶段,因此国民收入和生活水平的差距较大,这就导致它们之间在经济利益与国民偏好等方面有着明显的差异,在对待发展与环境关系问题上的看法也大相径庭。发达国家已经完成工业化并且拥有很高的收入水平,因此有充足的财力来规划本国环境保护事宜,也更偏好于全球的环境利益。

但是在对待全球环境问题方面,发达国家仍然有所偏重。例如它们比较看重发展经济过程中环境污染和资源破坏对全球环境问题的贡献,而对诸如水土流失、沙漠化和水旱灾害等发展中国家面临的紧迫环境问题关注的热情相对较低。发展中国家则面临着贫困和经济的双重挑战,它们多主张高速发展经济,并强调经济发展是发展中国家有效治理环境、参与国际合作的基础和保障。

发达国家与发展中国家由于经济发展程度上的差异而导致其在环境保护的客观条件、能力和观念上也存在着诸多不一致,且将在相当长的时期内广泛存在。

(二) 发展中国家短期利益和长期利益之间的矛盾

尽管各国都认为环境保护将有利于国家社会、经济的可持续发展,但多数发展中国家迫于贫困和人口增长等社会问题的压力,不得不在一定程度上以牺牲环境为代价获得短期的经济发展与生活水平的提高。虽然经济发展和环境保护相协调是政府政策的理想选择,但传统的发展模式、投资方式和公民消费方式[①]仍然促使发展中国家走上了发达国家"先污染,后治理"的老路。

现实状况是,发展中国家既对国际社会严格的环境法律措施造成本国经济不能快速增长和贫困不能消除的情况无法忍受,又认为既然发达国家不能成为全球环保的典范,发展中国家也就没有义务来承担这一责任。因此在许多场合,发展中国家的态度是如果发达国家不能给予足够的经济和技术援助帮助发展中国家解决贫困问题的话,那么全球环境问题就主要应当由发达国家采取措施解决。

(三) 与环境保护相关的国际规则与标准均不利于发展中国家

在经济全球化的进程中,许多国际经济和贸易规则与标准是基于市场完善的发达国家之间的经济交往关系,在衡平了它们相互利益的基础上由发达国家主持制定的。因此这些规则与标准在制定理念上就对发达国家的既得利益具有保护性,而对

---

① 联合国经济与社会发展事务处于2002年8月发表了题为《全球挑战全球机遇》的报告。报告指出以目前的全球生活标准和自然资源开发利用方式为基础的经济发展模式令人恐慌,报告号召各国改变危及地球及人类的经济发展模式,进一步管理好全球资源,实施可持续发展战略。

发展中国家的利益而言则具有很大的排他性。所以它们大多数对发展中国家通过国际贸易获取经济利益是不利的。

例如，为世贸组织相关规则所认可的"绿色贸易壁垒"(green trade barriers)措施，就是发达国家利用本国环境法律和环境标准抵制输入发展中国家产品的一个最好的例证。发展中国家由于环境立法不完善、国内环境标准相对较低，加上资金、技术和人才的相对不足与落后，在国际组织许多事关国家经济利益的国际标准的起草制定中处于劣势地位，为此许多国际标准并不能反映和适应发展中国家的利益需求。从这个意义上讲，这种状况对发展中国家广泛参与全球环境保护也是一个不利的因素。所以，在2002年8月召开的联合国世界可持续发展首脑大会上，发展中国家的代表纷纷呼吁要建立一个公正的贸易体系。[①]

（四）传统经济学理论与全球环境问题的现实脱节

目前，有关环境的经济学研究与分析主要是围绕单个国家展开的。传统经济学认为，由于市场失灵是环境问题的主要原因，所以最终的解决还是要依赖于政府。但是，对于全球环境问题而言，传统经济学所提出的解决方案并不适用。实践证明，经济的全球化并未改变旧的国际经济关系与秩序，相反在国际投资进程中，它还推进了环境污染和破坏从发达国家向发展中国家转移。

本书认为，环境问题与其他种类的市场失灵在形式上是有区别的，它们最大的不同在于环境问题的发展具有全球蔓延性和扩散性。作为物质的一种形式，各国工业生产所排放的大量污染物并不会从地球上消失，而是逐渐增加并长期存留于地球环境中间。当处于某国境内的企业因排放污染物对邻近国家或全球的环境造成污染和破坏时，全球范围的外部不经济性就产生了。而排放污染物的国家在制定本国环境政策时，一般不会考虑本国经济发展造成其他国家额外成本的增加，并且也并没有直接的证据能证明造成这种额外成本的原因是哪个国家排污所致。

从经济学原理分析，全球环境问题的产生会带来负的外部性（即外部的不经济性），而对它的治理却会带来正的外部性。但是，目前并不存在超越所有主权国家的超级中央政府来统筹制定、强制实施全球环境保护法律和政策，所以任何一个国家的环境立法和政策只能在其本国生效。国家之间的合作只能建立在自愿、平等、互利的基础上（参见绪论章第一节）。

所以，全球经济中的环境问题要远比国民经济中的环境问题复杂得多。全球环境问题绝不是单个国家或者国际组织所能克服和解决的，它是全人类所面临的共同挑战。

[①] 为了就解决全球环境问题在国际社会谋求广泛的共识，2002年8月联合国专门在南非约翰内斯堡召开了可持续发展首脑大会。虽然发展中国家和发达国家的代表们带来的议题、关注的重点和对会议的期望各不相同，但在一点上他们的认识是共同的：必须立即采取行动，兑现承诺，消除贫困，保护环境，使人类获得可持续发展。

第二节 中国与国际环境法的实践

一、中国应对全球环境问题的基本立场

由于全球环境问题是国际社会在20世纪80年代以后所共同关注的热点,为了在对外国际交往中确立中国对待全球环境问题的原则立场,1992年初,国务院环境保护委员会通过了《我国关于全球环境问题的原则立场》的报告。该报告指出,全球环境问题是全人类面临的共同挑战,中国作为一个社会主义大国十分重视生态环境保护,已经将保护环境作为一项基本国策,努力坚持社会经济和生态环境保护协调发展的方针。

进入21世纪,伴随着作为世界经济、政治大国的崛起,中国的国际地位越来越高。在这个背景下,中国除了继续坚持发达国家应对全球环境问题承担历史责任外,还呼吁国际合作解决全球环境问题。与此同时,中国也本着"负责任的大国"立场和"共同但有区别的责任"原则,从道义上逐步承担尚未承诺的国际环境义务。例如,中国虽然没有在《气候变化框架公约》及《京都议定书》中承诺具体的减排义务,但仍然在2007年6月制定了《应对气候变化国家方案》,成立了应对气候变化领导小组,并于2009年向世界承诺"将到2020年我国单位国内生产总值二氧化碳排放比2005年下降40%—45%作为约束性指标纳入国民经济和社会发展中长期规划,并制定相应的国内统计、监测、考核办法。"

2014年中美双方共同发表了《中美气候变化联合声明》(U. S. -China Joint Presidential Statement on Climate Change),宣布了各自2020年后的行动目标,中国计划2030年左右二氧化碳排放达到峰值且将努力早日达峰,并计划到2030年非化石能源占一次能源的消费比重提高到20%左右。2015年的巴黎气候大会上,习近平指出,计划在2030年单位国内生产总值二氧化碳排放比2005年下降60%—65%,非化石能源占一次能源的消费比重达到20%左右,森林蓄积量比2005年增加45亿立方米。

二、国际环境法在中国的适用

我国《宪法》并没有对国际法在国内法律体系中的效力作出明文规定,但根据《宪法》及《中华人民共和国缔结条约程序法》,条约缔结与一般法律制定的基本程序相同,是由全国人大常委会过半数通过,因此多数学者认为条约与中国的一般法律在国内具有同等的效力,所以条约的效力应该低于由全国人大2/3以上通过的宪法和全国人大过半数通过的基本法律。[①]

---

① 白桂梅:《国际法》,北京大学出版社2010年版,第74页。

虽然普遍认为中国参加的国际条约在国内的效力与一般法律相同,但考虑到国际环境条约涉及面广、情况复杂,中国作为一个发展中国家的履约义务与发达国家和一般发展中国家都有不同,而且国内各方对国际条约的适用问题意见不同,为此,2014年修订的《环境保护法》删除了1989年《环境保护法》对适用国际条约所作的规定。[①]

当前,环境问题正受到国际社会的高度关注。作为一个大的发展中国家,中国想在这个问题上置身事外是不可能的。首先,国际舆论的压力要求中国积极参与或加入有关环境条约。其次,积极参与国际环境事务的合作有利于中国在国际外交中占据主动地位。国际条约的制定过程往往是各主权国家为了各自利益讨价还价、互相协调和妥协的过程,即使在保护人类共同的生存环境方面也不例外。如果不积极参与条约的谈判和制定,就无法在条约中反映自己的利益。最后,全球环境的改善从根本上说是符合中国利益的。因此,中国参与国际环境合作势在必行。

国际环境法的迅速发展对中国国内环境法的影响是非常明显的。目前中国已加入60多个国际环境保护公约,这些公约对中国政府有直接的约束力。为了使国际环境条约得以实际履行,中国在新修改和制定的法律中都将有关的国际义务写入国内法规中,并采取具体的措施(参见第七、十章)。

[①] 1989年《环境保护法》曾在第46条规定:"中华人民共和国缔结或参加的与环境保护有关的国际条约,同中华人民共和国的法律有不同规定的,适用国际条约的规定,但中华人民共和国声明保留的条款除外。"然而,该条规定自1989年以来从未适用过。

第十七章 国际环境法的主要内容

第十七章 导教导学

第一节 大气保护和气候变化应对

工业化以来,空气污染已经成为各国最关心的环境保护项目之一。但在保护各国国内的空气不受污染时,各国逐渐发现,空气污染不只局限于地区、国家或区域,还会影响到想象不到的范围。主要的影响有越境大气污染、臭氧层耗损及全球气候变化。

一、越境大气污染

越境大气污染是国际环境问题中的一种比较普遍的现象。如前所述,1920年在美国和加拿大之间就发生了著名的特雷尔冶炼厂事件,为此国际仲裁法院还在判决中确立了越境污染损害赔偿的国际习惯法原则。第二次世界大战以后,伴随着经济的迅速发展,世界各国的工业化和城市化进程也越来越快,越境大气污染所造成的酸雨和湖泊酸化问题也越来越严重。这突出表现在北美洲和欧洲地区。

1979年联合国欧洲经济委员会制定了《长程越境大气污染公约》(Convention on Long-Range Transboundary Air Pollution),目的在于保护人类及其环境不受来自大气的污染,限制并尽可能逐渐减少和防止大气污染以及长程越境大气污染。

该公约是世界上第一个关于空气污染,特别是远程跨国界空气污染的专门区域性公约。该公约将欧洲上方的大气作为一个整体实行控制,缔约方主要是欧洲国家、美国和加拿大。公约规定了一些防止远程大气污染的基本原则,制定了有关审查、磋商等方面的内部实施机制,主要包括大气质量管理制度、情报交换制度以及协商和合作制度等。公约虽没有许多实质性规范,但它为该领域的条约规则的发展奠定了基础。

《长程越境大气污染公约》签署后,欧共体各国又分别在该条约下签署了1984年《关于长期资助长程越境空气污染监测和评价的议定书》(Protocol on Long-term Financing of Monitoring and Evaluation of Long-range Transboundary Air Pollution)、1985年《关于削减硫排放或其越境流动30%的议定书》(Protocol to the 1979 Convention on Long-Range Transboundary Air Pollution on the Reduction of Sulphur Emissions or their Transboundary Fluxes by at least 30 per cent)、1988年《关于氮氧化物排放及其越境流动的议定书》(Protocol concerning the Control of Emissions of Nitrogen Oxides or their Transboundary Fluxes)、1991年《关于削减

挥发性有机化合物排放的议定书》(Protocol concerning the Control of Emissions of Volatile Organic Compounds or their Transboundary Fluxes)、1994年《关于进一步削减硫化物的议定书》(Protocol on Further Reduction of Sulphur Emissions)、1998年《关于重金属的议定书》(Protocol on Heavy Metals)、1998年《关于持久性有机污染物的议定书》(Protocol on Persistent Organic Pollutants)、1999年《关于减轻酸化、富营养化和地面臭氧的议定书》(Protocol to Abate Acidification, Eutrophication and Ground-level Ozone)。其中，1994年《关于进一步削减硫化物的议定书》，为了不使大气污染对易受影响生态系统造成危害，首次使用了"临界负荷"(critical loads)①的概念。

2013年5月，中、日、韩三国在北九州召开了环境部长会议，就启动政策对话达成一致。2014年3月，中、日、韩三国在北京召开了商讨"PM2.5"等跨境大气污染防治措施的首次实务级别的政策对话，三方分享并交流了本国防治大气污染的经验和措施。②

二、臭氧层耗损及其控制

人类生产、生活活动使用的消耗臭氧层物质如氟氯烃(CFC)、哈龙等，可以导致大气中臭氧层变薄，从而使臭氧层吸收太阳所辐射紫外线的功能减低，造成地球上的生物过量接受紫外线辐射而使人类发生疾病或者致使农作物减产。20世纪80年代中叶，科学家发现南极上空已经出现了臭氧层空洞，它表明在大气的臭氧层中臭氧的浓度已经非常稀薄。

臭氧层耗损问题在70年代就开始引起世界各国的关注。早在1977年，UNEP成立了一个臭氧层问题协调委员会。1985年，在维也纳通过了《保护臭氧层维也纳公约》。中国于1989年加入该公约。

《保护臭氧层维也纳公约》是第一个全球性的大气保护公约，目的在于保护人类健康和环境，使其免受人类改变或可能改变臭氧层的活动所造成或可能造成的有害影响；采取一致措施，控制已发现对臭氧层有不良作用的人类活动；合作进行科学研究和系统观测；交流有关法规、科学和技术领域的信息。该公约具有明显的框架性质，对缔约方保护臭氧层的一般义务作了原则性规定，而对实体义务规定得十分笼统和概括。具体义务的承担则规定通过附件、议定书来确定与约定。由于这种方式能够得到多数国家的接受，因此《保护臭氧层维也纳公约》及其体制是现代国际环境立法的一个典范。

该公约系统地规定了保护臭氧层的目的和缔约方的一般义务，要求缔约方采取

---

① "临界负荷"，是指对某些物质确定的在经过长时期之后不会出现危害环境的最高负荷。在大气酸化方面，它表现为硫、氮等物质经由地表和单位时间而沉积的极限时期。
② 商务部：《中日韩就越境大气污染进行首次政策对话》，载 http://www.mofcom.gov.cn/article/i/jyjl/j/201403/20140300525322.shtml，最后访问时间2018年3月26日。

措施保护人类健康和环境不受那些改变或可能改变臭氧层的人类活动的不利影响;详细地规定了缔约方为实现一般义务而承担的合作义务;对缔约方间涉及公约的解释或适用的争端问题在程序和诉诸方式上作出了具体规定。公约的重点是关于程序性问题的规定,它涉及对臭氧层耗损问题的观测与研究、情报交换、信息传递、机构设立、公约的修正、议定书的制定和公约附件的制定与修正等。

继该公约之后,通过对各国氟氯烃类物质生产、使用、贸易进行统计,1987年通过了《关于消耗臭氧层物质的蒙特利尔议定书》(Montreal Protocol on Substances that Deplete the Ozone Layer)。议定书确定的核心准则之一是各国限制生产和消费各种不同类型的消耗臭氧层物质。议定书还制定了一个阶段性削减计划,以1986年各缔约方的实际使用量为基础,逐步降低受控物质的使用量,到20世纪末以前缔约方应当逐步削减或冻结使用。议定书的另一准则是由缔约方在管制的基础上承诺对控制措施进行评估。作为一种鼓励各国加入的刺激手段,议定书还规定限制与非缔约方进行受控物质及有关产品的贸易。规定了发达国家应当在本世纪末减少氟氯烃使用量的50%,发展中国家则在人均氟氯烃消耗量不超过0.3公斤时可以有10年的宽限期。此外,议定书对于与非缔约方的贸易限制、控制数量的计算、数据汇报及信息交流等也作出了规定。

议定书在1990年的《伦敦修正案》(London Amendment)中,除了将控制物质由8种扩大到20种外,还确立了保护臭氧层的国际资金机制和发达国家缔约方有义务以"公平和最优惠的条件"向发展中国家缔约方迅速转让替代物质和有关技术的规定。[①]另外,条约还设立了臭氧层保护基金,目的是帮助发展中国家进行技术改造,以及就国际合作而进行的必要的资金与技术转让的奖励措施。之后,议定书又经过1992年的《哥本哈根修正案》(Copenhagen Amendment)、1997年的《蒙特利尔修正案》(Montreal Amendment)和1999年的《北京修正案》(Beijing Amendment)修正,从而形成了较为完善的保护臭氧层国际法律体制。

2017年,《关于消耗臭氧层物质的蒙特利尔议定书》缔结三十周年纪念大会在北京举行,联合国开发计划署、联合国环境规划署、联合国工业发展组织、世界银行、德国国际合作机构等国际和双边组织,外交部、发展改革委、科技部、财政部、农业部、商务部、海关总署等有关部委,地方环保厅(局)、行业协会、科研机构、中外企业及媒体的140多名代表参加了此次大会。[②] 同年,《保护臭氧层维也纳公约》第11次缔约方大会及《关于消耗臭氧层物质的蒙特利尔议定书》第29次缔约方大会于11月20日至24日在加拿大蒙特利尔召开,本次会议重点讨论了《基加利修正案》批约以及修正案生效实施后的技术性安排,审议了多边基金2018—2020年增资、消耗臭氧层物质

[①] 关于《保护臭氧层维也纳公约》及其议定书等国际文件,详请见国家环境保护局编:《人类共同的责任》,中国环境科学出版社1993年版,第64—113页。
[②] 中国保护臭氧层行动网:《〈蒙特利尔议定书〉缔结三十周年纪念大会在京举行》,载http://www.ozone.org.cn/gzjx/201711/t20171127_95429.html,最后访问时间2018年3月26日。

(ODS)必要用途和关键用途豁免以及安全标准等议题。会议最终通过22项决定,其中多边基金2018—2020年增资规模为5.4亿美元,我国四氯化碳实验室及分析必要用途豁免和用于生姜种植的甲基溴关键用途豁免均获得批准。[1]

为更好地履行《维也纳公约》和《蒙特利尔议定书》,我国于1991年成立中国国家保护臭氧层领导小组,组织实施《国家方案》,并审核各项执行方案和提出决策性意见。于2000年成立国家消耗臭氧层物质进出口管理办公室,全面负责有关消耗臭氧层物质进出口管理事宜。[2]

从国际环境法的发展历程来看,臭氧层的国际保护是国际环境法发展的里程碑。自1985年《保护臭氧层维也纳公约》建立了国际臭氧层保护的基本框架后,随着国际社会对臭氧层损耗的严重性的认识不断加深,1987年的议定书及后续修正案对于缔约方义务设定及前提、履约机制及决策程序等都有创新。该公约得到良好的履行并对控制臭氧层恶化起到了积极作用,被称为环境规制的成功典范。[3] 科学家还预测,如果《蒙特利尔议定书》规定的义务继续得到良好的履行,到2050年臭氧损耗的量将会恢复到1980年代南极臭氧空洞刚开始形成时的状态。[4]

三、全球气候变化及其控制

国际社会对于全球气候变化问题的关注是从20世纪80年代才开始的。在此之前,科学家们经过长期的观测分析,就已经发现大气中的水蒸气、二氧化碳、甲烷、一氧化碳和臭氧等气体对地球的气候具有吸收热量并使之再反射回地球的作用。由于这种作用类似于温室玻璃,因此科学家把因上述气体造成大气层地球表面变热称之为"温室效应"(greenhouse effect)现象,把上述气体称作"温室气体"(greenhouse gases)。但是,也有科学家认为,上述气体对地球气候的影响并不是使表面温度升高而是下降,其作用类似于阳伞,因而他们将可能出现的地表温度下降称之为"阳伞效应"现象。

这两种截然不同的学说及其争论一直延续到70年代。到80年代中期,许多国家的和国际的科学小组发表了报告,这些报告的结论都指出今后全球平均气温将会上升。[5] 鉴于气温的升高或者降低都将对人类生存的地球环境造成影响,为此UNEP和世界气象组织于1988年成立了政府间气候变化专家委员会,专门负责对有关气候

---

[1] 中国保护臭氧层行动网:《赵英民率中国政府代表团出席〈保护臭氧层维也纳公约〉第11次缔约方大会及〈关于消耗臭氧层物质的蒙特利尔议定书〉第29次缔约方大会》,载 http://www.ozone.org.cn/gzjx/201712/t20171201_95797.html,最后访问时间2018年3月26日。

[2] 中国保护臭氧层行动网:履约机构,载 http://www.ozone.org.cn/zzjg/201607/t20160727_72937.html,最后访问时间2018年3月26日。

[3] UNEP, Handbook for the Montreal Protocol on Substances that Deplete the Ozone Layer(2009), Xi.

[4] WMO, Scientific Assessment of Ozone Depletion: 2006, Global Ozone Research and Monitoring Project, Report No. 52(2011), 5.1.

[5] 参见世界银行:《1992年世界发展报告——发展与环境》,中国财政经济出版社1992年版,第159页。

变化问题及其影响的评价和对策研究工作。1989年联合国大会通过了一项应对全球气候变化的决议,并决定准备气候变化框架公约的谈判起草工作。

1992年6月在巴西举行的联合国环境与发展大会上,包括中国在内的153个国家签署了《气候变化框架公约》。该公约的目的在于在一个使生态系统能够自然地适应气候变化的时间框架内,把空气中的温室气体浓度稳定在防止气候系统受到威胁的人为干预的水平上;确保粮食生产不受威胁;使经济发展以可持续的方式进行。公约要求缔约方为今世和后代的利益,在公平的基础上,根据共同但有区别的责任承担保护气候系统的责任,对于发展中国家的特殊需要和特殊情况应给予充分的考虑,缔约方应采取谨慎措施、预见、防止和减少致使气候变化的原因,缓和不利影响。

公约的主要内容包括:第一,缔约方应制定并定期公布和修定向缔约方大会提交的有关人为"源"(sources)和"汇"(sinks)的排放和吸收的温室气体的清单,以及实施公约的措施。第二,公约对发达国家缔约方与发展中国家缔约方在控制温室气体上的"共同但有区别的责任",即将发达国家、发展中国家与前东欧国家的削减义务明确区分开,发达国家缔约方必须向发展中国家缔约方提供"新的和额外的资金"①等照顾发展中国家利益的条款。

此外,公约规定缔约方有义务对工业排放的二氧化碳、甲烷等温室气体予以限制,并且建立国际资金机制对发展中国家予以资金和技术转让。② 虽然公约对缔约方规定了义务,但对于温室气体排放的削减量和削减的时间表都没有具体规定。

为了更有效和具体实施温室气体排放量的削减,公约缔约方于1997年12月在京都召开的缔约方大会中通过了《京都议定书》。议定书的附件A明确列出了温室气体名录、产生温室气体的能源部门和类别;附件B则列出了承诺排放量限制或削减的39个工业化缔约方的名录;以1990年的排放水平为基准,议定书为公约附件一的缔约方确定了具体的、有差别的减排指标,如欧盟减排8%、美国7%、日本、加拿大各6%、俄罗斯等向市场经济过渡的国家可以维持在1990年的水平。

此外,《京都议定书》规定了公约附件一国家2008年到2012年间的温室气体减排指标,但其中某些国家因为温室气体减排已经达到一定的数量,再持续减排可能要采用更先进的技术,成本也就比较高昂。因此《京都议定书》还规定了联合履约机制(joint implementation)、清洁发展机制及排放贸易机制(emissions trading)等灵活机制,让公约附件一缔约方可以灵活运用以较低廉的成本完成减排指标。③ 联合履约机

---

① "新的和额外的资金"是指有关发达国家在公约签署前向有关发展中国家所承诺的提供资金之外的资金。
② 公约将缔约方分为三类,附件一的缔约方包括24个OECD成员国和12个"正在向市场经济过渡的国家";附件二是24个经济合作组织成员国与土耳其;其余的国家,主要是发展中国家,包括中国和印度在内,则归入附件三。
③ 《京都议定书》第6条、第12条和第17条。

制及排放贸易机制只有在公约附件一国家间实行。联合履约机制乃是让公约附件一国家可以在另一个公约附件一国家发展减排项目，排量在经过核准后可以抵消原公约附件一国家的减排数量指标。清洁发展机制也是如此，只是公约附件一国家（发达国家）在非公约附件一国家（发展中国家）发展减排项目。联合履约机制和清洁发展机制的实施是一个双赢的机制，发达国家通过与其他发达国家或发展中国家的项目合作，以较在本国减排更低的成本获取减排量，而其他发达国家和发展中国家也可以获得资金和技术以有效地实施温室气体减排，从而达到温室气体总量减排的目标。排放贸易机制则是难以完成减排任务的公约附件一国家可以向其他超额完成任务的公约附件一国家购买减排额度。这样，有效减排可以获得奖励，超额排放则需付出代价。

为了讨论《京都议定书》规定的第一阶段温室气体排放减排指标如何在 2012 年之前达成，以及确定 2012 年之后如何应对气候变化的解决方案，公约及议定书的缔约方于 2005 年 11 月 28 日召开缔约方会议。会议通过了实施《京都议定书》的《马拉喀什协议》(Marrakesh Agreement)，启动了 2012 年之后发达国家温室气体减排谈判，通过了加强《气候变化框架公约》的长期合作对话的规定，设定了议定书的遵约机制，并在适应气候变化和简化清洁发展机制的方法和程序取得一定进展。

2007 年 12 月，第 13 次缔约方大会在印度尼西亚巴厘岛举行。会议着重围绕"后京都"问题进行讨论，即《京都议定书》第一承诺期在 2012 年到期后如何进一步降低温室气体的排放。由于美国与欧盟、发达国家与发展中国家立场上的重大差异，会议最终艰难地通过了名为"巴厘岛路线图"(Bali Road Map)的决议，其进一步确认了解决气候变化的紧迫性，在为应对气候变化新安排进行谈判以及确立在今后的谈判中为发展中国家提供财政和技术支持等方面取得了一定的进展，但文件本身并没有量化减排目标。

为了完成"巴厘岛路线图"的谈判目标，尽快形成关于"后京都"时期温室气体减排的共识和方案，公约缔约方分别于 2009 年在丹麦哥本哈根、2010 年在墨西哥坎昆、2011 年在南非德班召开缔约方大会对温室气体减排的目标、指标、资金和技术等问题进行商讨和艰难地谈判，取得了一定的进展，并于 2012 年在卡塔尔首都多哈召开的第 18 次缔约方大会上通过了决议，确定 2013—2020 年为《京都议定书》第二承诺期，还在决议中量化了部分发达国家的温室气体减排目标。随后的 2013 年，公约缔约方再次聚首，在波兰华沙召开了第 19 次缔约方会议，继续围绕温室气体减排的具体机制等问题进行谈判，但仍未取得显著进展。在此之后，公约缔约方分别于 2014 年在秘鲁利马、2015 年在法国巴黎、2016 年在摩洛哥古城马拉喀什、2017 年在德国波恩召开了第 20 次、第 21 次、第 22 次、第 23 次缔约方大会。针对第 21 届联合国气候变化大会一致通过的《巴黎协定》(Paris Agreement)，美国总统特朗普于 2017 年 6 月宣布美国正式退出该协议，这一做法致使全球气候治理迄今为止最重要的合作成果遭受重创。① 而 2017 年在德国波恩召开的《联合国气候变化框架公约》的第 23 次缔约国大会（COP23）则是美国政府宣布退出巴黎协议后的第一次峰会，作为一次技术性谈判会议，会议各方经努力达成名为"斐济实施动力"的一系列积极成果。②

由于发达国家和发展中国家在节能减排问题上的立场不尽相同，大会争论激烈，从 2011 年开始，每届气候大会都会出现会议超时和延期现象。发达国家和发展中国家就气候变化问题的争论逐渐集中在资金技术支持以及损害赔偿责任机制建立的问题上。

第二节 海洋保护

由于人类直接或间接地把物质或能量引入海洋环境，其中包括河口湾，以致造成或可能造成损害生物资源或海洋生物、危害人类健康、妨碍包括捕鱼和海洋的其他正当用途在内的各种海洋活动、损坏海水使用质量和减损环境优美等有害影响。③ 就海洋污染的原因看，世界上大部分的海洋污染都是伴随沿海开发活动而产生的海洋生态系统破坏、富营养化（eutrophication）、垃圾，以及由有害物质和石油污染所造成的（参见第十一章第一节）。

海洋在很早以前就是国际法研究的主要对象之一，因此关于防止海洋环境污染的条约也较其他环境保护条约更为完备。由于人类对海洋长期的不当使用，从而造成对海洋环境的不良影响。19 世纪以后，科学技术的发展帮助人类从多个角度接近和认识海洋，从而导致对海洋利用总量的扩大，由此而促发的海洋污染和海洋生态破坏问题不断增加，因此也制定了一系列全球性的和区域性的海洋环境保护规则。在全球性的海洋保护规则方面，主要包括全球性框架公约和针对特定类型的海洋污染问题的公约。

一、《联合国海洋法公约》

1982 年通过的《联合国海洋法公约》是海洋环境保护条约体系的核心，目的在于建立一种综合性法律秩序，以便利国际交流、促进和平利用海洋、合理利用其资源、保护生物资源以及研究和保护海洋环境；针对所有海洋污染源，建立有关全球和地区的合作、技术援助、监测和环境评价，通过和实施国际规则和标准以及国家立法等方面的基本环境保护原则和规定。值得一提的是，该公约从实质上变更了传统的"海洋自由原则"（the Principle of Freedom of the Seas），提出了"海洋属于全人类"的思想和"人类共同财产"的概念。

---

① 巴黎协定中文官网，http://www.ftchinese.com/tag/%E5%B7%B4%E9%BB%8E%E5%8D%8F%E5%AE%9A%A，最后访问时间 2018 年 4 月 3 日。
② UNFCCC, http://unfccc.int/2860.php, 最后访问时间 2018 年 4 月 3 日。
③ 见《联合国海洋法公约》第 1 条第 1 款第 4 项。

该公约在第 12 部分"海洋环境的保护与保全"中确立了国际海洋环境保护的基本原则和制度。明确规定各国有保护和保全海洋环境的义务,要求各国在适当情况下个别或联合采取符合该公约的必要措施,以防止、减少和控制海洋环境污染,并且规定各国负有不将损害或危险转移或将一种污染转变成另一种污染的义务。这些规定体现了《联合国海洋法公约》在海洋环境保护方面新确立的国家必须履行国际海洋环境保护义务的原则、各国享有开发其自然资源的主权权利但不得损害国外海洋环境原则以及海洋环境保护的国际合作原则。此外,该公约还对全球性和区域性合作,技术援助、监督和环境评价,防止、减少和控制海洋环境污染的国际规则和国内立法等问题也作出了具体的规定。

关于海洋污染的控制,该公约覆盖了所有海洋污染源,通过确立各国立法管辖的方式,对来自陆源污染、船舶污染、海上作业和海底活动污染以及海洋倾废污染等作出了规定。并且规定在不妨碍重要商业活动的情况下,对船舶污染给予特别的注意。公约还在船籍国(船籍登记的国家)、海岸国(船只经过其沿海水域的国家)、港口国(船只停靠其港口,包括近海集散站的国家)之间划分了执行的职责,在海洋倾倒规则方面也是如此。公约要求各国制定法律和规章并且应当考虑国际上议定的规则、标准和建议的办法及程序,以防止、减少和控制不同来源的海洋环境污染。

在监督履行机制方面,海洋法公约规定联合国大会每年都要评估公约的履行情况,审议与海洋事务和海洋法有关的其他进展,为促使遵守公约和追究违约行为提供了保障。在争端的解决方面,成员国可以选择国际海洋法法庭、国际法院、国际常设仲裁庭或特别仲裁等强制性程序作出具有约束力的决定。

《联合国海洋法公约》的缺点和不足是它未能考虑不同海域在地理上的特殊性。

中国政府于 1982 年 12 月签署了《联合国海洋法公约》。

二、针对特定类型海洋污染问题的专门公约

除《联合国海洋法公约》外,国际社会还制定、实施了大量防治海洋环境污染的条约与协定,它们与《联合国海洋法公约》共同构成了控制海洋环境污染的国际规则、标准与程序体系。

以下将分别对国际控制海洋环境污染的主要公约与协定作简要的介绍。

(一)控制陆源污染

陆源污染占海洋污染的绝大多数,而且基本上发生在国家管辖领土范围以内。关于控制陆源污染的国际法律文件,除了《联合国海洋法公约》有关控制陆源污染的规定外,其他都是区域性的协议,尚无全球性的国际条约。

《联合国海洋法公约》第 207 条规定,"各国应制定法律和规章,以防止、减少和控制陆地来源,包括河流、河口湾、管道和排水口结构对海洋环境的污染,同时考虑到国际上议定的规则、标准和建议的办法及程序。"

1974 年 6 月,联合国政府间海事协商组织曾签订了一个区域性的《防止陆源海洋污染公约》(Convention for the Prevention of Marine Pollution from Land-Based Sources)(由 1992 年生效的《保护东北大西洋海洋环境公约》(Convention for the Protection of the Marine Environment of the North-east Atlantic)所取代),目的在于通过单独和联合采取防止海洋污染的措施,并协调缔约方在这方面的政策来采取一切可能步骤防止海洋污染。公约对经由水道、海岸(包括水下管道等)、受缔约方管辖的人工建筑等途径造成海洋污染的陆源污染物实行控制,规定各国应当建立永久性的监测系统,并决定设立缔约方委员会监督公约的履行。在规则和标准方面,该公约要求缔约方采取措施消除或减少列于附件一中的物质所造成的污染,建立永久性监测系统,互相交流情报和信息,当发生附件一中的物质所造成的污染事故时应当协商谈判达成合作协议。并且,还要求缔约方在公约的实施中使用现有最佳技术、使用最佳环境方法减少或消除污染的输入。

作为首批旨在防止陆源污染的国际协议之一,该公约对全球环境保护具有巨大的潜在影响,它所通过的方案已作为其他区域性协议的模式。

其他关于控制陆源污染的国际法律文件主要包括:UNEP 主持签订的区域海洋环境保护公约的有关规定和议定书以及 1985 年 UNEP 制定的《保护海洋环境免受陆源污染的蒙特利尔规则》(Montreal Rules for the Protection of the Marine Environment from Land-Based Sources of Pollution)。此外,于 1995 年通过的《保护海洋环境免受陆源活动影响的全球行动计划》(Global Programme of Action for the Protection of the Marine Environment from Land-based Activities),虽然没有严格的法律拘束力,但是对区域组织和各国在制定有关陆源污染规则时有指导作用。

(二) 控制船舶污染及其赔偿责任

1. 一般性船舶污染

由于船舶作业过程中可能会排放石油、有害物质、污水、垃圾而造成海洋污染,在防止船舶造成的海洋污染方面,1973 年制定的《国际防止船舶污染公约》(International Convention for the Prevention of Pollution from Ships)取代了 1954 年的《国际防止海上油污公约》。该公约的目的是消除作业过程中可能排放油类和其他有害物质以及减少因船舶意外事故而造成海洋污染。公约的对象不限于油类,而对一般船舶排放、输送或者处分有害物质的行为也实行了控制。作为条约控制的有害物质,在附件 1 至 5 中规定了油或者油性混合物、油以外散装有害液体、容器中装置的有害物质、污水以及废弃物和垃圾。特别在附件 5 中,还规定了禁止投弃的塑料类制品,以及防止海运包装形式有害物质污染规则。中国于 1983 年签署了该公约。

1978 年国际社会又制定了《关于 1973 年国际防止船舶污染公约的 1978 年议定书》(1978 Protocol to the International Convention for the Prevention of Pollution from Ships, 1973)。该议定书主要是针对 1973 年公约若干附件的实施而缔结的。它与《国际防止船舶污染公约》共同构成了一个国际防止船舶污染公约的整体,国际上通常将它们称为"73/78 年防污公约",凡是加入 1978 年议定书的国家,自然地应当遵守《国际防止船舶污染公约》而不必另外履行签字或批准手续。

国际海事组织于 2004 年 4 月 1 日通过了经修正的《经 1978 年议定书修订的〈1973 年国际防止船舶造成污染公约〉》附则 IV—《防止船舶生活污水污染规则》（Annex IV Prevention of Pollution by Sewage from Ships）。该附则已于 2005 年 8 月 1 日正式生效。

经国务院批准，我国于 2006 年 11 月 2 日向国际海事组织秘书长交存了加入经修正的《经 1978 年议定书修订的〈1973 年国际防止船舶造成污染公约〉》附则 IV 的文件，该附则于 2007 年 2 月 2 日正式对我国生效。

2. 海洋油污事故

为了干预公海油类污染突发事故，以 1967 年在英国海域发生了利比里亚油轮"托利峡谷号"因触礁而导致大面积海洋石油污染事件为契机，国际社会强化和扩充了关于防止海洋污染的条约，于 1969 年制定了《国际干预公海油污事故公约》（International Convention Relating to Intervention on the High Seas in Cases of Oil Pollution Casualties）。该公约的目的是保护各国人民的利益免受重大海上事故导致海洋和海岸线遭到油类污染危险的严重后果；认可为保护这种利益在公海采取特别的措施是必要的，只要这些措施不妨碍公海自由的原则。公约的主要特点是扩大了国家管辖权的范围。当缔约方有理由认为海上事故将会造成较大有害后果时，即可在公海上采取必要的措施，以防止、减少或消除由于油类对海洋的污染或污染威胁而对其海岸或有关利益产生的严重而紧迫的危险。公约要求在采取措施前必须与其他受影响的国家进行磋商，并将情况告知所有可能会因实施措施而受到影响的个人或企业，尽最大努力避免危及人类生命，对采取的超出合理需要范围的措施进行赔偿。

中国于 1990 年加入该公约。

此外，国际社会于 1973 年还制定有《干预公海非油类物质污染议定书》（Protocol relating to Intervention on the High Seas in Cases of Marine Pollution by Substances other than Oil），使公约的适用范围扩大到非油类物质如有毒物质、液化气和放射性物质。中国于 1990 年加入该公约。

在油污损害事故的民事责任方面，国际社会 1969 年制定的《国际油污损害民事责任公约》（International Convention on Civil Liability for Oil Pollution Damage）对油轮所有者规定了油污损害赔偿的无过失责任，同时设定了责任限度额。并且确立被害地国的法院对赔偿请求享有管辖权，以及确认了法院地国以外的缔约方对判决的执行力。中国于 1980 年加入该公约。

1971 年《建立国际赔偿油污损害基金的公约》（International Convention on the Establishment of an International Fund for Compensation for Oil Pollution Damage）为不能充分实行损害赔偿的受害者设立了后备基金，规定在条约所确立的责任限度额内对损害予以补偿。该基金的出资人为原油或者重油的输入（进口）者，其出资额则按照基金的比例负担。之后，由于经济情势的变更及油污事故的大型化，受害者纷纷要求提高责任限度额。到 1991 年,由于在意大利海域发生的"天国号"爆炸火灾事故所涉及的损害范围巨大,因而提高赔偿的限度额就成为一个紧迫的问题。在 1992 年对该公约进行修正的议定书中,赔偿的限度额由最初的 1.35 亿特别提款权(SDR)提高到 2 亿 SDR。

此间,国际社会还缔结了一些适用于非缔约方的民间协定,如 1969 年的《油轮船东石油污染责任协定》(Tanker Owners Voluntary Agreement concerning Liability for Oil Pollution)和 1971 年的《油轮油污责任补充协议》(Contract Regarding An Interim Supplement To Tanker Liability For Oil Pollution)等。

3. 控制国家管辖的海底活动造成的污染

《联合国海洋法公约》将总面积 3.61 亿平方公里的海洋依其法律地位分为三类不同区域:国家管辖海域、公海和国际海底。其中"国际海底"是指国家管辖海域范围(领海、专属经济区和大陆架)以外的海床和洋底及其底土。由于国家对超出 200 海里的外大陆架仍具有管辖权,国际海底应全属于深海的范畴,是深海海底的主要部分。国际海底区域内蕴藏着丰富的战略金属、能源和生物资源。伴随着世界范围内海洋经济时代的到来,国际海底丰富的资源为人类提供了巨大的利益前景,并在地球科学、生命科学、环境科学等许多领域具有重大的科学研究价值。作为全人类的共同继承财产,所有沿海国家和内陆国家都非常关注国际海底区域的研究、开发和管理,因此形成了专门的国际法律制度,并根据《联合国海洋法公约》缔约国按照《公约》第十一部分和《关于执行〈公约〉第十一部分的协定》,设立了专门管理国际海底事务的国际机构——国际海底管理局(International Seabed Authority, ISA)。

《联合国海洋法公约》第 208 条和第 214 条对各缔约方在控制海底活动造成的污染方面应采取的措施作了规定。公约规定,沿海国应制定法律和规章,以防止、减少和控制来自受其管辖的海底活动或与此种活动有关的对海洋环境的污染以及来自有关管辖下的人工岛屿、设施和结构对海洋环境的污染,并且规定这种法律、规章和措施的效力应不低于国际规则、标准和建议的办法及程序。

在对海底油田开发行为污染海洋的控制方面,欧洲于 1976 年签订了《关于欧洲地区海底开发致油污损害责任公约》(Convention on Civil Liability for Oil Pollution Damage Resulting from Exploration for and Exploitation of Seabed Mineral Resources)。

在有关深海海底资源的开发方面,《联合国海洋法公约》还规定,缔约方可以发动包括实行环境影响评价及停止施工在内的紧急命令。

国际海底管理局负责组织和控制成员国在国家管辖范围外的深海底进行的活动,特别是管理该区域矿物资源的活动。国际海底管理局是一个独立的政府间组织,总部设立在牙买加首都金斯敦。根据《联合国海洋法公约》第 156 条规定,公约缔约国为国际海底管理局的当然成员国。截至于 2010 年 6 月,《联合国海洋法公约》现有 160 个缔约方,根据《关于执行〈公约〉第十一部分协定》现有 138 个缔约方。管理局采用召开届会的方式开展工作,期间所有机构均举行会议。在 2013 年 7 月举行的国际海底管理局第 19 届会议上,通过了对《"区域"内多金属结核探矿和勘探规章》(Regulations on Prospecting and Exploration for Polymetallic Nodules in the Area)修正案;并核准了中国大洋矿产资源研究协会和日本国家石油、天然气和金属公司分别提交的两份富钴结壳勘探矿区申请;通过了有关勘探合同管理和监督费用的决定。

4. 控制向海洋倾倒废弃物造成的污染

《联合国海洋法公约》第 210 条规定,各国应制定法律和规章,以防止、减少和控制倾倒对海洋环境的污染。这种法律、规则和措施应确保未经各国主管当局准许,不得进行倾倒。

从 20 世纪 60 年代后期开始,从飞机、船舶或者海洋构筑物往海洋倾倒废弃物行为在国际上引起了注意。1972 年,为了控制向海洋倾倒强有害性物质,国际社会以大西洋为对象制定了《防止船舶和飞机倾倒废物污染海洋奥斯陆公约》(Convention for the Prevention of Marine Pollution by Dumping from Ships and Aircraft),以及以所有海域为对象的《防止倾倒废物及其他物质污染海洋公约》(Convention on the Prevention of Marine Pollution by Dumping of Wastes and Other Matter),1996 年又制定了该公约的议定书。

其中,《防止倾倒废物及其他物质污染海洋公约》(下称《伦敦公约》)的目的,在于防止在海上任意处置易对人类健康造成危害、危害生物资源和海洋生物,破坏舒适环境以及干扰其他海洋合法利用者的废弃物。公约的基本原则是禁止向海洋倾倒某些特定的废弃物,在倾倒另外一些废弃物前需要取得特别的许可,其余的废弃物则需取得一般许可。

《伦敦公约》通过附件列举受管制物质的形式对向海洋倾倒的废物分门别类地实行控制。附件 1 规定了禁止向海洋倾倒的废弃物;附件 2 则规定了可以倾倒的废弃物质,但事先必须获得特别的许可;附件 3 规定了事先必须获得许可倾倒的废弃物质。

中国于 1985 年加入《伦敦公约》。

5. 船舶残骸造成的污染

《内罗毕国际船舶残骸清除公约》(Nairobi International Convention on the Removal of Wrecks)于 2015 年 4 月 14 日开始生效。《内罗毕国际船舶残骸清除公约》为清除或已清除船舶残骸的缔约国提供法律依据。船舶残骸对人命安全、船上货物和财产,以及海上和岸上环境构成潜在威胁。该公约使船东负有财产责任,并要求他们投保或者提供其他财产担保来承担船舶残骸清除工作费用。该公约还将赋予缔约国向保险公司采取直接行动的权利。

6. 海洋生物入侵

从 2003 年 7 月《国际船舶压载水及其沉积物控制和管理公约》(International Convention for the Control and Management of Ships' Ballast Water and Sediments)草案基本完成,到 2017 年 9 月公约生效,期间经历了漫长而艰难的十几

年。该公约的出台旨在减少全球海洋生物入侵对环境和人类造成的影响，因此，该公约不仅是一项简单的国际环保法则，更是在公约附则要求下的一次船舶技术革新，而技术的革新恰恰给船东带来了目前尚无法估量的运营成本，使得原本在全球航运经济低迷中苦苦支撑的船东们雪上加霜，甚至可能会被直接击垮。船东们普遍认为，航运不单单是船东经营船舶获取利益，更是使全世界人民从中受益，而压载水带来的生物入侵是长久以来伴随在航运中不可避免的技术问题，国际组织想解决此问题更应该汇集所有受益方的力量而不应该由船东自行买单。另一方面，美国目前尚未加入《国际船舶压载水及其沉积物控制和管理公约》而奉行自己单独的压载水管理规定，这使得很多船东忧心忡忡。但不管怎样，《国际船舶压载水及其沉积物控制和管理公约》真的来了，并且我们也确信随着公约的生效，越来越多的技术和管理问题会被船长们在实践中反馈出来，进而对该公约进行有针对性的修订。

第三节 自 然 保 护

关于自然保护的条约，国际上最早可溯源于欧洲 19 世纪中叶以后以保护渡鸟为主的野生动植物保护条约。但是，初期的条约主要是基于人类中心的狭隘价值观念与短期的评价时间制定的。[①] 自然保护的对象只局限于保护水产业或林业等特定经济资源的开发利用。20 世纪 60 年代以后，随着人类对于自然环境生态整体性的认识，国际法律保护对象从原来特定的自然资源保护扩大到整个自然环境保护，例如从个别物种扩大到整个生态系统、从珍稀濒危物种扩大到生物多样性（参见第十一章）。

以下将从生物资源以及自然地域保护两方面分别加以介绍。

一、生物资源

（一）生物多样性保护

关于生物多样性保护的国际立法，实际上从 20 世纪初就已经开始了。但是早期的国际生物保护立法并没有树立生态系统的观念，并且没有认识到物种保护与人类进步的关系，而是单纯为了利用生物资源以赚取经济利益。随着科学的发展，人们对生物资源的认识有了长足的提高，特别是 20 世纪初生态学创建以来，对生物多样性价值的认识更上升到伦理学、经济学的高度，支持生物多样性保护的国际公约或协定也不断制定。

但是，所有这些认识以及生物多样性理念的形成主要局限在发达国家。而对占有地球生物资源多数的大部分发展中国家来说，则很少有这么高的认识，即使认识到也会因为强调发展而忽视对生物多样性的保护和管理。因此，由发达国家主张并制

---

① 参见日本地球环境法研究会编：《地球环境条约集》，日本中央法规出版株式会社 1999 年版，第 154 页。

定的支持生物多样性保护公约并不能达成立法的初衷。在这种背景下，UNEP 在 1987 年决定制定一部《生物多样性公约》(Convention on Biological Diversity)，该公约到 1992 年 5 月被提交到同年 6 月召开的联合国里约环境与发展大会签署。

《生物多样性公约》为人类树立了广泛、长期生存发展的观念，从而脱离了人类利益中心主义的狭隘的价值观。目的在于确保保护生物多样性及持久使用其组成部分；促进公平合理地分享由利用遗传资源，包括适当获取遗传资源、适当转让有关技术（需顾及对这些资源和技术的一切权利）以及适当提供资金而产生的惠益。

该公约主要规定了缔约方应将本国境内的野生生物列入物种目录，制定保护濒危物种的保护计划，建立财务机制以帮助发展中国家实施管理和保护计划，利用一国生物资源必须与该国分享研究成果、技术和所得利益，以公平和优惠的条件向发展中国家转让技术或提供便利，要求缔约方酌情采取立法、行政或政策性措施使各国特别是发展中国家有效地参加提供遗传资源用于生物技术研究活动并从中受益。

随着现代生物技术的快速发展，也引发了关于基因工程潜在风险的广泛争论。国际社会对生物安全问题十分重视。为了预防和控制转基因生物可能产生的不利影响，于 2000 年 1 月在加拿大蒙特利尔召开的《生物多样性公约》缔约方大会特别会议上通过了《卡塔赫纳生物安全议定书》(Cartagena Protocol on Biosafety)。该议定书是依据《里约宣言》原则 15 所确立的谨慎原则，采取必要保护措施，以规范生物多样性及其组成可能造成负面影响的改性活生物体(living modified organism, LMO)的运输、处置及使用行为，以寻求保护生物多样性免受由现代生物技术改变的活生物体带来的潜在危险。

议定书主要规定了事先知情同意程序以确保各国在批准改性活生物体入境之前能够获得作出有关决定所必需的信息，并建立生物安全资料交换所以便就有关生物技术改变的活生物体和协助各国实施议定书交换信息。此外，议定书还规定了嗣后制定在国际贸易中如何认定改性活生物体更为详细规则的程序。

我国于 2005 年 6 月 8 日批准加入《卡塔赫纳生物安全议定书》，2005 年 9 月 6 日起对我国生效。

作为卡塔赫纳议定书缔约方会议的缔约方大会第五次会议 2010 年 10 月 15 日在日本名古屋通过了一项称为《卡塔赫纳生物安全议定书关于赔偿责任和补救的名古屋—吉隆坡补充议定书》(The Nagoya-Kuala Lumpur Supplementary Protocol on Liability and Redress to the Cartagena Protocol on Biosafety)的国际协定。补充议定书通过了一项行政性办法，以解决一旦源于越境转移的改性活生物体非常可能给生物多样性的保护和可持续利用造成损害时采取的应对措施。

如何公正和公平分享利用遗传资源所产生的惠益，是《生物多样性公约》的第三项目标，也是各缔约方一直以来争论的焦点。2010 年 10 月 29 日缔约方在日本名古屋通过了《生物多样性公约关于获取遗传资源和公正和公平分享其利用所产生惠益的名古屋议定书》，规定了应就获取遗传资源、惠益分享和履约采取措施的核心义务。

议定书要求国家规定公正和非任意的规则和程序来获取遗传资源,制定明确的事先知情同意程序(prior informed consent)和共同商定的条件,并且在准予获取时颁发许可证或等同的证件。另外,缔约方应根据共同商定的条件同提供遗传资源的缔约方公正和公平地分享利用遗传资源所产生的惠益以及嗣后的应用和商业化作出规定。支持遵守提供遗传资源的缔约方的国内法律或管制规定的具体义务,以及共同商定的条件中所反映的合同义务,是《名古屋议定书》的一项重要创新。在执行方面,议定书规定了一系列工具和机制,协助缔约方建立国家联络点和主管当局,建立信息获取和惠益分享信息交换所,建立财务机制、技术转让等制度以支持国家履约能力的建设。此外,议定书还对有关获取土著和地方社区所持有的与遗传资源相关的传统知识作出了规定。

2016年12月在墨西哥坎昆举行《生物多样性公约》第十三次缔约方大会,会议宣布中国获得2020年《生物多样性公约》第十五次缔约方大会主办权。定于2020年举行的《生物多样性公约》第十五次缔约方大会将制订生物多样性保护战略计划,并确定2030年生物多样性保护目标。中国将以举办大会为契机,展示生态环境保护成就,与国际社会共谋全球生态文明建设之路,为全球生物多样性保护作贡献。[①]

(二) 野生动植物贸易

控制野生动植物贸易的国际条约是1973年制定的《濒危野生动植物物种国际贸易公约》(Convention on International Trade in Endangered Species of Wild Fauna and Flora)。该公约的目的是通过国际合作确保野生动物和植物物种的国际贸易不至于威胁相关物种的生存;通过在科学主管机构的控制下由管理当局签发进出口许可证制度来保护某些濒危物种,使之不致遭到过度的开发与利用。公约所谓的国际贸易除陆生濒危野生动植物的贸易外,还包括将在公海上捕获的动植物带入陆地的贸易。

作为控制对象的动植物,主要在该公约的附件1、2、3中予以了规定。其中,附件1所列为"所有受到或可能受到贸易的影响而有灭绝危险的物种",对这类物种原则上禁止进行商品贸易。附件2所列为"目前虽未濒临灭绝、但是如果不对贸易予以严格管理,以防不利于它们生存的利用,就可能成为灭绝危险的物种"以及"为了使附件2所列某些物种标本的贸易能得到有效的控制,而必须加以控制的其他物种";附件3所列则为"任何成员国认为属其管辖范围内的、应当进行管理以防止或者限制开发和利用,而需其他成员国合作控制贸易的物种"。对于附件2、3规定的野生动植物的贸易,公约规定在符合进出口规定且得到许可的条件下可以进行。

中国于1981年加入该公约。

2014年2月12日—13日,由中国国家林业局副局长张建龙率领的中国政府代

[①] 新华社:《中国获得〈生物多样性公约〉第十五次缔约方大会主办权》,载 http://news.xinhuanet.com/world/2016-12/10/c_1120092837.htm,最后访问时间2018年3月28日。

表团,出席了英国政府主办的"打击野生动植物非法贸易伦敦会议"。与会各方审议通过了《打击野生动植物非法贸易伦敦会议宣言》(Declaration: London Conference on the Illegal Wildlife Trade),作出庄重政治承诺,将野生动植物非法贸易作为"严重犯罪"。[①]

(三) 迁徙性动物物种

1979 年制定的《野生动物迁徙物种养护公约》(Convention on the Conservation of Migratory Species of Wild Animals)是以保护迁徙性野生动物(即具有周期性、规则性的跨越国界的动物)为目的。该公约的目的是通过制定并实施合作协议,禁止捕捉濒危物种,保护其生境(生存环境)及控制其他不良的影响因素,以保护那些越过各国管辖边界或在边界外进行迁徙的野生动物物种。作为条约的对象物种,在该公约附件 1 列出了濒临灭绝的物种,并规定实行强制性保护;在附件 2 列出了目前保护状况不佳、需要签订国际协议来加强保护和管理,或者加强国际合作以改善其保护状况的物种,对于这类物种的保护主要是在迁徙全过程中进行的,因此公约的实施可能涉及许多国家。

在关于保护候鸟的条约方面,主要是对有关候鸟通过列表的形式宣布予以保护,同时规定对鸟类及其鸟卵的捕获实行管制、对鸟类的贸易与占有的限制、设立保护区、环境保全、对外来物种的管理以及共同调查等形式来进行的。

在国际上,候鸟保护的国际条约主要是采取多边或双边协定的形式,例如在美国、日本、俄罗斯、澳大利亚和中国等国之间都签订有许多双边的条约或协定。例如,中国和日本两国于 1981 年签署了《保护候鸟及其栖息环境协议》(Protocol on Protection of Migratory Birds and Their Habitat Environment)。

(四) 其他

在有关水产资源的条约方面,主要是以可持续利用为目的,对渔区、渔期、渔法予以管理,并导入新的最大可持续获渔量方式和控制混获(incidental catch,指对非对象鱼类生物予以同时捕获)来进行的。其中,最大可持续获渔量方式已经在《联合国海洋法公约》第 61 条以及 1946 年《国际捕鲸管制公约》(International Convention for the Regulation of Whaling)附件 10 予以规定。中国于 1980 年加入了《国际捕鲸管制公约》。

1986 年国际捕鲸委员会禁止了商业捕鲸活动,但是仍然有一些国家在坚持捕鲸活动。目前,日本、挪威和冰岛仍然以科研、公约中存在的漏洞或者退出公约为由进行商业捕鲸活动。

此外,在 1980 年《南极海洋生物资源养护公约》(Convention on the Conservation

[①] 北大法宝:《多国审议通过〈打击野生动植物非法贸易伦敦会议宣言〉》,http://www.pkulaw.cn/fulltext_form.aspx? Db = news&Gid = e335bcc422b88ad0bdfb&keyword = %E5%8A%A8%E6%A4%8D%E7%89%A9&EncodingName=&Search_Mode=accurate&Search_IsTitle=0,最后访问时间 2018 年 4 月 5 日。

of Antarctic Marine Living Resource)以及 1992 年《北太平洋溯河性鱼种公约》(*Convention for the Conservation of Anadromous Stocks in the North Pacific Ocean*)等条约中则对混获和生态要素予以了重视,在《南太平洋禁止流网渔业公约》(*Convention for the Prohibition of Fishing with Long Driftnets in the South Pacific*)中还规定禁止使用流网的渔法。

为最有利于实现在中西部太平洋高度洄游鱼类分布的整个区域内对其有效养护和管理的目标,2000 年 9 月 4 日联合国通过了《中西部太平洋高度洄游鱼类种群养护和管理公约》(*Convention on the Conservation and Management of Highly Migratory Fish Stocks in the Western and Central Pacific Ocean*),我国于 2004 年 11 月 2 日交存了加入书。该公约于 2004 年 12 月 2 日对我国生效。①

二、自然地域

(一)森林

1983 年国际热带木材组织制定了《国际热带木材协定》(*International Tropical Timber Agreement*),这是一部以长期、可持续利用热带木材贸易为目的的国际商品协定,目的在于为热带木材生产国和消费国之间的合作和协商提供一个有效的框架;促进国际热带木材贸易的扩大和多样化以及热带木材市场结构的改善;促进和支持研究和开发工作;加强市场情报的交流;鼓励制定旨在持续利用和保护热带森林及其遗传资源、维护有关地区的生态平衡的国家政策;采纳了只以实施可持续森林管理的森林所生产的木材作为贸易对象而确定的"2000 年目标",即通过国际合作和援助,努力使成员国确保在 2000 年进入国际贸易的热带木材都产自实行可持续管理的森林。

该协定具体的规定还包括,为改善热带木材市场进行国际合作,奖励森林管理与木材利用有关的发展研究,特别是发展中国家林业养护与相关产业的研究,以及制定国家基本政策等。此外,该协定还分别确立了有关自然林与人工林以及生物多样性的指导方针。

该协定不仅是商品协定,而且对虽有热带雨林但没有进行木材贸易的国家而言,根据其资源保有量在国际热带木材机构也确认享有投票权。中国于 1986 年加入该协定。

1994 年 1 月 26 日,该协定的缔约方在日内瓦订立了《1994 年国际热带木材协定》(*1994 International Tropical Timber Agreement*),作为 1983 年协定的后续协定,重申了该协定的基本内容,并增加一些新的条款。

---

① 北大法宝:《中西部太平洋高度洄游鱼类种群养护和管理公约》,载 http://www.pkulaw.cn/fulltext_form.aspx? Db=eagn&Gid=402cd6728d1eaa0fbcd1db3d190c9506bdfb&keyword=%E9%B1%BC%E7%B1%BB&EncodingName=&Search_Mode=accurate&Search_IsTitle=0,最后访问时间 2018 年 4 月 5 日。

1992年联合国里约环境与发展大会通过了《关于森林问题的原则声明》(Non-Legally Binding Authoritative Statement of Principles for a Global Consensus on the Management, Conservation and Sustainable Development of All Types of Forests),是发展中国家,尤其是有热带雨林资源的国家和发达国家激烈争论后妥协的产物。该声明提出了15项原则,主要是强调国家开发资源的主权、森林的可持续开发利用,以及发达国家向发展中国家提供财务资源和技术转移等国家合作。但是声明中对于如何保护和利用森林,发达国家同发展中国家仍未达成共识。

2000年10月,联合国经济和社会理事会建立了一个拥有全球会员的、高级别的政府间组织联合国森林问题论坛(United Nations Forum on Forests)。其任务在于促进森林的管理、保护和可持续发展,监督会员国政府长期对政策的关注。论坛每年召开会议,加强对森林问题的长期优先关注,并回顾过去政府间组织行动的执行情况。①

2018年3月23日,由联合国森林论坛(UNFF)主办、国家林业局承办的联合国森林论坛专家会议在四川省都江堰市举行,来自40多个国家与7个国际组织和主要团体的60多名官员和专家参加了此次会议。②

为了发展中、蒙两国人民的友好关系,预防、扑灭和相互通报两国边境地区的森林、草原火灾,并减少可能出现的损失,1999年7月15日,中国与蒙古国政府签订了《中华人民共和国政府和蒙古国政府关于边境地区森林、草原防火联防协定》(Agreement between the Government of People's Republic of China and the Government of Mongolia on the Prevention of Forest and Grassland Fires in Border Areas)。③

为在平等互利的基础上进一步发展在共同开发和利用森林资源方面的长期合作,2000年11月3日,中国与俄罗斯联邦政府签订了《中华人民共和国政府和俄罗斯联邦政府关于共同开发森林资源合作的协定》(Agreement Between the Government of People's Republic of China and the Government of Russian Federation on Cooperation in the Development of Forest Resources)。④

为更好地推动实现林业领域互利互惠的合作,2006年11月21日,中华人民共和

---

① United Nations Forum on Forests,http://www.un.org/esa/forests/,最后访问时间2018年4月5日。
② 国家林业局:《联合国森林论坛专家会议在四川省都江堰市举办》,载http://www.forestry.gov.cn/main/586/content-1085586.html,最后访问时间2018年4月5日。
③ 北大法宝:《中华人民共和国政府和蒙古国政府关于边境地区森林、草原防火联防协定》,载http://www.pkulaw.cn/fulltext_form.aspx?Db=eagn&Gid=c89011993818061bb542fb8174c14095bdfb&keyword=%E6%A3%AE%E6%9E%97&EncodingName=&Search_Mode=accurate&Search_IsTitle=0,最后访问时间2018年4月5日。
④ 北大法宝:《中华人民共和国政府和俄罗斯联邦政府关于共同开发森林资源合作的协定》,载http://www.pkulaw.cn/fulltext_form.aspx?Db=eagn&Gid=e8779ab1563b9e283b6b8598d02e32ffbdfb&keyword=%E6%A3%AE%E6%9E%97&EncodingName=&Search_Mode=accurate&Search_IsTitle=0,最后访问时间2018年4月5日。

国国家林业局和印度共和国环境与森林部签订了《关于林业合作的协议》(Agreement on Forestry Cooperation)。①

为促进气候变化与森林可持续经营活动的协同增效，努力推动森林可持续经营的实施和全球森林目标的实现，2012 年 5 月 13 日，中、日、韩三国签订了《关于森林可持续经营、防治荒漠化和野生动物保护合作的联合声明》(Joint Statement on Cooperation in Forest Sustainable Management, Desertification Control and Wild Animals Protection)。②

（二）湿地保护

国际上关于湿地保护的条约是 1971 年《关于特别是作为水禽栖息地的国际重要湿地公约》(Convention on Wetlands of International Importance Especially as Waterfowl Habitat，以下简称《湿地公约》)。制定该公约的目的在于制止目前和未来对湿地的逐渐侵占和损害，确认湿地的基本生态作用及其经济、文化、科学和娱乐价值；鼓励"明智地利用"世界的湿地资源；协调国际合作。

该公约所定义的湿地，是包括淡水、海水，以及所有与水相关的场所且不管是否为人工或者暂时性的水域。按照缔约方的指定将这些国际上重要的水域予以登记造册进行保护。

公约规定，应当按照生态学、植物学、湖沼以及水文科学的国际意义确定选入名册的湿地，尤其是应当先行将作为水禽栖息地的国际重要湿地予以确定。缔约方应当制订计划保护列入名册的湿地并促使其合理利用，特别是执行环境影响评价、控制利用过剩、制定和实施有公民参与的环境管理计划、指定登记、设立自然保护区等措施。当湿地发生变化或者变更保护计划时，还应当向国际执行当局通报。

中国于 1992 年加入该公约。

2015 年 6 月 2 日，《湿地公约》第 12 届缔约方大会在乌拉圭埃斯特角城开幕。会议重点关注公约财经事务、国际重要湿地等议题，会议期间，中国政府代表团会见了公约秘书长和湿地国际执行总裁，通报了中国与相关国际组织开展交流和合作的情况，介绍了中国近年来在湿地保护和管理上取得的巨大成就。③

（三）自然遗产保护

在自然遗产保护方面主要制定有 1972 年《世界文化与自然遗产保护公约》

---

① 北大法宝：《中华人民共和国国家林业局和印度共和国环境与森林部关于林业合作的协议》，载 http://www.pkulaw.cn/fulltext_form.aspx?Db=eagn&Gid=e256ff67a3bf1a7a8183e5b7515569c1bdfb&keyword=%E6%A3%AE%E6%9E%97&EncodingName=&Search_Mode=accurate&Search_IsTitle=0，最后访问时间 2018 年 4 月 5 日。

② 北大法宝：《关于森林可持续经营、防治荒漠化和野生动物保护合作的联合声明》，载 http://www.pkulaw.cn/fulltext_form.aspx?Db=eagn&Gid=5fafb51ed0e3aa43525be229dddb6966bdfb&keyword=%E6%A3%AE%E6%9E%97&EncodingName=&Search_Mode=accurate&Search_IsTitle=0，最后访问时间 2018 年 4 月 5 日。

③ 国家林业局：《〈湿地公约〉第 12 届缔约方大会开幕》，载 http://www.forestry.gov.cn/Zhuanti/content_stwm/772884.html，最后访问时间 2018 年 4 月 5 日。

(*Convention Concerning the Protection of the World Cultural and Natural Heritage*)。该公约的目的在于为集体保护具有突出的普遍价值的文化遗产(具有文化价值的纪念物、建筑物、地址等)与自然遗产(自然或者靠生物作用的形成物、稀有生物物种的栖息地等)建立一个根据现代科学方法制定的研究性的有效的制度;为具有突出的普遍价值的文物古迹、碑雕和碑画、建筑群、考古地址、自然面貌和动物与植物的生境提供紧急和长期的保护。

该公约对文化遗产、自然遗产规定了明确的定义,要求缔约方在充分尊重文化遗产和自然遗产所在国主权的同时,承认这些遗产同时也是世界遗产的一部分,并且世界各国都有责任对它们予以保护。

公约认为,有关国家应当认定、保护、保存、整理和运用本国内的各类遗产,对此还应当制定综合性的基本政策、设立行政机关、奖励调查研究以及采取必要的法律、财政措施。为了养护、恢复发展中国家的文化和自然遗产,该公约确立了提供资金和技术等国际合作与援助的体制。

中国于1985年加入该公约。

2017年,联合国教科文组织《保护世界文化和自然遗产公约》缔约方大会在巴黎总部举行,会议选举产生了世界遗产委员会的12个新成员,中国当选世界遗产委员会委员,任期为4年。①

(四)南极保护

1959年签署的《南极条约》(*Antarctic Treaty*)确立了南极洲的法律框架,"冻结"了世界各国对南极主权的争夺。南极保护等问题主要由《南极条约》予以调整,该公约的目的在于确保永久和平利用南极资源。由于科学研究发现南极地域冰层下拥有大量可供开采的矿产资源,因此南极的自然环境保护便成为一个国际问题。

1988年在《南极条约》下通过了《南极矿产资源活动管理公约》(*Convention on the Management of the Activities of Antarctic Mineral Resources*),规定设立南极矿产资源委员会,对南极地域实行环境影响评价,以及对在南极从事矿产资源开发实行严格的条件限制等措施。到1991年10月又签署了《关于南极条约的环境保护议定书》(*Protocol on Environmental Protection to the Antarctic Treaty*),规定至少在50年内禁止在南极进行一切有关矿产资源的开发活动。该公约的5个附件中分别规定了"南极环境评估""南极动植物保护""南极废物处理与管理""防止海洋污染"和"南极特别保护区"。根据公约及附件的规定,各缔约国需负责清理遗留在南极大陆的垃圾,对固体废弃物、食品废弃物、化学药品废弃物及可燃性废弃物要采取不同处理方式,以避免对南极环境造成损害。中国政府于1991年加入该公约。

除此之外,有关南极的环境保护条约还有1964年《南极洲动植物保护措施》

---

① 人民网:《联合国教科文组织世界遗产委员会改选 韩国落选》,http://world.people.com.cn/n1/2017/1116/c1002-29648872.html,最后访问时间2018年4月5日。

(Agreed Measures for the Conservation of Antarctic Fauna and Flora)、1972 年《南极海豹养护公约》(Convention on the Conservation of Antarctic Seals)以及 1980 年《南极海洋生物资源养护公约》(Convention for the Conservation of Antarctic Marine Living Resources)等。2009 年 4 月在美国巴尔的摩举行了第 32 届《南极条约》协商会议,美国提出的对前往南极的游船大小以及游客数量设置限制的建议得到了与会的 28 个协商国的一致同意,该建议的目的是减少人类活动对南极环境的影响。

2017 年 5 月 23 日,第 40 届南极条约协商会议在北京开幕。中共中央政治局常委、国务院副总理张高丽出席开幕式并致辞。张高丽表示,中国高度重视南极治理和发展。中国国家主席习近平指出,南极科学考察意义重大,是造福人类的崇高事业,中方愿同国际社会一道,更好认识南极、保护南极、利用南极。中国国务院总理李克强提出,要进一步推动极地考察向更深程度、更广范围、更高层次发展。南极地区地理位置和生态环境极为特殊,对全球气候变化和人类生存发展具有重要影响。1959 年签署的《南极条约》确立了南极治理的基本法律框架,开启了人类合作协商南极事务的新时代。①

(五) 防止荒漠化

荒漠化主要是由于过度开采燃材料、过度放牧以及自然现象所共同造成的。鉴于人为原因所导致的荒漠化现象不断加剧,国际社会从七十年代就开始讨论防治荒漠化问题。在 1992 年联合国里约环境与发展大会上,荒漠化也是会议所讨论的主要议题,特别是非洲国家则更是强烈要求制定条约。为此,国际社会于 1994 年在巴黎通过并签署了《联合国防治荒漠化公约》(United Nations Convention to Combat Desertification)。

该公约的目的在于:在发生严重干旱和(或)荒漠化的国家,特别是在非洲,防治荒漠化和减轻干旱的影响,以期协助受影响地区实现可持续发展。

公约除将人类活动作为控制对象以外,还将自然原因导致的干旱也作为控制对象。这主要是出于早期警报以及粮食储备方面的考虑。由于荒漠化被认为是与贫困和宏观经济活动有关联的问题,因此该公约要求,受到荒漠化和干旱影响的缔约方应当制订行动计划,确保资源的适当分配,对社会经济因素予以充分的理解,同时还应当重视地方的人民、特别是女性和年轻人的作用。另外,公约还要求,发达国家应当对受到荒漠化和干旱影响的缔约方予以科学、技术、教育、训练以及资金等的援助和合作。1994 年中国政府签署了该公约。

2017 年 9 月 6 日,《联合国防治荒漠化公约》第十三次缔约方大会在中国内蒙古自治区鄂尔多斯市拉开帷幕。本次大会的主题是"携手防治荒漠,共谋人类福祉",主要任务是落实可持续发展议程,制定《联合国防治荒漠化公约》新战略框架,确认实现

---

① 国务院:《张高丽出席第 40 届南极条约协商会议开幕式并致辞》,载 http://www.gov.cn/guowuyuan/2017-05/23/content_5196197.htm#1,最后访问时间 2018 年 4 月 5 日。

土地退化零增长目标,并筹集资金支持。①

第四节 废弃物及危险物质管理

一、危险废物的管理

在较早的时期,国际社会就在有关铁路运输公约、道路交通公约以及欧洲危险物质道路运输协定中对危险物质的运输作出了规定。到了20世纪80年代,由于发达国家将本国的工业废弃物等有害废物出口到没有处理和管理能力的发展中国家,从而导致进口国发生了许多污染和损害。有鉴于此,1989年制定了《控制危险废物越境转移与处置的巴塞尔公约》(Basel Convention on the Control of Transboundary Movements of Hazardous Wastes and Their Disposal),就危险废物(有害废弃物)的越境转移问题作了一系列的规定。中国政府于1989年签署该公约(参见第八章第二节)。

(一)关于《控制危险废物越境转移与处置的巴塞尔公约》

公约的目的在于控制和减少公约规定的危险废物和其他废物越境转移;把产生的危险废物降低到最低程度,保证对它们进行有利于环境的管理,包括在处置和回收时尽可能地接近危险废物产生源;帮助发展中国家对其产生的危险废物和其他废物进行有利于环境的管理。公约的主要特点在于禁止或者控制危险废物的转移行为,并且还规定禁止缔约方与非缔约方之间进行危险废物贸易。公约强调了危险废物产生国(出口国)对废弃物的责任与义务。并且还要求各缔约方应当谋求对环境进行健全、有效的管理。

公约的核心部分是事先知情同意制度。事先知情同意制度是国际危险物质出口管理的主要法律制度,其主要内容是规定危险物质的出口者必须就拟议中的出口事宜向进口国进行通报,在得到进口国的书面同意后才能出口。公约在第6条详细规定了监视从出口者直到最终接受者的事前通告和事后报告程序以及情报管理程序。这种通告和报告制度要求,必须使情报得到明确传达并对废弃物进行集中的管理和监视,所有国家(包括发展中国家)有必要制定防止危险废物在贸易过程中去向不明的具体措施。

公约的另一个重要内容是对再出口和非法运输的规定。公约规定,在特定情况下,出口国有义务确保将危险废物退运回国。为了防止潜在污染损害的发生,公约要求输出者采取保险和保证的措施予以保障。在违反公约方面,规定了采取退货或者替代措施的义务。在国内法方面,要求将违反条约的行为作为不法交易犯罪对待,并

---

① 自然资源部:《联合国防治荒漠化公约》第十三次缔约方大会高级别会议开幕,载http://www.mlr.gov.cn/xwdt/mtsy/201801/t20180116_1737018.htm,最后访问时间2018年4月5日。

采取法律或行政措施对行为人予以制裁。此外,公约还规定了对缔约方违反公约进行通报的制度。

《巴塞尔公约》缔约国会议原则上每一年半召开一次,主要讨论和处理在实施《巴塞尔公约》过程中遇到的重大问题,落实公约中提出的各项措施和规定,并作出相应决议。

从1992年11月30日召开第一次缔约国会议至今,《巴塞尔公约》缔约国会议共召开了11次。这些会议达成了一系列成果,如《危险废物越境转移及管理的国家法律范本》(Model National Legislation on the Management of Hazardous Wastes and Other Wastes as well as on the Control of Transboundary Movements of Hazardous Wastes and Other Wastes and Their Disposal)《巴塞尔公约缔约国议事规则》(Rules of Procedure of the States Parties to the Basel Convention)《关于危险废弃物越境转移及其处置所造成损害的责任与赔偿问题的议定书》(Protocol on Liability and Compensation for Damage Caused by Transboundary Movements of Hazardous Wastes and Their Disposal)等。其中,于1999年12月10日由公约缔约方签订的《关于危险废弃物越境转移及其处置所造成损害的责任与赔偿问题的议定书》是第一个全球性的关于危险废物造成环境损害与赔偿责任的国际条约,该条约规定了关于包括合法与非法国际运输危险废物的过程中,因事故或其他方面的原因所造成的危险废物的泄漏,而造成的环境损害与赔偿责任。

(二)《巴马科公约》

1991年1月30日,在马里首都巴马科召开的关于环境和可持续发展的泛非洲会议上,非洲统一组织主持签订了《禁止向非洲进口危险废物并在非洲内管理和控制危险废物越境转移的巴马科公约》(简称《巴马科公约》)(Bamako Convention on the Ban of the Import into Africa and the Control of Transboundary Movement and Management of Hazardous Wastes within Africa)。

该公约的主要目标是保护非洲,避免非洲成为工业化国家的危险废物倾倒场。公约序言明确写道:"为了环境和人类健康,国家有权禁止危险废物和物质的进口和过境","非洲日益盼望对危险废物越境转移及其在非洲国家处置的行为予以禁止"。

(三)《21世纪议程》

于1992年在联合国环境与发展大会上通过的《21世纪议程》对危险废物的预防及处理方面进行了规定。

在危险废物的预防方面,《21世纪议程》第二十章规定:"对危险废物实行无害环境管理,包括防止在国际上非法贩运危险废物","由于产生的危险废物越来越多,人类健康和环境质量在不断退化。在危险废物的产生、处理及处置上,社会和个人的直接和间接开支不断增加。因此,十分重要的是,增进有关危险废物的防止和管理的经济学方面的知识和信息(其中包括对就业和环境效益的影响)以确保通过经济奖励的方式使发展方案可得到必要的资本支持。在危险废物的管理方面,当务之急之一就是通过污染防治和清洁生产战略来尽量减少废物的产生,进而作为改变工业生产方式和消费模式的更广泛的方法的组成部分。"

在危险废物的处理方面,《21世纪议程》第二十章规定:"对危险废物的产生、贮存、处理、再循环和再使用、运输、回收以及处置实行有效管制,这对人的健康、环境保护和自然资源管理以及可持续发展具有头等重要意义,这需要国际社会、各国政府以及工业界积极合作和参与。"

二、危险化学品的管理

由于危险化学品的广泛使用及其所具有的危险性和污染性,需要制定国际规范以保障环境和人类健康。在这方面,重要的国际公约包括《关于在国际贸易中对某些危险化学品和农药采用事先知情同意程序的鹿特丹公约》(Rotterdam Convention on the Prior Informed Consent Procedure for Certain Hazardous Chemicals and Pesticides in International Trade)、《关于持久性有机污染物的斯德哥尔摩公约》(Stockholm Convention on Persistent Organic Pollutants)。此外,《保护臭氧层维也纳公约》也是对消耗臭氧层物质实行管理的国际法文件(参见第八章第三节)。

(一)《关于在国际贸易中对某些危险化学品和农药采用事先知情同意程序的鹿特丹公约》

目前,国际市场上的化学品贸易品种大约有70000种,每年新增大约15000种。许多已经被发达国家禁止使用的化学品仍然在发展中国家销售和使用。1998年9月,联合国粮农组织全体大会决定,以自愿的方式使用"事先知情同意程序",实现对危险化学品和化学农药国际贸易的控制。1998年9月签订了《关于在国际贸易中对某些危险化学品和农药采用事先知情同意程序的鹿特丹公约》(以下简称《鹿特丹公约》),以强制性规定取代先前自愿性的规定,该公约于2004年2月24日正式生效。2004年12月29日中国全国人大常委会通过了关于批准《关于在国际贸易中对某些危险化学品和农药采用事先知情同意程序的鹿特丹公约》的决定。

《鹿特丹公约》明确规定,进行危险化学品和化学农药国际贸易各方必须进行信息交换。出口方需要通报进口方及其他成员在其国内禁止或严格限制使用化学品的规定。发展中国家或转型国家需要通告其在处理严重危险化学品时面临的问题。计划出口在其领土上被禁止或严格限制使用的化学品的一方,在装运前需要通知进口方。出口方如出于特殊需要而出口危险化学品,应保证将最新的有关所出口化学品安全的数据发送给进口方。各方均应按照公约规定,对"事先知情同意程序"中涵盖的化学品和在其领土上被禁止或严格限制使用的化学品加注明确的标签信息。公约各方还同意,开展技术援助和其他合作,促进相关国家加强执行该公约的能力和基础设施建设。

(二)《关于持久性有机污染物的斯德哥尔摩公约》

持久性有机污染物(persistent organic pollutants, POPs),是指在环境中难以降

解、能够在生物体内蓄积并沿食物链放大、且能对人体健康及环境构成各种负面影响的有机污染物。有证据显示，这些物质可以通过长距离迁移到达一些从未使用或生产过它们的地区，对环境构成严重威胁。在人类活动造成的所有污染物中，持久性有机污染物的危害最大，它们具有"致癌、致畸、致突变"效应，严重影响人体的生殖系统、免疫系统和神经系统。基于对以上危害的认识，2001年5月23日，各国共同签署了《关于持久性有机污染物的斯德哥尔摩公约》。根据公约，各缔约方将采取一致行动，首先消除12种对人类健康和自然环境最具危害的持久性有机污染物[①]，公约还规定，被列入控制的持久性有机污染物清单是开放性的，将来会随时根据规定的筛选程序和标准进行扩充。

2004年6月25日中国全国人大常委会通过了《关于批准〈关于持久性有机污染物的斯德哥尔摩公约〉的决定》。

（三）《关于汞的水俣公约》(Minamata Convention on Mercury)

联合国环境规划署在2009年2月召开的第25届理事会上就全球汞污染控制议题通过决议，从2010到2013年初，利用三年时间，召开五次政府间谈判委员会(INC)会议，拟订一项具有法律约束力的全球性汞问题文书，以促使国际社会共同采取行动，控制由于汞的生产、使用和排放导致的汞污染问题，减少其带来的相关危害。首次INC会议于2010年6月在瑞典召开，第二次会议于2011年1月在日本召开，第三次会议于2011年10月在肯尼亚召开，第四次会议于2012年6月在乌拉圭召开，第五次会议于2013年1月在瑞士召开。

第五次会议商定了此项具有法律约束力的全球性汞问题文书的案文，一致同意将其命名为《关于汞的水俣公约》（以下简称《汞公约》）。2013年10月，汞公约外交全权代表大会在日本熊本举行，来自140多个国家和国际组织的一千多名代表出席了会议。会议先后通过了公约文本和大会最后文件。到目前为止，来自128个国家以及欧盟的代表签署了公约，美国等12个国家已完成批约，成为公约缔约方。

《汞公约》由35条正文和5个附件组成，正文规定了各缔约方控制汞生产、使用、流通及处置的相关义务，添汞产品、用汞工艺限控及其增列，汞的大气排放和水土释放，资金和技术援助等内容。各附件则主要就各国淘汰添汞产品（禁止其生产和进出口，而非使用）、用汞工艺的限控时间表及其他要求、小规模土法炼金规范行动、大气排放控制点源以及争端仲裁和调解条款等内容作出了规定。

三、核活动及其损害的控制

核活动分为军用方面和民用方面。调整核军用方面的条约主要有1968年通过的《不扩散核武器条约》(Treaty on the Non-Proliferation of Nuclear Weapons)、

[①] 它们是：艾氏剂、狄氏剂、异狄氏剂、滴滴涕、七氯、氯丹、灭蚁灵、毒杀芬、六氯苯、多氯联苯、二恶英和呋喃。

1971年通过的《禁止在海床洋底及其底土安置核武器和其他大规模毁灭性武器条约》(*Treaty on the Prohibition of the Emplacement of Nuclear Weapons and Other Weapons of Mass Destruction on the Sea-Bed and the Ocean Floor and in the Subsoil Thereof*)、1996年通过的《全面禁止核试验条约》(*Comprehensive Nuclear Test Ban Treaty*)和2005年通过的《制止核恐怖主义行为国际公约》(*International Convention for the Suppression of Acts of Nuclear Terrorism*)。

在核的民用领域,国际法的宗旨是促进核的和平利用,在保障公民的生命健康、财产和生态环境的基础上,进行核活动,增进人类的福祉。

（一）核损害责任

为了能够在事故发生后对损害予以全面救济,目前各国法律都规定对核损害赔偿实行严格责任、绝对责任或结果责任等的无过失责任制度。关于原子能损害责任的国际立法,主要有1960年《核能领域中第三方责任巴黎公约》(*Paris Convention on Third Party Liability in the Field of Nuclear Energy*,以下简称《巴黎公约》)、1963年《补充巴黎公约的布鲁塞尔公约》(*Brussels Convention Supplementary to the Paris Convention*,以下简称《布鲁塞尔公约》)以及1963年《关于核损害民事责任的维也纳公约》(*Vienna Convention on Civil Liability for Nuclear Damage*)。《巴黎公约》后来又为其追加议定书(1964年)及其修正议定书(1982年)予以修正。

《巴黎公约》是由OECD起草完成草案的,其缔约方主要都是欧洲国家。《维也纳公约》是由国际原子能机构起草完成草案的,其缔约方则主要是发展中国家,目的在于制定最低限度的标准,为由于和平使用核能而导致的损害提供资金保障。

上述两个公约在内容方面有很多类似之处。例如,将在运输过程中发生的事故也包含在内,并且不论国籍、住所或者居所如何都可以适用。且事故发生时所产生的赔偿责任全部集中于原子能作业者,即对其实行无过失责任,除非法庭可以判决是受害一方的过错所为,或者核事故是直接由武装冲突、内战、叛乱或预料之外的严重自然灾害造成。另外,在责任的赔偿金额、时间方面虽然都受到了限制,但是必须依靠强制保险来支付。在后来的《布鲁塞尔公约》中,还对与国家有关的作业方面规定增加了赔偿数额。

然而,当非缔约方受到损害时不适用上述两条约。对此,当发送者与接受者,以及事故发生地与被害发生地只有一方为上述两条约的缔约方时,就应当考虑上述两条约是否适用、或者法院在管辖上的困难等问题。于是1988年由国际原子能机构和OECD在维也纳举行会议并通过了《关于适用〈维也纳公约〉和〈巴黎公约〉的联合议定书》(*Joint Protocol on the Application of Vienna Convention and Paris Convention*),并于同日开放供签署。自此,上述两条约与其他有关的条约在主体方面扩大了缔约方的主体适用范围。

此外,1997年通过了《核损害补充赔偿公约》(*Convention on Supplementary Compensation for Nuclear Damage*)。2004年,OECD对《巴黎公约》进行修订,修订

后的该公约取消了原规定的核电站营运者对特大自然灾害引起的核事故造成的核损害免责的条款,这意味着核损害的免责范围被缩小。同时,也将生命丧失和人身伤害的索赔期限延长为核事故发生之日起30年,这意味着核损害索赔期限得到延长。诉讼时效的延长大大提高了理赔的复杂性和长期性,这在很大程度上超出了商业保险的承保范围。

（二）核事故

在苏联切尔诺贝利核电站发生核事故后,国际原子能机构又于1986年紧急通过了《关于及早通报核事故公约》（Convention on Early Notification of a Nuclear Accident）与《核事故或辐射紧急情况相互援助公约》（Convention on Assistance in the Case of a Nuclear Accident or Radiological Emergency）。

《关于及早通报核事故公约》的目的是尽早提供可能产生跨界国际影响的核事故情报,以将环境、人群健康和经济上的不利后果减少到最低限度。公约要求,在发生可能导致越境影响的核事故时,必须对事故发生的相关时间、场所、排放放射性物质的种类以及对事故状况的判断等情报及其他基本情报等进行通报。

《核事故或辐射紧急情况相互援助公约》的目的是建立一个国际体制,即在发生核事故或辐射紧急情况时便利缔约方之间直接通过或从国际原子能机构以及从其他国际组织迅速提供援助;最大限度地减轻后果,保护生命、财产和环境免受放射性释放的影响。公约规定在发生核事故或者放射性紧急事态时应当将影响限制在最小限度内,还规定了防止放射性损害、保护人体生命以及环境的紧急援助活动等措施。

中国于1987年加入了上述两个公约。

（三）核安全与核安保

在核安全与核安保方面,主要由国际原子能机构制定了下述三个公约。

1.《核材料实物保护公约》（Convention on the Physical Protection of Nuclear Material）

该公约于1980年制定并于2005年修订。公约的目的在于从根本上保护国内核材料的使用、贮存和运输,防止因非法取得和使用核材料而可能引起的危险。中国政府于1988年加入该公约。

2.《核安全公约》（Convention on Nuclear Safety）

切尔诺贝利核电站事故引起了人们对核设施的安全性的高度关注。为此,1994年国际原子能机构制定并通过了《核安全公约》,目的在于加强国际核技术交流与合作,在世界范围内实现和维持高水平的核安全,在核设施内建立有效防止潜在辐射危害发生的防御措施,防止带有放射性后果的事故发生并减轻事故的危害后果（参见第九章第二节）。

《核安全公约》只适用于民用核电站,军事设施与其他处理设施等不适用该公约。鉴于各国的技术水平不一,公约没有规定统一的基准与罚则,只是要求各国在促进教育和训练、制定紧急应对计划方面进行国际合作。并且要求关闭那些安全性不能提高的核电站。

中国于1996年批准了该公约。2017年9月全国人大常委会通过了《核安全法》。

3.《乏燃料管理安全和放射性废物管理安全联合公约》(Joint Convention on Safety of Spent Fuel Management and Safety of Radioactive Waste Management)

1995年,国际原子能机构在其基本安全文件——"放射性废物管理原则"中特别强调要建立一个法律框架来对乏燃料安全和放射性废物安全进行管理。1997年9月1日—5日,国际原子能机构在其总部举行会议,并于1997年9月5日通过了《乏燃料管理安全和放射性废物管理安全联合条约》。该公约是当事国之间有关放射性废物安全管理以及保护个人与环境免受放射性潜在影响的主要国际法律文件。2006年4月29日,全国人大常委会决定加入该公约。

2011年3月,海啸造成日本福岛核电站发生了7级核事故并导致较大范围的核泄漏。这一事故的发生重新引发了国际社会对核电站选址、小概率事件与事件叠加的安全应对、核事故应急机制的有效性、监管机制的合理性和企业安全文化、信息公开以及区域性核安全协调沟通机制等核安全问题的关注和讨论。

4. 核安全峰会

进入21世纪以来,核安保问题越来越受到各国的重视,很多国家都在倡导核安全和打击防范核恐怖主义。因此,召开核安全峰会的计划被提上日程。核安全峰会平均每两年召开一次,自首届核安全峰会于2010年4月12日在美国首都华盛顿召开以来,共召开了三次核安全峰会,分别就核安全威胁和应对措施、核安全的国际合作、核安全体系建设以及国际原子能机构的作用等问题进行了讨论。

中国一直以来都十分重视核安全问题,中国核安全观的基本原则是:发展和安全并重、权利和义务并重、自主和协作并重、治标和治本并重。[①]

第五节 贸易与环境

由于经济发展会对环境造成影响,因此各国在制定保护环境政策中也会出现由于保护措施的实施而限制国际贸易自由化的问题。

自由贸易和自由竞争是现代国际经济交往的基本原则。因此,为减轻关税以及其他实质性贸易障碍,并在国际通商方面废除差别待遇,国际社会在1947年制定了《关税与贸易总协定》(GATT)。多年后缔约方认识到成立世贸组织的重要意义,继而在历经多回合谈判后签订了《成立世界贸易组织协议》(Agreement Establishing the World Trade Organization)。世贸组织也于1995年1月1日正式成立。

《关税与贸易总协定》有关贸易自由化的基本原则是非歧视原则(non-

---

① 参见国家主席习近平2014年3月在第三届核安全峰会上的讲话。

discrimination principle），即各国不得给予其他国家类似产品低于其本国国内生产的类似产品的待遇，并且应给予所有其他成员国的类似产品同等的待遇。而所谓"类似产品"，只能以产品最终呈现情形判断，而不能以产品制造过程作为判断的基础。因此，假若一项产品在甲国的制造过程中采取严格的环保管制，而在乙国的制造过程则以对环境极为有害的过程制造，则甲国制造的产品成本（亦即污染控制成本）很可能明显高于乙国的类似产品。但在《关税与贸易总协定》的非歧视原则规定下，进口国不能对来自乙国的产品给予低于来自甲国产品的待遇。

一般认为，世贸组织的如下规定可以协调贸易与环境的冲突。

一是《关税与贸易总协定》第20条的一般例外条款列出了可以免除《关税与贸易总协定》义务的特殊情形，与环境保护有关的例外主要规定在第20条的（b）款和（g）款。第20条规定："凡下列措施在条件相同的各国间不会构成武断的或不正当的歧视，或者构成变相的国际贸易的限制，则不得将本协议说成是妨碍任何缔约方采取或实行下列措施……（b）为维护人类及动植物生命或健康所必需者……（g）关系到养护可用竭的天然资源的措施，但以此措施须与限制国内生产与消费一道实施者为限。"但是，该条款属于总协定的例外条款，对它的适用有着严格的前提条件。

二是世贸组织的《技术贸易壁垒协定》（Technology Trade Barrier Agreement），协定要求缔约方的技术标准仅可以使用国际标准，并以"保护人体健康或者安全，保护动植物的生命、健康或者生育"作为其例外。但由于目前环境保护的控制基准与方法在各国有着很大的差异，所以一律采用国际标准是困难的。

三是世贸组织的《补贴协定》（Subsidies Agreement），协定为了防止国际贸易的扭曲而规定限制使用补贴，但是该协定同时又确认了为促进产业结构的转换而可以在环境政策措施中使用的补贴。

然而，在国际环境保护的领域中，贸易限制往往是最有效的执行措施，因此出现了各国为了环境保护而限制国际贸易的问题。例如，一国可以以他国生产的产品不符合该国环境法规与环境标准的规定为由而抵制他国商品进入该国。然而这样就可能因为造成了实质性的非关税贸易壁垒，而有可能违反《关税与贸易总协定》的规定。

已经有许多世贸组织成员国因为依照其本国的环境保护规定对其他国家采取贸易限制措施，而被提交到世贸组织的争端解决机制，但除了少数案例外，大部分采取环境贸易限制措施的成员国都被判定违反《关税与贸易总协定》的规定。

此外，许多国际多边环境保护协议都规定了与贸易限制相关的措施，以有效保障多边环境协议的执行效果，既包括针对缔约方之间的进出口贸易限制，又包括针对非缔约方的贸易限制，例如：《关于消耗臭氧层物质的蒙特利尔议定书》《控制危险废物越境转移与处置的巴塞尔公约》都有此两种措施的规定。这样就引发了各国依据国际环境公约实施的贸易限制措施是否会与《关税与贸易总协定》及世贸组织的相关规定相冲突的问题。为此，世贸组织也成立了"贸易与环境委员会"来研究二者之间的关系。根据贸易与环境委员会的报告，目前含有贸易条款的多边环境协议约有20

个，而目前国际上还没有任何成员国之间因为依据国际环境公约采取贸易限制措施而提交世贸组织争端解决程序的案例。①

由于全球环境保护和自由贸易的冲突问题，世贸组织从 2001 年 11 月开始进行的多哈谈判（the Doha round）也将"贸易与环境"纳入谈判内容，包括：既存的贸易规则与多边环境协议中贸易义务之间的关系；在环境条约秘书处和世贸组织相关委员会之间定期交换信息的程序，以及给予观察员地位的标准；降低或适当消除对环境货物和环境服务的关税和非关税壁垒。世贸组织总干事帕斯卡·拉米在 2008 年 5 月 28 日对欧洲议会发表关于世贸组织如何对抗气候变化的演讲时表示，与其采取单边措施，世贸组织宁愿等候达成"真正的全球共识"以处理气候变化议题。可以说这在一定程度上反映了世贸组织在面对贸易与环境议题的态度。②

如何建立贸易自由与环境保护双赢的机制，目前的确是世贸组织和国际环境法面临的一大挑战。

---

① 参见：WTO, Trade and Environment at the WTO, April 2004, available at http://www.wto.org/english/tratop_e/envir_e/envir_wto2004_e.pdf，最后访问时间：2007 年 11 月 20 日。

② 参见：Lamy, "A consensual international accord on climate change is needed", http://www.wto.org/english/news_e/sppl_e/sppl91_e.htm，最后访问时间：2008 年 7 月 8 日。

主要参考文献

本书在编写过程中,曾参阅下列已公开出版发行的中外文环境法著作,在此谨向作者表示感谢。

1. 信春鹰主编:《〈中华人民共和国环境保护法〉学习读本》,中国民主法制出版社 2014 年版。
2. 金瑞林主编:《环境法学》(第三版),北京大学出版社 2013 年版。
3. 韩德培主编:《环境保护法教程》(第六版),法律出版社 2012 年版。
4. 汪劲主编:《环保法治三十年:我们成功了吗》,北京大学出版社 2011 年版。
5. 蔡守秋主编:《环境资源法教程》(第二版),高等教育出版社 2010 年版。
6. 林灿铃:《国际环境法》,人民出版社 2004 年版。
7. 联合国环境规划署编:《UNEP 环境法教程》,王曦编译,法律出版社 2002 年版。
8. 陈慈阳:《环境法总论》,台湾元照出版有限公司 2000 年版。
9. 高家伟:《欧洲环境法》,中国工商出版社 2000 年版。
10. 〔法〕亚历山大·基斯:《国际环境法》,张若思编译,法律出版社 2000 年版。
11. 〔日〕原田尚彦:《环境法》,于敏译,法律出版社 2000 年版。
12. 〔美〕罗杰·W. 芬德利,〔美〕丹尼尔·A. 法伯:《环境法概要》,杨广俊等译,中国社会科学出版社 1997 年版。
13. 〔日〕大塚直:《环境法》(第三版),日本有斐阁 2010 年版。
14. 〔日〕地球环境研究会编集:《地球环境条约集》(第三版),日本中央法规出版株式会社 1999 年版。
15. James Salzman, Environmental Law and Policy, Fourth Edition, Foundation Press, 2014.
16. Selected Environmental Law Statutes:2004—2005 Educational Edition, West Group, 2004.
17. N. S. Koeman, Environmental Law in Europe, Kluwer Law International, 1999.
18. Ray Vaughan, Essentials of Environmental law, Government Institutes, Inc,1998.
19. David Hunter, James Salzman, Durwood Zaelke, International Environmental Law and Policy, University Casebook Series, Foundation Press,1998.
20. Philippe Sands, Principles of International Environmental Law I:Frameworks, Standards and Implementation, Manchester University Press, 1995.
21. A. Kiss, etc, Manual of European Environmental Law, Cambridge University Press, 1994.

文献索引

（按音序排列）

《1969年国际油污损害民事责任公约》 178
《1971年国际油污损害赔偿基金公约》 178
《1994年国际热带木材协定》 359
《21世纪议程》 43,331,333,365,366

A

《安全生产法》 143
《安全术语——核安全和辐射防护系列》 213
《安阳市城市绿化条例》 27

B

《巴黎公约》 368
《巴黎协定》 348
《保存非洲野生动物、候鸟和鱼类公约》 329
《保护臭氧层维也纳公约》 50,328,333,335,344—346,366
《保护东北大西洋海洋环境公约》 351
《保护海洋环境免受陆源活动影响的全球行动计划》 351
《保护海洋环境免受陆源污染的蒙特利尔规则》 351
《保护候鸟及其栖息环境协议》 43,358
《保护农业益鸟公约》 329
《保护生物多样性和遗传资源暂行条例》 38
《保护世界文化和自然遗产公约》 43,239,362
《北京市大气污染防治条例》 27
《北美自由贸易协定》 334
《北太平洋溯河性鱼种公约》 359

《标准化法》 116,119—121
《濒危野生动植物国际贸易公约》 43
《濒危野生动植物进出口管理条例》 250
《濒危野生动植物种国际贸易公约》 245,247,250,357
《不扩散核武器条约》 367
《布鲁塞尔公约》 368

C

《草原法》 139,231,255,262,263,268
《草原防火条例》 268
《长程越境大气污染公约》 343
《城市放射性废物管理办法》 213
《城市绿化条例》 240
《城市区域环境振动标准》 212
《城市市容和环境卫生管理条例》 240
《城乡规划法》 231,240
《船舶油污损害民事责任保险实施办法》 292
《船舶油污损害民事责任实施办法》 178

D

《打击野生动植物非法贸易伦敦会议宣言》 358
《大气污染防治法》 44,153,157,160—162,164,165,295,314,315
《大气污染防治行动计划》 166
《大气污染防治行动计划实施情况考核办法（试行）》 166

《大气污染物综合排放标准》 118,164
《党政领导干部生态环境损害责任追究办法
　　（试行）》 109
《地表水环境质量标准》 167,169
《地表水环境质量评价办法（试行）》 169
《地方各级人民代表大会和地方各级人民政府
　　组织法》 89
《地面水环境质量标准》 117
《地下水质量标准》 169
《电磁辐射防护规定》 222
《电磁辐射环境保护管理办法》 221
《电力法》 196
《对"关于武汉市硚口区人民法院设立环保法
　　庭的情况报告"的答复》 103

E

《恶臭污染物排放标准》 118,165

F

《〈防止倾倒废物和其他物质污染海洋的公约〉
　　1996年议定书》 44
《乏燃料管理安全和放射性废物管理安全联合
　　公约》 370
《防沙治沙法》 231,263,264
《防止船舶和飞机倾倒废物污染海洋奥斯陆公
　　约》 330,354
《防止船舶生活污水污染规则》 352
《防止陆源海洋污染公约》 351
《防止倾倒废物及其他物质污染海洋的公约
　　1996年议定书》 177
《防止倾倒废物及其他物质污染海洋公约》
　　177,354
《防止外来入侵物种导致生物多样性丧失的指
　　南》 251
《防止沿海水域污染暂行规定》 173
《防治船舶污染海洋环境管理条例》 173,
178,292
《防治海岸工程建设项目污染损害海洋环境管
　　理条例》 173
《防治海洋工程建设项目污染损害海洋环境管
　　理条例》 173,292
《防治陆源污染物污染损害海洋环境管理条
　　例》 173
《防治尾矿污染环境管理规定》 197
《放射环境管理办法》 214
《放射性废物安全管理条例》 213,219
《放射性废物管理规定》 214
《放射性同位素与射线装置安全和防护条例》
　　213,217
《放射性污染防治法》 153,212,214—219
《放射性物品运输安全管理条例》 213,215
《风景名胜区规划规范》 238
《风景名胜区条例》 231,238,239
《辐射防护规定》 214

G

《干预公海非油类物质污染议定书》 352
《工厂安全卫生规程》 167,208
《工业"三废"排放试行标准》 11,160
《工业企业厂界环境噪声排放标准》 209
《工业企业设计卫生标准》 160
《工业企业土壤环境质量风险评价基准》 180
《公共场所卫生管理条例》 240
《公共建筑节能设计标准》 200
《固体废物污染环境防治法》 153,186—190,
192,295
《关税与贸易总协定》 370,371
《关于1973年国际防止船舶污染公约的1978
　　年议定书》 351
《关于办理环境民事公益诉讼案件若干问题的
　　意见（试行）》 302
《关于办理环境污染刑事案件适用法律若干问
　　题的解释》 317,320,323

《关于保护和改善环境的若干规定(试行草案)》 41,208
《关于保障工业企业场地再开发利用环境安全的通知》 180
《关于长期资助长程越境空气污染监测和评价的议定书》 343
《关于持久性有机污染物的斯德哥尔摩公约》 318,366,367
《关于持久性有机污染物的议定书》 344
《关于充分发挥审判职能作用为推进生态文明建设与绿色发展提供司法服务和保障的意见》 105
《关于处罚危害人体健康的公害犯罪的法律》 314
《关于氮氧化物排放及其越境流动的议定书》 343
《关于发布商业性经营利用驯养繁殖技术成熟的梅花鹿等54种陆生野生动物名单的通知》 252
《关于汞的水俣公约》 367
《关于核损害民事责任的维也纳公约》 368
《关于化学品国际贸易资料交流的伦敦准则》 205
《关于划定并严守生态保护红线的若干意见》 232
《关于环境保护税收入归属问题的通知》 135
《关于环境污染责任保险工作的指导意见》 292
《关于获取遗传资源和公正公平分享其利用所产生惠益的名古屋议定书》 253,356
《关于积极应对气候变化的决议》 44
《关于及早通报核事故公约》 369
《关于加快发展循环经济的若干意见》 193
《关于加快推进生态文明建设的意见》 46
《关于加强环境保护重点工作的意见》 292
《关于加强生态保护工作的意见》 140
《关于加强外来入侵物种防治工作的通知》 253
《关于加强野生动物外来物种管理的通知》 252
《关于加强饮食娱乐服务企业环境管理的通知》 211
《关于检察公益诉讼案件适用法律若干问题的解释》 309,310
《关于减轻酸化、富营养化和地面臭氧的议定书》 344
《关于健全国家自然资源资产管理体制试点方案》 255
《关于健全生态保护补偿机制的意见》 110
《关于进一步推进排污权有偿使用和交易试点工作的指导意见》 159
《关于进一步削减硫化物的议定书》 344
《关于开展环境污染强制责任保险试点工作的指导意见》 292
《关于开展领导干部自然资源资产离任审计的试点方案》 109
《关于陆生野生动物资源保护管理费收取范围有关问题的通知》 139
《关于南极条约的环境保护议定书》 362
《关于欧洲地区海底开发致油污损害责任公约》 353
《关于批准〈关于持久性有机污染物的斯德哥尔摩公约〉的决定》 367
《关于全面加强环境资源审判工作 为推进生态文明建设提供有力司法保障的意见》 105
《关于全面履行检察职能为推进健康中国建设提供有力司法保障的意见》 107
《关于人民法院经济审判庭收案范围的初步意见》 103
《关于森林和陆生野生动物刑事案件管辖及立案标准》 321,322
《关于森林可持续经营、防治荒漠化和野生动物保护合作的联合声明》 361
《关于森林问题的原则声明》 331,360

《关于审理环境民事公益诉讼案件适用法律若干问题的解释》 303,304
《关于审理环境侵权责任纠纷案件适用法律若干问题的解释》 277,283,285—288
《关于审理破坏林地资源刑事案件具体应用法律若干问题的解释》 322
《关于审理政府信息公开行政案件若干问题的规定》 76
《关于省以下环保机构监测监察执法垂直管理制度改革试点工作的指导意见》 90,110
《关于适用〈维也纳公约〉和〈巴黎公约〉的联合议定书》 368
《关于特别是作为水禽栖息地的国际重要湿地公约》 330,361
《关于完善农村土地所有权承包权经营权分置办法的意见》 260
《关于危险废弃物越境转移及其处置所造成损害的责任与赔偿问题的议定书》 365
《关于为加快经济发展方式转变提供司法保障和服务的若干意见》 101
《关于削减挥发性有机化合物排放的议定书》 344
《关于削减硫排放或其越境流动30%的议定书》 343
《关于消耗臭氧层物质的蒙特利尔议定书》 328,345,371
《关于在部分省份开展生态环境损害赔偿制度改革试点的通知》 102
《关于在国际贸易中对某些危险化学品和农药采用事先知情同意程序的鹿特丹公约》 205,366
《规划环境影响评价技术导则总纲》(HJ130-2014) 130
《规划环境影响评价条例》 27,44,128,130,133
《国际捕鲸管制公约》 358
《国际船舶压载水及其沉积物控制和管理公约》 354,355
《国际防止船舶污染公约》 351,352
《国际防止海上油污公约》 329,351
《国际干预公海油污事故公约》 329,352
《国际热带木材协定》 359
《国际油污损害民事责任公约》 329,352
《国际植物新品种保护公约》 250
《国家级自然保护区总体规划大纲》 237
《国家赔偿法》 99
《国家突发公共事件总体应急预案》 143,144
《国家油污防备、反应和合作公约》 44
《国家重点保护野生动物名录》 247
《国家重点植物保护名录》 250
《国务院办公厅关于完善集体林权制度的意见》 266
《国务院办公厅转发发展改革委等部门关于加快推行合同能源管理促进节能服务产业发展意见的通知》 203
《国务院关于核事故损害赔偿责任问题的批复》 289
《国务院关于全民所有自然资源资产有偿使用制度改革的指导意见》 260,266,269,271

H

《海岸带管理法》 36
《海岛保护法》 231,241,243,244
《海水水质标准》 117,173,174
《海洋环境保护法》 101,143,150,153,173—177,241—243,252,283,288,289,292,297,300,306,307
《海洋倾废管理条例》 173,177
《海洋石油勘探开发环境保护管理条例》 173,292
《海洋特别保护区管理暂行办法》 242
《海洋自然保护区类型与级别划分原则》 237
《海域使用管理法》 241,243,255
《合同能源管理财政奖励资金管理暂行办

法》 202
《合同能源管理技术通则》 202
《核安全法》 213—216,218,220,287,370
《核安全公约》 369
《核材料管理条例》 213
《核材料实物保护公约》 369
《核出口管制条例》 213
《核电厂放射性液态流出物排放技术要求》 214
《核电厂核事故应急管理条例》 213
《核动力厂环境辐射防护规定》 214
《核辐射环境质量评价一般规定》 214
《核两用品及相关技术出口管制条例》 213
《核能领域中第三方责任巴黎公约》 368
《核热电厂辐射防护规定》 214
《核设施流出物监测的一般规定》 214
《核事故或辐射紧急情况相互援助公约》 369
《核损害补充赔偿公约》 368
《化学品首次进口及有毒化学品进出口环境管理规定》 205
《化学危险物品安全管理条例》 204
《环境保护部办公厅关于机动车环保检测机构项目环境影响评价分类管理意见的复函》 28
《环境保护部关于建设项目"未批先建"违法行为法律适用问题的意见》 28
《环境保护督察方案(试行)》 109
《环境保护法》 1—3,26,31,36,38,41—43,46,48—50,53,59—66,72,76—80,84,89—91,93—98,107,112—114,116—119,123—125,127,129,130,132—134,140,142—146,150,151,154,155,157,158,172,174,180,181,186,204,227,232,234,240,253,262,275,279,280,283,290—292,295,297,300,303,308,314,315,342
《环境保护公众参与办法》 27
《环境保护设施运营单位运营服务能力要求》 120
《环境保护税法》 134—139,276
《环境保护行政处罚办法》 99
《环境保护行政执法与刑事司法衔接工作办法》 107
《环境标准管理办法》 116,117,119
《环境电磁波卫生标准》 222
《环境反应、补偿和责任法》 179
《环境监察办法》 93
《环境空气质量标准》 117,163,164
《环境污染强制责任保险管理办法》 293
《环境影响评价法》 55,62,64,75,77,98,127—129,131,133,247
《环境影响评价公众参与办法》 133
《环境影响评价技术导则总纲》 120
《环境噪声污染防治法》 26,153,207—212,295
《环境噪声污染防治条例》 209
《环境责任法》 278
《黄石国家公园法》 228

J

《机场周围飞机噪声环境标准》 209
《基本农田保护条例》 260,261
《技术贸易壁垒协定》 371
《建立国际赔偿油污损害基金的公约》 352
《建设项目环境影响评价分类管理目录》 129
《建设项目环境保护管理条例》 128
《节约能源管理暂行条例》 200
《进出境动植物检疫法》 250,252
《近岸海域环境功能区管理办法》 241
《禁止向非洲进口危险废物并在非洲内管理和控制危险废物越境转移的巴马科公约》 365
《禁止在海床洋底及其底土安置核武器和其他大规模毁灭性武器条约》 368
《京都议定书》 44,333,341,347,348

《经 1978 年议定书修订的〈1973 年国际防止船舶造成污染公约〉》 352
《景观娱乐用水水质标准》 117,169

K

《卡塔赫纳生物安全议定书》 252,253,356
《卡塔赫纳生物安全议定书关于赔偿责任和补救的名古屋—吉隆坡补充议定书》 356
《可再生能源法》 37,196,198—200
《控制危险废物越境转移与处置的巴塞尔公约》 364,371
《矿产资源法》 140,196,197,255
《矿产资源法实施细则》 196,197

L

《里约环境与发展宣言》 54,331
《立法法》 25—27,31,95
《联合国防治荒漠化公约》 363
《联合国海洋法公约》 173—175,335,337,349,350,353,354,358
《联合国气候变化框架公约》 349
《联合国人类环境宣言》 330
《联合国宪章》 55,334,335
《林业和山地可更新资源规划法》 36
《陆生野生动物保护实施条例》 246,247
《陆生野生动物资源保护管理费收费办法》 139
《鹿特丹公约》 366
《伦敦公约》 354
《罗马条约》 31

M

《煤炭法》 196,197,255
《民法通则》 150,256,279
《民法总则》 47,79,277
《民事诉讼法》 46,47,71,107—109,114,283,300,301,303,306,308
《民用核设施安全监督管理条例》 213,216
《民用机场管理暂行规定》 209

N

《南极动植物保护议定书》 362
《南极海豹养护公约》 363
《南极海洋生物资源养护公约》 358,363
《南极矿产资源活动管理公约》 362
《南极条约》 362,363
《南京市长江岸线保护办法》 27
《南太平洋禁止流网渔业公约》 359
《内罗毕国际船舶残骸清除公约》 354
《农田灌溉水质标准》 169
《农药管理条例》 204
《农业法》 231,252,260,262

O

《欧共体设立条约》 330
《欧洲控制大气污染原则宣言》 329
《欧洲土壤宪章》 179

P

《排污费征收使用管理条例》 44
《排污许可管理办法（试行）》 27,158

Q

《气候变化框架公约》 331,333,335,336,338,341,347,348
《侵权责任法》 44,150,279—283,286—289,291,302
《清洁生产促进法》 51,143,153,186,191—193
《全国人大常委会关于〈中华人民共和国刑法〉有关文物的规定适用于具有科学价值的古脊椎动物化石、古人类化石的解释》 28

《全国生态环境保护纲要》 252
《全国污染源普查条例》 27,44
《全国主体功能区规划》 3,45,68,125,126,232,257
《全面禁止核试验条约》 368

R

《人类环境行动计划》 330
《人民检察院直接受理立案侦查的渎职侵权重特大案件标准(试行)》 323

S

《森林法》 34,39,139,231,255,262,263,265—268
《森林法实施条例》 265
《森林和野生动物类型自然保护区管理办法》 235
《森林植被恢复费征收使用管理暂行办法》 139
《深海海底区域资源勘探开发法》 174
《生活垃圾分类制度实施方案》 189
《生活饮用水卫生标准》 270
《生活饮用水卫生规程》 167
《生态环境损害赔偿制度改革方案》 102,109,283,301,307
《生态环境损害赔偿制度改革试点方案》 102,301
《生态文明体制改革总体方案》 46,47,103,109,293
《生物多样性公约》 230,235,252,331,333,335,336,338,356,357
《生物医用废物管理条例》 38
《声环境质量标准》 209
《湿地公约》 2,361
《石油天然气管道保护法》 196
《世界文化与自然遗产保护公约》 361
《世界自然保护大纲》 50,229,337
《世界自然宪章》 74
《水法》 140,167,196,231,255,262,270—272
《水生野生动物保护实施条例》 246,249
《水土保持法》 231,260—263
《水土保持法实施条例》 262
《水污染防治法》 139,140,150,153,155,157,166,167,169,170,172,270,271,288,289,295,297,315

T

《太原市生态环境保护条例》 27
《突发事件应对法》 95,144,146
《土地复垦条例》 260,261
《土地管理法》 139,231,255,260—262
《土地管理法实施条例》 260
《土壤污染调查的国际规格框架指南ISO14015》 180
《土壤污染防治法》 181
《土壤污染防治行动计划》 180

W

《危险化学品安全管理条例》 44,204,292
《危险化学品环境管理登记办法(试行)》 205
《危险货物分类与品名编号》 204
《为加快经济发展方式转变提供司法保障和服务的若干意见》 105
《维也纳公约》 346,368
《文物保护法》 231
《我国关于全球环境问题的原则立场》 341
《污染场地风险评估技术导则》 181
《污染场地术语》 181
《污染场地土壤修复技术导则》 181
《污水综合排放标准》 118,170
《无线电干扰限值》 222
《物权法》 44,78,101,255,256,285

X

《限制进口类可用作原料的固体废物环境保护管理规定》 188
《宪法》 3,4,25,26,40—43,47,83,84,87,101,112,149,150,227,254,257,293,341
《新化学物质环境管理办法》 205
《刑法》 44,246,312,314—319,321—324
《行政处罚法》 93,96
《行政复议法》 99,100
《行政强制法》 95
《行政诉讼法》 47,99,108,109,300,301,310,311
《行政许可法》 55,62,64,77,92,99,133,157,159
《畜牧法》 253
《循环经济促进法》 153,186,193,194

Y

《养护自然和自然资源非洲公约》 335
《野生动物保护法》 139,231,246—248,250,253,265,321
《野生动物迁徙物种养护公约》 358
《野生药材资源保护管理条例》 250
《野生植物保护条例》 231,246,250
《应对气候变化国家方案》 341
《应税污染物和当量值表》 136,137
《油轮船东石油污染责任协定》 353
《油轮油污责任补充协议》 353
《有关特定危险物质排入水环境引起污染的 2006/11/EC 指令》 37
《渔业法》 39,140,231,246,249,255
《渔业水质标准》 117,169
《预算法》 139
《越境环境影响评价条约有关战略环境评价的协定》 128

Z

《职业病防治法》 214
《植物新品种保护条例》 250
《制止核恐怖主义行为国际公约》 368
《治安管理处罚法》 212
《治安管理处罚条例》 208
《中共中央关于全面深化改革若干重大问题的决定》 46
《中共中央国务院关于加快推进生态文明建设的意见》 180
《中国禁止或严格限制的有毒化学品名录》 205
《中国生物多样性保护行动计划》 230,233
《中国外来入侵物种名单》 253
《中国现有化学物质名录》 206
《中国植物红皮书》 250
《中国自然保护纲要》 227,229,259,265
《中华人民共和国缔结条约程序法》 341
《中华人民共和国领海及毗连区法》 241
《中美气候变化联合声明》 341
《中西部太平洋高度洄游鱼类种群养护和管理公约》 359
《中央森林生态效益补偿基金管理办法》 139
《资源保护和回收法》 179
《自来水水质暂行标准》 167
《自然保护区类型与级别划分原则》 236,237
《自然保护区条例》 44,231,235—238,247
《自然保护区土地管理办法》 235
《最高人民法院、最高人民检察院关于办理环境污染刑事案件适用法律若干问题的解释》 28
《最高人民法院关于案例指导工作的规定》 28
《最高人民法院关于审理环境侵权责任纠纷案件适用法律若干问题的解释》 28

事 项 索 引

（以汉语拼音先后顺序排序）

A

安宁权 76
按日计罚 96,97,113

B

巴厘岛路线图 348
伴生放射性矿 214,215,218
保险基金 177
本能利用行为 67—70,259

C

财政转移支付 140—142,232
采光权 76
草原植被恢复费 139,142,269
城乡建设环境保护部 42,88
船舶压载水 169

D

大气污染物 136—138,157,158,160—165,
　　175,285
抵押金制度 140
地方环境标准 43,116
多氯联苯污染事件 203

E

恶臭 150,153,160,165,279,291
二氧化硫排放税 135

F

放射性核素排放量 219
放射性同位素 145,214,217
废弃化学品 145
废物处理处置费 134

G

公共妨害 150
公共信托论 72—74
公害 73,83,123,149—151,179,207,278,
　　279,281—284
公众参与 48,49,55,61,62,64—66,72,77,
　　113,128—130,132,133
公众环境权益 50,61,69,72,75,76,84,85,
　　91,107,117,127,130,259,277
固体废物 135—137,151,153,186—190,219,
　　285,286,296,316,317
观赏权 76
管制协商 122
光化学烟雾污染事件 145
国际标准化组织 82
国家放射性污染防治标准 215
国家核安全局 89,213,214
国家环境标准样品标准 116,119
国家环境基础标准 116,119,121
国家环境监测方法标准 116,119,121
国家赔偿诉讼 99
国家污染物排放标准 116,118,119
国土空间开发保护制度 109

国务院环境保护领导小组　42,88,123,124,173

国务院环境保护委员会　55,88,227,341

H

海洋保护区　101,283,307

海洋功能区划　126,241—243

海域使用金　142

河长制　167,172

核安全　213—216,333,369,370

核保障　213

横向财政转移支付　141,142

环保法庭　44,47,103—105,107

环境安全　86,95,113,116,144,199,214,246,293,302

环境保护督察　89,109,290

环境保护规划　14,51,54,80,88,117,123—126,157,182

环境保护税　46,134—139,277

环境保护行业标准　116,120,121

环境保护义务　70,72,78,81—83,85,108,111,115,339,350

环境标志　143

环境标准　24,51,92,94,113,115—122,109,167,169,340,371

环境法的调整对象　15,23,28,114

环境法律关系　67,69—71,79,86,103,122

环境费　29,58,60,79,115,133—135,139,140,143,156,185,276,277

环境公益诉讼　13,16,62,66,71,76,77,104—108,113,114,276,298—303,307,309

环境管理体系认证　92

环境规划　3,50,51,55,113,115,122,123,126,127,191,252,330,332,345,367

环境基本法　111,112,114,115,126

环境基准　117,118,181

环境监测　89,90,93,94,98,106,107,109,110,113,114,116,118—121

环境监察　90,93,155

环境利用关系　10—15,17,23,24,26,28,67,69—71,78,86,114,152,228,255

环境利用行为　23,25,67,69—71,78—80,91—93,97—99,114—116,275—277,298,299

环境伦理　18,19,74

环境情报公开制度　86

环境权益　10,14,70,72,74—78,84—87,105,254,256,257,290,298—300,313

环境权益侵害救济请求权　77

环境容量　68,79,80,86,92,151,152,154,156,157

环境容量利用行为　68,276,294

环境审计制度　55,82

环境审判　103,105,106

环境税　133—135,156,276,277

环境司法　44,83,103,105—108,282,329

环境统计　94

环境污染公共监测预警机制　95,144

环境宪法　29,112

环境享受权　71,73

环境信息　29,65,76,77,82,97,98,113,305

环境影响报告书　62,63,65,75—77,98,99,119,129—133,157,175,176,218

环境影响评价　127—133,154,155,156,316,320,328,335

环境与自然资源开发利用决策权　91

环境政策　8,10,19,35,48,50,51,55,58,59,89,111,112,115,330,331,334,337,340

环境支配权论　72

环境质量标准　116—118,121,122,151,154,161,162,170,171,174,175,180,209

环境质量功能区　117,118

环境质量监测　90,94,118,120,162,319,320

环境治理体系　75,106,109,110

环境资源审判庭　47,105

I

ISO系列环境管理标准　143

J

监督开发利用环境行为及其举报权　77
节约能源法　196,200,201
禁止开发区域　110,126,232
静稳权　76

K

开发利用环境监督管理权　91
开发利用环境决策建言权　76
开发利用环境决策与行为知悉权　76
开发利用环境许可权　91
开发利用行为　67—70,72,75—82,85,135,
　136,138,139,149,163,165,171,172
开发者养护　59,134
空间规划体系　89,109
空气清新权　68
矿产资源补偿费　140,142

L

领导干部自然资源资产离任审计　47,109
绿色供应　82
绿色消费　81
绿色原则　79,277

M

美丽中国　26,46,47,88
民用航空器　178,211

N

能效标识制度　201
能源法　11,12,30,55,56,91—93,95,96,100,
　101,194,195,201,315
能源税　135
浓度控制　51,94,156,157,166

P

排污费　44,65,80,97,98,104,134—136,138,
　139,142,155,175,190
排污权　80,156,158,159
排污许可　15,80,92,96,111,113,138,155—
　159,162,163,287

Q

企业排放标准　120
强制性环境标准　116,117,121,122
强制性清洁生产审核　192,193
清洁空气权　76
清洁生产　11,43,51,56,82,135,143,164,
　166,168,186,187,191—193,366
清洁水权　76
区域联防联控　113
全国主体功能区规划　101,123,125,126

R

忍受义务　78

S

森林植被恢复费　139,142,267
生活舒适权　68
生态安全　47,80,88,106,107,110,126,186,
　232,233,263,293
生态保护补偿机制　109,110,140
生态保护红线　109,232,233,242
生态补偿　60,68,113,140—142,257,276
生态产品标志　142
生态服务价值　140—142
生态环境部　47,88—90,110,116,119—121,
　158,293
生态环境损害　47,100,102,103,109
生态建设规划　126
生态税　135,186,257
生态文明　14,26,31,45—47,53,83,106—
　110,129,227,357
生态文明绩效评价考核和责任追究制度　109
生态系统服务　101,141,142,288
生态效益　15,67,69—71,115,134,139,257,

266,267,276,283
生物多样性 32,38,69,70,228—233,235,245,250—253,335,355—357,359
生物质能 196,198,199
受损者获补 141
受益者付费 141
水权交易 142
水土保持补偿费 142
水质洁净权 68
水资源费 140,142,272

T

台账记录 158
碳汇交易 142
碳排放税 135
替代修复 103
眺望权 76
通风权 76
突发环境事件 65,98,102,107,143—146,319
突发环境事件应急预案 144—146
土壤污染台账 179
推荐性环境标准 119,121

W

危险化学品 145
污染当量 136,137
污染物排放（控制）标准 17,80,116,118,119,122,137,138,155,156,158,162—164,168,175,234,237,277,287,317
污染者负担 48,57—59,133,185,301,328,330,331
无害化处置 115,187,189,194
物料衡算 137
物质循环管理 36,37,184—186

X

限制开发区域 126,232
新能源 194,195
信息公开 62,64,65,76,98,113,158,179,370

行政强制措施 95,100
循环经济型社会 56,60,140

Y

一般性转移支付 141
优化开发区域 126,232
优美、舒适环境的享受权 76
育林基金 142
预付金制度 140
原因者负担 49,57—61,79,133,134,257

Z

再生利用 36,56,60,115,184,186,188,192,193,198
噪声 43,44,78,134,136,137,149,150,152,153,207—212,284—286,291
噪声妨害 51,208
战略环境评价 128,129
重点开发区域 126,232
重点污染物 92,134,155,157—159,193,234,287
重金属排放税 135
专项转移支付 141
资源税 135,140,197,259
自然保护费 139
自然的权利 71,74
自然享有权论 74
自然资源 1—7,9—13,15,16,32—35,37—42,67—71,134,135,139—142,227—231,233—235,240,241,243—246,254—259,264,271
自然资源部 47,89,90,110,255,256,363
自然资源利用行为 68,69,276,295
自然资源资产产权制度 109
总量控制 50,69,92,94,122,134,155—160,162,163,165,167,170,175,234,261,287
综合性环境保护法 31,35,111,112
综合性环境法律制度 13,111,114,115,143

全国高等学校法学专业核心课程教材

法理学(第四版)	沈宗灵主编
中国法制史(第三版)	曾宪义、赵晓耕主编
宪法(第二版)	张千帆主编
行政法与行政诉讼法(第六版)	姜明安主编
民法(第七版)	魏振瀛主编
经济法(第五版)	杨紫烜主编
民事诉讼法学(第三版)	江 伟主编
刑法学(第八版)	高铭暄、马克昌主编
刑事诉讼法(第六版)	陈光中主编
国际法(第五版)	邵 津主编
国际私法(第四版)	李双元、欧福永主编
国际经济法(第四版)	余劲松、吴志攀主编
知识产权法(第四版)	吴汉东主编
商法(第二版)	王保树主编
环境法学(第四版)	汪 劲著
税法原理(第八版)	张守文著